Kontrollerlangung und Pflichtangebot nach dem Wertpapiererwerbs- und Übernahmegesetz

Europäische Hochschulschriften
Publications Universitaires Européennes
European University Studies

Reihe II
Rechtswissenschaft

Série II Series II
Droit
Law

Bd./Vol. 4197

PETER LANG
Frankfurt am Main · Berlin · Bern · Bruxelles · New York · Oxford · Wien

Nadine Heinbach

Kontrollerlangung und Pflichtangebot nach dem Wertpapiererwerbs- und Übernahmegesetz

unter besonderer Berücksichtigung des Spannungsverhältnisses zum Umwandlungsrecht

PETER LANG
Europäischer Verlag der Wissenschaften

Bibliografische Information Der Deutschen Bibliothek
Die Deutsche Bibliothek verzeichnet diese Publikation in der Deutschen Nationalbibliografie; detaillierte bibliografische Daten sind im Internet über <http://dnb.ddb.de> abrufbar.

Zugl.: Bochum, Univ., Diss., 2005

D 294
ISSN 0531-7312
ISBN 3-631-53944-4

www.peterlang.de

Vorwort

Die Arbeit wurde im August 2004 fertig gestellt und von der Juristischen Fakultät der Ruhr-Universität Bochum im Wintersemester 2004/2005 als Dissertation angenommen.

Ich bedanke mich sehr herzlich bei meinem Doktorvater Prof. Dr. Karl-Nikolaus Peifer für die umfassende Unterstützung. Er hat mir für die Erstellung der Doktorarbeit wertvolle Anregungen gegeben und die Arbeit in stets hilfsbereiter und unkomplizierter Weise betreut. Ihm und Prof. Dr. Uwe Hüffer danke ich zudem für die zügige Begutachtung der Arbeit, die den schnellen Abschluss des Promotionsverfahrens ermöglicht hat.

Mein besonderer Dank gilt meinen Eltern, die mich bei der Fertigstellung der Arbeit geduldig begleitet haben, sowie meinem Verlobten Hendrik Rittner, ohne dessen beständige Unterstützung diese Arbeit nicht hätte entstehen können.

Mülheim an der Ruhr, im Frühjahr 2005 *Nadine Heinbach*

Inhaltsverzeichnis

Literaturverzeichnis

Adams, Michael	Was spricht gegen eine unbehinderte Übertragbarkeit der in Unternehmen gebundenen Ressourcen durch ihre Eigentümer?, AG 1990, S. 243 ff.
Adolff, Johannes	Bericht über die Diskussion beim ZGR-Symposion „ECLR Übernahmerecht“ vom 18./19. Januar 2002 in Glashütten, ZGR 2002, S. 579 ff.
Adolff, Johannes/ Meister, Burkhardt/ Randell, Charles/ Stephan, Klaus-Dieter	Public Company Takeovers in Germany, München 2002
Adolff, Johannes/ Tieves, Johannes	Über den rechtlichen Umgang mit einem entschlusslosen Gesetzgeber: Die aktienrechtliche Lösung des BGH für den Rückzug von der Börse, BB 2003, S. 797 ff.
Altmeppen, Holger	Zur Vermögensbindung in der faktisch abhängigen Aktiengesellschaft, ZIP 1996, S. 693 ff.
Altmeppen, Holger	Neutralitätspflicht und Pflichtangebot nach dem neuen Übernahmerecht, ZIP 2001, S. 1073 ff.
Altmeppen, Holger	Zur Entwicklung eines neuen Gläubigerschutzkonzeptes in der GmbH, ZIP 2002, S. 1553 ff.
Apfelbacher, Gabriele/ Barthelmess, Stephan/ Buhl, Thomas/ von Dryander, Christof	German Takeover Law, A Commentary, München 2002

Assmann, Heinz-Dieter | Verhaltensregeln für freiwillige öffentliche Übernahmeangebote, AG 1995, S. 563 ff.

Assmann, Heinz-Dieter/ Bozenhardt, Friedrich | Übernahmeangebote als Regelungsproblem zwischen gesellschaftsrechtlichen Normen und zivilrechtlich begründeten Verhaltensgeboten in: Assmann/Basaldua/Bozenhardt/Peltzer, Übernahmeangebote, ZGR-Sonderheft Nr. 9, 1990, S. 1 ff.

Assmann, Heinz-Dieter/ Schneider, Uwe H. | Wertpapierhandelsgesetz, 3. Auflage, Köln 2003 (zitiert: Bearbeiter in: Assmann/Schneider)

Bärwaldt, Roman/ Schabacker, Joachim | Keine Angst vor Mantel- und Vorratsgesellschaften, GmbHR 1998, S. 1005 ff.

Basaldua, Nathalie | Der Vorschlag für eine dreizehnte Richtlinie des Rates auf dem Gebiet des Gesellschaftsrechts über öffentliche Übernahmeangebote in: Assmann/Basaldua/Bozenhardt/Peltzer, Übernahmeangebote, ZGR-Sonderheft Nr. 9, 1990, S. 157 ff.

Baumann, Karl-Herrmann | Der neue Verhaltenskodex für Unternehmensübernahmen sorgt für größere Transparenz am Kapitalmarkt, WM 1996, S. 901 ff.

Baumbach, Adolf/ Hopt, Klaus J. | Handelsgesetzbuch, 31. Auflage, München 2003 (zitiert: Bearbeiter in: Baumbach/Hopt)

Baums, Theodor | Übernahmeregeln in der Europäischen Gemeinschaft, ZIP 1989, S. 1376 ff.

Baums, Theodor	Vorschlag eines Gesetzes zu öffentlichen Übernahmeangeboten, ZIP 1997, S. 1310 ff.
Baums, Theodor	Notwendigkeit und Grundzüge einer gesetzlichen Übernahmeregelung, Arbeitspapier Nr. 79, abrufbar unter: www.jura.uni-frankfurt.de/baums/files/paper79.pdf, zuletzt aufgerufen am 27. Juli 2004
Baums, Theodor/ Fraune, Christian	Institutionelle Anleger und Publikumsgesellschaft: Eine empirische Untersuchung, AG 1995, S. 97 ff.
Bayer, Walter	Aktuelle Entwicklungen im Europäischen Gesellschaftsrecht, BB 2004, S. 1 ff.
Becker, Patricia	Der Richtlinienvorschlag betreffend Übernahmeangebote vom 2.10.2002, GmbHR 2003, R 185
Becker, Patricia	Annahme des Entwurfs über die Europäische Übernahmerichtlinie, GmbHR 2004, R 5
Becker, Patricia	Übernahmerichtlinie: Baldige Absegnung durch den Europäischen Rat, GmbHR 2004, R 77
Beckmann, Ralph	Der Richtlinienvorschlag betreffend Übernahmeangebote auf dem Weg zu einer europäischen Rechtsangleichung, DB 1995, S. 2407 ff.
Beckmann, Ralph/ Kersting, Mark Oliver/ Mielke, Werner	Das neue Übernahmerecht, München 2002

Beck'scher Bilanzkommentar	Handels- und Steuerrecht, §§ 238-339 HGB, 5. Auflage, München 2003
Behnke, Thorsten	Anmerkung zu BVerfG, Beschluss vom 27 April 1999 („DAT/Altana"), NZG 1999, S. 934
Behrens, Peter	Rechtspolitische Grundsatzfragen zu einer Europäischen Regelung für Übernahmeangebote, ZGR 1975, S. 433 ff.
Benecke, Martina	Existenzvernichtender Eingriff statt qualifiziert faktischer Konzern: Die neue Rechtsprechung des BGH zur Haftung von GmbH-Gesellschaftern, BB 2003, S. 1190 ff.
Benner-Heinacher, Jella S.	Mindeststandards für Übernahmeregeln in Deutschland, DB 1997, S. 2521 ff.
Berding, Benjamin	Gesellschafts- und kapitalmarktrechtliche Grundsätze im Übernahmerecht, WM 2002, S. 1149 ff.
Berger, Klaus Peter	Unternehmensübernahmen in Europa, ZIP 1991, S. 1644 ff.
Berrar, Carsten/ Schnorbus, York	Der Rückerwerb eigener Aktien und Übernahmerecht, ZGR 2003, S. 59 ff.
Bess, Jürgen	Eine europäische Regelung für Übernahmeangebote: Kritische Bemerkungen zum Entwurf eines Richtlinienvorschlags über „Übernahmeangebote und andere Angebote", Teil I, AG 1976, S. 169 ff.
Binder, Michael/ Khol, Florian	Bankenehe HypoVereinsbank und Bank Austria - Kurzanalyse, ecolex 2000, S. 875 ff.

Börsensachverständigenkommission beim Bundesministerium der Finanzen	Anmerkungen der Übernahmekommission vom Juli 1996 zum Übernahmekodex, abgedruckt in: Schuster/ Zschocke, Übernahmerecht, Frankfurt am Main 1996, S. 102 ff.
Börsensachverständigenkommission beim Bundesministerium der Finanzen	Standpunkte der Börsensachverständigenkommission zur künftigen Regelung von Unternehmensübernahmen von Februar 1999, abrufbar unter: www.deutsche-boerse.com/app/open/ zdp/, Link „Gesetzestexte und sonstige Rechtsdokumente/Börsensachverständigenkommission/Dokument vom 23. August 1999
Bozenhardt, Friedrich	Freiwillige Übernahmeangebote im Deutschen Recht, Tübingen 1990
Bröcker, Norbert/ Weisner, Arnd	Übernahmeangebote, Unternehmens- und Beteiligungserwerb nach dem WpÜG, Beratungshilfen für die Unternehmenspraxis, Heft 4, Köln 2003
Bruns, Hans-Jürgen	Zur strafrechtlichen Relevanz des gesetzesumgehenden Täterverhaltens, GA 1986, S. 1 ff.
Bürger, Tobias	Aktienrechtlicher Schutz beim Delisting? NJW 2003, S. 1642 ff.
Bungert, Hartwin/ Eckert, Jan	Unternehmensbewertung nach Börsenwert: Zivilgerichtliche Umsetzung der BVerfG-Rechtsprechung, BB 2000, S. 1845 ff.
Burgard, Ulrich	Die Berechnung des Stimmrechtsanteils nach §§ 21-23 Wertpapierhandelsgesetz, BB 1995, S. 2069 ff.

Burgard, Ulrich — Kapitalmarktrechtliche Lehren aus der Übernahme Vodafone-Mannesmann, WM 2000, S. 611 ff.

Busse von Colbe, Walther — Der Vernunft eine Gasse: Abfindung von Minderheitsaktionären nicht unter dem Börsenkurs ihrer Aktien in: Festschrift für Marcus Lutter zum 70. Geburtstag, Deutsches und europäisches Gesellschafts-, Konzern- und Kapitalmarktrecht, Hrsg.: Uwe H. Schneider, Peter Hommelhoff, Karsten Schmidt, Wolfram Timm, Barbara Grunewald, Tim Drygala, Köln 2000, S. 1053 ff.

Cahn, Andreas — Probleme der Mitteilungs- und Veröffentlichungspflicht nach dem WpHG bei Veränderungen des Stimmrechtsanteils an börsennotierten Gesellschaften, AG 1997, S. 502 ff.

Cahn, Andreas — Grenzen des Markt- und Anlegerschutzes durch das WpHG, ZHR 162 (1998), S. 1 ff.

Cahn, Andreas — Verlustübernahme und Einzelausgleich im qualifizierten faktischen Konzern, ZIP 2001, S. 2159 ff.

Canaris, Claus Wilhelm — Die Feststellung von Lücken im Gesetz, Berlin 1964

Coffee, John C. Jr. — The Future as History: The Prospects for Global Convergence in Corporate Governance and its Implications, Northwestern University Law Review 93 (1999), S. 641 ff.

Decher, Christian E. — Die Zulässigkeit des qualifiziert faktischen Aktienkonzerns, DB 1990, S. 2005 ff.

Depser, Ingrid	Der Vorschlag der EG-Kommission zur Takeover-Richtlinie im Spiegel der amerikanischen Takeover-Erfahrung, RIW 1992, S. 351 ff.
Deutscher Anwaltverein e.V.	Stellungnahme des Handelsrechtsausschusses des Deutschen Anwaltverein e.V. vom April 2001 zum RefE des BMF für ein Gesetz zur Regelung von öffentlichen Angeboten zum Erwerb von Wertpapieren und von Unternehmensübernahmen (WÜG), NZG 2001, S. 420 ff.
Deutscher Anwaltverein e. V.	Stellungnahme des Handelsrechtsausschusses des Deutschen Anwaltverein e.V. zum RegE für ein Gesetz zur Regelung von öffentlichen Angeboten zum Erwerb von Wertpapieren und von Unternehmensübernahmen (WpÜG), NZG 2001, S. 1003 ff.
de Vries, Kolja	Delisting: Kapitalmarktrecht, Gesellschaftsrecht, Umwandlungsrecht; Reihe Rechtsfragen der Handelsgesellschaften, Bd. 112, Köln 2002
Diekmann, Hans	Hinweise zur Anwendung des Übernahmekodexes der Börsensachverständigenkommission, WM 1997, S. 897 ff.
Diregger, Christoph/ Ullmer, Markus	Die Spruchpraxis der Übernahmekommission nach drei Jahren Übernahmegesetz - eine Auswahl, wbl 2002, S. 97 ff.
Diregger, Christoph/ Winner, Martin	Deutsches und österreichisches Übernahmerecht aus Anlegersicht, WM 2002, S. 1583 ff.

Dörrie, Robin	Das neue Umwandlungsgesetz, WiB 1995, S. 1 ff.
Doralt, Peter	Überlegungen zur Gestaltung der Vorschriften über das Recht des öffentlichen Übernahmeangebots in Österreich in: Festschrift für Bruno Kropff, Aktien- und Bilanzrecht, Hrsg.: Karl-Heinz Forster, Barbara Grunewald, Marcus Lutter, Johannes Semler, Düsseldorf 1997, S. 53 ff.
Doralt, Peter	Übernahme, Verschmelzung, Konzern und City Code, GesRZ 2000, S. 197 ff.
Drygala, Tim	Abschied vom qualifizierten faktischen Konzern - oder Konzernrecht für alle?, GmbHR 2003, S. 729 ff.
Easterbrook, Frank H./ Fischel, Daniel R.	Corporate Control Transactions, Yale Law Journal 91I (1981/82), S. 698 ff.
Ebenroth, Carsten Thomas	Die qualifiziert faktische Konzernierung und ihre körperschaftssteuerrechtliche Auswirkung, AG 1990, S. 303 ff.
Ebenroth, Carsten Thomas/ Boujong, Karlheinz/ Joost, Detlev (Hrsg.)	Handelsgesetzbuch, Band 1, §§ 1-342a, München 2001 (zitiert: Bearbeiter in: Ebenroth/Boujong/Joost)
Ehricke, Ulrich/ Ekkenga, Jens/ Oechsler, Jürgen	Wertpapiererwerbs- und Übernahmegesetz, München 2003 (zitiert: Bearbeiter in: Ehricke/Ekkenga/Oechsler)
Eilers, Stephan/ Müller-Eising, Karsten	Die Umwandlung als neue Form des Unternehmenskaufs, WiB 1995, S.449 ff.

Ekkenga, Jens/ Hofschroer, Josef	Das Wertpapiererwerbs- und Übernahmegesetz, DStR 2002, S. 724 ff. sowie S. 768 ff.
Emmerich, Volker	Konzernbildungskontrolle, AG 1991, S. 303 ff.
Emmerich, Volker/ Habersack, Mathias	Konzernrecht, 7. Auflage, München 2001
Emmerich, Volker/ Habersack, Mathias	Aktien- und GmbH-Konzernrecht, 3. Auflage, München 2003 (zitiert: Bearbeiter in: Emmerich/Habersack)
Erb, Günther	Der Börsenkurs als Untergrenze der Abfindung auch in Verschmelzungsfällen - Zum Anwendungsbereich der Grundsätze des Beschlusses des Bundesverfassungsgerichts vom 27.4.1999 bei Unternehmensverbindungen im Wege der Verschmelzung, DB 2001, S. 523 ff.
Even, Frank/ Vera, Antonio	Die Techniken des Going Private in Deutschland, DStR 2002, S. 1315 ff.
Falkenhagen, Klaus	Aktuelle Fragen zu den neuen Mitteilungs- und Veröffentlichungspflichten nach Abschnitt 4 und 7 des Wertpapierhandelsgesetzes, WM 1995, S. 1005 ff.
Fama, Eugene	Efficient Capital Markets: A Review of Theory and Empirical Work, Journal of Finance 25 (1970), S. 383 ff.
Fenn, Iain/ Hayes,Clodagh	A charm offensive, European Counsel, June/July 2000, S. 35 ff.
Fischer zu Cramburg, Ralf	Durchbruch bei der Übernahmerichtlinie, AG 2004, R 8.

Fleischer, Holger	Schnittmengen des WpÜG mit benachbarten Rechtsmaterien - eine Problemskizze, NZG 2002, S. 545 ff.
Fleischer, Holger/ Kalss, Susanne	Das neue Wertpapiererwerbs- und Übernahmegesetz, München 2002
Fleischer, Holger/ Körber, Torsten	Der Rückerwerb eigener Aktien und das Wertpapiererwerbs- und Übernahmegesetz, BB 2001, S. 2589 ff.
Forum Europaeum Konzernrecht (Steering committee: Peter Hommelhoff, Klaus J. Hopt, Marcus Lutter, Peter Doralt, Jean-Nicolas Druey, Eddy Wymeersch)	Konzernrecht für Europa, ZGR 1998, S. 672 ff.
Franck, Uwe	Die Stimmrechtszurechnung nach § 22 WpHG und § 30 WpÜG, BKR 2002, S. 709 ff.
Fuhrmann, Lambertus/ Oltmanns, Martin	Pflichtangebot bei konzerninternen Umstrukturierungen?, NZG 2003, S. 17 ff.
Fuller, Russel/ Farrell, James	Modern Investments and Security Analysis, New York 1987
Gall, Mario	Die Stellungnahme der Übernahmekommission zur Transaktion HypoVereinsbank - Bank Austria, wbl 2000, S. 544 ff.
Geibel, Stephan/ Süßmann, Rainer	Wertpapiererwerbs- und Übernahmegesetz (WpÜG) Kommentar, München 2002, (zitiert: Bearbeiter in: Geibel/Süßmann)
Geibel, Stephan/ Süßmann, Rainer	Erwerbsangebote nach dem Wertpapiererwerbs- und Übernahmegesetz, BKR 2002, S. 52 ff.

Geyhalter, Volker/ Gänßler, Peggy — Gesellschaftsrechtliche Voraussetzungen eines formalen Delistings, NZG 2003, S. 313 ff.

Grabbe, Hartwig/ Fett, Torsten — Pflichtangebot im Zuge von Verschmelzungen?, NZG 2003, S. 755 ff.

Groß, Wolfgang — Übernahmekodex für öffentliche Übernahmeangebote - Anerkennung und Rolle des begleitenden Wertpapierdienstleistungsunternehmens, DB 1996, S. 1909 ff.

Groß, Wolfgang — Rechtsprobleme des Delistings, ZHR 165 (2001), S. 141 ff.

Großkommentar zum Aktiengesetz (Hrsg. Klaus J. Hopt, Herbert Wiedemann) — §§ 15-22, 4. Auflage, 10. Lieferung, Berlin, New York 1999; §§ 138-147, 4. Auflage, 13. Lieferung, Berlin, New York 1999; §§ 241-255, 4. Auflage, 6. Lieferung, Berlin, New York 1996; (zitiert: Bearbeiter in: GroßK-AktG)

Gruber, Michael — Das Übernahmegesetz. Eine Einführung, wbl 1999, S. 10 ff.

Grunewald, Barbara — Was bringt der Vorschlag einer 13. EG-Richtlinie über Übernahmeangebote für das deutsche Recht?, WM 1989, S. 1233 ff.

Grunewald, Barbara — Der geänderte Vorschlag einer 13. EG-Richtlinie betreffend Übernahmeangebote, WM 1991, S. 1361 ff.

Grunewald, Barbara — Austrittsrecht als Folge von Mischverschmelzungen und Verfügungsbeschränkungen (§ 29 UmwG) in: Verantwortung und Gestaltung, Festschrift für Karlheinz Boujong zum 65. Geburtstag, Hrsg.: Carsten Thomas Ebenroth, Dieter Hesselberger, Manfred Eberhard Rimme, München 1996, S. 175 ff.

Grunewald, Barbara — Die Auswirkungen der Macroton-Entscheidung auf das kalte Delisting, ZIP 2004, S. 542 ff.

Haarmann, Wilhelm/ Riehmer, Klaus/ Schüppen, Matthias (Hrsg.) — Öffentliche Übernahmeangebote - Kommentar zum Wertpapiererwerbs- und Übernahmegesetz, Heidelberg 2002 (zitiert: Bearbeiter in: Haarmann/ Riehmer/Schüppen)

Habersack, Mathias — Der Finanzplatz Deutschland und die Rechte der Aktionäre, ZIP 2001, S. 1230 ff.

Habersack, Mathias/ Mayer, Christian — Der neue Vorschlag 1997 einer Takeover-Richtlinie - Überlegungen zur Umsetzung ins nationale Recht, ZIP 1997, S. 2141 ff.

Hahn, Dieter — Die feindliche Übernahme von Aktiengesellschaften - Eine juristisch-ökonomische Analyse -, Rechtswissenschaftliche Forschung und Entwicklung Band 359, München 1992

Hahn, Dieter — Die Regulierung von Übernahmen in der Europäischen Gemeinschaft, ZBB 1990, S. 10 ff.

Halasz, Christian/ Kloster, Lars	Börsengang - eine Entscheidung der Hauptversammlung?, ZBB 2001, S. 474 ff.
Happ, Wilhelm	Aktienrecht, 2. Auflage, Köln, Berlin, Bonn, München 2004 (zitiert: Bearbeiter in: Happ)
Happ, Wilhelm (Hrsg.)	Zum Regierungsentwurf eines Wertpapierhandelsgesetzes, JZ 1994, S. 240 ff.
Harbarth, Stephan	Kontrollerlangung und Pflichtangebot, ZIP 2002, S. 321 ff.
Harrer, Herbert/ Wilsing, Hans-Ulrich	Aktuelle Aspekte des Rückzugs von der Wertpapierbörse (sog. Delisting), DZWir 2002, S. 485 ff.
Haugen, Robert A.	Introductory Investment Theory, New Jersey 1987
Heckschen, Heribert/ Simon, Stefan	Umwandlungsrecht – Gestaltungsschwerpunkte in der Praxis, Köln, Berlin, Bonn, München 2003 (zitiert: Bearbeiter in: Heckschen/Simon)
Heidel, Thomas (Hrsg.)	Aktienrecht, Anwaltkommentar, Bonn 2003 (zitiert: Bearbeiter in: Heidel)
Heidel, Thomas	Anmerkung zu BGH, Urteil vom 25. November 2002, AZ.: II ZR 133/01 („Macroton“), DB 2003, S. 548 ff.
Heinle, Daniel C.	City Code und Übernahmekodex, Europäische Hochschulschriften, Reihe II, Rechtswissenschaft, Band 3176, Frankfurt a. M. 2001

Heiser, Kristian J. | Interessenkonflikte in der Aktiengesellschaft und ihre Lösung am Beispiel des Zwangsangebots, Reihe Deutsches und Internationales Wirtschaftsrecht, Band 23, Hamburg 1999

Hellwig, Hans-Jürgen | Möglichkeiten einer Börsenreform zur Stärkung des deutschen Kapitalmarktes, ZGR 1999, S. 781 ff.

Hellwig, Hans-Jürgen/ Bormann, Michael | Die Abfindungsregeln beim Going Private - Der Gesetzgeber ist gefordert!, ZGR 2002, S. 465 ff.

Henn, Günter | Handbuch des Aktienrechts, 7. Auflage, Heidelberg 2002

Heppe, Hansjörg | Zu den Mitteilungspflichten nach § 21 WpHG im Rahmen der Umwandlung von Gesellschaften, WM 2002, S. 60 ff.

Herkenroth, Klaus E. | Konzernierungsprozesse im Schnittfeld von Konzernrecht und Übernahmerecht, Schriften zur wirtschaftswissenschaftlichen Analyse des Rechts, Band 18, Berlin 1994

Hirschman, Albert O. | Exit, voice and loyalty: responses to decline in firms, organizations and states, Cambridge, Massachusetts 1970

Hölters, Wolfgang (Hrsg.) | Handbuch des Unternehmens- und Beteiligungskaufs, 5. Auflage, Köln 2002 und Nachtrag Stand Dezember 2002, Köln 2003 (zitiert: Bearbeiter in: Hölters)

Hoffmann, Jochen | Das GmbH-Konzernrecht nach dem „Bremer Vulkan"-Urteil, NZG 2002, S. 68 ff.

Hoffmann-Becking, Michael	Der materielle Gesellschafterschutz: Abfindung und Spruchverfahren, ZGR 1990, S. 483 ff.
Holzapfel, Hans-Joachim/ Pöllath, Reinhard	Unternehmenskauf in Recht und Praxis, 11. Auflage, Köln 2003
Holzborn, Timo/ Blank, Joachim	Die Nichtzurechnung nach §§ 20, 36 WpÜG und die Befreiung vom Pflichtangebot nach § 37 WpÜG, §§ 8 ff. WpÜGAngVO, NZG 2002, S. 948 ff.
Holzborn, Timo/ Friedhoff, Martin	Die gebundenen Ausnahmen der Zurechnung nach dem WpÜG - Die Tücken des Handelsbestandes nach § 20 WpÜG -, WM 2002, S. 948 ff.
Hommelhoff, Peter	Konzerneingangsschutz durch Takeover-Recht? in: Unternehmen und Unternehmensführung im Recht, Festschrift für Johannes Semler zum 70. Geburtstag am 28. April 1993, Hrsg.: Marcus Bierich, Peter Hommelhoff, Bruno Kropff, Berlin, New York 1993, S. 393 ff.
Hommelhoff, Peter	Minderheitenschutz bei Umstrukturierungen, ZGR 1993, S. 452 ff.
Hommelhoff, Peter	Der Beitritt zum Beherrschungsvertrag und seine Auswirkungen auf die Sicherung der außenstehenden Aktionäre in: Festschrift für Carsten Peter Claussen zum 70. Geburtstag, Hrsg.: Klaus-Peter Martens, Harm Peter Westermann, Wolfgang Zöllner, Köln, Berlin, Bonn, München 1997, S. 129 ff.

Hommelhoff, Peter/ Hopt, Klaus J./ Lutter, Marcus (Hrsg.) — Konzernrecht für Europa, Band 1, Konzernrecht und Kapitalmarktrecht, München, Wien, Bern 2001 (zitiert: Bearbeiter in: Hommelhoff/ Hopt/Lutter)

Hommelhoff, Peter/ Kleindiek, Detlef — Takeover-Richtlinie und europäisches Konzernrecht, AG 1990, S. 106 ff.

Hopt, Klaus J. — Übernahmeangebote im europäischen Recht in: Beiträge zum Handels- und Wirtschaftsrecht, Festschrift für Fritz Rittner zum 70. Geburtstag, Hrsg.: Manfred Löwisch, Christian Schmidt-Leithoff, Burkhard Schmiedel, München 1991, S. 187 ff.

Hopt, Klaus J. — Europäisches und deutsches Übernahmerecht, ZHR 161 (1997), S. 368 ff.

Hopt, Klaus J. — Familien- und Aktienpools unter dem WpHG, ZGR 1997, S. 1 ff.

Hopt, Klaus J. — Auf dem Weg zum deutschen Übernahmengesetz in: Festschrift für Wolfgang Zöllner zum 70. Geburtstag, Band I: Handels- , Gesellschafts- und Wirtschaftsrecht, Hrsg.: Manfred Lieb, Ulrich Noack, Harm Peter Westermann, Köln, Berlin, Bonn, München 1998, S. 253 ff.

Hopt, Klaus J. — Kapitalmarktrecht - Rückblick und Ausblick in: Grundmann, Systembildung und Systemlücken in Kerngebieten des Europäischen Privatrechts, Tübingen 2000, S. 307 ff.

Hopt, Klaus J. — Grundsatz- und Praxisprobleme nach dem Wertpapiererwerbs- und Übernahmegesetz, ZHR 166 (2002), S. 383 ff.

Houben, Eike — Die Gestaltung des Pflichtangebots unter dem Aspekt des Minderheitenschutzes und der effizienten Allokation der Unternehmenskontrolle, WM 2000, S. 1873 ff.

Huber, Peter/ Löber, Werner — Übernahmegesetz, Wien 1999

Hüffer, Uwe — Aktiengesetz, 6. Auflage, München 2004

Hüffer, Uwe — Zur gesellschaftsrechtlichen Treuepflicht als richterrechtlicher Gestaltungsklausel in: Festschrift für Ernst Steindorff zum 70. Geburtstag am 13. März 1990, Hrsg.: Jürgen F. Baur, Klaus J. Hopt, K. Peter Mailänder, Berlin, New York 1990, S. 59 ff.

Hüffer, Uwe — Die Ausgleichsklausel des § 243 Abs. 2 S. 2 AktG - mißlungene Privilegierung der Mehrheitsherrschaft oder Grundlage für bloßen Vermögensschutz des Kapitalanlegers, in: Festschrift für Bruno Kropff, Aktien- und Bilanzrecht, Hrsg.: Karl-Heinz Forster, Barbara Grunewald, Marcus Lutter, Johannes Semler, Düsseldorf 1997, S. 128 ff.

Hüffer, Uwe — Mannesmann/Vodafone: Präsidiumsbeschlüsse des Aufsichtsrats für die Gewährung von „Appreciation Awards“ an Vorstandsmitglieder, BB 2003, Beilage Nr. 7, S. 1 ff.

Hüffer, Uwe/ Koch, Jens	Anmerkung zu OLG Stuttgart, Beschluss vom 4. Februar 2000, AZ.: 4 W 15/98, NZG 2000, S. 748 f.
Hüttemann, Rainer	Börsenkurs und Unternehmensbewertung, ZGR 2001, S. 454 ff.
Immenga, Ulrich	Der Preis der Konzernierung in: Wirtschaftsordnung und Staatsverfassung, Festschrift für Franz Böhm zum 80. Geburtstag, Hrsg.: Heinz Sauermann und Ernst-Joachim Mestmäcker, Tübingen 1975, S. 253 ff.
Immenga, Ulrich	Öffentliche Übernahmeangebote in: Kreutzer, Öffentliche Übernahmeangebote - Verhandlungen der Fachgruppe für vergleichendes Handels- und Wirtschaftsrecht anläßlich der Tagung der Gesellschaft für Rechtsvergleichung in Saarbrücken vom 18. bis 21.9.1991, Baden-Baden 1992, S. 11 ff.
Kaindl, Claudia	Das Pflichtangebot im Übernahmengesetz, Wien 2001
Kallmeyer, Harald	Umwandlungsgesetz 2. Auflage, Köln 2001
Kallmeyer, Harald	Das neue Umwandlungsgesetz, ZIP 1994, S. 1746 ff.
Kallmeyer, Harald	Der Einsatz von Spaltung und Formwechsel nach dem UmwG 1995 für die Zukunftssicherung von Familienunternehmen, DB 1996, S. 28 ff.
Kallmeyer, Harald	Die Mängel des Übernahmekodex der Börsensachverständigenkommission, ZHR 161 (1997), S. 435 ff.

Kallmeyer, Harald — Pflichtangebote nach dem Übernahmekodex und dem neuen Vorschlag 1997 einer Takeover-Richtlinie, ZIP 1997, S. 2147 ff.

Kallmeyer, Harald — Zum neuen Kommissionsvorschlag für eine Übernahmerichtlinie, DB 2002, S. 2695

Kalss, Susanne — Anlegerinteressen. Der Anleger im Handlungsdreieck von Vertrag, Verband und Markt, Wien, New York 2001

Kalss, Susanne — Das neue Übernahmegesetz als Teil des Kapitalmarktrechts in Österreich, NZG 1999, S. 421 ff.

Kalss, Susanne — Gelöste und ungelöste Fragen des Übernahmerechts und Umwandlungsrechts in: Rüdiger Volhard zum 70. Geburtstag, S. 56 ff., Hrsg.: Clifford Chance Pünder, Frankfurt 2002

Karlsruher Kommentar zum Ordnungswidrigkeitengesetz (Hrsg. Karlheinz Boujong) — 2. Auflage, München 2000 (zitiert: Bearbeiter in: KK-WpÜG)

Karollus, Martin/ Geist, Reinhard — Das österreichische Übernahmegesetz - (k)ein Papiertiger?!, NZG 2000, S. 1145 ff.

Karollus, Martin/ Geist, Reinhard — Anmerkung zur Stellungnahme der österreichischen Übernahmekommission, GZ 2000/1/4-171 vom 12. September 2000, in der Sache HVB/Bank Austria, NZG 2001, S. 288

Kastner, Walther/ Doralt, Peter/ Nowotny, Christian — Grundriß des österreichischen Gesellschaftsrechts, 5. Auflage, Wien 1990

Kiem, Roger — Anmerkung zu LG München I, Urteil vom 4. November 1995, AZ: 5 HKO 10580/99, EWiR § 43 BörsG, 1/2000, S. 75 ff.

Kindler, Peter — Hauptfragen des Konzernrechts in der internationalen Diskussion, ZGR 1997, S. 449 ff.

Kirchner, Christian/ Ehricke, Ulrich — Funktionsdefizite des Übernahmekodex der Börsensachverständigenkommission, AG 1998, S. 105 ff.

Kleindiek, Detlef — „Going Private" und Anlegerschutz in: Festschrift für Gerold Bezzenberger zum 70. Geburtstag, Hrsg.: Harm Peter Westermann, Klaus Mock, Berlin, New York 2000, S. 653 ff.

Kleindiek, Detlef — Funktion und Geltungsanspruch des Pflichtangebots nach dem WpÜG - Kapitalmarktrecht - Konzernrecht - Umwandlungsrecht, ZGR 2002, S. 546 ff.

Kleppe, Martin — Anlegerschutz beim Rückzug eines Unternehmens von der Börse, Reihe Rechtsfragen der Handelsgesellschaften, Bd. 113, Köln 2002

Kölner Kommentar zum Aktiengesetz (Hrsg. Wolfgang Zöllner) — Band 1, §§ 1-75 AktG, 2. Auflage, Köln, Berlin, Bonn, München 1988
Band 5/1, §§ 179-240, 2. Auflage, Köln, Berlin, Bonn, München 1994
Band 6, §§ 291-328, 2. Auflage, Kön, Berlin, Bonn, München 1987
(zitiert: Bearbeiter in: KK-AktG)

Kölner Kommentar zum WpÜG (Hrsg. Heribert Hirte, Christoph von Bülow) — Kölner Kommentar zum WpÜG mit AngebVO und §§ 327a-327f AktG, Köln/Berlin/Bonn/München 2003 (zitiert: Bearbeiter in: KK-WpÜG)

König, Peter/ Seitz, Helmut — Ordnungswidrigkeitengesetz, 13. Auflage, München 2002

Körner, Marita — Die Neuregelung der Übernahmekontrolle nach deutschem und europäischen Recht - insbesondere zur Neutralitätspflicht des Vorstands, DB 2001, S. 367 ff.

Kort, Michael — Ausgleichs- und Abfindungsrechte (§§ 304, 305 AktG) beim Beitritt eines herrschenden Unternehmens zu einem Beherrschungsvertrag - Besprechung der Entscheidung BGH, NJW 1998, 1866 -, ZGR 1999, S. 402 ff.

Krämer, Lutz Robert/ Theiß, Simone — Delisting nach der Macroton-Entscheidung des BGH, AG 2003, S. 225 ff.

Krause, Hartmut — Das obligatorische Übernahmeangebot, Baden-Baden 1996

Krause, Hartmut — Der revidierte Vorschlag einer Takeover-Richtlinie (1996), AG 1996, S. 209 ff.

Krause, Hartmut — Zur Gleichbehandlung der Aktionäre bei Übernahmeangeboten und Beteiligungserwerb - Teil II -, WM 1996, S. 893 ff.

Krause, Hartmut — Die geplante Takeover-Richtlinie der Europäischen Union mit Ausblick auf das geplante deutsche Übernahmegesetz, NZG 2000, S. 905 ff.

Krause, Hartmut — Das neue Übernahmerecht, NJW 2002, S. 705 ff.

Krause, Hartmut — Das deutsche Übernahmegesetz vor dem Hintergrund der EU-Richtlinie, ZGR 2002, S. 500 ff.

Krause, Hartmut — Der Kommissionsvorschlag für die Revitalisierung der EU-Übernahmerichtlinie, BB 2002, S. 2341 ff.

Krause, Hartmut — BB-Europareport: Die EU-Übernahmerichtlinie - Anpassungsbedarf im Wertpapiererwerbs- und Übernahmegesetz, BB 2004, S. 113 ff.

Krieger, Gerd — Squeeze-Out nach neuem Recht: Überblick und Zweifelsfragen, BB 2002, S. 53 ff.

Kropff, Bruno — Konzerneingangskontrolle bei der qualifiziert konzerngebundenen Aktiengesellschaft in: Bilanz und Konzernrecht, Festschrift zum 65. Geburtstag von Dr. Dr. h. c. Reinhard Goerdeler, Hrsg.: Hans Havermann, Düsseldorf 1987, S. 259 ff.

Kübler, Friedrich/ Schmidt, Reinhard H. — Gesellschaftsrecht und Konzentration, Berlin 1998

Küting, Karlheinz — Das Übernahmeangebot als alternative Form des Beteiligungserwerbs, BB 1978, S. 1751 ff.

Kuhr, Hand-Peter — Der Minderheitenschutz bei Übernahmeangeboten in Deutschland und Frankreich unter Einfluss der 13. EG-Richtlinie, Konstanz 1992

Land, Volker — Das neue deutsche Wertpapiererwerbs- und Übernahmegesetz - Anmerkungen zum Regierungsentwurf -, DB 2001, S. 1707 ff.

Land, Volker/ Hasselbach, Kai — „Going Private“ und „Squeeze out“ nach deutschem Aktien-, Börsen- und Übernahmerecht, DB 2000, S. 557 ff.

Land, Volker/ Hasselbach, Kai — Das neue deutsche Übernahmegesetz - Einführung und kritische Anmerkungen zum Diskussionsentwurf des BMF, DB 2000, S. 1747 ff.

Larenz, Karl/ Canaris, Claus Wilhelm — Methodenlehre der Rechtswissenschaft, 3. Auflage, Berlin, Heidelberg 1995

Lenz, Jürgen — Das Wertpapiererwerbs- und Übernahmegesetz in der Praxis der Bundesanstalt für Finanzdienstleistungsaufsicht, NJW 2003, S. 2073 ff.

Lenz, Jürgen/ Behnke, Thorsten — Das WpÜG im Praxistest - Ein Jahr Angebotsverfahren unter der Regie des neuen Gesetzes, BKR 2003, S. 43 ff.

Lenz, Jürgen/ Linke, Ulf — Die Handhabung des WpÜG in der aufsichtsrechtlichen Praxis, AG 2002, S. 361 ff.

Leibholz, Gerhard/ Rinck, Hans-Justus/ Hesselberger, Dieter — Grundgesetz für die Bundesrepublik Deutschland - Kommentar an Hand der Rechtsprechung des Bundesverfassungsgerichts, Band II, Art. 21-146 GG, 7. Auflage, Köln 1993, Stand: 41. Ergänzungslieferung, August 2003

Letzel, Hans-Joachim — Das Pflichtangebot nach dem Übernahmekodex - mit Vorausschau auf das Pflichtangebot nach dem ÜbG, NZG 2001, S. 260 ff.

Letzel, Hans-Joachim — Das Pflichtangebot nach dem WpÜG, BKR 2002, S. 293 ff.

Liebscher, Thomas	Das Übernahmeverfahren nach dem neuen Übernahmegesetz, ZIP 2001, S. 853 ff.
Liebscher, Thomas	Die Zurechnungstatbestände des WpHG und WpÜG, ZIP 2002, S. 1005 ff.
Limmer, Peter (Hrsg.)	Handbuch der Unternehmensumwandlung, 2. Auflage, Recklinghausen 2001 (zitiert: Bearbeiter in: Limmer)
Loritz, Karl-Georg/ Wagner, Klaus-R.	Das „Zwangsübernahmeangebot" der EG-Takeover-Richtlinie aus verfassungsrechtlicher Sicht, WM 1991, S. 709 ff.
Lübbert, Harald	Der Markt für Unternehmenskontrollen - Chancen und Risiken für Wettbewerb und Konzentration in: Gröner, Der Markt für Unternehmenskontrollen, Schriften des Vereins für Socialpolitik, Neue Folge Band 214, Berlin 1992
Lübking, Johannes	Ein einheitliches Konzernrecht für Europa, Baden-Baden 2000
Lüttmann, Ruth	Kontrollwechsel in Kapitalgesellschaften, Wirtschaftsrecht und Wirtschaftspolitik Band 21, Baden-Baden 1992
Lutter, Marcus	Kölner Umwandlungsrechtstage: Verschmelzung - Spaltung - Formwechsel nach neuem Umwandlungsrecht und Umwandlungssteuerrecht, Köln 1995 (zitiert: Bearbeiter in: Lutter, Kölner Umwandlungsrechtstage)
Lutter, Marcus (Hrsg.)	Umwandlungsgesetz, Band I, §§ 1-151, 2. Auflage, Köln 2000 (zitiert: Bearbeiter in: Lutter, Bd. I)

Lutter, Marcus	Die zivilrechtliche Haftung in der Unternehmensgruppe, ZGR 1982, S. 244 ff.
Lutter, Marcus	Stand und Entwicklung des Konzernrechts in Europa, ZGR 1987, S. 324 ff.
Lutter, Marcus	Die Treuepflicht des Aktionärs, ZHR 153 (1989), S. 446 ff.
Lutter, Marcus	Der qualifiziert faktische Konzern, AG 1990, S. 179 ff.
Lutter, Marcus	Gesellschaftsrecht und Kapitalmarktrecht in: Festschrift für Wolfgang Zöllner zum 70. Geburtstag, Band I, Handels-, Gesellschaft- und Wirtschaftsrecht, Hrsg.: Manfred Lieb, Ulrich Noack, Harm Peter Westermann, Köln, Berlin, Bonn, München 1998, S. 363 ff.
Lutter, Marcus/ Banerjea, Nirmal Robert	Die Haftung wegen Existenzvernichtung, ZGR 2003, S. 402 ff.
Lutter, Marcus/ Timm, Wolfram	Konzernrechtlicher Präventivschutz im GmbH-Recht, NJW 1982, S. 409 ff.
Luttermann, Claus	Zum Börsenkurs als gesellschaftsrechtliche Bewertungsgrundlage - Die Maßgeblichkeit des Marktpreises im Zivil- und Steuerrecht, ZIP 1999, S. 45 ff.
Luttermann, Claus	Anmerkung zu BVerfG, Beschluss vom 27 April 1999 („DAT/Altana"), JZ 1999, S. 945 ff.
Manne, Henry	Mergers and the Market for Corporate Control, Journal of Political Economy 73 (1965), S. 110 ff.

Martens, Klaus-Peter — Stimmrechtsbeschränkungen und Stimmbindungsvertrag im Aktienrecht, AG 1993, S. 495 ff.

Maunz, Theodor/ Dürig, Günther/ Herzog, Roman/ Scholz, Rupert/ Lerche, Peter/ Papier, Hans-Jürgen/ Randelzhofer, Albrecht/ Schmidt-Assmann, Eberhard — Grundgesetz, Band II, Art. 12a-37 GG, Lieferungen 1-27, München 1989 (zitiert: Bearbeiter in Maunz/Dürig, Bd. II)

Mayer, Dieter — Erste Zweifelsfragen bei der Unternehmensspaltung, DB 1995, S. 861 ff.

Meier-Schatz, Christian J. — Managermacht und Marktkontrolle, ZHR 149 (1985), S. 76 ff.

Mertens, Hans-Joachim — Förderung von, Schutz vor, Zwang zu Übernahmeangeboten?, AG 1990, S. 252 ff.

Meyer-Landrut, Andreas/ Kiem, Roger — Der Formwechsel einer Publikumsgesellschaft - Erste Erfahrungen aus der Praxis -, Teil 1, WM 1997, S. 1361 ff.

Möller, Andreas/ Pötzsch, Thorsten — Das neue Übernahmerecht - Der Regierungsentwurf vom 11. Juli 2000, ZIP 2001, S. 1256 ff.

Möllers, Thomas M. J. — Anlegerschutz durch Aktien- und Kapitalmarktrecht - Harmonisierungsmöglichkeiten nach geltendem und künftigem Recht -, ZGR 1997, S. 334 ff.

Mühle, Sabine	Das Wertpapiererwerbs- und Übernahmegesetz im Schnittfeld zwischen Gesellschafts- und Kapitalmarkrecht unter besonderer Berücksichtigung des ökonomischen Rahmenbezugs, Augsburger Rechtsstudien Nr. 32, Baden-Baden 2002
Mülbert, Peter O.	Aktiengesellschaft, Unternehmensgruppe und Kapitalmarkt, 2. Auflage, München 1996
Mülbert, Peter O.	Übernahmerecht zwischen Kapitalmarktrecht und Aktien(konzern)recht - die konzeptionelle Schwachstelle des RegE WpÜG, ZIP 2001, S. 1221 ff.
Mülbert, Peter O.	Rechtsprobleme des Delistings, ZHR 165 (2001), S. 104 ff.
Mülbert, Peter O.	Umsetzungsfragen der Übernahmerichtlinie - erheblicher Änderungsbedarf bei den heutigen Vorschriften des WpÜG, NZG 2004, S. 633 ff.
Münchener Handbuch des Gesellschaftsrechts (Hrsg. Michael Hoffmann-Becking)	Band 4, Aktiengesellschaft, 2. Auflage, München 1999 (zitiert: Bearbeiter in: Münch. Hdb. GesR IV)

Münchener Kommentar zum Aktiengesetz (Hrsg. Bruno Kropff, Johannes Semler)	Band 1, §§ 1-53, 2. Auflage, München 2000; Band 3, §§ 76-117, 2. Auflage, München 2004; Band 4, §§ 118-147, 2. Auflage, München 2004; Band 7, §§ 222-277, 2. Auflage, München 2001; Band 8, §§ 278-328, 2. Auflage, München 2000; Band 9/1, §§ 327a-327f, WpÜG, SpruchG, 2. Auflage, München 2004 (zitiert: Bearbeiter in: MüKo-AktG)
Münchener Kommentar zum Handelsgesetzbuch (Hrsg. Karsten Schmidt)	Band 4, §§ 238-342a, München 2001 (zitiert: Bearbeiter in: MüKo-HGB)
Munschek, Karsten	Das Übernahmeangebot als Konzernbildungskontrolle, RIW 1995, S. 998 ff.
Neye, Hans-Werner	Der neue Übernahmekodex der Börsensachverständigenkommission, ZIP 1995, S. 1464 ff.
Neye, Hans-Werner	Der neue Vorschlag der Kommission für eine dreizehnte Richtlinie über Übernahmeangebote, DB 1996, S. 1121 ff.
Neye, Hans-Werner	Der gemeinsame Standpunkt des Rates zur 13. Richtlinie - ein entscheidender Schritt auf dem Weg zu einem europäischen Übernahmerecht, AG 2000, S. 289 ff.
Neye, Hans-Werner	Die EU-Übernahmerichtlinie auf der Zielgeraden, ZIP 2001, S. 1120 ff.

Neye, Hans-Werner — Der Vorschlag 2002 einer Takeover-Richtlinie, NZG 2002, S. 1144 ff.

Nobel, Peter — Börsengesellschaftsrecht? in: Aktienrecht 1992-1997: Versuch einer Bilanz, Zum 70. Geburtstag von Rolf Bär, Hrsg.: Roland von Büren, Bern 1998

Nottmeier, Horst/ Schäfer, Holger — Praktische Fragen im Zusammenhang mit §§ 21, 22 WpHG, AG 1997, S. 87 ff.

Nowotny, Christian — Zur Auslegung des Übernahmegesetzes, RdW 2000, S. 330 ff.

Nowotny, Christian — Übernahmen durch Umgründungen - Zusammenspiel oder Widerspruch zwischen Übernahme- und Gesellschaftsrecht, wbl 2001, S. 379 ff.

Oechsler, Jürgen — Der RegE zum Wertpapiererwerbs- und Übernahmegesetz - Regelungsbedarf auf der Zielgeraden!, NZG 2001, S. 817 ff.

Otto, Hans-Jochen — Die Verteilung der Kontrollprämie bei Übernahme von Aktiengesellschaften und die Funktion des Höchststimmrechts, AG 1994, S. 167 ff.

Peifer, Karl-Nikolaus — Individualität im Zivilrecht - Der Schutz persönlicher, gegenständlicher und wettbewerblicher Individualität im Persönlichkeitsrecht, Immaterialgüterrecht und Recht der Unternehmen, Tübingen 2001

Peltzer, Martin — Übernahmeangebote nach künftigem Europa-Recht und dessen Umsetzung ins deutsche Recht, in: Assmann/Basaldua/Bozenhardt/ Peltzer, Übernahmeangebote, ZGR-Sonderheft Nr. 9, 1990, S. 179 ff.

Peltzer, Martin/ Voight, Elizabeth A. — Wertpapiererwerbs- und Übernahmegesetz, Köln 2002

Pentz, Andreas — Mitwirkungsrechte und Sicherung außenstehender Aktionäre im Falle der Änderung eines Unternehmensvertrages durch Beitritt eines weiteren Unternehmens in: Festschrift für Bruno Kropff, Aktien- und Bilanzrecht, Hrsg.: Karl-Heinz Forster, Barbara Grunewald, Marcus Lutter, Johannes Semler, Düsseldorf 1997, S. 225 ff.

Pfüller, Markus/ Anders, Dietmar — Delisting-Motive vor dem Hintergrund neuerer Rechtsentwicklungen, NZG 2003, S. 459 ff.

Picot, Gerhard (Hrsg.) — Handbuch Mergers & Acquisitions, 2. Auflage, Stuttgart 2002 (zitiert: Bearbeiter in: Picot)

Picot, Gerhard/ Mentz, Alexander/ Seydel, Eberhard (Hrsg.) — Die Aktiengesellschaft bei Unternehmenskauf und Restrukturierung, München 2003 (zitiert: Bearbeiter in: Picot/ Mentz/Seydel)

Pietzke, Rudolf — Das zwingende Übernahmeangebot bei Erwerb einer Kontrollmehrheit in: Festschrift für Wolfgang Fikentscher zum 70. Geburtstag, Hrsg.: Bernhard Großfeld, Rolf Sack, Thomas M. J. Möllers, Josef Drexel, Andreas Heinemann, Tübingen 1998, S. 601 ff.

Piltz, Detlev J.	Unternehmensbewertung und Börsenkurs im aktienrechtlichen Spruchstellenverfahren - zugleich Besprechung der Entscheidung BVerfGE 100, 289, ZGR 2001, S. 185 ff.
Pluskat, Sorika	Das Scheitern der europäischen Übernahmerichtlinie, WM 2001, S. 1937 ff.
Pluskat, Sorika	Das geplante neue Übernahmerecht nach dem Referentenentwurf des BMF, DStR 2001, S. 897 ff.
Pluskat, Sorika	Going Private durch reguläres Delisting, WM 2002, S. 833 ff.
Pötzsch, Thorsten	Das neue Übernahmerecht: Texte, Materialien, Erläuterungen, Köln 2002
Pötzsch, Thorsten	Das dritte Finanzmarktförderungsgesetz, WM 1998, S. 949 ff.
Pötzsch, Thorsten/ Möller, Andreas	Das künftige Übernahmerecht - Der Diskussionsentwurf des Bundesministeriums der Finanzen zu einem Gesetz zur Regelung von Unternehmensübernahmen und der Gemeinsame Standpunkt des Rates zur europäischen Übernahmerichtlinie -, WM 2000, Sonderbeilage Nr. 2, S. 3 ff.
Prantl, Johannes	Konzernbildung, Konzernrecht und Minderheitenschutz in Deutschland - Eine ökonomische Analyse -, Europäische Hochschulschriften Band 1598, Reihe V, Volks- und Betriebswirtschaft, Frankfurt am Main 1994
Priester, Hans-Joachim	Strukturänderungen - Beschlußvorbereitung und Beschlußfassung, ZGR 1990, S. 420 ff.

Priester, Hans-Joachim	Herrschaftswechsel beim Unternehmensvertrag, ZIP 1992, S. 293 ff.
Priester, Hans-Joachim	Mitgliederwechsel im Umwandlungszeitpunkt - Die Identität des Gesellschafterkreises - ein zwingender Grundsatz? -, DB 1997, S. 560 ff.
Raiser, Thomas	Recht der Kapitalgesellschaften, 3. Auflage, München 2001
Raschke, Thorsten	Diskussionsbericht zu den Referaten von Hopt, Weisgerber und Kallmeyer, ZHR 161 (1997), S. 455 ff.
Rau-Bredow, Hans	Ökonomische Analyse obligatorischer Übernahmeangebote, Würzburg 1999, abrufbar unter: www.wifak.uni-wuerzburg.de/wilan/ wifak/bwl/bwl4/ download/uebernahme-angebote.pdf, zuletzt abgerufen am 27. Juli 2004
Reichert, Jochem/ Harbarth, Stephan	Stimmrechtsvollmacht, Legitimationszession und Stimmrechtsausschlussvertrag in der Aktiengesellschaft, AG 2001, S. 447 ff.
Reul, Jürgen	Die Pflicht zu Gleichbehandlung der Aktionäre bei privaten Kontrolltransaktionen, Tübinger rechtswissenschaftliche Abhandlungen, Band 70, Tübingen 1991
Reul, Jürgen	Übernahmeangebote in der ökonomischen Analyse in: Baum/Engel/Remien/Wenckstern, Kapitalmarktrecht - Schadensrecht - Privatrecht und Deutsche Einheit, Jahrbuch Junger Zivilrechtswissenschaftler 1990, Stuttgart, München, Hannover, Berlin, Weimar, Dresden 1991, S. 11 ff.

Reuter, Dieter	Die Personengesellschaft als abhängiges Unternehmen, ZHR 146 (1982), S. 1 ff.
Richard, Jörg/ Weinheimer, Stefan (Hrsg.)	Handbuch Going Private, Heidelberg 2002 (zitiert: Bearbeiter in: Richard/ Weinheimer)
Riegger, Bodo	Der Börsenkurs als Untergrenze der Abfindung? - Anmerkungen zum Beschluß des Bundesverfassungsgerichts vom 27.4.1999 -, DB 1999, S. 1889 ff.
Riehmer, Klaus/ Schröder, Oliver	Der Entwurf des Übernahmegesetzes im Lichte von Vodafone/Mannesmann, NZG 2000, S. 820 ff.
Riehmer, Klaus/ Schröder, Oliver	Praktische Aspekte bei der Planung, Durchführung und Abwicklung eines Übernahmeangebots, BB 2001, Beilage 5, S. 1 ff.
Roe, Mark J.	Political preconditions to separating ownership from corporate control, Stanford Law Review 53 (2000), S. 539 ff.
Röhrich, Martina	Gleichbehandlungspflicht bei Kontrollakquisitionen - Eine Analyse der dreizehnten EG-Richtlinie aus ökonomischer Sicht, RIW 1993, S. 93 ff.
Romano, Roberta	A Guide to Takeovers: Theory, Evidence and Regulation in: European Takeovers - Law and Practice -, Hrsg.: Klaus J. Hopt und Eddy Wymeersch, London 1992, Chapter 1, S. 3 ff.

Roos, Michael — Der neue Vorschlag für einer EG-Übernahme-Richtlinie, WM 1996, S. 2177 ff.

Roth, Günter H. — Gläubigerschutz durch Existenzschutz, NZG 2003, S. 1081 ff.

Rotthege, Georg/ Wassermann, Bernd — Mandatspraxis Unternehmenskauf, Köln, Berlin, Bonn, München 2002

Säcker, Franz Jürgen — Zur Problematik von Mehrfachfunktionen im Konzern, ZHR 151 (1987), S. 59 ff.

Sagasser, Bernd/ Bula, Thomas/ Brünger, Thomas R. — Umwandlungen - Verschmelzung - Spaltung - Formwechsel - Vermögensübertragung, 3. Auflage, München 2002 (zitiert: Bearbeiter in: Sagasser/Bula/ Brünger)

Sandberger, Georg — Teilübernahmeangebote und Zwangsübernahmeangebote im Europäischen Take-over-Recht, DZWir 1993, S. 319 ff.

Schaaff, Petra — Möglichkeiten der Abwehr von Take-over Bids in Großbritannien und USA, RIW 1985, S. 273 ff.

Schäfer, Frank A. (Hrsg.) — Wertpapierhandelsgesetz, Börsengesetz, Verkaufsprospektgesetz, Stuttgart 1999 (zitiert: Bearbeiter in: Schäfer)

Schander, Albert A. — Selbstregulierung versus Kodifizierung - Versuch einer Standortbestimmung des deutschen Übernahmerechts, NZG 1998, S. 799 ff.

Schanz, Kay — Börseneinführung - Recht und Praxis des Börsengangs, München 2000

Schaub, Bernhard — Das Abfindungsangebot nach § 29 UmwG, NZG 1998, S. 626 ff.

Scheffler, Eberhard — Der qualifizierte faktische Konzern, AG 1990, S. 173 ff.

Schenk, Gerald — Ökonomische Analyse des Minderheitenschutzes im Konzern, Zfbf 1997 (neue Folge 49), S. 652 ff.

Schiemer, Karl/ Jabornegg, Peter/ Strasser, Rudolf — Kommentar zum Aktiengesetz, 3. Auflage, Wien 1993 (zitiert: Bearbeiter in: Schiemer/ Jabornegg/Strasser)

Schiessl, Maximilian — Ist das deutsche Aktienrecht kapitalmarkttauglich? AG 1999, S. 442 ff.

Schilling, Wolf Ulrich — Takeover, Treupflicht und Shareholder Value - Einige Anmerkungen zu dem Übernahmeversuch Krupp-Hoesch/ Thyssen -, BB 1997, S. 1909 ff.

Schindler, Hendrik — Das Austrittsrecht in Kapitalgesellschaften, München 1999

Schlitt, Michael — Die gesellschaftsrechtlichen Voraussetzungen des regulären Delisting - Macroton und die Folgen, ZIP 2004, S. 533 ff.

Schmidt, Karsten — Gesellschaftsrecht, 4. Auflage, Köln, Berlin, Bonn, München 2002

Schmidt, Karsten — Abhängigkeit, faktischer Konzern, Nichtaktienkonzern und Divisionalisierung im Bericht der Unternehmensrechtskommission, ZGR 1981, S. 455 ff.

Schmidt-Bleibtreu, Bruno/ Klein, Franz (Hrsg.)	Kommentar zum Grundgesetz, 9. Auflage, Neuwied, Kriftel 1999 (zitiert: Bearbeiter in: Schmidt-Bleibtreu/Klein)
Schmitt, Joachim/ Hörtnagel, Robert/ Stratz, Rolf-Christian	Umwandlungsgesetz, Umwandlungssteuergesetz, 3. Auflage, München 2001 (zitiert: Bearbeiter in: Schmitt/ Hörtnagel/Stratz)
Schöne, Torsten	Das Aktienrecht als „Maß aller Dinge" im neuen Umwandlungsrecht?, GmbHR 1995, S. 325 ff.
Schüppen, Matthias	Übernahmegesetz ante portas! - Zum Regierungsentwurf eines „Gesetzes zur Regelung von öffentlichen Angeboten zum Erwerb von Wertpapieren und von Unternehmensübernahmen", Die Wirtschaftsprüfung 2001, S. 958 ff.
Schütt, Marc	Bayerische HypoVereinsbank AG - Bank Austria AG Transaction: A Model to Circumvent the Austrian Takeover Act?, Journal of International Banking Law 2001, S. 61 ff.
Schuster, Gunnar	Der neue Vorschlag für eine EG-Takeover-Richtlinie und seine Auswirkungen auf den Übernahmekodex, EuZW 1997, S. 237 ff.
Schuster, Stephan	Neue Regeln für Übernahmen, Die Bank 1995, S. 609 ff.
Schuster, Stephan	Der neue Vorschlag für eine EG-Takeover-Richtlinie und seine Auswirkungen auf den Übernahmekodex, EuZW 1997, S. 237 ff.

Schuster, Stephan/ Zschocke, Christian — Übernahmerecht, Deutsch-englische Ausgabe, Frankfurt am Main 1996 sowie Nachtrag März 1998

Schuster, Stephan/ Zschocke, Christian (Hrsg.) — Bad Homburger Handbuch zum Übernahmerecht, Heidelberg 2003 (zitiert: Bearbeiter in: Schuster/ Zschocke, Bad Homburger Handbuch)

Schwark, Eberhard (Hrsg.) — Kapitalmarktrechtskommentar, 3. Auflage, München 2004 (zitiert: Bearbeiter in: Schwark)

Schwark, Eberhard — Anlegerschutz in der Publikums-AG - ein Paradigmenwechsel? in: Festschrift für Marcus Lutter zum 70. Geburtstag, Deutsches und europäisches Gesellschafts-, Konzern- und Kapitalmarktrecht, Hrsg.: Uwe H. Schneider, Peter Hommelhoff, Karsten Schmidt, Wolfram Timm, Barbara Grunewald, Tim Drygala, Köln 2000, S. 1529 ff.

Schwark, Eberhard/ Geiser, Frank — Delisting, ZHR 161 (1997), S. 739 ff.

Schwartze, Andreas — Europäische Regelungen für Unternehmensübernahmen - eine kapitalmarktorientierte Betrachtung - in: Ott/Schäfer, Ökonomische Analyse des Unternehmensrechts (Beiträge zum 3. Travemünder Symposium zur ökonomischen Analyse des Rechts), Heidelberg 1993, S. 264 ff.

Schwarz, Hans-Detlef — Das neue Umwandlungsrecht, DStR 1994, S. 1694 ff.

Seibt, Christoph/ Heiser, Kristian J. — Regelungskonkurrenz zwischen neuen Übernahmerecht und Umwandlungsrecht, ZHR 165 (2001), S. 466 ff.

Seibt, Christoph/ Heiser, Kristian J.	Der neue Vorschlag einer EU-Übernahmerichtlinie und das deutsche Übernahmerecht, ZIP 2002, S. 2193 ff.
Semler, Johannes/ Stengel, Arndt (Hrsg.)	Umwandlungsgesetz München 2003 (zitiert: Bearbeiter in: Semler/Stengel)
Semler, Johannes Volhard, Rüdiger (Hrsg.)	Arbeitshandbuch für Unternehmensübernahmen Band 1:Unternehmensübernahmen - Vorbereitung - Durchführung - Folgen - Ausgewählte Drittländer, München 2001 Band 2: Das neue Übernahmerecht, München 2003 (zitiert: Bearbeiter in: Semler/Volhard, Bd. 1 oder Bd. 2)
Shleifer, Andrei/ Vishny, Robert	A Survey of Corporate Governance, Journal of Finance 52 (1997), S. 737 ff.
Stockenhuber, Peter	Take-Overs nach österreichischem Übernahmerecht, RIW 1999, S. 752 ff.
Stockenhuber, Peter	Der Verzicht der Aktionäre der Zielgesellschaft auf das Übernahmeangebot in: Festschrift für Heinz Krejci, Hrsg.: Erwin Bernat, Elisabeth Böhler, Arthur Weilinger, Wien 2001, S. 895 ff.
Stoll, Jutta	Zum Vorschlag der EG-Kommission für die 13. Richtlinie auf dem Gebiet des Gesellschaftsrechts über Übernahmeangebote, BB 1989, S. 1489 ff.
Steck, Kai-Uwe	„Going private" über das UmwG, AG 1998, S. 460 ff.

Steinmeyer, Roland/ Häger, Michael — WpÜG - Kommentar zum Wertpapiererwerbs- und Übernahmegesetz mit Erläuterungen zum Minderheitenausschluss nach §§ 327a ff. AktG, Berlin 2002

Stern, Elisabeth — Übernahmeangebote im englischem Recht - The City Code on Takeovers and Mergers in: Doralt/Nowotny/ Schauer, Takeover-Recht, Wien 1997, S. 51 ff.

Steuer, Stephan/ Baur, Georg — Erwerbsgeschäfte im Grenzbereich bedeutender Beteiligungen nach dem Wertpapierhandelsgesetz, WM 1996, S. 1477 ff.

Streck, Michael/ Mack, Alexandra/ Schwedhelm, Rolf — Verschmelzung und Formwechsel nach dem neuen Umwandlungsgesetz, GmbHR 1995, S. 161 ff.

Streit, Georg — Delisting Light - Die Problematik der Vereinfachung des freiwilligen Rückzugs von der Frankfurter Wertpapierbörse, ZIP 2002, S. 1279 ff.

Streit, Georg — Anmerkung zu BGH, Urteil vom 25. November 2002, AZ.: II ZR 133/01 („Macroton"), ZIP 2003, S. 392 ff.

Strenger, Christian — Das deutsche Übernahmegesetz - Ausgewogenheit zwischen Unternehmens- und Anlegerinteressen als Pflichtprogramm -, WM 2000, S. 952 ff.

Stumpf, Christoph A. — Grundrechtsschutz im Aktienrecht, NJW 2003, S. 9 ff.

Sudmeyer, Jan — Mitteilungs- und Veröffentlichungspflichten nach §§ 21, 22 WpHG, BB 2002, S. 685 ff.

Süßmann, Rainer — Anwendungsprobleme des WpÜG, WM 2003, S. 1453 ff.

Süßmann, Rainer — Anmerkung zu BGH, Urteil vom 25. November 2002, AZ.: II ZR 133/01 („Macroton"), BKR 2003, S. 257 ff.

Thaeter, Ralf/ Barth, Daniel — RefE eines Wertpapiererwerbs- und Übernahmegesetzes, NZG 2001, S. 545 ff.

Technau, Konstantin — Rechtsfragen bei der Gestaltung von Übernahmeverträgen („Underwriting Agreements") im Zusammenhang mit Aktienemissionen, AG 1998, S. 445 ff.

Technau, Konstantin — Übernahmerechtliche Austrittsrechte in Verschmelzungsfällen, AG 2002, S. 260 ff.

Thoma, Georg F. — Der neue Übernahmekodex der Börsensachverständigenkommission, ZIP 1996, S. 1725 ff.

Thoma, Georg F. — Das Wertpapiererwerbs- und Übernahmegesetz im Überblick, NZG 2002, S. 105 ff.

Timm, Wolfram — Zur Sachkontrolle von Mehrheitsentscheidungen im Kapitalgesellschaftsrecht - dargestellt am Beispiel „strukturverändernder Entscheidungen" -, ZGR 1987, S. 403 ff.

Timm, Wolfram — Grundfragen des „qualifizierten" faktischen Konzerns im Aktienrecht, NJW 1987, S. 977 ff.

Timm, Wolfram — Das Recht der faktischen Unternehmensverbindungen im Umbruch, NJW 1992, S. 2185 ff.

Tröger, Tobias — Unternehmensübernahmen im deutschen Recht (II) - Übernahmeangebote, Pflichtangebot, Squeeze out - DZWir 2002, S. 397 ff.

Vetter, Eberhard — Anmerkung zu BVerfG, Beschluss vom 27 April 1999 („DAT/Altana"), AG 1999, S. 569 ff.

Vetter, Jochen — Pflichtangebot nach Kontrollerwerb im Wege der Verschmelzung oder Spaltung?, WM 2002, S. 1999 ff.

Vollmer, Lothar/ Grupp, Alexander — Der Schutz der Aktionäre beim Börseneintritt und Börsenaustritt, ZGR 1995, S. 459 ff.

Vollrath, Hans-Joachim — Grenzen des Minderheitenschutzes bei der Realisierung einer Gesellschaftsbeteiligung in: Umwandlungen in Zivil- und Steuerrecht, Festschrift für Siegfried Widmann zum 65. Geburtstag am 22. März 2000, Hrsg. Franz Wassermeyer, Dieter Mayer, Norbert Rieger, Bonn, Berlin 2001, S. 117 ff.

von Bülow, Christoph — Anmerkungen zum Übernahmekodex, M&A Review 1996, S. 383 ff.

von Mangoldt, Herrmann/ Klein, Friedrich/ Starck, Christian — Das Bonner Grundgesetz, Kommentar, Band 1, Präambel, Art. 1-19 GG, 4. Auflage, München 1999; Band 3, Art. 79-146, 4. Auflage, München 2001 (zitiert: Bearbeiter in: v. Mangoldt/ Klein/Starck, Bd. 1 o. Bd. 3)

von Münch, Ingo/ Kunig, Philip (Hrsg.) — Grundgesetz-Kommentar, Band 1, Präambel bis Art. 19 GG, 5. Auflage, München 2000 (zitiert: Bearbeiter in: von Münch/ Kunig, Bd. 1)

Wackerbarth, Ulrich	Grenzen der Leitungsmacht in der internationalen Unternehmensgruppe, Schriften des Rechtszentrums für Europäische und Internationale Zusammenarbeit (R.I.Z.), Band 12, München 2001
Wastl, Ulrich	Der Handel mit größeren Aktienpaketen börsennotierter Unternehmen - Eine Bestandsaufnahme aus primär aktien-, börsen- und kapitalmarktrechtlicher Sicht -, NZG 2000, S. 505 ff.
Weber, Martin	Vormitgliedschaftliche Treuebindungen, München 1999
Weber, Martin	Der geänderte Vorschlag für eine Takeover-Richtlinie vom 10.11.1997, EuZW 1998, S. 464 ff.
Weber-Rey, Daniela/ Schütz, Bernhard G.	Zum Verhältnis des Übernahmerechts zum Umwandlungsrecht, AG 2001, S. 325 ff.
Weisgerber, Thomas	Der Übernahmekodex in der Praxis, ZHR 161 (1997), S. 421 ff.
Wenger, Ekkehard/ Hecker, Renate/ Knoesel, Jochen	Abfindungsregeln und Minderheitenschutz bei börsennotierten Kapitalgesellschaften in: Gahlen/Hesse/Ramser, Finanzmärkte, Wirtschaftswissenschaftliches Seminar Oberbeuren Band 26, Tübingen 1997
Wenger, Ekkehard/ Käserer, Christoph/ Hecker, Renate	Konzentrierung und Ausschluss von Minderheitsaktionären im neuen Übernahmerecht: Eine verpasste Chance für einen marktorientierten Minderheitenschutz, ZBB 2001, S. 317 ff.

Werner, Winfried	Probleme „feindlicher“ Übernahmen im Aktienrecht, Schriftenreihe der juristischen Gesellschaft zu Berlin, Heft 115, Berlin, New York 1989
Westermann, Harm Peter	Zum Verhalten des Großaktionärs bei Umtauschangeboten gemäß § 305 AktG - Anmerkung zu BGH, II ZR 61/74 vom 16.2.1976, AG 1976, S. 309 ff.
Widmann, Siegfried/ Mayer, Dieter (Hrsg.)	Umwandlungsrecht, Band 2, §§ 1-59 UmwG, 3. Auflage, Bonn, Berlin 1995; Stand: 73. Ergänzungslieferung November 2003 (zitiert: Bearbeiter in: Widmann/ Mayer)
Wiedemann, Herbert	Gesellschaftsrecht, Band I - Grundlagen, München 1980
Wiedemann, Herbert	Das Abfindungsrecht - ein gesellschaftsrechtlicher Interessenausgleich, ZGR 1978, S. 477 ff.
Wiesner, Peter M.	Kein EG-weites Harmonisierungsbedürfnis für das Recht der Übernahmeangebote, GmbHR 1987, R 81
Wiesner, Peter M.	Die neue Übernahmerichtlinie und ihre Folgen, ZIP 2004, S. 343 ff.
Wilm, Daniel	Abfindung zum Börsenkurs - Konsequenzen der Entscheidung des BVerfG, NZG 2000, S. 234 ff.
Wilsing, Hans-Ulrich	Wiederaufleben von Stimmrechten aus Vorzugsaktien und Mitteilungspflichten nach § 21 Abs. 1 WpHG, BB 1995, S. 2277 ff.

Wilsing, Hans-Ulrich/ Kruse, Tobias	Die Änderung des § 54a BörsO/Ffm: Ein Schritt in die richtige Richtung? NZG 2002, S. 807 ff.
Wirth, Gerhard/ Arnold, Michael	Anlegerschutz beim Delisting von Aktiengesellschaften, ZIP 2000, S. 111 ff.
Wirth, Gerhard/ Weiler, Lothar	Änderung des Übernahmekodex ab 1.1.1998: Das erweiterte Pflichtangebot, DB 1998, S. 117 ff.
Wirth, Gernot	Auseinanderspaltung als Mittel zur Trennung von Familienstämmen und zur Filialabspaltung - Gesetzeslücke, Redaktionsversehen oder bloßes Wunschdenken unter Außerachtlassung des Gemeinschaftsrechts?, AG 1997, S. 455 ff.
Witt, Carl-Heinz	Der neue Vorschlag für eine EG-Richtlinie über Übernahmeangebote, EWS 1998, S. 318 ff.
Witt, Carl-Heinz	Die Änderung der Mitteilungs- und Veröffentlichungspflichten nach §§ 21 ff. WpHG durch das geplante Wertpapiererwerbs- und Übernahmegesetz, AG 2001, S. 233 ff.
Wolf, Martin	Konzerneingangsschutz bei Übernahmeangeboten, AG 1998, S. 212 ff.
Wymeersch, Eddy	Übernahmeangebote und Pflichtangebote, ZGR 2002, S. 520 ff.
Zetzsche, Dirk	Reguläres Delisting und deutsches Gesellschaftsrecht, NZG 2000, S. 1065 ff.
Zinser, Alexander	Pflichtangebotsregelungen in europäischen Staaten, NZG 2000, S. 573 ff.

Zinser, Alexander — Der RefE eines „Gesetzes zur Regelung von öffentlichen Angeboten zum Erwerb von Wertpapieren und von Unternehmensübernahmen" vom 12.3.2001, NZG 2001, S. 391 ff.

Zinser, Alexander — Der britische City Code on Takeovers and Mergers in der Fassung vom 9.3.2001, RIW 2001, S. 481 ff.

Zinser, Alexander — Ein neuer Anlauf: der jüngste Vorschlag einer Übernahmerichtlinie vom 2.10.2002, EuZW 2003, S. 10 ff.

Zinser, Alexander — Das neue Gesetz zur Regelung von öffentlichen Angeboten zum Erwerb von Wertpapieren und von Unternehmensübernahmen vom 1. Januar 2002, WM 2002, S. 15 ff.

Zollner, Johannes — Kontrollwechsel und Kontrollerlangung im Übernahmegesetz, Juristische Schriftenreihe, Bd. 190, Wien 2002

Zschocke, Christian — Europapolitische Mission: Das neue Wertpapiererwerbs- und Übernahmegesetz, DB 2002, S. 79 ff.

Abkürzungsverzeichnis

a. A.	anderer Ansicht
AblEG	Amtsblatt der Europäischen Gemeinschaft
Abs.	Absatz
Abschn.	Abschnitt
a. F.	alte Fassung
AG	Aktiengesellschaft
AG	Die Aktiengesellschaft, Zeitschrift für das gesamte Aktienwesen
AktG	Aktiengesetz
allg.	allgemein, allgemeine(r/s)
Anh.	Anhang
Anm.	Anmerkung
Art.	Artikel
AZ	Aktenzeichen
BaFin	Bundesanstalt für Finanzdienstleistungsaufsicht
BayObLG	Bayerisches Oberlandesgericht
BB	Der Betriebsberater
Bd.	Band
Begr.	Begründung
bes.	besonders, besondere(r/s)
BGB	Bürgerliches Gesetzbuch
BGBl.	Bundesgesetzblatt
BGH	Bundesgerichtshof
BGHZ	Entscheidungen des Bundesgerichtshofs in Zivilsachen
BKR	Zeitschrift für Bank- und Kapitalmarktrecht
BlgNr.	Beilagen zu den Stenographischen Protokollen des (österreichischen) Nationalrats
BMF	Bundesministerium der Finanzen
BörsG	Börsengesetz
BörsZulVO	Börsenzulassungsverordnung
BRD	Bundesrepublik Deutschland
BT-Drucks.	Bundestags-Drucksache
BverfG	Bundesverfassungsgericht

BVerfGE	Entscheidungen des Bundesverfassungsgerichts
bzw.	beziehungsweise
CDU	Christlich-Demokratische Union
COD	Codecision; Dokumentenbezeichnung der EU im Mitentscheidungsverfahren
CSU	Christlich-Soziale Union
DAV	Deutscher Anwaltverein
DB	Der Betrieb
ders.	Derselbe
DGB	Deutscher Gewerkschaftsbund
d.h.	das heißt
dies.	dieselbe(n)
DiskE	Diskussionsentwurf
DStR	Deutsches Steuerrecht
DZWir	Deutsche Zeitschrift für Wirtschaftsrecht
ecolex	Fachzeitschrift für Wirtschaftsrecht
EG	Europäische Gemeinschaft
Einl.	Einleitung
ErlRV	Erläuterungen zur Regierungsvorlage (Österreich)
etc.	et cetera
EU	Europäische Union
EuZW	Europäische Zeitschrift für Wirtschaftsrecht
EwiR	Entscheidungen im Wirtschaftsrecht
e. V.	eingetragener Verein
f.	folgende
FAZ	Frankfurter Allgemeine Zeitung
FDP	Freie Demokratische Partei
ff.	fortfolgende
Fn.	Fußnote
FS	Festschrift
GA	Goltdammer's Archiv für Strafrecht
gem.	gemäß
GesRZ	Der Gesellschafter – Zeitschrift für Gesellschafts- und Unternehmensrecht
GG	Grundgesetz
GmbH	Gesellschaft mit beschränkter Haftung

GmbHG	Gesetz betreffend die Gesellschaften mit beschränkter Haftung
GmbHR	GmbH-Rundschau
GP	Gesetzgebungsperiode (Österreich)
GroßK	Großkommentar
GZ	Geschäftszeichen
HGB	Handelsgesetzbuch
Hrsg.	Herausgeber
i. E.	im Ergebnis
IG BCE	Industriegewerkschaft Bergbau, Chemie und Energie
i. H. v.	in Höhe von
insbes.	insbesondere
i. S. d.	im Sinne des/der
i. S. v.	im Sinne von
i. V. m.	in Verbindung mit
JZ	Juristenzeitung
Kap.	Kapitel
KG	Kammergericht
KGaA	Kommanditgesellschaft auf Aktien
Komm.-Dok.	Dokument der EU-Kommission
LG	Landgericht
lit.	Litera
LS	Leitsatz
MdEP	Mitglied des Europäischen Parlaments
MüKo	Münchener Kommentar
n. F.	neue Fassung
NJW	Neue Juristische Wochenschrift
NJW-RR	Rechtsprechungsreport der Neuen Juristischen Wochenschrift
Nr.	Nummer
NZG	Neue Zeitschrift für Gesellschaftsrecht
öAktG	österreichisches Aktiengesetz
ÖBA	Österreichisches Bankarchiv
OLG	Oberlandesgericht
OWiG	Ordnungswidrigkeitengesetz
PE-CONS	Parlementaire Européenne - Consultation (Bezeichnung des Europäischen Parlaments für ein sich im Konsultationsverfahren befindliches Dokument)
R	Report

RdW	Österreichisches Recht der Wirtschaft
RefE	Referentenentwurf
RegE	Regierungsentwurf
RiW	Recht der internationalen Wirtschaft/Außenwirtschaftsdienst des Betriebsberaters
Rn.	Randnummer
s.	siehe
S.	Seite
sog.	sogenannte(r/s)
SPD	Sozialdemokratische Partei Deutschlands
u.	und
u. a.	unter anderem
u. ä.	und ähnliches
ÜbG	(österreichisches) Übernahmegesetz
UmwG	Umwandlungsgesetz
USA	United States of America
usw.	und so weiter
vgl.	vergleiche
wbl	Wirtschaftsrechtliche Blätter
WiB	Wirtschaftsrechtliche Beratung
WM	Wertpapierrechtliche Mitteilungen
WpHG	Wertpapierhandelsgesetz
WpÜG	Wertpapiererwerbs- und Übernahmegesetz
WpÜG-AngebVO	Verordnung über den Inhalt der Angebotsunterlage, die Gegenleistung bei Übernahmeangeboten und Pflichtangeboten und die Befreiung von der Verpflichtung zur Veröffentlichung und zur Abgabe von Angeboten
z. B.	zum Beispiel
ZBB	Zeitschrift für Bankrecht und Bankwirtschaft
ZfB	Zeitschrift für Betriebswirtschaft
Zfbf	Schmalenbachs Zeitschrift für betriebswirtschaftliche Forschung
ZGR	Zeitschrift für Unternehmens- und Gesellschaftsrecht
ZHR	Zeitschrift für das gesamte Handels- und Wirtschaftsrecht

Ziff.	Ziffer
ZIP	Zeitschrift für Wirtschaftsrecht und Insolvenzpraxis

Einleitung

A. Einführung in die Thematik

Unternehmensübernahmen durch öffentliche Erwerbsangebote waren - anders als beispielsweise in den USA oder Großbritannien[1] - in der Bundesrepublik Deutschland bis zum Ende der 1990er Jahre wenig verbreitet[2]. Grund hierfür waren vor allem die strukturellen Unterschiede im Vergleich zum angloamerikanischen Rechtskreis, beispielsweise im Bereich des Aktienrechts und der Arbeitnehmermitbestimmung, die geringe Anzahl börsennotierter Unternehmen sowie ein hoher Konzernierungsgrad[3]. Aufgrund der Internationalisierung der Märkte, umfangreicher technologischer Entwicklungen, insbesondere neuer Kommunikationsmöglichkeiten, und dem Anstieg des Anteils von Aktien am Vermögen privater Haushalte, die es einem potentieller Übernehmer erleichtern, Beteiligungen an einer Gesellschaft auszubauen, haben auch in Deutschland Unternehmensübernahmen erheblich an Bedeutung gewonnen. So hatte sich beispielsweise das Volumen von Fusionen und Übernahmen im ersten Halbjahr des Jahres 2000 im Vergleich zum Vorjahreszeitraum verzehnfacht; die Anzahl der Transaktionen war von 746 auf 847 angestiegen[4]. Auch heute, nach Einführung des WpÜG, ist die Bedeutung von Unternehmensübernahmen ungebrochen: so wurden im Jahr 2002 insgesamt 51 Angebotsverfahren, davon 17 Erwerbsangebote, 18 Übernahmeangebote und 16 Pflichtangebote, durchgeführt und von der BaFin 152 Befreiungsanträge bearbeitet[5].

Unter Unternehmensübernahmen ist der Vorgang zu verstehen, bei dem eine für die Leitung bzw. Kontrolle einer Kapitalgesellschaft ausreichende Anzahl von Anteilen in der Hand eines (unter Umständen neuen) Gesellschafters konzentriert wird[6]. Zwar kann die Kontrolle über ein Unternehmen auch auf andere Art

---

1 *Assmann/Bozenhardt* in: Assmann/Basaldua/Bozenhardt/Peltzer, ZGR-Sonderheft Nr. 9, 1990, 1, 1 ff.; *Beckmann* in: Beckmann/Kersting/Mielke, Rn. A 3; *Krause*, S. 19; *Sandberger*, DZWir 1993, 319, 320.

2 *Hirte* in: KK-WpÜG, Einleitung, Rn. 35; *Peltzer/Voight*, Introduction, Abschn. II., S. 4 f.

3 *van Kann* in: Hölters, Teil VIII, Rn. 4; *Holzapfel/Pöllath*, Teil VI, Rn. 250.

4 *Pötzsch/Möller*, WM 2000, Sonderbeilage Nr. 2, 3, 4. Vgl. hierzu auch *FAZ* vom 6. Juli 2000, Teil Wirtschaft: „Rekord bei Übernahmen und Fusionen in Deutschland" unter Bezugnahme auf die Angaben von Thomson Financial Securities Data. Für das zweite Halbjahr des Jahres 2000 vgl. die Angaben bei *Semler* in: Semler/Volhard, Bd. 1, § 1, Rn. 40 ff.

5 Erster Jahresbericht der *Bundesanstalt für Finanzdienstleistungsaufsicht*, abrufbar unter www.bafin.de./jahresbericht/jb02_Teil A, zuletzt abgerufen am 27. Juli 2004.

6 *Semler* in: Semler/Volhard, Bd. 1, § 1, Rn. 9 sowie *Weber-Rey* in: Semler/Volhard, Bd. 1, § 11, Rn. 1 ff. Ähnlich auch *Schanz*, § 17, Rn. 3 für die feindliche Übernahme, der eine solche als den Erwerb der Kontrolle über ein Unternehmen ohne oder gegen den Willen dessen Managements definiert.

und Weise als durch Anteilserwerb erlangt werden, so beispielsweise durch Erwerb von Eigentums- und Nutzungsrechten an dem Vermögen eines Unternehmens, die mit einer umfassenden Dispositionsbefugnis verbunden sind und damit einen bestimmenden Einfluss auf die Geschicke des Unternehmens vermitteln. Genannt seien an dieser Stelle nur Unternehmenspacht- oder Betriebsüberlassungsverträge, die dem Pächter bzw. Betriebsübernehmer die Verwaltung des Unternehmens im eigenen Namen einräumen. Gleiches gilt auch für Beherrschungsverträge im konzernrechtlichen Sinne, die ebenfalls dazu führen, dass die Leitung eines Unternehmens auf ein anderes Unternehmen übertragen wird (§ 291 Abs. 1 Satz 1, 1. Fall). Auf diese Arten der Kontrollerlangung und Unternehmensübernahme soll jedoch im Rahmen dieser Arbeit nicht eingegangen werden, da § 29 Abs. 2 WpÜG den Begriff der Kontrolle als das Halten von mindestens 30 Prozent der Stimmrechte an einer Gesellschaft definiert. Kontrolle und Unternehmensübernahmen im Sinne des WpÜG werden daher nur durch Erwerb der Stimmrechte an einer Gesellschaft, also durch Anteilserwerb, vermittelt.

Zudem sollen sich die nachfolgenden Ausführungen zur Unternehmensübernahme allein auf die Aktiengesellschaft beschränken, da das WpÜG nach § 1 WpÜG i. V. m. § 2 Abs. 1 bis 3 sowie Abs. 7 WpÜG im Wesentlichen auf öffentliche Angebote zum Erwerb von Aktien einer Gesellschaft mit Sitz im Inland, die an einer Börse im Europäischen Wirtschaftsraum notiert sind, anzuwenden ist.

Der für eine Unternehmensübernahme im Sinne des WpÜG erforderliche Anteilserwerb lässt sich auf verschiedene Art und Weise erreichen: denkbar sind neben sukzessiven Anteilskäufen über die Börse, privaten Paketkäufen oder Umwandlungen vor allem auch sogenannte Übernahmeangebote. Bei einem Übernahmeangebot handelt es sich um ein öffentliches Angebot an die Aktionäre einer Publikumsgesellschaft (Zielgesellschaft) ohne beherrschenden Mehrheitsaktionär, ihre Aktien zu näher spezifizierten Bedingungen an die das Angebot unterbreitende Person (Bieter) innerhalb einer bestimmten Frist zu verkaufen[7]. Ziel des Übernahmeangebots ist es, eine ausreichend große Anzahl von Anteilen zu erwerben, die den Bieter in den Stand versetzt, die Zielgesellschaft durch Beteiligungsbesitz zu beherrschen[8].

Die Wahl der Technik des Anteilserwerbs zur Erlangung der Kontrolle über eine Gesellschaft wird dabei vor allem von der Rechtsform der Zielgesellschaft und ihrem Maß an rechtlicher und wirtschaftlicher Selbständigkeit, den mit der Ü-

---

7 *Behrens*, ZGR 1975, 433, 437; *Bess*, AG 1976, 169, 169; *Prantl*, Kap. III, Abschn. 1.1, S. 150; *Schaaff*, RIW 1985, 273, 273.

8 *Behrens*, ZGR 1975, 433, 437 f.; *Bess*, AG 1976, 169, 169; *Schaaff*, RIW 1985, 273, 273.

bernahme letztlich verfolgten Interessen des Erwerbers sowie durch die rechtlichen und steuerlichen Rahmenbedingungen beeinflusst[9].

Im Zuge von Unternehmensübernahmen entsteht üblicherweise ein Spannungsverhältnis zwischen Minderheitsaktionären und Kontrollerwerber, da die Minderheitsaktionäre befürchten müssen, dass der Kontrollerwerber zukünftig Strategie und Unternehmenspolitik der Zielgesellschaft allein an seinen Interessen, die häufig konträr zu denen der Minderheitsaktionäre verlaufen, ausrichten und damit gegebenenfalls sogar einen Wertverlust der Beteiligung der verbleibenden Minderheitsgesellschafter an der Zielgesellschaft herbeiführen wird. Das so häufig entstehende Konfliktpotential zwischen den Interessen der verbleibenden Minderheitsgesellschafter einerseits und den Interessen des neuen Großaktionärs andererseits wurde mit steigender Anzahl der Unternehmensübernahmen auch in der Bundesrepublik Deutschland virulent. Insbesondere aufgrund der häufig fehlenden Transparenz des Vorgehens seitens des Übernehmers wurde der Ruf nach einer verbindlichen gesetzlichen Regelung von Unternehmensübernahmen, die es bis zu diesem Zeitpunkt in dieser Form nicht gab, lauter. Geregelt werden sollten nicht nur die Anforderungen für ein geordnetes, faires und transparentes Verfahren bei öffentlichen Angeboten zum Erwerb von Aktien, und zwar unabhängig davon, ob diese auf den Erwerb der Kontrolle über ein Unternehmen gerichtet waren oder nicht, sondern auch die Folgen einer Unternehmensübernahme im Hinblick auf die mit einem neuen Großaktionär erstmalig konfrontierten Minderheitsaktionäre. Ausschlaggebend war schließlich die medienwirksame und äußerst kontrovers diskutierte Übernahme der Mannesmann AG durch die englische Vodafone AirTouch plc[10], die den Gesetzgeber letztlich darin bestärkte, eine gesetzliche Regelung von Unternehmensübernahmen zu schaffen. Ergebnis dieser gesetzgeberischen Überlegungen war schließlich das Wertpapiererwerbs- und Übernahmegesetz (WpÜG)[11], das am 1. Januar 2002 in Kraft trat. Das WpÜG regelt öffentliche Angebote zum Erwerb von Aktien und bestimmten anderen Wertpapieren sowie die Übernahme von Aktiengesellschaften und Kommanditgesellschaften auf Aktien mit Sitz in Deutschland und einer Börsennotierung an einem organisierten Markt im Europäischen Wirtschaftsraum. Hierbei unterscheidet das WpÜG zwischen einfachen öffentlichen Angeboten (§§ 10 ff. WpÜG), sog. Übernahmeangeboten, d. h. solchen Angeboten, die auf

---

9 *Rotthege/Wassermann*, 1. Teil, Rn. 23. Zu den Motiven vgl. *Semler* in: Semler/Volhard, Bd. 1, § 1, Rn. 42 ff.

10 Vgl. hierzu *Riehmer/Schröder*, NZG 2000, 820 ff.; *Fenn/Hayes*, European Counsel, June/July 2000, 35 ff. sowie im Hinblick auf die diesbezüglichen Offenlegungspflichten nach dem WpHG *Burgard*, WM 2000, 611 ff.

11 Das WpÜG wurde am 15. November 2001 als Art. I des Gesetzes zur Regelung von öffentlichen Angeboten zum Erwerb von Wertpapieren und von Unternehmensübernahmen vom Bundestag in 2. und 3. Lesung beschlossen und am 22. Dezember 2001 im Bundesgesetzblatt (BGBl. I, Nr. 72, vom 22. Dezember 2001, S. 3822 ff.) verkündet.

den Erwerb der Kontrolle über eine Zielgesellschaft gerichtet sind (§§ 29 ff. WpÜG), sowie sog. Pflichtangeboten, die von demjenigen abzugeben sind, der unmittelbar oder mittelbar die Kontrolle über eine Gesellschaft erlangt hat (§§ 35 ff. WpÜG).
Ziel dieser Arbeit ist es, solche Pflichtangebote näher zu untersuchen und mögliche, damit zusammenhängende Problemstellungen einer Lösung zuzuführen.

B. Problemstellung

Pflichtangebote bringen in rechtspolitischer und auch ökonomischer Hinsicht zahlreiche Probleme mit sich. Denn die §§ 35 ff. WpÜG statuieren für den Fall, dass ein Bieter die Kontrolle i. S. v. § 29 Abs. 2 WpÜG durch Halten von 30% oder mehr der Stimmrechte an einer Zielgesellschaft erlangt hat, eine Verpflichtung des Bieters, ein sogenanntes Vollangebot, also ein Angebot an alle Anteilsinhaber der Zielgesellschaft zum Erwerb ihrer Wertpapiere, zu einem gesetzlich festgelegten Preis als Rechtsfolge der Kontrollerlangung abzugeben. Ausweislich der Gesetzesbegründung besteht der Sinn und Zweck dieser Pflichtangebotsregelung dabei in zwei Aspekten[12]: Zum einen soll die Pflichtangebotsregelung dem Schutz der Minderheitsaktionäre dienen, denen im Falle einer Unternehmensübernahme die Möglichkeit gegeben werden soll, ihre Beteiligung an der Zielgesellschaft zu einem angemessenen Preis abzustoßen und so aus der Gesellschaft austreten zu können. Zum anderen existieren in weiten Teilen Europas bereits Pflichtangebotsregelungen, so dass Deutschland mit Einführung einer solchen Regelung den Anschluss an diese europaweite Entwicklung findet, und sich Anleger in Deutschland im Falle von Unternehmensübernahmen ähnlich geschützt fühlen können wie in anderen Ländern Europas. Hierdurch soll die Anlagebereitschaft gefördert und damit auch die Wettbewerbsfähigkeit des Finanzplatzes Deutschland gestärkt werden.
Die Pflichtangebotsregelung, die einen Bieter demnach bei Vorliegen der entsprechenden gesetzlichen Voraussetzungen dazu zwingt, unter Umständen ein Angebot auf 100% der Anteile einer Zielgesellschaft zu einer gesetzlich normierten Gegenleistung abzugeben, stellt einen ganz erheblichen Eingriff in die Vertragsabschluss- und Vertragsgestaltungsfreiheit und damit eine gravierende, vor allem auch ökonomische Belastung für den Bieter dar. Ferner stellt sich angesichts der durch das Pflichtangebot gebotenen Austrittsmöglichkeit der Minderheitsaktionäre die Frage, ob aufgrund der bereits existierenden konzernrechtlichen Schutzvorschriften eine möglicherweise durch die Pflichtangebotsregelung verursachte Konzerneingangskontrolle überhaupt sinnvoll und notwendig ist, oder es zu einer unnötigen und gegebenenfalls sogar schädlichen Verdoppelung der Schutzmechanismen - präventiver Konzerneingangsschutz durch die

---

[12] *Begr. RegE*, BT-Drucksache 14/7034, Allg. Teil, S. 27 f. u. S. 30.

Pflichtangebotsregelung einerseits und aktienrechtlicher ex-post Schutz andererseits - kommt. Denn angesichts der detaillierten konzernrechtlichen Schutzvorschriften der §§ 291 ff., 304 ff.; 311 ff. und 319 ff. AktG nach Eintritt in den Konzern ist fraglich, ob eine Pflichtangebotsregelung, die es dem einzelnen Minderheitsaktionär im Falle einer Unternehmensübernahme ermöglicht, aus der Gesellschaft auszuscheiden, bevor die Konzernierung stattgefunden hat, überhaupt notwendig ist, oder ob den Interessen der Minderheitsaktionäre nicht durch die ohnehin existierenden aktienrechtlichen Schutzmechanismen schon hinreichend Rechnung getragen ist. Ob Aufgabe der Pflichtangebotsregelung tatsächlich der Konzerneingangsschutz ist, oder ob mit dem Pflichtangebot allein kapitalmarktrechtliche Ziele verfolgt werden, wird im Folgenden noch zu klären sein.
Jedenfalls erscheint es angesichts der aufgezeigten Problematik umso fataler, dass zahlreiche Aspekte des Pflichtangebots in weiten Teilen im Unklaren liegen. Dies gilt vor allem für den Anknüpfungstatbestand der Kontrollerlangung über eine Zielgesellschaft. Ähnlich unklar ist auch die Frage, an wen der Erwerber der Kontrolle bei mehreren (direkten und indirekten) Zielgesellschaften, z. B. beim Erwerb einer Gesellschaft mit mehreren Tochtergesellschaften, ein Pflichtangebot abzugeben hat, sowie die Frage, wer im Falle der Zurechnung von Stimmrechten, z. B. dann, wenn einer Muttergesellschaft die Stimmrechte ihrer Tochtergesellschaft, die die Kontrolle über eine Zielgesellschaft erworben hat, zugerechnet werden, ein Pflichtangebot abzugeben hat.

Besondere Schwierigkeiten weist das Spannungsverhältnis zwischen Pflichtangebot und UmwG auf, da der Gesetzgeber die Frage, ob ein Pflichtangebot durch das WpÜG auch dann ausgelöst wird, wenn die Kontrolle über eine Zielgesellschaft im Wege einer Umwandlung erlangt wird, ausdrücklich offen gelassen hat. Das Konfliktpotential zwischen WpÜG und UmwG resultiert dabei neben den verschieden ausgestalteten Verfahren einschließlich der damit einhergehenden unterschiedlichen Dokumentationspflichten vor allem daraus, dass auch das UmwG in bestimmten Fällen ein Barabfindungsangebot in § 29 Abs. 1 UmwG vorsieht, und damit fraglich ist, ob ein Pflichtangebot nach dem WpÜG daneben noch gewollt und notwendig ist. Denn sollte die Pflichtangebotsregelung tatsächlich bei Kontrollerlangungen im Zuge von Umwandlungen Anwendung finden, besteht je nach Fallkonstellation - zumindest auf den ersten Blick - die Gefahr von Doppelabfindungen, da beide Regelungen gleichzeitig zur Anwendung kommen könnten. Ein kurzes Beispiel soll dies erläutern: wird eine kontrollfreie Gesellschaft auf eine kontrollierte Gesellschaft verschmolzen, mit der Folge, dass die aufnehmende Gesellschaft auch nach der Verschmelzung kontrolliert wird, könnte den Aktionären der untergegangenen, kontrollfreien Gesellschaft, die nun Aktionäre der kontrollierten Gesellschaft sind, gegebenenfalls bei unbefangener Betrachtung ein Pflichtangebot zu unterbreiten sein, weil sie in der aufnehmenden Gesellschaft mit einem Kontrollaktionär konfrontiert werden. Gleichzeitig könnte ihnen jedoch unter den Voraussetzungen des § 29 Abs. 1 UmwG auch das dort geregelte Austrittsrecht gegen Abfindung zugute kommen. Die Aktionäre kämen also unter Umständen im Rahmen ein und derselben Transaktion, nämlich der Verschmelzung, in den Genuss beider Schutzmechanismen, der übernahmerechtlichen Pflichtangebotsregelung und dem umwandlungsrechtlichen Austrittsrecht. Ob es tatsächlich zu einer solchen Doppelabfindung kommen kann, und ob ein solches Nebeneinander von Pflichtangebotsregelung und umwandlungsrechtlichem Austrittsrecht sinnvoll ist, ist im Folgenden gerade zu klären. Hierbei wird insbesondere auch zu berücksichtigen sein, dass die Regelungsinhalte und -ziele beider Gesetze vollkommen unterschiedlich sind: während das Übernahmerecht als Instrument der Marktordnung einzuordnen ist, stellt das Umwandlungsrecht den rechtlichen Rahmen für Umstrukturierungen zur Verfügung, ohne aber Aufgaben der Marktordnung wahrzunehmen[13].

C. Untersuchungsgegenstand und Gang der Untersuchung

Im ersten Teil dieser Arbeit soll nach Darstellung der geschichtlichen Entwicklung der Regelung von Unternehmensübernahmen in Deutschland zunächst versucht werden, die Pflichtangebotsregelung genauer in ihren rechtspolitischen Kontext einzuordnen und vor allem Sinn und Zweck dieser Regelung genauer herauszuarbeiten, um anschließend die Frage klären zu können, ob diese rechtspolitisch vor allem im Hinblick auf bereits existierende konzernrechtliche Regelungen sinnvoll und verfassungsrechtlich gerechtfertigt ist, sowie um die Frage der ökonomischen Auswirkungen einer solchen Pflichtangebotsregelung beantworten zu können. In einem zweiten Schritt soll ein besonderer Fokus auf den Tatbestand der Kontrolle gelegt werden, da es die Erfüllung dieses Tatbestands ist, die die Verpflichtung zur Abgabe eines Angebots erst auslöst. Eine nähere Auseinandersetzung mit der Pflichtangebotsregelung ist daher nur möglich, wenn zuvor der Tatbestand der Kontrolle umfassend untersucht wurde. Dies ist insbesondere auch für die im zweiten Teil der Arbeit folgende Untersuchung des Spannungsverhältnisses zwischen Übernahmerecht und Umwandlungsrecht von erheblicher Bedeutung, bei der es um die Frage geht, ob die Kontrolle über eine Gesellschaft auch durch einen umwandlungsrechtlichen Vorgang erlangt werden und damit ein Pflichtangebot ausgelöst werden kann. Eine Ausarbeitung des Kontrolltatbestands bereits in diesem Stadium der Untersuchung ist dabei aus zwei Gründen von erheblicher Bedeutung. Zum einen kann und muss bei der Frage nach dem Spannungsverhältnis zwischen Umwandlungsrecht und Übernahmerecht auf die im ersten Teil der Arbeit gefundenen Ergebnisse zurückge-

---

13 *Kalss* in: Semler/Volhard, Bd. 2, § 51, Rn. 66.

griffen werden, um eine Kontrollerlangung (im untechnischen Sinne) aufgrund von umwandlungsrechtlichen Vorgängen unter den Kontrollbegriff des WpÜG subsumieren zu können. Zum anderen ist eine Klärung des Kontrollbegriffs für die Frage von Bedeutung, ob dann, wenn ein umwandlungsrechtlicher Vorgang den Tatbestand der Kontrollerlangung des § 29 Abs. 2 WpÜG zwar nicht erfüllt, dennoch jedoch faktisch von einem Kontrollerwerb aufgrund der Umwandlung auszugehen ist, eine analoge Anwendung der Pflichtangebotsregelung in Erwägung zu ziehen ist.
Gleiches gilt für das letzte Kapitel des ersten Teil dieser Arbeit, das die Kontrollerlangung im Rahmen von gestuften Unternehmensverbindungen behandelt. Hierbei wird anhand von einfach strukturierten Fallkonstellationen die Frage untersucht, wann und in welchem Umfang eine mittelbare Kontrollerlangung anzunehmen ist, und wer von mehreren Angebotsverpflichteten letztlich ein Pflichtangebot tatsächlich abzugeben hat, um die sodann gefundenen Ergebnisse auf die ebenfalls im zweiten Teil dieser Arbeit behandelte Kontrollerlangung durch Umwandlungen im Rahmen von gestuften Unternehmensverbindungen zu übertragen.
Der zweite Teil der Arbeit, der das Spannungsverhältnis zwischen übernahmerechtlicher Pflichtangebotsregelung und Umwandlungsgesetz behandelt, stellt zunächst die in der österreichischen Literatur und Rechtsprechung zu der vergleichbaren Problematik nach dem österreichischen Übernahmegesetz (ÜbG) gefundenen Ergebnisse vor, um hieraus anschließend Lösungsansätze auch für die Rechtslage nach deutschem Recht finden zu können. Bei der Untersuchung der Frage, ob ein Pflichtangebot auch durch eine Kontrollerlangung im Wege von Umwandlungen ausgelöst werden kann, werden verschiedene Fallkonstellationen wie Verschmelzung und Spaltung und auch die Problematik des sogenannten kalten Delistings genauer beleuchtet, wobei die im ersten Teil der Arbeit gefundenen Ergebnisse zum Sinn und Zweck der Pflichtangebotsregelung zur Problemlösung herangezogen werden.

Die Arbeit endet mit einer Zusammenfassung der gefundenen Ergebnisse und Lösungsmöglichkeiten.

Grundsätzlich nicht behandelt werden verfahrensrechtliche Aspekte der Pflichtangebotsregelung sowie diejenigen Ausnahmekonstellationen, in denen ein Bieter von der Verpflichtung zur Abgabe eines Pflichtangebots trotz Kontrollerlangung befreit ist bzw. von der BaFin, der zuständigen Aufsichtsbehörde, hiervon befreit werden kann, es sei denn, dass sich aus diesen Konstellationen im Einzelfall Rückschlüsse auf den Sinn und Zweck der Pflichtangebotsregelung oder die Auslegung des Kontrolltatbestands ziehen lassen. Gleiches gilt auch für Übernahmeangebote nach §§ 29 ff. WpÜG, die ein Bieter freiwillig zur Erlangung der Kontrolle über eine Zielgesellschaft abgibt.

Erster Teil

Kontrollerlangung und Pflichtangebot nach dem WpÜG

Kapitel 1: Geschichtliche Entwicklung des Übernahmerechts in Deutschland und in der EU

Nachdem soeben erläutert wurde, dass das übernahmerechtliche Pflichtangebot und die damit zusammenhängenden Fragen eine der wesentlichen Problemstellungen darstellen, die im Rahmen dieser Arbeit untersucht werden sollen, soll zunächst die geschichtliche Entwicklung der Regelungen über Unternehmensübernahmen und insbesondere auch über Pflichtangebote in Deutschland und der EU beleuchtet werden. Denn aus den Vorläufern des WpÜG sowie den diesbezüglichen Entwicklungen auf EU-Ebene lassen sich möglicherweise Rückschlüsse für die spätere Untersuchung der mit der Pflichtangebotsregelung zusammenhängenden Problemstellungen ziehen.

A. Vorläufer des WpÜG in Deutschland

I. Übernahmeleitsätze

Vor Erlass des WpÜG gab es in Deutschland keine verbindliche rechtliche Regelung für Unternehmensübernahmen im eigentlichen Sinne. Vielmehr existierte ein Modell der Selbstregulierung, zunächst in Form der sogenannten Leitsätze für Unternehmensübernahmen[14] der Börsensachverständigen-kommission aus dem Jahr 1979. Bei der Börsensachverständigenkommission handelt es sich um ein vom Bundesministerium der Finanzen eingesetztes Gremium, das mit Vertretern aus Wirtschaft, Industrie, Wissenschaft, Anlegern, der Deutschen Bundesbank sowie Bundesländern, die über eine Börse verfügen, besetzt ist, und die Aufgabe hat, die Bundesregierung in Kapitalmarkt- und Börsenfragen zu beraten. Ziel der Leitsätze war es, Grundregeln für die Gleichbehandlung aller Aktionäre der Zielgesellschaft, für eine ausreichende Information dieser Aktionäre sowie für eine ordnungsgemäße Durchführung des Übernahmeangebots aufzustellen[15]. Die Übernahmeleitsätze waren als Wohlverhaltensregeln konzipiert, fanden in der Praxis jedoch aufgrund ihres lückenhaften Regelungsinhalts, der

---

[14] Leitsätze für öffentliche freiwillige Kauf- und Umtauschangebote bzw. Aufforderungen zur Abgabe derartiger Angebote in amtlich notierten oder im geregelten Freiverkehr gehandelten Aktien bzw. Erwerbsrechten (LSÜbernahmeangebote), abgedruckt in: *Baumbach/Hopt*, HGB, 29. Aufl. 1995, S. 1398 ff.

[15] *Heinle*, S. 45; *Schuster/Zschocke*, Übernahmerecht, Teil 1, Deutschland, Einführung, 18.

fehlenden Sanktionierbarkeit von Verstößen sowie dem nicht geregelten Anerkennungsverfahren für die Unternehmen größtenteils keine Beachtung[16].

II. Übernahmekodex

Ausgehend von diesen Übernahmeleitsätzen verabschiedete die Börsensachverständigenkommission des Bundesministeriums der Finanzen mit Wirkung zum 1. Oktober 1995 den sogenannten Übernahmekodex[17]. In inhaltlicher Hinsicht bestand einer der wesentlichen Unterschiede des Übernahmekodex zu den Übernahmeleitsätzen darin, dass dieser erstmals Handlungsanweisungen an die Geschäftsführung der Zielgesellschaft und Vorschriften über ein Pflichtangebot für Minderheitsaktionäre enthielt[18]. Zudem wurde die sogenannte Übernahmekommission inklusive einer Geschäftsstelle als ein Gremium zur Überwachung von öffentlichen Übernahmeangeboten und zur Freistellung von Vorschriften des Kodex eingerichtet und ein förmliches Anerkennungsverfahren für die Normadressaten des Übernahmekodex eingeführt. Während die ursprüngliche Fassung des Übernahmekodex eine Regelung zum Pflichtangebot enthielt, die nur bei einer Stimmrechtsmehrheit von 50% eingriff, erfolgte bei Änderung des Kodex zum 1. Januar 1998 eine Erweiterung dieser Regelung dahingehend, dass schon der Erwerb der Kontrolle ausreichend war, um das Pflichtangebot auszulösen. Ausschlaggebend war also nicht länger nur die reine absolute Stimmenmehrheit, sondern unter anderem z. B. auch eine qualifizierte Hauptversammlungsmehrheit, die je Beteiligung an der Hauptversammlung auch schon problemlos bei einem Stimmrechtsanteil von unter 50% vorliegen kann, oder das Recht, die Mehrheit der Mitglieder des Leitungs- oder Aufsichtsorgan der Zielgesellschaft zu bestellen. Wie auch schon die Übernahmeleitsätze sollte der Kodex den Gleichbehandlungsgrundsatz durchsetzen, den Übernahmevorgang transparent gestalten, eine faire Beteiligung aller Wertpapierinhaber am Übernahmepreis ermöglichen sowie bestimmte Abwehrmaßnahmen der Verwaltung der Zielgesellschaft verhindern (sog. Neutralitätsgebot)[19]. Entsprechend sollte der Kodex nicht nur dazu beizutragen, dass öffentliche Angebote alle Informationen enthielten, die für eine sachgerechte Entscheidung der Wertpapierinhaber und Organe der Zielgesellschaft notwendig waren, sondern sollte zudem auch

---

16 *Pötzsch/Möller*, WM 2000, Sonderbeilage Nr. 2, 3, 13; *Letzel*, NZG 2001, 260, 260; *Schander*, NZG 1998, 799, 799 f.; *Schuster/Zschocke*, Übernahmerecht, Einführung, Teil 1, Deutschland, 19 f., *Weisgerber*, ZHR 161 (1997), 421, 422.

17 Übernahmekodex vom 14. Juli 1995 i. d. F. vom 28. November 1997, abgedruckt in: NZG 2000, 390 ff. Vgl. hierzu *Baumann*, WM 1996, 901 f.; *Diekmann*, WM 1997, 897 ff.; *Groß*, DB 1996, 1909 ff.; *Neye*, ZIP 1995, 1464 ff.; *Schuster*, Die Bank 1995, 609 ff.; *von Bülow*, M&A Review 1996, 383 ff.; *Wirth/Weiler*, DB 1998, 117 ff.

18 *Pötzsch/Möller*, WM 2000, Sonderbeilage Nr. 2, 3, 13; Anmerkungen der *Übernahmekommission* vom Juli 1996 zum Übernahmekodex, abgedruckt bei: *Schuster/Zschocke*, Übernahmerecht, Teil C, 102, 106 ff.

19 *Schuster/Zschocke*, Übernahmerecht, Teil 1, Deutschland, Einführung, 23 ff.

Marktmanipulationen vorbeugen und sicherstellen, dass die Beteiligten derartiger Transaktionen die Grundsätze von Treu und Glauben beachteten[20]. Ziel war es, durch Schaffung einer verlässlichen Regelung für Unternehmensübernahmen das Vertrauen internationaler Anleger zu gewinnen und damit einen wesentlichen Beitrag zur internationalen Wettbewerbsfähigkeit des Finanzplatzes Deutschland zu leisten[21].
Aber auch beim Übernahmekodex handelte es sich um eine reine Empfehlung von Verhaltensnormen für die an freiwilligen öffentlichen Übernahmeangeboten beteiligten Parteien[22]. Er stellte daher keine verbindlichen Regeln für Übernahmen auf, sondern war eine freiwillige Regelung, die nur für diejenigen Unternehmen Geltung erlangte, die den Kodex auch tatsächlich anerkannten. Allerdings erreichte der Kodex nicht die gewünschte Akzeptanz: so hatten bis April 2001 lediglich 755 der insgesamt 1016 börsennotierten, inländischen Unternehmen, darunter 86 Unternehmen des DAX-100, den Übernahmekodex anerkannt[23]. Der Übernahmekodex gelangte daher bei weitem nicht zur gleichen Akzeptanz wie die Modelle in anderen Ländern, wie beispielsweise der City Code on Takeovers and Mergers in Großbritannien[24]. Insbesondere die rechtliche Unverbindlichkeit des Kodex sowie das Problem des mangelnden Rechtsschutzes erwies sich in der Praxis als Hindernis für die Entwicklung eines die Interessen der Kapitalmärkte, der Anleger und der Minderheitsaktionäre angemessen berücksichtigenden Übernahmerechts[25]. Hinzu kam, dass sich gerade ausländische Unternehmen kaum dazu veranlasst sahen, den Übernahmekodex anzuerkennen, und zudem gerade diesen Unternehmen die einzige Sanktion des Kodex, die öffentliche Rüge, nichts anhaben konnte[26]. Vor diesem Hintergrund empfahl auch die Börsensachverständigenkommission im

---

20 Anmerkungen der *Übernahmekommission* vom Juli 1996 zum Übernahmekodex, abgedruckt bei: *Schuster/Zschocke*, Übernahmerecht, Teil C, 102, 104 ff.

21 *Mühle*, S. 36 f.; *Neye*, ZIP 1995, 1464, 1465; *Weisgerber*, ZHR 161 (1997), 421, 423; *Breuer*, Handelsblatt vom 28. September 1995, S. 39: „Internationale Wettbewerbsfähigkeit wird gestärkt“; *FAZ* vom 17. Juli 1995, Teil Wirtschaft: “Für Übernahmen gilt ein neuer Kodex“.

22 Anmerkungen der *Übernahmekommission* vom Juli 1996 zum Übernahmekodex, abgedruckt bei: *Schuster/Zschocke*, Übernahmerecht, Teil C, 102, 108.

23 *Begr. RegE*, BT-Drucksache 14/7034, Allg. Teil, S. 27; *Hirte* in: KK-WpÜG, Einleitung, Rn. 44 u. Fn. 76; *van Kann* in: Hölters, Teil VIII, Rn. 42.

24 *Thaeter/Barth*, NZG 2001, 545, 545; *Krause*, NJW 2002, 705, 706; *Pötzsch/Möller*, WM 2000, Sonderbeilage Nr. 2, 3, 13; *Zschocke*, DB 2002, 79, 79. Eine ausführliche Analyse der mangelnden Anerkennung im Vergleich zum City Code findet sich bei *Heinle*, S. 71 ff.

25 *Land/Hasselbach*, DB 2000, 1747, 1747; *Kallmeyer*, ZHR 161 (1997), 435 ff.; *Kirchner/Ehricke*, AG 1998, 105, 110 f.; *Krause*, ZGR 2002, 500, 504; *Thaeter/Barth*, NZG 2001, 545, 545; *Deutsches Aktieninstitut*, „Stellungnahme zum Entwurf eines Gesetzes zur Regelung von Unternehmensübernahmen“ vom 21. Juli 2000, abrufbar unter: www.dai.de/internet/dai/dai-2-0.nsf/dai_publikationen.htm, zuletzt abgerufen am 27. Juli 2004.

26 *Letzel*, NZG 2001, 260, 260.

die Börsensachverständigenkommission im Februar 1999 dem Gesetzgeber, allgemein verbindliche Regelungen für Übernahmen festzulegen[27].
Vor dem Hintergrund des Inkrafttretens des WpÜG am 1. Januar 2002 stellte die Börsensachverständigenkommission am 19. Dezember 2001 klar, den Übernahmekodex nach dem 31. Dezember 2001 nur noch eingeschränkt anzuwenden, nämlich für solche Übernahmeangebote, die bis zu diesem Zeitpunkt veröffentlicht wurden bzw. für solche Kontrollerwerbe, die bis zu diesem Zeitpunkt vollzogen wurden, um eine Kollision zwischen WpÜG und Übernahmekodex zu vermeiden. In der Sitzung der Börsensachverständigenkommission am 4. März 2002 beschloss diese, mit einer Ausnahme für Altfälle den Übernahmekodex mit sofortiger Wirkung außer Kraft zu setzen[28].

B. Gesetzgebungsverfahren in Deutschland

I. Fraktionsentwurf, Diskussions- und Referentenentwurf

Vor allem als Reaktion auf den Versuch der Friedrich-Hoesch-Krupp AG, die Thyssen AG zu übernehmen[29], erfolgte im Jahre 1997 ein erstmaliger Vorschlag einer gesetzlichen Regelung von Unternehmensübernahmen durch die SPD-Fraktion[30]. Hierbei sollte es sich zunächst nicht um ein eigenes Regelungswerk handeln; vielmehr sollten die entsprechenden Bestimmungen in die §§ 31-46 des WpHG aufgenommen werden. Dennoch wurde dieser Gesetzesvorschlag zunächst nicht weiter aufgegriffen. Hierzu war vielmehr ein weiterer Anstoß erforderlich, der im Jahre 1999 durch die steigende Anzahl von Fusionen und Übernahmen erfolgte, die neue Bewegung in das Thema Unternehmensübernahmen

---

27 Standpunkte der *Börsensachverständigenkommission* zur zukünftigen Regelung von Unternehmensübernahmen von Februar 1999, S. 9, abrufbar unter www.deutsche-boerse.com/app/open/zdp unter dem Link Gesetzestexte und sonstige Rechtsdokumente/Börsensachverständigenkommission/Dokument vom 23. August 1999, zuletzt abgerufen am 27. Juli 2004; *Handelsblatt* vom 3. Februar 1999, Titelseite: „'Bittere Erfahrungen' mit freiwilliger Vereinbarung – Kommission von der Industrie enttäuscht – Gesetz soll Übernahmekodex ersetzen"; *FAZ* vom 3. Februar 1999, Teil Wirtschaft: „Übernahmen gesetzlich regeln".

28 Pressemitteilung der *Börsensachverständigenkommission* vom 4. März 2002, abrufbar unter: www.deutsche-boerse.com/dbag/dispatch/de/binary/gdb_content_pool/imported_files/public_files/10_downloads/11_about_us/KodexAbloesung.pdf, zuletzt abgerufen am 27. Juli 2004.

29 *Handelsblatt* vom 18. März 1997, Titelseite: „Düsseldorfer Konzern kündigt Gegenwehr an. Thyssen: Krupp plant feindliche Übernahme". Letztlich kam es jedoch nicht zu einer feindlichen Übernahme, da sich die Führungskräfte beider Unternehmen, noch bevor ein formelles Angebot erging, darauf einigten, ein friedliches Zusammengehen auf dem Verhandlungswege zu vollziehen, vgl. hierzu *Eglau*, Die Zeit vom 2. Mai 1997, Teil Wirtschaft: „Angriff vor der Zeit" und *Schilling*, BB 1997, 1909 ff.

30 SPD-Entwurf eines „Gesetzes zur Regelung von Unternehmensübernahmen (Übernahmegesetz)" vom 2. Juli 1997, BT-Drucksache 13/8164, S. 1 ff. Vgl. hierzu die Vorarbeiten von *Baums*, ZIP 1997, 1310 ff. sowie *Schander*, NZG 1998, 799, 803 ff. und *Hopt* in: FS Zöllner, Bd. I, 253, 267 ff.

brachte. So stieg die Zahl der freiwilligen öffentlichen Übernahmeangebote von nur 18 im Jahre 1997 auf mehr als das Doppelte, nämlich 37, im Jahr 1999 an[31]. Im ersten Halbjahr des Jahres 2000 erhöhte sich in Deutschland die Zahl der Fusionen und Übernahmen auf 847 im Vergleich zu 746 im Vorjahrzeitraum[32]. Gleichzeitig wurde das Volumen dieser Transaktionen nahezu verzehnfacht[33]. Erinnert sei an dieser Stelle nur an die Aufsehen erregende Übernahme der Mannesmann AG durch Vodafone AirTouch plc[34]. Vor diesem Hintergrund wuchs das Bedürfnis nach einer verlässlichen Regelung von Übernahmen und der Schaffung eines verbindlichen rechtlichen Rahmens für derartige Transaktionen[35], da eine Regulierung allein durch den Markt selbst nicht effektiv genug war. Dies vor allem deshalb, weil erhebliche Transparenzprobleme bestanden, da dem Bieter in diesen Transaktionen keine einzelnen gut informierten Anteilsinhaber gegenüberstanden, sondern eine Vielzahl von Anlegeraktionären, die in weiten Teilen kaum etwas über den Wert ihrer Beteiligung bzw. derjenigen der Zielgesellschaft selbst wussten und Vor- und Nachteile eines Verkaufs ihrer Beteiligung kaum abschätzen konnten. Groß angelegte Werbekampagnen und die andauernde Unklarheit, wie viele Aktionäre das Angebot angenommen hatten, verstärkten diese Intransparenz. Hinzu kam, dass mangels einer gesetzlichen Regelung Übernahmetransaktionen vollkommen frei ausgestaltet werden konnten, so z. B. in Form von sogenannten befristeten Teilangeboten, bei denen letztlich nur diejenigen Anleger ihre Anteile an den Bieter veräußern konnten, die das Angebot schnell genug annahmen. Auch dies konnte erhebliche Nachteile für die Anleger, die ihr Verhalten aufgrund der Anonymität in Publikumsgesellschaften nicht zu koordinieren vermochten, mit sich bringen[36].

Ein verbindlicher Rechtsrahmen wurde sowohl von den beteiligten Unternehmen als auch aus Sicht der Anleger und Kapitalmärkte als eine wichtige Voraussetzung für einen geordneten, fairen und transparenten Ablauf von öffentlichen Übernahmen in Deutschland gesehen[37]. Das bisherige Modell der freiwilligen Selbstkontrolle konnte diesen Anforderungen nicht mehr gerecht werden, zumal

---

31 *Land/Hasselbach*, DB 2000, 1747, 1747.

32 *Pötzsch/Möller*, WM 2000, Sonderbeilage Nr. 2, 3, 4.

33 *FAZ* vom 6. Juli 2000, Teil Wirtschaft: „Rekord bei Übernahmen und Fusionen in Deutschland".

34 Vgl. dazu *Burgard*, WM 2000, 611 ff.; *Schilling*, BB 1997, 1909 ff.; *Riehmer/Schröder*, NZG 2000, 820 ff.; *Fenn/Hayes*, European Counsel June/July 2000, 35 ff. Im Hinblick auf den Untreuevorwurf der Staatsanwaltschaft Düsseldorf gegen fünf Organmitglieder der ehemaligen Mannesmann AG vgl. das umfassende Gutachten aus aktienrechtlicher Sicht von *Hüffer*, BB 2003, Beilage Nr. 7, 1 ff.

35 *Pötzsch/Möller*, WM 2000, Sonderbeilage Nr. 2, 3, 4; *Becker/Menninger*, Börsenzeitung vom 3. November 1999, S. 21: „Ein Übernahmegesetz ist unverzichtbar"; *Handelsblatt* vom 22. Oktober 1998, Teil Unternehmen und Märkte: „Kodex hat sich nicht bewährt: DSW fordert ein Übernahmegesetz".

36 *Baums*, Arbeitspapier Nr. 79, S. 3, abrufbar unter: www.jura.uni-frankfurt.de/baums/files/paper79.pdf, zuletzt abgerufen am 27. Juli 2004.

37 *Land/Hasselbach*, DB 2000, 1747, 1747; *Thaeter/Barth*, NZG 2001, 545, 545.

weite Teile der börsennotierten Gesellschaften nicht bereit waren, den von der Börsensachverständigenkommission aufgestellten Übernahmekodex anzuerkennen. Vor diesem Hintergrund berief Bundeskanzler Gerhard Schröder eine Expertenkommission, bestehend aus Vertretern der Wirtschaft, der Wissenschaft, der Gewerkschaften, des Bundesministeriums für Finanzen, des Bundesministeriums der Justiz sowie des Bundesministeriums für Wirtschaft und Technologie, ein[38]. Mitglieder waren neben den Vertretern der Bundesministerien Dr. Paul Achleitner (Allianz AG), Dr. Karl-Hermann Baumann (Siemens AG), Prof. Dr. Theodor Baums (Universität Osnabrück), Roland Berger (Roland Berger & Partner GmbH), Wolfgang Clement (damaliger Ministerpräsident von Nordrhein-Westfalen), Dr. Heinz Dürr (Heinz Dürr AG), Dr. Klaus Esser (Mannesmann AG), Ulrich Hartmann (VEBA AG), Ulrich Hocker (Deutsche Schutzvereinigung für Wertpapierbesitz e.V.), Heinz Putzhammer (DGB), Hubertus Schmoldt (IG BCE), Dr. Werner Seifert (Deutsche Börse AG), Dr. Ron Sommer (Deutsche Telekom AG) sowie Kurt Viermetz (HypoVereinsbank AG). Aufgabe dieser Expertenkommission „Unternehmensübernahmen" war es, die Notwendigkeit einer gesetzlichen Regelung für Unternehmensübernahmen zu überprüfen sowie Vorschläge für ein deutsches Übernahmegesetz zu erarbeiten. Die Expertenkommission legte schließlich zehn Eckpunkte für ein künftiges Übernahmegesetz fest, die im Mai 2000 veröffentlicht und der Bundesregierung und dem Deutschen Bundestag als Grundlage für ein künftiges Gesetzgebungsverfahren empfohlen wurde[39]. Die zehn Eckpunkte enthielten unter anderem Regelungsvorschläge für die Ausgestaltung freiwilliger Übernahmeangebote sowie für die Einführung eines Pflichtangebots zum Schutz der Minderheitsaktionäre.

Auf dieser Basis erstellte das Bundesministerium für Finanzen einen Diskussionsentwurf zu einem Gesetz zur Regelung von Unternehmensübernahmen, den es am 29. Juni 2000 vorlegte[40]. In diesem Entwurf griff das Bundesministerium für Finanzen die Vorschläge der Expertenkommission auf und nahm unter anderem auch die schon in den Eckpunkten der Expertenkommission[41] empfohlene Pflichtangebotsregel in den Diskussionsentwurf auf, die in der grundsätzlichen Konstruktion mit derjenigen des Übernahmekodex übereinstimmte, im Unterschied zum Übernahmekodex jedoch einen festen Schwellenwert, bei dem von einer Kontrolle über die Zielgesellschaft, nämlich bei Erreichen von 30% der

38 *FAZ* vom 21. Februar 2000, Teil Wirtschaft: „Neue Regeln für feindliche Übernahmen".

39 Pressemitteilung Nr. 237/2000 vom 17. Mai 2000 des Bundespresseamtes sowie Empfehlungen der Expertenkommission „Unternehmensübernahmen" vom 17. Mai 2000, abgedruckt in: *Pötzsch/Möller*, WM 2000, Sonderbeilage Nr. 2, 3, 37 ff. (Anlage 2).

40 Diskussionsentwurf eines Gesetzes zur Regelung von Unternehmensübernahmen, abgedruckt in: NZG 2000, 844 ff. Vgl. hierzu *Land/Hasselbach*, DB 2000, 1747 ff.; *Pötzsch/ Möller*, WM 2000, Sonderbeilage Nr. 2, 3 ff.; *Riehmer/Schröder*, NZG 2000, 820 ff.

41 Empfehlungen der Expertenkommission „Unternehmensübernahmen" vom 17. Mai 2000, abgedruckt in: *Pötzsch/Möller*, WM 2000, Sonderbeilage Nr. 2, 3, 37 ff. (Anlage 2), dort Ziff. 2.

Stimmrechte, auszugehen sei, festlegte[42]. Der Schwellenwert von 30% wurde dabei damit begründet, dass die Präsenzen in den Hauptversammlungen börsennotierter deutscher Unternehmen gezeigt hätten, dass bei einer Beteiligung von 30% an einem Unternehmen in der Regel eine Hauptversammlungsmehrheit bestehe[43], mit der der Inhaber dieser 30%igen Beteiligung die Geschicke der Gesellschaft in weiten Teilen leiten konnte.
In der anschließenden Anhörung im Bundesministerium der Finanzen am 25. Juli 2000 kam es zu zahlreichen Anregungen von Vertretern der betroffenen Kreise, die in einem nachfolgenden Referentenentwurf, der am 12. März 2001 veröffentlicht wurde, umfassend berücksichtigt wurden[44]. Auch orientierte sich der Referentenentwurf weitgehend an dem zwischenzeitlich verabschiedeten gemeinsamen Standpunkt des Europäischen Rates zum Entwurf einer EG-Übernahmerichtlinie vom 19. Juni 2000[45]. So hielt er sich bezüglich des Pflichtangebots ohne weiteres im Rahmen der Richtlinie, indem ein Kontrollerwerb - wie auch schon im Diskussionsentwurf - bei Erreichen von 30% der Stimmrechte angenommen wurde. Anders als noch im Diskussionsentwurf vorgesehen, sollten Regelungsgegenstand des Referentenentwurfs zudem nicht mehr nur Übernahmen und Übernahmeangebote, sondern sämtliche öffentliche Angebote, die auf den Erwerb börsennotierter Wertpapiere gerichtet sind, sein. Erfasst werden sollten also nicht nur solche Angebote, die auf den Erwerb der Kontrolle über eine Zielgesellschaft gerichtet sind (Übernahmeangebote), sondern auch solche Angebote, die den Erwerb einer unter der Kontrollschwelle liegenden Beteiligung zum Ziel hatten (einfache öffentliche Angebote).

---

42 *Riehmer/Schröder*, BB 2001, Beilage Nr. 5, 1, 9 f.
43 *Pötzsch/Möller*, WM 2000, Sonderbeilage Nr. 2, 3, 17. So dann auch *Begr. RegE*, BT-Drucksache 14/7034, Bes. Teil zu § 29 Abs. 2, S. 53.
44 Referentenentwurf eines Gesetzes zur Regelung von öffentlichen Angeboten zum Erwerb von Wertpapieren und von Unternehmensübernahmen vom 12. März 2001, abrufbar unter: www.rws-verlag.de, Volltext vom 13. 03. 2001, zuletzt abgerufen am 27. Juli 2004. Vgl. hierzu *Liebscher*, ZIP 2001, 853 ff.; *Pluskat*, DStR 2001, 897 ff.; *Riehmer/Schröder*, BB 2001, Beilage Nr. 5, 1 ff.; *Thaeter/Barth*, NZG 2001, 545 ff.; *Zinser*, NZG 2001, 391 ff.
45 Gemeinsamer Standpunkt (EG) Nr. 1/2001 vom 19. Juni 2000, ABlEG Nr. C 23 vom 24. Januar 2001, S. 1 ff. Vgl. auch *Hirte* in: KK-WpÜG, Einleitung, Rn. 48; *Riehmer/Schröder*, BB 2001, Beilage Nr. 5, 1, 1; *Thaeter/Barth*, NZG 2001, 545, 545.

II. Regierungsentwurf und weiteres Gesetzgebungsverfahren

Der anschließend in der Kabinettsitzung vom 11. Juli 2001 beschlossene Regierungsentwurf stellt eine Fortentwicklung dieses Referentenentwurfs dar[46], der unter anderem erheblich durch das zwischenzeitliche Scheitern der EG-Übernahmerichtlinie und der dadurch neu entfachten Diskussion über die Abwehrmöglichkeiten von Leitungsorganen der Zielgesellschaft beeinflusst war[47]. Neu war vor allem auch die Erweiterung der schon im Diskussionsentwurf enthaltenen Verordnung zur Befreiung von der Verpflichtung zur Abgabe eines Übernahmeangebots um Vorschriften zur Bestimmung der Gegenleistung bei Übernahmeangeboten und Pflichtangeboten. Nachdem der Bundesrat seine Stellungnahme vom 27. September 2001 zum Regierungsentwurf veröffentlicht[48], und der Finanzausschuss des Bundesrates am 14. November 2001 empfohlen hatte, den Regierungsentwurf, wenn auch mit zum Teil zentralen Änderungen, zu verabschieden[49], wurde das WpÜG am 15. November 2001 als Art. 1 des „Gesetzes zur Regelung von öffentlichen Angeboten zum Erwerb von Wertpapieren und von Unternehmensübernahmen" vom Bundestag in 2. und 3. Lesung beschlossen und am 22. Dezember 2001 im Bundesgesetzblatt verkündet[50]. Es trat am 1. Januar 2002 in Kraft. Im Unterschied zum Referentenentwurf wurde die strikte Neutralitätspflicht des Vorstands vorbehaltlich einer Legitimation zu Abwehrmaßnahmen durch die Aktionäre während des Übernahmeverfahrens gestrichen und durch die Zulässigkeit von Vorratsbeschlüssen der Aktionärshauptversammlung (§ 33 WpÜG) ersetzt[51]. Die vom Finanzausschuss des Bundesrates vorgeschlagenen Änderungen führten dazu, dass dem Vorstand der Zielgesellschaft Abwehrmaßnahmen gegen eine feindliche Übernahme gestattet sind, wenn sie in seine Geschäftsführungskompetenz fallen, und der Aufsichtsrat diesen Maßnahmen zustimmt. Gleichzeitig genauer gefasst wurde die Formulierung über die Zulässigkeit von Vorratsbeschlüssen der Hauptversammlung, die dem Vorstand die Durchführung von Abwehrmaßnahmen, die der Art nach durch den Hauptversammlungsbeschluss bestimmt sein müssen, ermöglichen.

---

46 Regierungsentwurf eines Gesetzes zur Regelung von öffentlichen Angeboten zum Erwerb von Wertpapieren und von Unternehmensübernahmen, BT-Drucksache 14/7034 oder BR-Drucksache 574/01. Vgl. hierzu auch: *Land*, DB 2001, 1707 ff.; *Möller/Pötzsch*, ZIP 2001, 1256 ff.; Stellungnahme des *Handelsrechtsausschusses des DAV*, NZG 2001, 420 ff.

47 *Hirte* in: KK-WpÜG, Einleitung, Rn. 48.

48 *Stellungnahme des Bundesrates*, BR-Drucksache 574/01, S. 1 ff.

49 Beschlussempfehlung und Bericht des *Finanzausschusses*, BT-Drucksache 14/7477, S. 1 ff.

50 BGBl. I, Nr. 72, vom 22. Dezember 2001, S. 3822 ff. Einführend zum WpÜG vgl. *Ekkenga/Hofschroer*, DStR 2002, 724 ff. sowie 768 ff.; *Krause*, NJW 2002, 705 ff.; *Thoma*, NZG 2002, 105 ff. sowie *Zschocke*, DB 2002, 79 ff.

51 *Mühle*, S. 39; *Schüppen*, Die Wirtschaftsprüfung 2001, 958, 959.

Trotz der von anderen Parteien und auch sonst geäußerten Kritik wurde das Gesetz mit diesem Inhalt verabschiedet[52].

Die Regelungen zum Pflichtangebot wurden dagegen im Wesentlichen unverändert vom Diskussions- bzw. Regierungsentwurf übernommen. Ausdrücklich klargestellt wurde, dass grundsätzlich auch der mittelbare Erwerb der Kontrolle ein Pflichtangebot auslösen kann. Zweck der Einführung der Pflichtangebotsregelung war nicht nur ein größerer Schutz der Anlegeraktionäre, denen im Falle einer Unternehmensübernahme die Möglichkeit gegeben werden sollte, zu einem angemessenen Preis aus ihrer Investition auszusteigen, sondern der Gesetzgeber erhoffte sich auch, durch diesen erweiterten Anlegerschutz die Investitionsbereitschaft in Deutschland zu fördern und im Vergleich zu anderen europäischen Staaten, in denen zum größten Teil schon eine Pflichtangebotsregelung praktiziert wurde, konkurrenzfähig zu bleiben.

C. Parallele Entwicklung in der EU: Gescheiterte Takeover Richtlinie und letztlich verabschiedete Kompromisslösung

I. Vom Pennington-Entwurf bis zum Scheitern des Richtlinienvorschlags im Jahre 2001

Die Entwicklung auf EU-Ebene ist äußerst langwierig und soll hier nur der Vollständigkeit halber kurz geschildert werden, soweit sich auch aus ihr die lang andauernde Diskussion über die generelle Einführung eines Pflichtangebots auf europäischer Ebene und ein möglicher Anpassungsbedarf der deutschen Pflichtangebotsregelung an europäische Vorgaben ergibt.

Der Ausgangspunkt für den europäischen Versuch einer Harmonisierung des Übernahmerechts findet sich bereits im Jahre 1974, als die Europäische Kommission den englischen Professor Pennington damit beauftragte, ein Gutachten sowie einen Vorentwurf einer einheitlichen Übernahmeregelung zu erarbeiten. Ergebnis dieser Vorarbeiten war der sog. Pennington-Entwurf, der „Report on Takeover and other bids", der sich stark am englischen City Code on Takeovers and Mergers orientierte und einen Vorschlag für eine europäische Übernahmerichtlinie beinhaltete[53]. Da die Anzahl von Übernahmen zu diesem Zeitpunkt noch nicht allzu groß, die Diskussion äußerst kontrovers war und der überwiegende Teil der Mitgliedsstaaten kein Interesse an einer einheitlichen Regelung zeigte, unternahm die Kommission zunächst keine weiteren Schritte im Hinblick

---

[52] Zur Kritik vom *Bundesverband Deutscher Banken* vgl. *FAZ* vom 10. November 2001, Teil Wirtschaft: „Übernahmegesetz entzweit deutsche Wirtschaft"; zur Kritik von *CDU/CSU* sowie von *Baums* vgl. *FAZ* vom 17. November 2001, Teil Wirtschaft: „Übernahmegesetz gibt Vorständen mehr Abwehrrechte".

[53] Komm-Dok. XI/56/76, auch abgedruckt in: *Fleischer/Kalss*, S. 827 ff. Vgl. hierzu *Bess*, AG 1976, 169 ff. und 206 ff.; *Behrens*, ZGR 1975, 433 ff.; *Herkenroth*, S. 280 ff.; *Peltzer* in: Assmann/Basaldua/Bozenhardt/Peltzer, ZGR-Sonderheft Nr. 9, 1990, 179, 180 ff.

auf eine verbindliche Übernahmerichtlinie[54]. Verabschiedet wurde nur eine nicht bindende Empfehlung einer „Europäischen Wohlverhaltensregelung für Wertpapiertransaktionen“[55]. Erst im Jahre 1985 kündigte die Kommission einen Vorentwurf für eine Übernahme-Richtlinie im sog. „Weißbuch der Kommission an den Europäischen Rat“ an[56], was schließlich zur Vorlage eines Vorentwurfs einer Richtlinie über Übernahmeangebote im Jahre 1987 führte[57]. Nachdem mehrere spektakuläre Übernahmefälle stattgefunden hatten, legte die Kommission nach einer entsprechenden Aufforderung durch das Parlament im Jahre 1989 den ersten Vorschlag für eine dreizehnte Richtlinie des Rates auf dem Gebiet des Gesellschaftsrechts über Übernahmen vor[58]. Ziel des Vorschlags war es, die Interessen der Aktionäre durch eine Verankerung des Gleichbehandlungsgrundsatzes, umfassender Informationspflichten sowie einer Neutralitätsverpflichtung des Managements der Zielgesellschaft zu schützen, und die Einhaltung der Übernahmeregeln durch eine staatliche Aufsichtsbehörde zu überwachen[59]. Im Gegensatz zum Vorentwurf aus dem Jahre 1987, der lediglich für den Fall, dass bei einem ersten Angebot die Mehrheit erlangt wurde, die Verpflichtung beinhaltete, ein zweites Angebot auf alle stimmberechtigten Aktien zu machen, enthielt dieser Entwurf in Art. 4 erstmals auch die Verpflichtung, bei Erreichung bestimmter Schwellenwerte ein Angebot auf alle stimmberechtigten Aktien zu machen[60].

In der Folgezeit kam es aufgrund der von den Mitgliedstaaten geäußerten Kritik zu einer Vielzahl von weiteren Entwürfen in den Jahren 1990[61], 1996[62] und 1997[63]. Von deutscher Seite richtete sich diese Kritik vor allem gegen die Ein-

---

54 *Hirte* in: KK-WpÜG, Einleitung, Rn. 61.

55 ABlEG Nr. L 212 vom 20. August 1977, S. 37 ff. Vgl. hierzu *Reul*, § 2, Abschn. II. S. 6 ff.

56 *EG-Kommission*, Vollendung des Binnenmarktes – Weißbuch der Kommission an den Europäischen Rat, 1985, S. 34 ff., Komm-Dok. (85), 310, Nr. 139, auch abrufbar unter: www.europa.eu.int/comm/off/pdf/1985_0310_f_de.pdf, zuletzt abgerufen am 27. Juli 2004.

57 Komm-Dok. XV/63/87. Vgl. dazu *Wiesner*, GmbHR 1987, R 81.

58 ABlEG Nr. C 64 vom 14. März 1989, S. 8 ff.; vgl. auch ZIP 1989, 675 ff. (Text des Richtlinienvorschlags) sowie ZIP 1989, 606 ff. (Begründung allg. Teil). Vgl. aus der Literatur hierzu *Baums*, ZIP 1989, 1376 ff.; *Grunewald*, WM 1989, 1233 ff.; *Stoll*, BB 1989, 1489 ff.

59 *Mühle*, S. 30 f.

60 *Peltzer* in: Assmann/Basaldua/Bozenhardt/Peltzer, ZGR-Sonderheft Nr. 9, 1990, 179, 181.

61 ABlEG Nr. C 240 vom 26. September 1990, S. 7 ff. Vgl. hierzu auch *Röhrich*, RIW 1993, 93 ff.

62 ABlEG Nr. C 162 vom 6. Juni 1996, S. 5 ff. = AG 1996, 217 ff. Vgl. hierzu auch *Hopt* in: Schuster/Zschocke, Übernahmerecht, Teil 2, Europäische Union, 180 ff.; *Krause*, AG 1996, 209 ff.; *Neye*, DB 1996, 1121 ff.; *Roos*, WM 1996, 2177 ff.; *Schuster*, EuZW 1997, 237 ff.

63 ABlEG Nr. C 378 vom 13. Dezember 1997, S. 10 ff. = ZIP 1997, 2172 ff. Vgl. hierzu auch *Habersack/Mayer*, ZIP 1997, 2141 ff.; *Kallmeyer*, ZIP 1997, 2147 f.; *Weber*, EuZW 1998, 464 ff; *Witt*, EWS 1998, 318 ff.

führung eines Pflichtangebots, das mit dem deutschen Konzernrecht als unvereinbar angesehen wurde[64]. So wurde das Pflichtangebot als Mittel des Präventivschutzes als Fremdkörper in dem als Konzernfolgeschutz ausgebildeten deutschen Konzernrecht empfunden. Auch aus anderen Mitgliedsstaaten wurde zahlreiche Kritik geäußert[65]. Einigkeit bestand letztlich dahingehend, dass es sich bei der Richtlinie ausschließlich um eine Rahmenrichtlinie handeln sollte, die sich auf die Schaffung allgemeiner Grundsätze beschränken und den Mitgliedsstaaten im weiten Umfang einen Auslegungs- und Umsetzungsspielraum gewähren sollte[66].

Am 19. Juni 2000 verabschiedete der Rat schließlich einen Gemeinsamen Standpunkt, der die spätere Grundlage für die endgültige Verabschiedung einer Europäischen Übernahmerichtlinie bilden sollte[67]. Nachdem das Europäische Parlament am 13. Dezember 2000 zahlreiche Änderungen des Gemeinsamen Standpunkts vor allem hinsichtlich der Neutralitätspflicht und den Abwehrmöglichkeiten von Vorstand und Aufsichtsrat der Zielgesellschaft beschlossen hatte, die vom Ministerrat abgelehnt wurden, einigte sich der gemeinsame Vermittlungsausschuss des Europaparlaments und des Ministerrates schließlich am 6. Juni 2001 auf den Gemeinsamen Entwurf einer Richtlinie des Europäischen Parlamentes und des Rates der Gemeinschaften auf dem Gebiet des Gesellschaftsrechts betreffend Übernahmeangebote in der vom Vermittlungsausschuss am 6. Juni 2001 gebilligten Fassung[68]. Auch dieser Entwurf sah in Art. 9 eine Neutralitätspflicht des Vorstands der Zielgesellschaft vor. Wesentliches Ziel war es dabei, die Transparenz bei Übernahmeangeboten durch die Statuierung einer Pflicht zur Erstellung und Veröffentlichung einer Angebotsunterlage zu erhöhen, und den Minderheitsaktionären besonderen Interessenschutz durch die Verankerung des Gleichbehandlungsgrundsatzes zu gewähren[69]. Hinsichtlich des Pflichtangebots enthielt der Richtlinienentwurf in Art. 5 eine Regelung, wonach der Erwerber seinen Mitaktionären den Abkauf aller ihrer Anteilsrechte zu einem angemessenen Preis anbieten musste, wenn er unmittelbar oder mittelbar einen bestimmten, die Kontrolle begründenden Anteil an den Stimmrechten der Zielgesellschaft erworben hatte. Eingreifen sollte diese Regelung nicht nur bei

---

64 *Depser*, RIW 1992, 351, 359 f.; *Hahn*, ZBB 1990, 10, 21; *Hommelhoff/Kleindiek*, AG 1990, 106, 108; *Mertens*, AG 1990, 252, 256 ff.; *Schuster* in: Schuster/Zschocke, Bad Homburger Handbuch, Abschn. A., Rn. 40.

65 Zur britischen Kritik an der „Verrechtlichung des Übernahmegeschehens" vgl. *Habersack/Mayer*, ZIP 1997, 2141, 2143; *Hopt*, ZHR 161 (1997), 368, 373. Die Kritik aus den Niederlanden wird angesprochen bei *Kindler*, ZGR 1997, 449, 453 und *Neye*, DB 1996, 1121, 1123.

66 *Hirte* in: KK-WpÜG, Einleitung, Rn. 63.

67 Gemeinsamer Standpunkt (EG) Nr. 1/2001 vom 19. Juni 2000, ABlEG Nr. C 23 vom 24. Januar 2001, S. 1 ff. Vgl. hierzu auch *Neye*, ZIP 2001, 1120 ff. sowie ders. AG 2000, 289 ff.

68 PE-CONS 3629/01 = ZIP 2001, 1123 ff. Vgl. hierzu *Neye*, ZIP 2001, 1120 ff.

69 *Körner*, DB 2001, 367, 368.

klassischen Übernahmekonstellationen, sondern z. B. auch dann, wenn die Kontrolle durch einen Zuerwerb an der Börse erlangt wurde. Erfasst werden sollten mithin alle Arten von Erwerb einer Mehrheitsbeteiligung[70], vor allem auch der mittelbare Kontrollerwerb, was gegenüber dem bisherigen Kommissionsvorschlag aus dem Jahre 1997 eine Verschärfung bedeutete[71]. Auch eine explizite Ausnahme für Umwandlungsfälle ließ sich dem Richtlinienentwurf nicht entnehmen, so dass davon auszugehen ist, dass auch der Kontrollerwerb aufgrund einer umwandlungsrechtlichen Transaktion von der Pflichtangebotsregelung umfasst sein sollte. Die Festlegung der Höhe des Stimmrechtsanteils, bei dem von einer Kontrollerlangung über die Zielgesellschaft auszugehen war, wurde den Mitgliedsstaaten überlassen.

Allerdings wurde die im Europäischen Parlament für die Billigung des Vorschlags erforderliche absolute Mehrheit in der Abstimmung am 4. Juli 2001 nicht erreicht, so dass der Richtlinienvorschlag scheiterte. Ausschlaggebend für dieses Nichtzustandekommen der Richtlinie war vor allem der Widerstand einiger Mitgliedsstaaten gegen das in Art. 9 der Richtlinie enthaltene Neutralitätsgebot, das zu Nachteilen gegenüber den in den USA weniger strengen Hindernissen für die Abwehr feindlicher Übernahmen führen könnte, sowie die ungleichen Ausgangsbedingungen in einzelnen Mitgliedsstaaten wie das Vorhandensein verschiedener Formen der Stimmrechtsbeschränkungen und sogenannter golden shares, also staatlicher Sonderrechte für privatisierte Staatsunternehmen. Gleiche Rahmenbedingungen für Unternehmensübernahmen in allen Mitgliedsstaaten, häufig als sog. „level playing field" bezeichnet, könnten so nicht geschaffen werden[72].

II. Einsetzung der Winter-Kommission und neuer Richtlinienvorschlag von Oktober 2002

Die Kommission setzte daraufhin im September 2001 eine Expertenkommission, die sog. Winter-Kommission, zur Unterstützung bei der Ausarbeitung eines neuen Vorschlags ein. Am 2. Oktober 2002 legte die Kommission schließlich einen neuen Vorschlag zur Regelung von Übernahmeangeboten vor[73].
Wesentlicher Inhalt dieses Vorschlags war die Erreichung eines level playing field durch die Gleichbehandlung aller Aktionäre in den EU-Mitgliedsstaaten, denen es allein - und nicht etwa dem Leitungsorgan der Zielgesellschaft - oblie-

---

70 *Altmeppen*, ZIP 2001, 1073, 1081.
71 *Krause*, NZG 2000, 905, 908.
72 *Hirte* in: KK-WpÜG, Einleitung, Rn. 66.
73 ABlEG Nr. C 45 vom 25. Februar 2003, S. 1 ff. = NZG 2002, 1146 ff. Vgl. hierzu *Becker*, GmbHR 2003, R 15; *Kallmeyer*, DB 2002, 2695 ff.; *Krause*, BB 2002, 2341 ff.; *Neye*, NZG 2002, 1144 ff.; *Seibt/Heiser*, ZIP 2002, 2193 ff.; *Zinser*, EuZW 2003, 10 ff.

gen sollte, über die Annahme eines Übernahmeangebots zu entscheiden[74]. Gleichzeitig sollte es den Aktionären mit unverhältnismäßigen Kontrollrechten gegenüber der Mehrheit des Aktienkapitals verwehrt sein, Angebote, die anderenfalls erfolgreich wären, zu blockieren. Hierzu hatte der neue Richtlinienentwurf den Vorschlag der Expertenkommission bzgl. der sogenannten Durchbruchsregel übernommen, mit der die in den einzelnen Mitgliedsstaaten existierenden Sonderrechte in einem zweistufigen Verfahren ausgehebelt werden sollten. Dieses bestand zum einen aus einem one share/one vote - Verfahren in der Hauptversammlung, in der über die Annahme des Übernahmeangebots entschieden wird, sowie aus der Regelung, dass - sofern der Bieter infolge seines Angebots eine bestimmte Anteilsschwelle erreicht - er die Zielgesellschaft unabhängig von allen satzungsmäßigen Beschränkungen und golden shares beherrschen darf. Letztlich sollten hiermit bestimmte Übertragungs- und Stimmrechtsbeschränkungen für den Aktienerwerb durch den Bieter während der Annahmefrist, für einen etwaigen Beschluss über Abwehrmaßnahmen sowie für Satzungsänderungen und Ablösung des Aufsichtsrats in der ersten Hauptversammlung nach dem Ende der Annahmefrist außer Kraft gesetzt werden[75]. Hiervon ausgenommen sein sollten die in Skandinavien und Frankreich verbreiteten Doppel- und Mehrheitsstimmrechte, was aus deutscher Sicht Anlass zur Kritik gab, da deutsche Unternehmen gezwungen würden, auf Abwehrmöglichkeiten zu verzichten, während andererseits Unternehmen in anderen Mitgliedsstaaten die Möglichkeit erhielten, sich durch Beibehaltung von Mehrheitsstimmrechten effektiv abzuschotten, so dass von gleichen Ausgangsbedingungen keine Rede sein konnte[76].

Hinsichtlich der kontrovers diskutierten Regelung der Neutralitätspflicht des Vorstands entfiel vor allem die Möglichkeit, Vorratsbeschlüsse der Hauptversammlung über die Durchführung von Abwehrmaßnahmen zuzulassen. Weitere Eckpunkte des Vorschlags waren die Einführung eines einheitlichen Squeeze-out-Verfahrens sowie eines Sell-out-Rechts, einem Andienungsrecht der Minderheitsaktionäre, um den mit dem Squeeze-out-Verfahren verbundenen Eingriff in die Rechte der Minderheitsaktionäre zu kompensieren[77]. Ferner enthielt der Vorschlag eine Definition des im Fall eines obligatorischen Angebots zu zahlenden „angemessenen Preises“.

---

74 *Schuster* in: Schuster/Zschocke, Bad Homburger Handbuch, Abschn. A., Rn. 45.

75 *Kallmeyer*, DB 2002, 2695, 2695.

76 *Neye*, NZG 2002, 1144, 1145; *Krause*, BB 2002, 2341, 2342/2343; Kritik des *Bundesverbandes der deutschen Industrie*, „Neue EU-Richtlinie benachteiligt deutsche Unternehmen“, abrufbar unter: www.presse-portal.de/story.htx?/nr=385457&search=eu-%DCbernahmerichtlinie,bdi, zuletzt abgerufen am 27. Juli 2004.

77 *Seibt/Heiser*, ZIP 2002, 2193, 2202.

III. Scheitern des Kommissionsvorschlags von Oktober 2002 und Minimallösung im November 2003

Insbesondere die Diskussion hinsichtlich der Frage der Neutralitätspflicht gegenüber feindlichen Übernahmeangeboten (Art. 9 des Kommissionsvorschlags von Oktober 2002) sowie der Durchbruchsregel für Übernahmehindernisse (Art. 11 des Kommissionsvorschlags von Oktober 2002) führte im Verlauf des Jahres 2003 zu keiner Einigung zwischen den EU-Mitgliedsstaaten. Im November 2003 schlug die italienische EU-Ratspräsidentschaft einen Minimalkompromiss, erarbeitet von Italien, Portugal und Griechenland, vor, der es den einzelnen Regierungen ermöglichen sollte, zwischen den liberalen EU-Regelungen und dem Fortbestehen nationaler Übernahmehürden zu entscheiden, mit der Folge, dass das deutsche WpÜG sowie die dort vorgesehenen Schutzwälle gegen feindliche Übernahmen unangetastet bleiben könnten[78]. Die Mehrheit der EU-Länder akzeptierte diesen Kompromiss mit der Folge, dass am Rande eines Treffens der EU-Wirtschaftsminister am 26. und 27. November 2003 im Wirtschafts- und Währungsausschuss eine Einigung hinsichtlich der Annahme dieses Vorschlags, der die Grundlage der ersten Lesung der Übernahmerichtlinie im Europäischen Parlament bilden sollte, erzielt wurde[79]. In der ersten Lesung im Europäischen Parlament am 16. November 2003 stimmte dieses denn auch dem Kompromissvorschlag zu[80]. Am 30. März 2004 wurde dieser schließlich auch vom Rat endgültig angenommen[81], so dass die Mitgliedstaaten die Richtlinie nun innerhalb von zwei Jahren in nationales Recht umsetzen müssen.

Der Kompromissvorschlag sieht zu den umstrittenen Regelungen in Art. 9 und 11 über Abbau von Übernahmehürden und Neutralitätspflicht des Vorstands aufgrund eines neu eingefügten Art. 11a vor, dass es den Mitgliedsstaaten über-

---

[78] *Financial Times Deutschland* vom 27. November 2003: „Übernahmekodex wird wohl stark verwässert" sowie vom 28. November 2003: „Berlin erringt Sieg im Streit um Übernahmen"; *Börsenzeitung* vom 28. November 2003, S. 7: „EU-Übernahme gebilligt".

[79] Memo/03/245 vom 28. November 2003 bzgl. der „Results of the Competitiveness Council of Ministers, Brussels, 27th November 2003", abrufbar unter: www.europa.eu.int/rapid/pressReleasesAction.do?reference=MEMO/03/245&format =HTML&aged=0&language=EN&guilanguage=en, zuletzt abgerufen am 27. Juli 2004, sowie *Fischer zu Cramburg*, AG 2004, R 8.

[80] Pressemitteilung des MdEP *Lehne* vom 16. Dezember 2003: „Übernahmerichtlinie – Europäisches Parlament hat Handlungsfähigkeit und Weitsicht bewiesen", abrufbar unter: www.epped.org/inthememberstates/newsroom/en/showpr.asp?PRControlDocTypeID=1& PPControlID=2402&PRContentID=4642&PRContentLG=en, zuletzt abgerufen am 27. Juli 2004; *Financial Times Deutschland* vom 16. Dezember 2003: „Europa-Parlament beschließt abgeschwächte Übernahmerichtlinie". Zum gesamten Verfahrensablauf einschließlich der Abstimmung im Europäischen Parlament vgl. den Abschnitt „The Legislative Observatory" zu COD/2002/0240, abrufbar unter: www.europarl.eu.int./oeil, zuletzt abgerufen am 27. Juli 2004.

[81] Vgl. Meldung Nr. 98 in ZIP 2004, ZIP aktuell, A 30. Die endgültige vom Rat gebilligte Fassung der Übernahmerichtlinie findet sich im ABlEG Nr. L 142 vom 30. April 2004, S. 12 ff.

lassen bleiben soll, ob sie nationale Schutzwälle gegen Übernahmen abbauen oder beibehalten[82]. Die nach deutschem Recht in § 33 WpÜG zulässigen sogenannten Vorratsbeschlüsse, die es der Hauptversammlung ermöglichen, bereits ohne konkretes Übernahmeangebot Abwehrmaßnahmen „auf Vorrat" zu autorisieren, bleibt damit unangetastet, sollte sich der deutsche Gesetzgeber gegen eine allgemeinverbindliche Anwendung der EU-Regelung wenden. Dieselbe Entscheidungsfreiheit der EU-Mitgliedsstaaten besteht im Hinblick auf die sogenannte Durchbruchsregelung nach Art. 11 der Richtlinie, bei der es den Staaten ebenfalls überlassen bleibt, ob sie diese in ihr nationales Recht aufnehmen oder nicht.

Abgesehen von diesen Wahlmöglichkeiten werden allerdings erstmals einheitliche Regelungen hinsichtlich Verfahren, Transparenzpflichten, Squeeze-out und Sell-out sowie den Anforderungen an das Pflichtangebot festgelegt.

Anknüpfungspunkt der Pflichtangebotsregelung ist dabei die unmittelbare und mittelbare Kontrollerlangung über eine Gesellschaft, wobei Einschränkungen hinsichtlich der Art und Weise des Erwerbs der Kontrolle nicht getroffen wurden. Insbesondere finden sich in der Richtlinie keine Anhaltspunkte dafür, dass kein Kontrollerwerb vorliegen soll, wenn ein kontrollbegründender Stimmrechtsanteil im Zuge einer Umwandlung erlangt wird. Angebotspflichtig ist auch, wer zwar nicht allein, aber auf Grund eines „acting in concert", also durch gemeinsam mit ihm handelnde Personen, die Kontrolle über eine Gesellschaft erlangt. Dies wird künftig bei der Auslegung des § 30 Abs. 2 WpÜG zu berücksichtigen sein. Die Festlegung der relevanten Kontrollschwelle, ab der ein Pflichtangebot abzugeben ist, und die Art der Berechnung dieses Stimmrechtsanteils bleibt nach Art. 5 Abs. 3 der Richtlinie den Mitgliedsstaaten überlassen. Als Gegenleistung im Rahmen des Pflichtangebots lässt die Richtlinie Wertpapiere, eine Geldleistung oder eine Kombination aus beidem zu, wobei zumindest ein wahlweises Angebot einer Geldleistung zwingend dann erforderlich ist, wenn es sich nicht um liquide Wertpapiere, die zum Handel auf einem geregelten Markt zugelassen sind, handelt. Gleiches gilt dann, wenn der Bieter innerhalb eines von den Mitgliedsstaaten zu bestimmenden, mindestens 6 Monate betragenden Zeitraums vor dem Angebot Wertpapiere, die mindestens 5% der Stimmrechte an der Zielgesellschaft verleihen, gegen Geldleistung erworben hat. Im Hinblick auf die Festsetzung der angemessenen Gegenleistung sieht die Richtlinie vor, dass als angemessener Preis der höchste Preis gilt, den der Bieter oder eine mit ihm handelnde Person in einem von den Mitgliedsstaaten festzulegenden Zeitraum vor dem Angebot für die gleichen Wertpapiere gezahlt hat.

---

[82] Zu den Änderungen gegenüber dem Kommissionsvorschlag in der vom Europäischen Parlament gebilligten Fassung der Richtlinie vgl. in der Rubrik „Aus dem Plenum/Vom Parlament angenommene Texte" die vorläufige Ausgabe vom 16. Dezember 2003 „Übernahmeangebote" unter www.europarl.eu.int sowie aus der Literatur *Bayer*, BB 2004, 1, 10 f.; *Becker*, GmbHR 2004, R 5 und R 77 sowie *Fischer zu Cramburg*, AG 2004, R 8.

Dieser von den Mitgliedsstaaten festzulegende Referenzzeitraum muss dabei mindestens 6 Monate, darf jedoch höchstens 12 Monate betragen.
Insofern besteht Änderungsbedarf bei der deutschen Pflichtangebotsregelung, da § 31 Abs. 1 Satz 2 WpÜG vorsieht, dass bei der Bestimmung des angemessenen Preises der durchschnittliche Börsenkurs der Aktien der Zielgesellschaft zu berücksichtigen ist, während die Richtlinie bei der Bestimmung der angemessenen Gegenleistung ausschließlich auf Vorerwerbe durch den Bieter abstellt. Ferner sehen § 31 WpÜG i. V. m. § 4 WpÜG-AngebVO für die zu berücksichtigenden Vorerwerbe des Bieters lediglich einen Referenzzeitraum von 3 Monaten vor, was ebenfalls nicht der Richtlinie entspricht. Gleiches gilt für den Referenzzeitraum nach § 31 Abs. 3 WpÜG, der ebenfalls nur 3 Monate beträgt, während die Richtlinie besagt, dass der Zeitraum, der bei der Frage zu berücksichtigen ist, ob wahlweise eine Geldleistung angeboten werden muss, weil der Bieter vor dem Angebot mindestens 5% der Stimmrechte an der Zielgesellschaft gegen Geldleistung erworben hat, ebenfalls mindestens 6 Monate betragen muss. Die Art der Gegenleistung entspricht dagegen den Vorgaben der Richtlinie in vollem Umfang. Auch die im WpÜG entwickelten Regeln zur mittelbaren Kontrollerlangung können bestehen bleiben, da die Richtlinie auch den mittelbaren Kontrollerwerb erfasst, die Anforderungen hieran jedoch nicht weiter präzisiert[83]. Gleiches gilt für die Zurechnungsvorschriften des § 30 Abs. 1 WpÜG, die als Regelungen über die Art der Berechnung des Stimmrechtsanteils, der eine Kontrolle über eine Gesellschaft vermittelt, der Ausgestaltung durch die Mitgliedsstaaten überlassen sind[84].

Insgesamt entspricht die im deutschen WpÜG enthaltene Pflichtangebotsregelung in überwiegenden Teilen daher der in Art. 5 der EU-Richtlinie enthaltenen Pflichtangebotsregelung, so dass diesbezüglich durch eine Umsetzung der Richtlinie ins nationale Recht keine erheblichen Veränderungen des deutschen WpÜG notwendig sein werden[85]. Da der Kompromissvorschlag zudem auch Art. 5 Abs. 7 der Richtlinie unberührt lässt, wonach die Mitgliedsstaaten weitere Instrumente zum Schutz der Interessen der Wertpapierinhaber vorsehen können, können auch die konzernrechtlichen Schutzvorschriften im nationalen Recht beibehalten werden. Dies ist insofern von Bedeutung, als im Zuge der Diskussion über die Pflichtangebotsregelung immer wieder die Frage aufgeworfen wurde, ob tatsächlich ein Nebeneinander von Pflichtangebotsregelung und konzernrechtlichen Schutzvorschriften, also Präventivschutz im Hinblick auf die Bildung eines Konzerns einerseits und Folgeschutz nach Schaffung eines Konzerns andererseits, sinnvoll und notwendig ist, oder es hierdurch zu einer überflüssi-

83 *Mülbert*, NZG 2004, 633, 636.
84 *Mülbert*, NZG 2004, 633, 636.
85 Zum Anpassungsbedarf insgesamt vgl. auch *Krause*, BB 2004, 113 ff.; *Wiesner*, ZIP 2004, 343, 349.

gen Verdoppelung der Schutzvorschriften kommt. Mit Verabschiedung der EU-Richtlinie ist diese Frage zumindest dahingehend geklärt, dass trotz Einführung einer EU-weiten Pflichtangebotsregelung die in Deutschland existierenden konzernrechtlichen Schutzvorschriften bestehen bleiben können. Ob dies sinnvoll ist und sich beide Regelungen ergänzen, oder es zu unerwünschten Überschneidungen kommen kann, wird im folgenden Kapitel gerade zu klären sein.

Kapitel 2: Das Pflichtangebot nach §§ 35 ff. WpÜG

Nicht nur das gerade angesprochene Spannungsverhältnis des Pflichtangebots zu den konzernrechtlichen Vorschriften zum Schutz der Minderheitsaktionäre stellt einen der am häufigsten und äußerst kontrovers diskutierten Aspekte der Pflichtangebotsregelung dar. Auch die ökonomischen Auswirkungen einer solchen zwangsweisen Verpflichtung zur Abgabe eines Angebots sowie die Verfassungsmäßigkeit einer solchen Verpflichtung sind umstritten. So ist gut nachvollziehbar, dass die Verpflichtung des Bieters, ein Angebot auf alle verbleibenden Aktien der Zielgesellschaft abzugeben, für diesen in ökonomischer Hinsicht von erheblicher Bedeutung ist, und eine solche Verpflichtung aufgrund des gravierenden Eingriffs in die Vertragsabschluss- und -gestaltungsfreiheit auch in verfassungsrechtlicher Hinsicht nicht unproblematisch ist.
Im Folgenden soll daher zunächst genauer dargestellt werden, was überhaupt unter einem Pflichtangebot i. S. d. WpÜG zu verstehen ist, um sodann unter Einbeziehung der mit der Pflichtangebotsregelung verfolgten Ziele zu entscheiden, wie das Spannungsverhältnis zum Konzernrecht zu beurteilen ist. Im Anschluss daran erfolgt eine Auseinandersetzung mit den möglicherweise bestehenden ökonomischen Konsequenzen der Pflichtangebotsregelung sowie eine Untersuchung der Verfassungsmäßigkeit dieser Vorschrift.

A. Definition

Derjenige Aktionär, der aufgrund eigener Anteile oder der ihm nach § 30 WpÜG zuzurechnenden Stimmrechte die Kontrolle über eine Zielgesellschaft in anderer Weise als durch ein öffentliches Übernahmeangebot erlangt, hat ein sog. Pflichtangebot nach § 35 Abs. 2 WpÜG abzugeben, um den Minderheitsaktionären im Falle einer Unternehmensübernahme die Möglichkeit zu geben, ihre Beteiligung an der Zielgesellschaft zu einem angemessenen Preis zu veräußern[86]. Kurz gesagt ist das Pflichtangebot daher als Verpflichtung eines Aktionärs zur Abgabe eines Übernahmeangebots ab Erreichen einer bestimmten, vom Gesetz vorgegebene Beteiligungsschwelle zu fassen. Wie das Übernahmeangebot, das auf den Erwerb der Kontrolle über eine Zielgesellschaft gerichtet ist (§§ 29 ff. WpÜG), ist auch das Pflichtangebot ein Vollangebot, das bzgl. der zu erbringenden Gegenleistung gem. § 39 WpÜG i. V. m. §§ 31, 32 WpÜG denselben Regelungen unterliegt wie das Übernahmeangebot. Unter Vollangebot ist hierbei die Pflicht zu verstehen, ein Angebot auf alle 100% der Anteile an einer Zielgesellschaft abzugeben. Ein sogenanntes Teilangebot, das sich nur auf einen Teil der Aktien der Zielgesellschaft erstreckt, ist dagegen in diesem Zusammen-

[86] *Begr. RegE*, BT-Drucksache 14/7034, Allg. Teil, S. 2 u. 30.

hang unzulässig. Ein solches ist im Rahmen des WpÜG ohnehin nur dann möglich, sofern der Bieter einen unter dem Schwellenwert gemäß § 29 Abs. 2 WpÜG von 30% der Stimmrechte der Zielgesellschaft liegenden Anteil der Aktien einer Gesellschaft erwerben möchte.
Nicht in allen Fällen, in denen ein Bieter mehr als 30% der Stimmrechte an einer Gesellschaft hält, ist jedoch die Verpflichtung zur Abgabe eines Pflichtangebots sachgerecht. Denn nicht immer vermittelt ein Anteil von 30% der Stimmrechte auch tatsächlich die Kontrolle über eine Gesellschaft. Da das Pflichtangebot jedoch gerade an eine solche Kontrolle über eine Zielgesellschaft anknüpft, und die Verpflichtung zur Abgabe eines Angebots nur bei einem Kontrollerwerb ausgelöst werden soll, enthalten § 37 WpÜG i. V. m. der WpÜG-AngebVO zahlreiche Konstellationen, in denen die Bundesanstalt für Finanzdienstleistungsaufsicht (nachfolgend „BaFin") eine Befreiung von der Verpflichtung zur Abgabe eines Pflichtangebots erteilen kann, weil der Bieter trotz Überschreitens der 30%-Schwelle faktisch keine Kontrolle über die Zielgesellschaft ausüben kann.

B. Rechtspolitische Diskussion

Bereits in einigen Entwürfen der europäischen Übernahmerichtlinie[87] und in Art. 16 des Übernahmekodex war ein Pflichtangebot vorgesehen, das schon damals umstritten war und auch heute noch - nach Einführung einer Pflichtangebotsregelung im WpÜG - in der Literatur diskutiert wird. Die Diskussion hat ihren Ausgangspunkt in der Frage, welche Funktion das Pflichtangebot überhaupt übernehmen und wessen Schutz es dienen soll. Ausgehend von diesen Überlegungen richtet sich die Kritik danach überwiegend darauf, dass die Funktionen des Pflichtangebots schon anderweitig erfüllt seien und ein Pflichtangebot damit überflüssig wäre.

Um die rechtspolitische Diskussion über das Pflichtangebot zu verstehen und näher durchleuchten zu können, ist es an dieser Stelle unerlässlich, zunächst einen Überblick über die Funktionen des Pflichtangebots, seinen Sinn und Zweck sowie die hierzu vertretenen Ansichten und Schwerpunktsetzungen zu geben. Die vertretenen Ansichten unterscheiden sich dabei hauptsächlich in der grundsätzlichen Frage, ob die Verpflichtung zur Abgabe eines Pflichtangebots eher als kapitalmarktrechtliche, und damit tendenziell öffentlich-rechtliche Vorschrift oder eher als konzern- und damit privatrechtliche Regelung einzustufen ist. Ausgehend von dieser unterschiedlichen Einstufung des Charakters der Pflichtangebotsregelung wird auch die Frage nach der Notwendigkeit und Zweckmä-

---

87 So auch die Regelung in der nun verabschiedeten EU-Übernahmerichtlinie, abrufbar unter www.rws-verlag.de, Volltexte vom 5. April 2004, zuletzt abgerufen am 27. Juli 2004.

ßigkeit des Pflichtangebots beantwortet. Die verschiedenen Ansichten sollen zunächst dargestellt und sodann näher diskutiert werden, um anschließend die Frage nach Charakter, Sinn und Zweck und Notwendigkeit der Pflichtangebotsregelung einer eigenen Beurteilung zuzuführen.

I. Begründungsansätze für die Einführung einer Pflichtangebotsregelung

Der Gesetzgeber verfolgte mit der Einführung des Pflichtangebots den Zweck, die rechtliche Stellung von Minderheitsaktionären der Zielgesellschaft bei Übernahmen zu stärken, indem ihnen durch die Verpflichtung eines Dritten zur Abgabe eines Pflichtangebots im Falle des Kontrollerwerbs die Möglichkeit gegeben wird, die von ihnen gehaltenen Aktien der Zielgesellschaft zu einem angemessenen Preis zu veräußern[88]. Daraus wird teilweise geschlossen, dass das Pflichtangebot ein der Konzernschwelle vorgelagertes Mittel des Kontrollschutzes für Aktionäre börsennotierter Unternehmen darstelle[89].
Der Zweck des Pflichtangebots ist jedoch ausweislich der Gesetzesbegründung nicht auf den Schutz der Minderheitsaktionäre beschränkt. Darüber hinaus meinte der deutsche Gesetzgeber vor allem vor dem Hintergrund dessen, dass im nationalen Recht zahlreicher europäischer Staaten Pflichtangebotsregelungen enthalten sind, dass die Einführung einer Pflichtangebotsregelung im Interesse der Wettbewerbsfähigkeit des Finanzplatzes Deutschland und dessen Attraktivität für Anleger aus dem Ausland unerlässlich sei[90]. Hintergrund dieser Überlegung war, dass den Anlegern in Bezug auf ein mögliches Austrittsrecht im Falle von Unternehmensübernahmen der gleiche Standard geboten werden müsse wie in anderen europäischen Ländern, um die Anlage- und Investitionsbereitschaft in Deutschland zu fördern.
In diesen zwei Begründungsansätzen erschöpft sich allerdings die Begründung des Gesetzgebers für die Notwendigkeit einer Pflichtangebotsregelung, ohne die von ihm angedeuteten Begründungen näher auszuführen. Allerdings wurden gerade diese beiden Begründungsansätze schon in der Zeit des Übernahmenkodex angeführt, von der Übernahmekommission erläutert und in der Literatur diskutiert. Auf diese Quellen ist an dieser Stelle zurückzugreifen, um die Gründe für die Einführung einer Pflichtangebotsregelung näher zu beleuchten.
Ansatzpunkt der Übernahmekommission in ihren Anmerkungen zum Übernahmekodex zur Begründung des Pflichtangebots war in Ergänzung bzw. Ausfüllung der oben genannten Begründungsansätze auch die Chancengleichheit der Aktionäre, da den Minderheitsaktionären nur aufgrund eines Pflichtangebots die

---

88 *Begr RegE*, BT-Drucksache 14/7034, Allg. Teil, S. 30.
89 *Hasselbach* in: Picot/Mentz/Seydel, Teil V, Rn. 66; *Hommelhoff/Witt* in: Haarmann/Riehmer/Schüppen, vor §§ 35-39, Rn. 31; *van Kann* in: Hölters, Nachtrag zu Teil VIII, Rn. N 166; *von Bülow* in: KK-WpÜG, § 35, Rn. 4.
90 *Begr. RegE*, BT-Drucksache 14/7034, Allg. Teil, S. 27 f.

Möglichkeit eröffnet würde, an den Chancen einer Mehrheitsübernahme, wie Verkauf zu einem deutlich über dem Börsenkurs liegenden Preis oder Zahlung eines Bonus, teilzuhaben[91]. In ähnlicher Ausprägung findet sich der Gedanke der Gleichbehandlung der Aktionäre auch in umgekehrter Richtung, nämlich, dass es unter Umständen nach einem Kontrollerwerb zu einem Kursverfall der Aktien kommen könne, und daher eine Ungleichbehandlung der verbleibenden Aktionäre gegenüber denjenigen, die im Rahmen des Kontrollerwerbs ihre Aktien veräußert haben, eintreten könne[92]. Ausgehend von diesen Begründungsansätzen, vor allem von dem Ziel, den Aktionären nach einer Kontrollerlangung das Schicksal zu ersparen, entweder in der Position als Minderheitsgesellschafter in einer beherrschten Gesellschaft zu verbleiben oder aber die mit dem Kursverfall entstehenden Preisverluste in Kauf zu nehmen, wird das Pflichtangebot häufig als Mittel der Konzernbildungskontrolle (auch synonym als Konzerneingangskontrolle bezeichnet) gesehen, durch das ein Schutz der Minderheitsaktionäre in ihrer Eigenschaft als Verbandsmitglieder erreicht werden soll[93].

In Bezug auf die Funktionsfähigkeit des Kapitalmarkts und der Wettbewerbsfähigkeit des Finanzplatzes Deutschland wurde vor allem auch daran angeknüpft, dass es bei der Pflichtangebotsregelung vorrangig nicht um den Schutz desjenigen Gesellschafters gehe, der aktiv durch Ausübung seiner Mitgliedschaftsrechte an der Gesellschaft beteiligt sei, sondern um den Schutz des Anlegers, dessen Interesse an seiner Beteiligung ganz überwiegend ein Vermögensinteresse sei[94]. Der einzelne Anleger würde durch das Pflichtangebot insofern geschützt, als er bei seiner Investitionsentscheidung nicht berücksichtigen müsse, ob der Zielgesellschaft, an der er sich beteiligen wolle, in der Zukunft eine Konzernierung bzw. ein Kontrollwechsel drohe, und dadurch seine Anlage und die durch die Aktie vermittelte Vermögensposition möglicherweise entwertet werden könn-

---

91 Anmerkungen der *Übernahmekommission* zum Übernahmekodex der Börsensachverständigenkommission vom 16. Juli 1996 zu der ursprünglichen Fassung von Art. 16 des Übernahmekodex, abgedruckt in: *Schuster/Zschocke*, Übernahmerecht, 102, 144. So auch *Basaldua* in: Assmann/Basaldua/Bozenhardt/Peltzer; ZGR-Sonderheft Nr. 9, 1990, 157, 172; *Berger*, ZIP 1991, 1644; 1652; *Immenga* in: Kreutzer, 11, 17 ff.; *Krause*, WM 1996, 891, 897; *Otto*, AG 1994, 167 ff.; *Timm*, NJW 1992, 2185, 2192 f.
Ablehnend: *Hommelhoff/Kleindiek*, AG 1990, 106, 108; *Lutter*, ZHR 153 (1989), 446, 462. Kritisch auch *Assmann/Bozenhardt* in: Assmann/Basaldua/Bozenhardt/Peltzer, ZGR-Sonderheft Nr. 9, 1990, 1, 42 ff.; *Baums*, ZIP 1989, 1377, 1379; *Mertens*, AG 1990, 252, 257.

92 *Hommelhoff* in: FS Semler, 455, 457. Zum Absinken des Aktienkurses nach einer Übernahme vgl. *Immenga* in: FS Böhm, 253, 264 f.; *Schwartze* in: Ott/Schäfer, 264, 274.

93 *Baums*, ZIP 1989, 1376, 1379 ff.; *Hommelhoff* in: FS Semler, 455, 461; *Hommelhoff/Kleindiek*, AG 1990, 106, 108; *Kuhr*, 8. Kap., Abschn. V. 1., S. 196 f.; *Mertens*, AG 1990, 252, 256 ff.; *Mülbert*, ZIP 2001, 1221, 1226.

94 *Houben*, WM 2000, 1873, 1877; *Heiser*, S. 352 ff. u. S. 369 ff.; *Burgard*, WM 2000, 611, 616. Kritisch *Kallmeyer*, ZHR 161 (1997), 435, 440 und *Letzel*, NZG 2001, 206, 261 f.

te[95]. Im Hinblick auf seine präventive Funktion sei das Pflichtangebot daher vorrangig als kapitalmarktrechtliche Regelung im öffentlichen Interesse zu sehen, da es das Vertrauen der Anleger in die Funktionsfähigkeit des Kapitalmarktes fördere[96].

II. Notwendigkeit einer Pflichtangebotsregelung

1. Pflichtangebot und Konzernrecht

a) Argumente gegen die Einführung einer Pflichtangebotsregelung

Neben einzelnen Kritikpunkten, die sich vor allem auf die ökonomischen Konsequenzen einer Pflichtangebotsregelung bezogen und im Folgenden noch zu untersuchen sein werden, wurde in der Literatur vor allem kritisiert, dass es zu Überschneidungen mit den konzernrechtlichen Vorschriften und dem durch sie vermittelten Schutz der Minderheitsaktionäre komme, weil der Schutzzweck der Pflichtangebotsregelung vor allem in der Konzernbildungskontrolle zu sehen sei. Denn - verkürzt gesagt - wäre das Pflichtangebot als Schutz vor dem Hineingeraten in eine faktische Minderheitsposition zu sehen, während das Konzernrecht die Funktion erfüllt, den Schutz nach Entstehen einer solchen Position zu übernehmen. Hauptansatzpunkt der Kritiker ist dabei, dass das Pflichtangebot einen Fremdkörper im deutschen Aktienrecht darstelle, systemwidrig sei und sich mit dem deutschen Konzernrecht nicht in Einklang bringen lasse[97]. Auch bestehe für die Einführung eines Pflichtangebots kein Bedürfnis, da ein kontrollierender Aktionär die Vermögens- und Herrschaftsrechte der Minderheitsaktionäre nicht einschränke, sondern lediglich die Relevanz ihrer Stimmrechtsausübung vermindere, was jedoch ein von vornherein bei der Aktiengesellschaft immer bestehendes Risiko darstelle[98]. Darüber hinaus biete das deutsche Gesellschafts- und Konzernrecht insbesondere vor dem Hintergrund der §§ 291 ff., 304 ff., 311 ff. und 319 ff. AktG für die Minderheitsaktionäre ein ausreichendes Schutzsystem, das die Konzerneingangskontrolle in Form eines Pflichtangebots entbehrlich mache[99].

---

95 *Steinmeyer/Häger*, § 35, Rn. 21. Ähnlich *Ekkenga/Hofschroer*, DStR 2002, 724, 725; *Fleischer/Kalss*, § 1, S. 28 f.; *Tröger*, DZWir 2002, 397, 404 f.

96 *Ekkenga/Schulz* in: Ehricke/Ekkenga/Oechsler, § 35, Rn. 5; *Heiser*, S. 58 ff.; *Kleindiek*, ZGR 2002, 546, 558 ff.; *Lübking*, 3. Kap., Abschn. D. IV., S. 118; *Schlitt* in: MüKo-AktG, § 35 WpÜG, Rn. 8.

97 *Assmann*, AG 1995, 563, 570; *Grunewald*, WM 1991, 1361, 1362, *Sandberger*, DZWir 1993, 319, 325 f.; *Wirth/Weiler*, DB 1998, 117, 120.

98 *Assmann*, AG 1995, 563, 570.

99 *Altmeppen*, ZIP 2001, 1073, 1082 f.; *Assmann*, AG 1995, 563, 570 f.; *Assmann/Bozenhardt* in: Assmann/Basaldua/Bozenhardt/ Peltzer, ZGR-Sonderheft Nr. 9, 1990, 1, 49 ff.; *Kallmeyer*, ZHR 161 (1997), 435, 436 ff.; *ders.*, ZIP 1997, 2147, 2147 f.; *Pluskat*, WM 2001, 1937, 1941 f.

b) Argumente für die Einführung einer Pflichtangebotsregelung

Hiergegen wird eingewandt, dass das deutsche Konzernrecht keineswegs alle durch einen Kontrollerwerb für die Minderheitsaktionäre nachteiligen Auswirkungen kompensiere[100]. Der Schutz der Minderheitsaktionäre lasse sich dagegen am effektivsten durch ein Recht zum „exit", einem Instrument des präventiven Konzerneingangsschutzes, verwirklichen; ein nachträglicher ex-post Schutz habe nicht die gleiche Wirkung[101]. Dies führe jedoch nicht etwa zu einer Überflüssigkeit der konzernrechtlichen Regelungen; vielmehr wären die konzernrechtlichen Schutzvorschriften auch nach Einführung des Pflichtangebots notwendig, denn es werde auch weiterhin außenstehende Minderheitsaktionäre geben, die in der Zielgesellschaft verbleiben und für deren Schutz die konzernrechtlichen Regelungen unverzichtbar seien[102].

2. Über den konzernrechtlichen Aspekt hinausgehende Schutzrichtung des Pflichtangebots

Gegen diejenigen Stimmen, die das Pflichtangebot auf eine rein konzernrechtliche Schutzrichtung reduzieren wollen, wird angeführt, dass das Pflichtangebot nicht zwangsläufig nur der Konzerneingangskontrolle diene, da es nicht nur in Fällen der erstmaligen Gründung eines Konzerns, sondern auch bei einem reinen Kontrollwechsel innerhalb eines bereits bestehenden Konzerns Anwendung finde[103]. Außerdem handele es sich bei dem Pflichtangebot nicht etwa um eine gesellschaftsrechtliche, sondern um eine kapitalmarktrechtliche Regelung, die vor allem dem Schutz des Anlegers diene, dessen Interesse an einer Beteiligung an einer Gesellschaft ganz überwiegend ein reines Vermögensinteresse sei[104]. Denn im Zuge eines Kontrollwechsels könne es zu einer grundlegenden Änderung der Unternehmenspolitik kommen, so dass sich auch die Geschäftsgrundlage des Investments des Anlegers radikal verändern oder sogar vollständig wegfallen könne, so dass dem Anleger aufgrund dieser Änderung der Ertragsaussichten

---

100 *Berding*, WM 2002, 1149, 1157; *Forum Europaeum Konzernrecht*, ZGR 1998, 672, 728 f.; *Krause*, WM 1996, 891, 897; *ders.* NZG 2000, 905, 910.

101 *Benner-Heinacher*, DB 1997, 2521, 2521; *Habersack/Mayer*, ZIP 1997, 2141, 2143 f.; *Hopt*, ZHR 161 (1997), 368, 387 f.; *Houben*, WM 2000, 1873, 1875 ff.; *Forum Europaeum Konzernecht*, ZGR 1998, 672, 725; *Krause*, WM 1996, 891, 897 f.; *Weber*, EuZW 1998, 464, 468; *Wolf*, AG 1998, 212, 219 f.

102 *Fleischer/Kalss*, § 1, S. 28; *Hommelhoff* in: FS Semler, 455, 469; *Hommelhoff/Witt* in: Haarmann/Riehmer/Schüppen, vor §§ 35-39, Rn. 30; *Hopt*, ZHR 161 (1997), 368, 387. Vgl. auch Bericht der *Regierungskommission „Corporate Governance"*, 2001, BT-Drucksache 14/7515, S. 84; *Wymeersch*, ZGR 2002, 520, 541 und *Wolf*, AG 1998, 212, 220, der davon ausgeht, dass ein effektiver konzernrechtlicher Minderheitenschutz nur durch ein ausgewogenes Verhältnis zwischen Konzernbildungs- und Konzernfolgeschutz zustande kommen könne.

103 *Meyer* in: Geibel/Süßmann, § 35, Rn. 3.

104 *Burgard*, WM 2000, 611, 616; *Houben*, WM 2000, 1873, 1877; *Krause*, WM 1996, 891, 898; *Meyer* in: Geibel/Süßmann, § 35, Rn. 9.

und des Risikos seines Investments die Möglichkeit gegeben werden müsse, sich von dieser Investition zu lösen[105]. Hiergegen wird allerdings wiederum eingewendet, dass das Pflichtangebot schon in tatsächlicher Hinsicht überflüssig sei, da auch ein neu kontrollierender Gesellschafter typischerweise kein Interesse an einem Verfall des Börsenkurses habe, und daher ein besonderer Schutz der Minderheitsaktionäre nicht erforderlich sei[106]. Andererseits kann sich ein Minderheitsaktionär hierauf nicht verlassen, denn das Verhalten des Kontrollaktionärs ist für ihn nicht abschätzbar. So ist z. B. gut vorstellbar, dass es Fälle gibt, in denen es sich bei dem kontrollierenden Gesellschafter um eine Aktiengesellschaft handelt, die in erster Linier ihren eigene Börsenkurs im Blick hat und gegebenenfalls Maßnahmen durchführt, die sich zwar positiv auf den eigenen Börsenkurs, nicht jedoch auf denjenigen der Zielgesellschaft auswirken[107].
Der Gesetzgeber hat sich für die Einführung eines Pflichtangebots entschieden, da er befürchtete, dass der Finanzplatz Deutschland im Vergleich mit anderen Ländern nicht mehr konkurrenzfähig sei, wenn er nicht ebenfalls - wie in vielen anderen Ländern geschehen - ein Pflichtangebot einführen würde[108]. Die Einführung des Pflichtangebots wird daher als sinnvoll angesehen, da sie den Anforderungen eines modernen Kapitalmarktes entspreche und zu einer Stärkung des Wirtschaftsstandortes führe; es handele sich um ein Tribut des Gesellschaftsrechts an die Bedürfnisse der Unternehmen[109]. Als schlagendes Argument für ein Pflichtangebot wird daher angeführt, dass dies nicht allein der häufig kritisierten Konzerneingangskontrolle, sondern der Funktionsfähigkeit des Kapitalmarkts und der Wettbewerbsfähigkeit des Finanzplatzes Deutschland diene[110], in dem es darauf gerichtet sei, eine Gleichbehandlung der Anleger dadurch zu erreichen, dass ihnen allen eine gleichmäßige Teilhabe an dem bei einer Kontrollerlangung regelmäßig gezahlten Kontrollbonus zukomme[111].

III. Stellungnahme und Fazit

1. Das Spannungsverhältnis zum Konzernrecht

Um das Spannungsverhältnis zwischen Pflichtangebotsregelung und konzernrechtlichen Vorschriften beurteilen zu können, ist zunächst zwischen den verschiedenen Regelungen für den faktischen und den Vertragskonzern zu unter-

---

105 *Liebscher*, ZIP 2001, 853, 866; *Schlitt* in: MüKo-AktG, § 35 WpÜG, Rn. 42.
106 *Letzel*, NZG 2001, 260, 262.
107 *Meyer* in: Geibel/Süßmann, § 35, Rn. 4.
108 *Begr. RegE*, BT-Drucksache 14/7034, Allg. Teil, S. 27 f.
109 *Weber-Rey/Schütz*, AG 2001, 325, 330; *Hommelhoff/Witt* in: Haarmann/Riehmer/Schüppen, vor §§ 35-39, Rn. 28.
110 *Hopt*, ZHR 161 (1997), 368, 387 f.; *Benner-Heinacher*, DB 1997, 2521, 2522; *Zinser*, NZG 2001, 391, 397. Kritisch *Kallmeyer*, ZHR 161 (1997), 435, 440; *Letzel*, NZG 2001, 206, 261; *ders.* BKR 2002, 293, 296.
111 *Heiser*, S. 63 ff., S. 352 ff. u. S. 369 ff.; *Habersack/Mayer*, ZIP 1997, 2141, 2147.

scheiden. Insbesondere die Frage, ob die Pflichtangebotsregelung deshalb entbehrlich ist, weil das bestehende Konzernrecht einen ausreichenden Minderheitenschutz vorsehe, so dass ein zusätzlicher Konzerneingangsschutz in Gestalt eines Pflichtangebots unnötig sei, lässt sich nicht pauschal für sämtliche Formen des Konzerns beantworten. Denn je nach Ausgestaltung des Konzerns ist auch der Minderheitenschutz unterschiedlich stark und vor allem in unterschiedlicher Art und Weise ausgeprägt. Vor diesem Hintergrund sollen im Folgenden zunächst jeweils für die einzelnen Formen des Konzerns die dafür existierenden Vorschriften zum Schutz der Minderheitsaktionäre kurz dargestellt werden, um sodann der Frage nachzugehen, ob eine Pflichtangebotsregelung daneben noch notwendig und sinnvoll ist, oder die konzernrechtlichen Vorschriften ein der Pflichtangebotsregelung vergleichbares Schutzinstrumentarium zur Verfügung stellen, das ein Pflichtangebot überflüssig macht.

a) Faktischer Konzern

Der Begriff des faktischen Konzerns knüpft an den Tatbestand der Abhängigkeit des § 17 AktG an, setzt also die Abhängigkeit einer Gesellschaft von einem herrschenden Unternehmen voraus, wobei allerdings Voraussetzung für die Anwendung der §§ 311 ff. ist, dass zwischen den verbundenen Unternehmen kein Beherrschungsvertrag besteht. Gedanke der Regelungen über den faktischen Konzern in §§ 311 ff. AktG ist es, eine Benachteiligung der beherrschten Gesellschaft zugunsten des Konzerninteresses zu verhindern. Zu diesem Zweck obliegt dem Vorstand der abhängigen Gesellschaft nach § 312 Abs. 1 AktG die Aufstellung eines jährlich vorzulegenden Abhängigkeitsberichts, in dem nachteilige Eingriffe zu dokumentieren sind. Aufzunehmen in den Bericht sind sowohl Rechtsgeschäfte als auch Maßnahmen, die auf Veranlassung oder im Interesse des herrschenden Unternehmens oder eines mit diesem verbundenen Unternehmens vorgenommen bzw. unterlassen wurden. Bei Rechtsgeschäften sind Leistung und Gegenleistung, bei Maßnahmen Vor- und Nachteile sowie Art und Höhe eines etwaigen Nachteilsausgleichs, der nach § 311 AktG für nachteilige Weisungen oder Handlungen des herrschenden Unternehmens vorzunehmen ist, anzugeben. Erfolgt der Nachteilsausgleich nicht, so sind das herrschende Unternehmen und dessen gesetzliche Vertreter gemäß § 317 AktG zum Ersatz des hieraus entstandenen Schaden verpflichtet. Entscheidende Voraussetzung für einen wirksamen Schutz der Aktionäre der abhängigen Gesellschaft durch die Vorschriften der §§ 311 ff. AktG ist also, dass die Angemessenheit von Leistung und Gegenleistung bei Rechtsgeschäften sowie der Nachteilsumfang von Maßnahmen und des dafür gewährten Ausgleichs festgestellt und quantifiziert werden können[112].

---

[112] *Emmerich/Habersack*, S. 405 f.; Raiser, § 53, Rn. 4.

Gerade dieser Aspekt macht die Schwäche der Schutzvorschriften im faktischen Konzern aus mit der Folge, dass jedenfalls im faktischen Konzern die konzernrechtlichen Vorschriften zum Schutz der außenstehenden Aktionäre kein dem Pflichtangebot vergleichbares Schutzinstrumentarium zur Verfügung stellen. Denn namentlich die Verpflichtung zum Nachteilsausgleich gemäß § 311 AktG und die Schadensersatzpflicht nach § 317 AktG vermögen den einzelnen außenstehenden Aktionär insbesondere aufgrund der Schwierigkeiten der Nachteilsfeststellung und –quantifizierung nicht zu schützen[113]. Vergleichsmaßstab für die Nachteiligkeit von Rechtsgeschäften und der Angemessenheit der Gegenleistung sind die Verhältnisse in einem unabhängigen Unternehmen[114]. Je länger die Konzernierung jedoch besteht, desto schwieriger lässt sich ein Vergleichsmaßstab finden, an dem die fraglichen Rechtsgeschäfte zu messen sind, da sich der Zustand einer hypothetisch selbständig gebliebenen Gesellschaft kaum rekonstruieren lässt[115]. Ferner können sämtliche Vorschläge zur Beurteilung der Angemessenheit von Leistung und Gegenleistung bei Rechtsgeschäften beispielsweise anhand von Marktpreisen nur einen Rahmen bieten, innerhalb dessen ein Bewertungsspielraum für die Bestimmung der Angemessenheit besteht, was zu Unsicherheiten führt[116]. Gleiches gilt für die Quantifizierbarkeit von Maßnahmen, insbesondere daher, da sich ein Beurteilungsmaßstab für die Quantifizierung von Strukturveränderungen kaum finden lässt[117]. Mit diesen Schwierigkeiten sind auch der den Abhängigkeitsbericht erstellende Vorstand sowie der diesen überprüfenden Abschlussprüfer konfrontiert.

Neben diesen bestehenden Schwierigkeiten, die die Effektivität der Schutzvorschriften im faktischen Konzern beeinträchtigen, können die konzernrechtlichen Vorschriften über den faktischen Konzern den Anlegeraktionären ohnehin keinen übernahmespezifischen Schutz bieten. Denn eine Verpflichtung des kontrollierenden Großaktionärs, den übrigen Aktionären bei Entstehen eines faktischen Konzernverhältnisses ein Abfindungsangebot zu unterbreiten, existiert nicht. Die konzernrechtlichen Vorschriften können einen Aktionär also nicht davor schützen, überhaupt in die unerwünschte Position des Minderheitsaktionärs zu gelangen, da die in §§ 311, 317 AktG vorgesehenen Regelungen nicht an die Transaktion selbst, sondern erst an nach dem Kontrollwechsel erfolgte schädliche Weisungen des herrschenden Unternehmens anknüpfen. Zudem kann das

---

113 *Immenga* in: FS Böhm, 253, 259; *Koppensteiner* in: KK-AktG, vor § 311 AktG, Rn. 17 ff.; *Lutter*, ZGR 1987, 324, 351; *Reul* in: Jahrbuch Junger Zivilrechtswissenschaftler, 11, 21; *Wackerbarth*, S. 310. A. A. *Altmeppen*, ZIP 1996, 693, 697 f.; *ders.*, ZIP 2001, 1073, 1082. Zur Effektivität der §§ 311 ff. AktG vgl. auch *Kropff* in: MüKo-AktG, vor § 311 AktG, Rn. 21 ff. und 28 ff.

114 *Hüffer*, § 311 AktG, Rn. 34; Raiser, § 53, Rn. 26.

115 *Krause*, S. 182; *Reul, S. 280; Reuter*, ZHR 146 (1982), 1, 11 f.

116 *Emmerich/Habersack*, S. 411; *Prantl*, Kap. III, Abschn. 3.2.2.1., S. 78 f.

117 *Emmerich/Habersack*, S. 412 f.; *Koppensteiner* in: KK-AktG, § 311 AktG, Rn. 47; *Krause*, S. 182 f.; *Prantl*, Kap. III, Abschn. 3.2.2.1., S. 78 f.; *Scheffler*, AG 1990, 173, 176; *Schindler*, Teil 2, S. 183.

Konzernrecht die weit verbreitete und nur schwer aufzudeckende sog. „sanfte" Ausbeutung, die in Gestalt von beispielsweise fiktiven Beratungsverträgen und Lizenzgebühren, Absaugen von Gewinnchancen, Gestaltung der Gewinnverwendung, Besetzung des Managements u. ä. auftritt, kaum verhindern[118]. Denn in diesen Fällen ist zwar eine nachteilige Auswirkung der Leitungsmacht des Kontrollinhabers anzunehmen, jedoch liegt diese regelmäßig unterhalb des Bereichs einer nachteiligen Weisung im konzernrechtlichen Sinne, so dass das Konzernrecht gerade nicht eingreift und keinen Minderheitenschutz bieten kann, obwohl der Kontrollinhaber bestimmte Sondervorteile zieht, die zu einer Minderung des Unternehmenswerts und damit zu Vermögensverlusten der Minderheitsaktionäre führen können. Darüber hinaus ist der gesamte konzernrechtliche Schutz schon dadurch von vornherein eingeschränkt, dass er an den Unternehmensbegriff anknüpft und schon allein aus diesem Grund in dem Fall, in dem die Kontrolle durch eine Privatperson erlangt wird, keinen Schutz zu bieten vermag.

Die Pflichtangebotsregelung schließt diese Lücken und schützt die Aktionäre im Falle einer Kontrollerlangung vor einer möglicherweise fundamentalen Änderung ihrer Investitionsgrundlage und dem mit dem Kontrollerwerb einhergehenden Bedeutungsverlust ihres Stimmrechts. Ferner verringert es die Gefahr des Missbrauchs der umfassenden Einflussmöglichkeiten des Kontrollinhabers und die Risiken konzerninterner Vermögensverlagerungen, denen die Vorschriften über den faktischen Konzern häufig nicht ausreichend zu begegnen vermögen, in dem es den Aktionären schon im Zeitpunkt der Kontrollerlangung ein Recht zum Austritt ermöglicht.
In diesem Sinne stellt sie daher zumindest in Bezug auf den faktischen Konzern auch in gewissem Umfang ein Mittel der Konzernbildungskontrolle dar. Dies kann jedoch kein Argument gegen die Einführung der Pflichtangebotsregelung sein, da es insoweit – wie gerade dargestellt – gerade nicht zu einer überflüssigen Verdoppelung der Schutzmechanismen kommt. Vielmehr ergänzen sich die Pflichtangebotsregelung und die Vorschriften über den faktischen Konzern sinnvoll dahingehend, dass der von der Pflichtangebotsregelung gebotene Schutz quasi vorverlagert ist, d. h. den außenstehenden Aktionären schon vor Zustandekommen des Konzerns Schutz bietet, während die bisherigen Schutzvorschriften des Konzernrechts dem Schutz derjenigen Aktionäre, die auch nach Eintritt in das Konzernverhältnis in der Gesellschaft verbleiben, dienen.

---

[118] *Lübking*, 6. Kap., Abschn. A. I., S. 257; *Reul* in: Jahrbuch Junger Zivilrechtswissenschaftler, 11, 20 f.; *Schwartze* in: Ott/Schäfer, 264, 272. Ähnlich *Fleischer/Kalss*, § 3, S. 131 f.

b) Qualifiziert faktischer Konzern

Gleiches gilt erst recht für den sog. qualifiziert faktischen Konzern. Ein solcher ist dann anzunehmen, wenn das herrschende Unternehmen dauernd und umfassend auf die beherrschte Gesellschaft einwirkt, ohne jedoch einen Unternehmensvertrag abzuschließen. Konkretisiert wird dieser Zustand überwiegend mit dem Erfordernis, dass ein qualifiziert faktischer Konzern dann anzunehmen sei, wenn eine isolierte Betrachtung und Bewertung einzelner konzernleitender Maßnahmen nicht mehr möglich ist, und damit der der abhängigen Gesellschaft zugefügte Nachteil auch nicht mehr durch Einzelausgleichsmaßnahmen kompensiert werden kann[119].

Zwar hat sich die Rechtsprechung zum qualifiziert faktischen Konzern seit der „Bremer Vulkan"-Entscheidung[120] des BGH entscheidend verändert, dies ändert im Ergebnis jedoch nichts daran, dass auch hierbei die Pflichtangebotsregelung einen sichereren und umfassenderen Schutz für die Minderheitsaktionäre bietet. Früher wurde im Unterschied zum einfachen faktischen Konzern beim qualifiziert faktischen Konzern eine Haftung analog §§ 302 ff. AktG und damit auch ein Abfindungsanspruch analog § 305 AktG befürwortet[121]. In der „Bremer Vulkan"-Entscheidung gab der BGH zumindest in Bezug auf die GmbH seine frühere Rechtsprechung zum qualifiziert faktischen Konzern endgültig zugunsten einer Haftung des herrschenden Gesellschafters für einen sog. existenzvernichtenden Eingriff auf, indem er ausführte, dass der Schutz der abhängigen GmbH gegenüber Eingriffen ihres Alleingesellschafters nicht dem Haftungssystem des Konzernrechts des AktG folge, sondern sich auf die Erhaltung ihres Stammkapitals im Sinne der §§ 30 f. GmbHG sowie auf die Gewährleistung ihres Bestandsschutzes in dem Sinne, dass ihr Alleingesellschafter bei Eingriffen in ihr Vermögen und ihre Geschäftschancen angemessene Rücksicht auf ihre eigenen Belange zu nehmen hat, beschränke[122]. Im Ergebnis wird damit eine Durchgriffshaftung des herrschenden Gesellschafters gegenüber den Gläubigern für die Verbindlichkeiten der abhängigen Gesellschaft für den Fall begründet, dass der herrschende Gesellschafter in mißbräuchlicher Art und Weise Zugriff auf Vermögen und Liquidität der abhängigen Gesellschaft nimmt, diese so in die Krise treibt und damit das den Gläubigern normalerweise zur Verfügung stehende Gesellschaftsvermögen in einer Weise vernichtet, mit der die Gläubiger nicht zu

---

119 *Emmerich*, AG 1991, 303, 306; *Emmerich/Habersack*, S. 438 f.; *Kropff* in: FS Goerdeler, 259, 264 f.; *Raiser*, § 53, Rn. 53.

120 *BGH*, ZIP 2001, 1874 ff.

121 *Decher*, DB 1990, 2005, 2007 f.; *Ebenroth*, AG 1990, 188, 193; *Lutter*, ZGR 1982, 244, 265 ff.; *Säcker*, ZHR 151 (1987), 59, 64; *Schmidt*, ZGR 1981, 455, 473; *Timm*, NJW 1987, 977, 983 f.

122 *BGH*, ZIP 2001, 1874, 1876. Fortgeführt wurde diese Rechtsprechung in den Entscheidungen des *BGH*, ZIP 2002, 848 ff. sowie ZIP 2002, 1578 ff. („KVB") sowie zuletzt in ZIP 2005, 117 ff.

rechnen brauchen[123]. Der gesetzliche Kapitalerhaltungsschutz wird damit bei Versagen der §§ 30, 31 GmbHG und bei Scheitern des Treupflichtkonzepts durch einen am Bestand der Gesellschaft ansetzenden Gläubigerschutz ergänzt[124].
Entschieden ist dagegen nicht, ob diese Grundsätze auch für die AG zu übernehmen sind. Während dies teilweise mit dem Argument befürwortet wird, dass der für eine analoge Anwendung der §§ 302 ff. AktG vorausgesetzte Tatbestand des qualifiziert faktischen Konzerns kaum definierbar sei [125], soll es nach anderer Ansicht bei der AG im Falle der qualifizierten Nachteilszufügung bei einer analogen Anwendung der §§ 302 ff. AktG aufgrund der Regelungsunterschiede zwischen GmbH und AG verbleiben[126].
Unabhängig davon, welcher Meinung der Vorzug zu geben ist, ergibt sich im Hinblick auf die Notwendigkeit der Pflichtangebotsregelung dasselbe Ergebnis. Sofern die Lehre vom existenzvernichtenden Eingriff auf die AG übernommen wird, bedarf es einer Pflichtangebotsregelung, die den Minderheitsaktionären schon im Vorfeld ein Ausscheiden aus der Gesellschaft zu angemessenen Bedingungen ermöglicht schon deshalb, weil neben der Durchgriffshaftung für eine Abfindungspflicht durch den herrschenden Gesellschafter analog § 305 AktG kein Raum mehr ist[127]. Verbleibt es dagegen bei einer analogen Anwendung der §§ 302 ff. AktG im Falle einer qualifiziert faktischen Konzernierung einer AG, so ist auch die analoge Anwendung des § 305 AktG beizubehalten[128]. Insoweit besteht neben der Unzulänglichkeit eines solchen Abfindungsanspruchs analog § 305 AktG im Vergleich zur Pflichtangebotsregelung, die im Folgenden noch im Rahmen der Untersuchung des Vertragskonzerns zu zeigen sein wird, vor allem die zusätzliche Schwierigkeit der Feststellung des Zeitpunktes, ab dem ein qualifiziert faktischer Konzern überhaupt anzunehmen ist. Denn eine Abgrenzung zum einfachen faktischen Konzern ist kaum möglich und mit erheblicher Rechtsunsicherheit behaftet[129]. Auch insofern bietet die Pflichtangebotsregelung daher im Vorfeld einen sicheren und umfassenden Schutz für die Minderheitsaktionäre.

---

123 *Altmeppen*, ZIP 2002, 1553, 1557 ff.; *Benecke*, BB 2003, 1190, 1193 ff.; *Drygala*, GmbHR 2003, 729, 731 ff.; *Hoffmann*, NZG 2002, 68, 69 ff.; *Roth*, NZG 2003, 1081, 1081 ff.
124 *Hüffer*, § 1 AktG, Rn. 23.
125 *Hüffer*, § 1 AktG, Rn. 25.
126 *Cahn*, ZIP 2001, 2159, 2160; *Habersack* in: Emmerich/Habersack, Anh. § 317 AktG, Rn. 5; *Schmidt*, § 31 IV, Abschn. 4a, S. 964 ff.
127 *Lutter/Banerjea*, ZGR 2003, 402, 435.
128 *Habersack* in: Emmerich/Habersack, Anh. § 317 AktG, Rn. 29.
129 *Krause*, S. 193; *Lutter*, AG 1990, 179, 184; *Mühle*, S. 407; *Reul*, S. 289 f.; *Timm*, NJW 1987, 977, 979.

c) *Vertragskonzern*

Für den Vertragskonzern, also bei Abschluss eines Beherrschungsvertrags, sieht das AktG für die außenstehenden Aktionäre eine Wahlmöglichkeit dahingehend vor, gegen Gewährung eines angemessenen Ausgleichs in der beherrschten Gesellschaft zu verbleiben (§ 304 AktG) oder gegen Bewilligung einer Abfindung aus der Gesellschaft auszuscheiden (§ 305 AktG). Als Ausgleich kann nach § 304 Abs. 2 AktG entweder die Zahlung eines jährlich gleichbleibenden oder von der Dividende des herrschenden Unternehmens abhängigen Betrags vereinbart werden. Die Abfindung im Falle des Ausscheidens aus der Gesellschaft kann gemäß § 305 Abs. 2 AktG je nach den Umständen des Einzelfalls entweder in Bargeld oder in Aktien bestehen, wobei die außenstehenden Aktionäre die Angemessenheit der Abfindung und des Ausgleichs gerichtlich im Spruchstellenverfahren nach § 306 AktG überprüfen lassen können.
Aufgrund dieser Ausgleichs- und Abfindungsvorschriften im Vertragskonzern kann die gerade für den faktischen Konzern hergeleitete Ergänzung von konzernrechtlichen Bestimmungen durch die Pflichtangebotsregelung nicht ohne weiteres auf den Vertragskonzern übertragen werden. So könnte argumentiert werden, dass es zu einem nicht wünschenswerten Dualismus beider Schutzvorschriften durch das gleichzeitige Eingreifen der Pflichtangebotsregelung und der konzernrechtlichen Schutzvorschrift des § 305 AktG kommen könnte, da der Kontrollerwerber zunächst ein Pflichtangebot nach § 35 WpÜG und sodann nach Abschluss eines Unternehmensvertrags ein Abfindungsangebot nach § 305 AktG abzugeben hat. So wird denn auch teilweise bemängelt, dass die noch im Übernahmekodex vorgesehene Ausnahme von der Verpflichtung zur Abgabe eines Angebots für den Fall, dass der Kontrollerwerber beabsichtigte, innerhalb von 18 Monaten nach Erlangung der Kontrolle Beschlüsse über konzernrechtliche Maßnahmen herbeizuführen, nicht in das WpÜG übernommen wurde[130].

Diese Kritik ist jedoch nicht berechtigt, denn der durch die §§ 304, 305 AktG vermittelte Schutz kommt zu spät: So werden die Minderheitsaktionäre bereits durch die Kontrollerlangung selbst beeinträchtigt, so dass zu einem späteren Zeitpunkt, also im Zeitpunkt des Abschlusses eines Unternehmensvertrags, kein voller Ausgleich mehr stattfinden kann[131]. Denn der Vertragskonzern, den das AktG an den Anfang seiner Regelung stellt (§§ 291 ff. AktG) ist nicht der Anfang, sondern der Abschluss eines Konzernierungsprozesses, da Vertragskonzerne üblicherweise auf eine durch Beteiligungsbesitz vermittelte Abhängigkeit

---

130 *Riehmer/Schröder*, BB 2001, Beilage Nr. 5, 1, 10; *Hommelhoff/Witt* in: Haarmann/Riehmer/Schüppen, vor §§ 35 bis 39, Rn. 34.

131 *Schwartze* in: Ott/Schäfer, 264, 273 f.

des einen Vertragspartners aufbauen[132], so dass der Unternehmensvertrag erst in einem Stadium abgeschlossen wird, in dem die Gesellschaft bereits vollständig kontrolliert wird. Üblicherweise wird das herrschende Unternehmen dabei erst dann einen Unternehmensvertrag abschließen, wenn die Anteile der Minderheitsaktionäre bereits aufgrund des unzureichenden Nachteilsausgleichs im faktischen Konzern im Wert gesunken sind, um so die Abfindungs- und Ausgleichszahlungen nur auf Grundlage dieses geschmälerten Wertes der abhängigen Gesellschaft zahlen zu müssen[133]. Das Recht auf Ausgleich bzw. Abfindung nach §§ 304, 305 AktG bietet daher kein Austrittsrecht zu einem Zeitpunkt, in dem die Vermögensposition der Aktionäre noch nicht durch die Konzernierung geschmälert ist. Anders dagegen die Pflichtangebotsregelung, die dem Anlegeraktionär durch die Eröffnung einer den Wert der Beteiligung wahrenden Veräußerungsmöglichkeit schon im „archimedischen Punkt der Verbundintegration" Schutz vor den negativen Folgen der Konzernierung gewährt[134].
Weiterer Vorteil der Pflichtangebotsregelung im Verhältnis zum Konzernrecht ist, dass es der Willkür des Großaktionärs entzogen ist, ob und wann er den außenstehenden Aktionären die Gelegenheit gewähren will, aus der Gesellschaft auszuscheiden, da dies allein davon abhängt, zu welchem Zeitpunkt der Großaktionär entscheidet, einen Vertragskonzern einzugehen[135]. Erschwerend im Hinblick auf die Effektivität der konzernrechtlichen Regelungen kommt hinzu, dass das herrschende Unternehmen den Abschluss eines Beherrschungsvertrags normalerweise nicht in Betracht ziehen wird, da es seine Interessen auch im faktischen Konzern durchsetzen kann und dabei keine Abfindungs- und Ausgleichszahlungen wie im Vertragskonzern leisten muss[136]. Weiterhin besteht aufgrund der substantiellen Beteiligung an der beherrschten Gesellschaft die Gefahr, dass die Bemessung der Abfindung und des Ausgleichs ebenfalls vom Großaktionär aufgrund seiner Stimmrechtsmacht in der Hauptversammlung beeinflusst werden kann, so dass die Vertragsbedingungen faktisch diktiert werden können[137]. Zwar steht dies im Prinzip nicht zur Disposition des Großaktionärs allein, sondern der Vorstand der konzernbedrohten Gesellschaft hat grundsätzlich allein

---

132 *Behrens*, ZGR 1975, 433, 440; *Hommelhoff* in: FS Semler, 455, 464; *Immenga* in: FS Böhm, 253, 257; *Lübking*, 6. Kap., Abschn. A. I., S. 256.

133 *Prantl*, Kap. III, Abschn. 3.4.1., S. 93, *Reul*, S. 282. Ähnlich *Schindler*, Teil 2, S. 184.

134 *Tröger*, DZWir 2002, 397, 405. Zum Begriff des „archimedischen Punktes der Verbundintegration" vgl. *Wiedemann*, ZGR 1978, 477, 487; *Lutter/Timm*, NJW 1982, 409, 411; *Kropff* in: FS Goerdeler, 259, 262.

135 *Lübking*, 6. Kap., Abschn. A. I., S. 255 f.; *Koppensteiner* in: KK-AktG, vor § 291 AktG, Rn. 59; *Reul*, S. 282.

136 *Mühle*, S. 409 f; *Prantl*, Kap. III, Abschn. 3.4.1., S. 92; *Reul*, S. 278 f.

137 *Immenga* in: FS Böhm, 253, 257; *Prantl*, Kap. III, Abschn. 3.4.4., S. 98; *Wenger/Hecker/Knoesel* in: Gahlen/Hesse/Ramser, 93, 106 f. Ähnlich auch *Kuhr*, 7. Kap., Abschn. III. 1. c), S. 160 f. Allerdings kann diese Abfindung gerichtlich überprüft werden, was jedoch aufgrund der Schwierigkeiten der Unternehmensbewertung ebenfalls mit Unsicherheiten behaftet ist, zumal das Gesetz darüber schweigt, wie die angemessene Höhe der Abfindung zu ermitteln ist.

deren Interessen zu verfolgen. Dennoch besteht die Gefahr von Manipulationen und daraus resultierenden Risiken für die Minderheitsaktionäre, denen durch ein Pflichtangebot im Vorfeld begegnet werden kann[138].

Insgesamt ist das Pflichtangebot daher auch im Bereich des Vertragskonzerns ein effektives Mittel des Präventivschutzes vor Wertverlusten und Übervorteilungen der Minderheitsaktionäre. Auch insoweit ergänzt das Pflichtangebot die konzernrechtlichen Regelungen, macht diese jedoch im Hinblick auf diejenigen Aktionäre, die in der Gesellschaft verbleiben, nicht etwa überflüssig. Umgekehrt bieten auch die Regelungen über den Vertragskonzern allein keinen umfassenden Schutz für die Minderheitsaktionäre, der die Pflichtangebotsregelung überflüssig erscheinen lassen würde, denn nur durch eine solche Regelung im Zeitpunkt der Kontrollerlangung erhalten die austrittswilligen Aktionäre den tatsächlichen Wert ihrer Anteile ohne Vermögensverluste als Abfindung, ohne dass der Kontrollerwerber sich darauf zurückziehen könnte, überhaupt keinen Unternehmensvertrag abzuschließen, sondern es bei einer faktischen Konzernierung zu belassen, um dem Ausgleichs- und Abfindungsanspruch zu entgehen.

2. Kapitalmarktrechtliche Funktion des Pflichtangebots

Unabhängig von der Diskussion über einen möglicherweise überflüssigen Dualismus im Zusammenhang mit dem Konzernrecht, der - wie soeben gezeigt - gerade nicht besteht, bleibt das Pflichtangebot jedoch auch noch aus anderen Gründen sinnvoll und wünschenswert. Denn die Funktion des Pflichtangebots lässt sich nicht auf die Konzernbildungskontrolle reduzieren, sondern es werden vielmehr verschiedene Schutzziele nebeneinander verfolgt. So verkennen diejenigen Kritiker, die sich allein auf das Spannungsverhältnis zum Konzernrecht konzentrieren, dass daneben ein weiterer wichtiger, wenn nicht sogar den konzernrechtlichen Aspekt weit überragender Zweck des Pflichtangebots besteht. Dieser ist darin zu sehen, den Wirtschaftsstandort Deutschland im internationalen Wettbewerb weiter zu stärken, in dem durch die Einführung des Pflichtangebots internationale Standards eingeführt und der Versuch unternommen wird, den Anforderungen der globalisierten Märkte Rechnung zu tragen. Die Pflichtangebotsregelung dient der Funktionsfähigkeit des Kapitalmarktes, indem es das Vertrauen der Anleger gewinnen, deren Anlagebereitschaft fördern und damit die Finanzierungskraft des Kapitalmarktes und die Versorgung der Unternehmen mit Eigenkapital verbessern will. Denn sie soll die Anleger davor bewahren, sich schon bei Tätigen einer Investition Gedanken darüber machen zu müssen, was im Falle einer Unternehmensübernahme geschieht, da die Anleger darauf vertrauen können, in einem solchen Fall zu einem angemessenen, gesetzlich festgelegten Preis, der den Wert ihrer Beteiligung an der Zielgesellschaft wider-

[138] *Hommelhoff* in: FS Semler, 455, 462.

spiegelt, aus ihrer Investition aussteigen zu können. Die Pflichtangebotsregelung ist daher vor allem auch als kapitalmarktrechtliche Regelung einzustufen. Hierfür spricht auch, dass sie nur für börsennotierte Unternehmen mit Sitz im Inland Anwendung findet. Dies ist nur dadurch zu erklären, dass das Pflichtangebot neben der Konzerneingangskontrolle auch noch eine weitere, kapitalmarktrechtliche Funktion inne hat, da anderenfalls nicht einzusehen wäre, dass dann, wenn es sich tatsächlich nur um eine konzernrechtliche Regelung handeln sollte, nicht alle Aktionäre sämtlicher Aktiengesellschaften, seien sie börsennotiert oder nicht, in den Genuss eines solchen Konzerneingangsschutzes kommen sollten.

Trotz ihres kapitalmarktrechtlichen Charakters weist die Pflichtangebotsregelung allerdings - wie gezeigt - unbestreitbar konzernrechtliche Elemente auf. Faktisch hat das Pflichtangebot demnach eine Doppelfunktion, indem es sowohl im Interesse der Allgemeinheit den Finanzplatz Deutschland durch einen gezielten Anlegerschutz in Form der Sicherung des Vertrauens in die Kontinuität der ursprünglichen Investitionsentscheidung fördert[139], gleichzeitig jedoch zwangsläufig auch der Konzernbildungskontrolle in der Form eines Rechts der außenstehenden Aktionäre zum Exit dient. Hiergegen vermag auch das Argument, dass es in anderen Ländern kein dem deutschen Konzernrecht vergleichbares Schutzinstrumentarium gebe, so dass nur aus diesem Grund dort eine Pflichtangebotsregelung erforderlich sei, nicht durchzugreifen[140], denn - wie gezeigt - bietet auch das deutsche Konzernrecht keinen ausreichenden Schutz. Dies wird zudem auch bestätigt durch die im Ausland vielfach vertretene Auffassung, dass gerade das Nichtfunktionieren des Minderheitenschutzes im deutschen Aktienrecht für einen der maßgeblichen Gründe des relativ schwachen deutschen Kapitalmarktes sowie der schwachen Eigenkapitalausstattung deutscher Unternehmen gehalten wird[141]. Es war demnach an der Zeit, die Finanzierungskraft des deutschen Kapitalmarktes und das Vertrauen der Anleger durch eine entsprechende kapitalmarktrechtliche Regelung zu fördern.

139 Zum Anlegerschutz vgl. auch *Fleischer*, NZG 2002, 545, 548; *Lübking*, Kap. 6, S. 255 ff.; *Kleindiek*, ZGR 2002, 547, 555. Ähnlich auch *Otto*, AG 1994, 167, 172, der darauf hinweist, dass ohne eine Pflichtangebotsregelung der deutsche Kapitalmarkt zunehmender und berechtigter Kritik der immer bedeutsamer werdenden internationalen Anleger ausgesetzt sein würde und hieraus folgende Wettbewerbsnachteile in Kauf nehmen müsse.

140 So aber *Letzel*, NZG 2001, 260, 261.

141 *Roe*, Stanford Law Review 53 (2000), 539, 585, der ausdrücklich ausführt: „Today's most popular academic explanation for why Europe lacks deep and rich securities markets is the role of corporate law in protecting minority shareholders". Ähnlich auch *Coffee*, Northwestern University Law Review 93 (1999), 641, 654 ff. sowie *Shleifer/Vishny*, Journal of Finance 52 (1997), 737, 758 ff.

3. Ergebnis

Festzuhalten ist damit, dass die Pflichtangebotsregelung als anlegerschützende Vorschrift dem Kapitalmarktrecht zuzuordnen ist. Gleichzeitig vermittelt sie jedoch auch für börsennotierte Unternehmen mit Sitz im Inland einen gewissen Konzerneingangsschutz. Die Pflichtangebotsregelung stellt dabei eine sinnvolle Ergänzung der bestehenden konzernrechtlichen Vorschriften dar. Pflichtangebotsregelung und Konzernrecht, also Konzerneingangs- und -folgeschutz, stehen dabei nicht im Verhältnis der Alternativität, sondern bieten in Kombination einen effektiven Schutz in allen Phasen der Konzernierung.

C. Ökonomische Diskussion

Neben der gerade dargestellten rechtspolitischen Diskussion wird die Pflichtangebotsregelung auch in ökonomischer Hinsicht teilweise kritisch beurteilt[142]. Ob solche Bedenken zutreffen, oder ökonomische Aspekte nicht sogar gerade für diese Regelung sprechen, ist im Folgenden zu untersuchen.

I. Versagen anderer Marktlösungen

Gegen die Einführung einer Pflichtangebotsregelung könnte zunächst eingewandt werden, dass kein Anlass dazu bestehe, Marktvorgänge überhaupt zu regeln, da Privatautonomie, Vertragsfreiheit und Wettbewerb für ein transparentes Marktgeschehen und einen angemessenen Interessenausgleich sorgen[143]. Das Ziel, die Funktionsfähigkeit der Kapitalmärkte zu fördern, würde durch eine Pflichtangebotsregelung geradezu konterkariert, da die Finanzmärkte so organisiert seien, dass sie in möglichst reiner Form dem Gesetz von Angebot und Nachfrage folgten, so dass eine Pflichtangebotsregelung als Eingriff in die freie Preisbildung des Marktes für Unternehmenskontrolle abzulehnen sei[144].
Eine solche Auffassung mag in denjenigen Fällen zutreffen, in denen kein Informations- und Machtgefälle besteht. In allen anderen Fällen regiert das

---

142 Die nachfolgende Darstellung beschränkt sich auf die ökonomische Diskussion in Bezug auf Pflichtangebote. Eine Auseinandersetzung mit den sehr unterschiedlichen Theorien zu den Effekten von Unternehmensübernahmen insgesamt, insbesondere ihrer wirtschaftlichen Effizienz, kann an dieser Stelle nicht erfolgen. Die vertretenen Meinungen reichen von Werterhöhungstheorien bis zu wertunabhängigen Theorien. Ein Überblick hierzu findet sich bei *Fleischer/Kalss*, § 1, S. 34 ff. und *Romano* in: Hopt/Wymeersch, 3 ff.

143 So plastisch für den keineswegs vergleichbaren Fall eines PKW-Kaufs *Immenga* in: Kreutzer, 11, 15, der eine solche Sichtweise jedoch ausdrücklich ablehnt.

144 *Kallmeyer*, ZHR 161 (1997), 435, 440. Grundlegend hierzu aus der amerikanischen Literatur *Manne*, Journal of Political Economy 73 (1965), 110 ff. und *Easterbrook/Fischel*, Yale Law Journal 91I (1981/82), 698 ff. Kernthese der Theorie eines Marktes für Unternehmenskontrollen ist dabei, dass Übernahmeangebote grundsätzlich aufgrund der Eliminierung von ineffizienten Unternehmensleitungen effizienzsteigernde Wirkung haben. Vgl. hierzu einführend *Meier-Schatz*, ZHR 149 (1985), 76 , 93 ff.

marktwirtschaftliche Funktionsprinzip, das gesamtwirtschaftlichen Wohlstand nur dezentral, d. h. über die besser informierten und damit zunächst nur zur Vermehrung des eigenen Wohlstands handelnden Marktteilnehmer, erzeugt[145]. Ein solches Informations- und Machtgefälle ist bei öffentlichen Übernahmeangeboten gerade anzunehmen, so dass eine Regulierung durch einen funktionsfähigen Kapitalmarkt nicht erfolgt. Zum einen besteht für Unternehmensressourcen gerade kein Marktpreis; der Börsenkurs bietet hierfür keinen verlässlichen Anhaltspunkt, da er nicht den Wert der Kontrolle über ein Unternehmen widerspiegelt[146], was sich beispielsweise auch an der Zahlung von Paketzuschlägen zeigt. Zum anderen bestehen zusätzliche erhebliche Informationsdefizite insbesondere auf Seiten der Kleinaktionäre, denn die Bewertung der Kontrolle über ein Unternehmen setzt dessen Bewertung voraus – ein komplexer betriebswirtschaftlicher Vorgang, der den meisten Aktionären von Publikumsgesellschaften gerade nicht zugänglich ist[147]. Durch dieses Informationsgefälle kann die Funktionsfähigkeit des Kapitalmarktes beeinträchtigt werden, da die Informationsdefizite der Anleger insgesamt dazu führen können, dass höherwertige Anteile nicht mehr von geringerwertigen zu unterscheiden sind, was zu erheblichen Fehlinvestitionen führen kann[148].

Zudem ist es den Kleinaktionären nicht möglich, ihre Reaktion auf ein Übernahmeangebot zu koordinieren, woraus sich das Problem eines Marktversagens in Form eines Veräußerungsdrucks auf die Aktionäre bei einem unter Umständen zu niedrigen Angebotspreis ergibt[149]. Diesem Veräußerungsdruck liegt die Befürchtung zugrunde, die übrigen Aktionäre könnten in ausreichender Zahl das Angebot annehmen und einen Kontrollerwerb auf Seiten des Bieters herbeiführen, mit der Folge, dass der einzelne Aktionär, der das Angebot nicht annimmt, als Minderheitsaktionär mit Anteilen, deren Wert durch Verlust der Kontrollprämie und durch die Gefahr konzernorientierter Maßnahmen sinkt, in der Ge-

---

145 *Krause*, S. 178

146 *Doralt* in: FS Kropff, 53, 62; *Immenga* in: Kreutzer, 11, 15; *Lübbert* in: Gröner, 119, 123; *Peifer*, 5. Teil, Abschn. II. 3. c) bb), S. 485; *Reul*, S. 138 ff. Anders allerdings die „Efficient Capital Market Hypothesis", die davon ausgeht, dass Aktienkurse sofort alle bekannten Informationen reflektieren. Vgl. hierzu *Fama*, Journal of Finance 25 (1970), 383 ff. sowie den Überblick bei *Hahn*, S. 94 ff., *Haugen*, S. 447 ff. und *Fuller/Farrell*, S. 96 ff.

147 *Immenga* in: Kreutzer, 11, 15.

148 *Schwartze* in: Ott/Schäfer, 264, 276 u. 282.

149 *Lüttmann*, S. 37 ff.

sellschaft unter der neuen Führung verbleiben muss und Schädigungshandlungen des Erwerbers ausgesetzt sein kann[150].
Die durch die Pflichtangebotsregelung eingeführten Informations- und Veröffentlichungspflichten sowie die Gleichbehandlung der Aktionäre im Hinblick auf eine Teilhabe an Paketzuschlägen und Zahlung des gleichen Preises haben zudem den positiven Effekt, die Glaubwürdigkeit des Aktienmarktes zu verbessern und wirken sich damit positiv auf die Investitionsbereitschaft der Anleger aus, die voll am Risiko eines Unternehmens beteiligt sind, und zu Recht erwarten, auch an den Chancen bei einer Verwertung des Unternehmens zu partizipieren[151]. Die Funktionsfähigkeit des Kapitalmarktes wird also gerade unterstützt, da der Kapitalmarkt seine Aufgabe als „Kapitalpumpe der Wirtschaft"[152] nur erfüllen kann, wenn er das Vertrauen der Anleger besitzt, da diese anderenfalls Investitionen scheuen und die Versorgung der Unternehmen mit Eigenkapital dadurch schwieriger und teurer wird, weil die Finanzierungskraft des Kapitalmarktes absinkt[153]. So ist es möglich, dass die Anleger einen nicht hinreichenden Minderheitenschutz und die damit verbundenen Vermögensrisiken und befürchteten Ausbeutungsrisiken in der Weise antizipieren, dass der Marktwert des Unternehmens sinkt. Unter Umständen sind die Kursabschläge dabei so groß, dass es sich wegen entsprechend geringer Emissionserlöse nicht mehr lohnt, bestimmte Projekte durch die Ausgabe von Aktien am Kapitalmarkt zu finanzieren, obwohl diese Projekte einen positiven Kapitalwert aufweisen[154].

Insgesamt ist die Einführung einer Pflichtangebotsregelung aufgrund eines funktionierenden Marktes nicht überflüssig, da ein solcher funktionierender Kapitalmarkt aufgrund des erheblichen Informations- und Machtgefälles auf Seiten der Kleinaktionäre gerade nicht existiert. Daneben hat die Pflichtangebotsrege-

---

150 Dieser aufgrund der fehlenden Abstimmungsmöglichkeit zwischen den Aktionären bestehende Veräußerungsdruck wird auch als „prisoner's dilemma" bezeichnet. Der Begriff stammt aus einem Fallbeispiel, in dem zwei Verbrechern, die gemeinschaftlich eine Straftat verübt haben, jeweils getrennt voneinander ein „Deal" dahingehend angeboten wird, dass er dann, wenn er ein Geständnis ablegt, nur mit drei Monaten Freiheitsstrafe zu rechnen habe, der Komplize jedoch zu 10 Jahren Haft verurteilt werde. Legten beide das Geständnis ab, so würden sie je zu fünf Jahren Haft verurteilt, während es dann, wenn keiner der beiden gestehe, nur zu einer Freiheitsstrafe von 1 Jahr komme. Aufgrund der fehlenden Absprachemöglichkeit werden sich beide Straftäter zu einem Geständnis entschließen, aus Angst, der jeweils andere könnte gestehen, was zu einer Freiheitsstrafe von 10 Jahren führen würde. Hätte eine Abstimmung stattgefunden, hätten beide nicht gestanden, so dass nur eine Haftstrafe von 1 Jahr hätte verhängt werden können. Vgl. zu diesem Beispiel *Lüttmann*, S. 38, Fn. 116.

151 *Reul* in: Jahrbuch Junger Zivilrechtswissenschaftler, 11, 24 f.

152 So die Begriffswahl bei *Reul* in: Jahrbuch Junger Zivilrechtswissenschaftler, 11, 24.

153 *Reul* in: Jahrbuch Junger Zivilrechtswissenschaftler, 11, 24 f.; *Schenk*, Zfbf 1997 (neue Folge 49), 652, 654; *Schwartze* in: Ott/Schäfer, 264, 275; *Wenger/Kaserer/Hecker*, ZBB 2001, 317, 321.

154 *Fleischer/Kalss*, § 1, S. 39; *Wenger/Hecker/Knoesel* in: Gahlen/Hesse/Ramser, 93, 95 f.; *Wenger/Kaserer/Hecker*, ZBB 2001, 317, 321; *Rau-Bredow*, S. 2 u. 17.

lung sogar positive Auswirkungen auf die Funktionsfähigkeit des Kapitalmarktes, da sie dessen Finanzierungskraft durch eine Steigerung des Vertrauens der Anleger sichert und verbessert.

II. Keine Verhinderung wünschenswerter Transaktionen

Ein weiterer Kritikpunkt an der Pflichtangebotsregelung besteht darin, dass der Zwang zur Abgabe eines Pflichtangebots gegebenenfalls sogar wünschenswerte Transaktionen vereiteln könne[155], da derartige Transaktionen sich aufgrund des Zwangs zum Erwerb von (schlimmstenfalls) 100% der Anteile an einer Zielgesellschaft zu einer am Börsenkurs orientierten Gegenleistung massiv verteuern könnten[156]; ein Effekt, der aufgrund der Tatsache, dass die Pflichtangebotsregelung auch bei mittelbarem Kontrollerwerb eingreife, noch verstärkt werde[157]. Aus diesem Grund führe die Einführung des Pflichtangebots dazu, dass die Möglichkeit zur Veräußerung eines 30% oder mehr der Stimmrechte vermittelnden Aktienpaktes erheblich eingeschränkt werde[158]. Diese Erschwerung der Veräußerbarkeit der erlangten Kontrollbeteiligung könne zudem die zusätzlich nachteilige Wirkung haben, dass eine eventuelle Krise des Bieters, resultierend aus einer Fehlkalkulation im Rahmen der Finanzierung des Übernahmeangebots oder aus fehlgeschlagenen Hoffnungen hinsichtlich der finanziellen Entwicklung der Zielgesellschaft, verschärft würde, da der Bieter seine Beteiligung nicht mehr oder nur zu einem sehr viel geringeren Preis an einen Dritterwerber veräußern könne.

Ob dieser Schluss allerdings zwingend ist, lässt sich zur Zeit noch nicht abschätzen. So wird in der Literatur richtigerweise darauf hingewiesen, dass eine derartige Reaktion der beteiligten Unternehmen nicht zwangsläufige Konsequenz der Einführung des Pflichtangebots sei, und eine Antwort auf diese Frage letztlich

---

155 *Assmann*, AG 1995, 563, 570; *Assmann/Bozenhardt* in: Assmann/Basaldua/Bozenhardt/Peltzer, ZGR-Sonderheft Nr. 9, 1990, 1, 49; *Grunewald*, WM 1989, 1233, 1238; *dies.* WM 1991, 1361, 1362; *Riehmer/Schröder*, BB 2001, Beilage Nr. 5, 1, 10; *Wymeersch*, ZGR 2002, 520, 544.

156 *Hommelhoff/Kleindiek*, AG 1990, 106, 108; *Letzel*, NZG 2001, 260, 261; *Liebscher*, ZIP 2001, 853, 866; *Raschke*, ZHR 161 (1997), 455, 456; *Rau-Bredow*, S. 2 u. 5 ff., *Sandberger*, DZWir 1993, 319, 321. A. A. *Herkenroth*, S. 364 unter Hinweis auf die fortdauernd intensive Akquisitionstätigkeit in Großbritannien trotz Existenz einer Pflichtangebotsregelung.

157 *Liebscher*, ZIP 2001, 853, 860; *Röhrich*, RIW 1993, 93, 98.

158 *Loritz/Wagner*, WM 1991, 709, 714; *Steinmeyer/Häger*, § 35, Rn. 32; *Liebscher*, ZIP 2001, 853, 866.

nur eine ökonomische Analyse bieten könne[159], die es aber zumindest für Deutschland noch nicht mit ausreichend gesicherten Daten gebe[160].

Aber selbst wenn die Pflichtangebotsregelung gewisse Transaktionen verhindern sollte, so bedeutet dies nicht ohne weiteres, dass der Regelung ein negativer Effekt zuzuschreiben ist. Denn es macht einen erheblichen Unterschied, ob die Pflichtangebotsregelung unerwünschte oder auch erwünschte Transaktionen verhindert. Erfahrungen aus anderen Ländern, die bereits seit längerem eine Pflichtangebotsregelung kennen, zeigen, dass die Verpflichtung zur Abgabe eines Angebots gerade nicht wünschenswerte Transaktionen verhindert, sondern nur dazu führt, dass Transaktionen verhindert werden, die lediglich zu einer Umverteilung vorhandener Erträge statt zu wohlstandsoptimierenden echten Gewinnsteigerungen führen[161]. Verhindert werden also nur Transaktionen, die nicht mit hinreichenden Effizienzerwartungen verbunden sind, also solche, bei denen infolge einer Externalisierung von Kosten zu Lasten der Minderheit die Gefahr einer Fehlallokation von Ressourcen besteht[162]. Gemeint sind hiermit Fälle, in denen der Kontrollaktionär aufgrund seiner Herrschaftsmacht das Unternehmen so leiten kann, dass bestimmte Gewinne bei ihm allein anfallen, während die damit verbundenen Effizienzverluste des Unternehmens jedoch von allen Aktionären gemeinsam zu tragen sind. Solche Transaktionen, die sich aufgrund ihrer Ineffizienz für den Bieter nur durch eine spätere Ausbeutung der Minderheitsaktionäre auszahlen, sind jedoch nicht wünschenswert und werden dadurch, dass der Bieter gezwungen ist, einen angemessenen Preis an alle Aktionäre zu zahlen, auch tatsächlich verhindert. Dies ist von Vorteil, da Transaktionen, die sich für den Bieter nur deshalb lohnen, weil er sich zu Lasten der Minderheit Sondervorteile aneignen kann, zu der oben bereits angesprochenen Verminderung der Anlagebereitschaft der Anleger und damit letztlich zu einer Verringerung der Finanzkraft des Kapitalmarktes führen können[163]. Weiterer Vorteil einer Verhinderung derartiger Transaktionen ist, dass der Bieter nur dann, wenn er für die Gesellschaft einen Preis bezahlt hat, der ihrem Wert entspricht oder diesen überschreitet, auch versuchen wird, die Ressourcen der Gesellschaft effizienter zu nutzen. In Fällen, in denen er einen zu geringen Preis bezahlt hat, besteht dagegen die Gefahr, dass er die Gesellschaft nicht besser oder vielleicht sogar schlechter als die bisherige Geschäftsleitung führt, da er

---

159 *Hommelhoff/Witt* in: Haarmann/Riehmer/Schüppen, vor §§ 35-39, Rn. 35; *Krause*, WM 1996, 893, 898.

160 *Schindler*, Teil 4, S. 389. *Otto*, AG 1994, 167, 173 weist dagegen auf die positiven Erfahrungen in den USA, Großbritannien und Frankreich hin, die gezeigt hätten, dass obligatorische Übernahmeangebote einem funktionierenden M&A-Markt keineswegs entgegenstünden.

161 *Tröger*, DZWir 2002, 397, 405; *Krause*, S. 119 ff. (insbes. S. 123); *Prantl*, S. 265; *Reul*, S. 130 ff., S. 214 ff. (insbes. S. 217) u. S. 238 ff.

162 *Fleischer/Kalss*, § 1, S. 38 f.; *Hopt*, ZHR 161 (1997), 368, 385.

163 Vgl. hierzu oben 1. Teil, Kap. 2, Abschn. C. I., S. 43 ff.

selbst in diesem Fall aufgrund der Unterbewertung des Unternehmens im Rahmen des Übernahmeangebots einen Gewinn erzielen würde[164].
Transaktionen dagegen, die neuen Wohlstand erzeugen, aus dem der Erwerber die vollständige Übernahme bezahlen kann, werden nicht verhindert, was aus gesamtwirtschaftlicher Sicht auch wünschenswert ist, da die Zusammenfassung von Unternehmen dann erstrebenswert ist, wenn diese Effizienzvorteile bewirkt[165].

III. Keine schädliche konzentrationsfördernde Wirkung

Daneben wird - vollkommen gegenläufig zu dem soeben genannten Kritikpunkt, dass wünschenswerte Transaktionen nicht mehr stattfänden - angeführt, dass durch das Pflichtangebot geradezu ein Zwang zur Konzentration und Konzernbildung geschaffen würde, sobald die Kontrollschwelle des § 29 Abs. 2 WpÜG überschritten werde, was wirtschaftspolitisch fragwürdig sei[166]. Die von den Kritikern der Pflichtangebotsregelung befürchtete Konzentrationswirkung geht dabei in zwei Richtungen: zum einen wird darauf abgestellt, dass eine 100%ige Tochtergesellschaft in einem ganz anderen Ausmaß beherrscht werden könne, als eine Aktiengesellschaft, bei der ein Aktionär nur 30% der Stimmrechte innehabe[167]. Zum anderen wird befürchtet, dass angesichts der durch die Pflichtangebotsregelung verursachten Kosten nur noch einige große Unternehmen imstande sein würden, Übernahmetransaktionen durchzuführen, während kleinere Unternehmen keinen Zugang mehr zu diesem Teil des Unternehmensmarktes hätten[168].

Hiergegen wird wiederum vorgetragen, dass zum einen der Erwerber nach Durchführung des Pflichtangebots nicht gehindert sei, Teile des so erworbenen Aktienpakets wieder zu veräußern[169]. Zum anderen sei die Annahme einer negativen Konzentrationswirkung schon von vornherein unzutreffend, denn dadurch, dass durch die Pflicht zur Abgabe eines Pflichtangebots der Erwerber gezwungen würde, nicht unerhebliche Mittel aufzuwenden, würde dies unter Umständen dazu führen, dass es ihm aufgrund dieser bereits für das Pflichtangebot verbrauchten Mittel nicht mehr möglich sei, noch anderweitige Kontrollpositionen zu erwerben, so dass es insgesamt - nicht bezogen auf die einzelne Zielgesell-

---

164 *Prantl*, S. 264.
165 *Kübler/Schmidt*, S. 212.
166 *Hommelhoff/Kleindiek*, AG 1990, 106, 108; *Kallmeyer*, ZHR 161 (1997), 435, 436; *Raschke*, ZHR 161 (1997), 455, 456; *Werner*, Abschn. V., S. 15; a. A. *Hopt* in: FS Rittner, 187, 202; *Prantl*, S. 225 f.
167 *Grunewald*, WM 1989, 1233, 1238.
168 *Mertens*, AG 1990, 252, 258; *Wymeersch*, ZGR 2002, 520, 544.
169 *Houben*, WM 2000, 1873, 1877; *Hommelhoff/Witt* in: Haarmann/Riehmer/Schüppen, vor §§ 35-39, Rn. 36.

schaft - eher zu geringeren Einflussmöglichkeiten des Erwerbers komme[170]. Dies werde zudem auch dadurch erreicht, dass es aufgrund des durch die Pflichtangebotsregelung gebotenen Austrittsrechts für Minderheitsaktionäre nicht mehr so einfach möglich sei, durch den Erwerb einer geringen Mehrheitsbeteiligung einen faktischen Konzern und eine faktische Beherrschung einer Gesellschaft zu erreichen[171].

Neben diesen Argumenten spricht gegen eine konzentrationsfördernde Wirkung vor allem auch, dass - wie soeben ausgeführt[172] - Übernahmen, die nicht mit hinreichenden Effizienzerwartungen verbunden sind, verhindert werden, so dass nur ökonomisch sinnvolle und damit sogar weniger Übernahmen realisiert werden, was gerade wettbewerbsfördernde Wirkung hat[173]. Denn die Bezahlung eines angemessenen Preises unter Gleichbehandlung aller Aktionäre wird angesichts des erhöhten Finanzierungsaufwands zu einer genauen Prüfung der erwarteten Vorteile führen[174]. Das Szenario, dass die Pflichtangebotsregelung zu einem erhöhten Grad an Konzernierung führt, mag daher zwar für die einzelne Zielgesellschaft zutreffen, gilt jedoch nicht bei einer gesamtwirtschaftlichen Betrachtungsweise, da es insgesamt zu weniger, nur ökonomisch sinnvollen Übernahmen kommen wird. Ohne eine Pflichtangebotsregelung besteht dagegen aufgrund der Tatsache, dass ein Zuwachs an unternehmerischer Einflussmöglichkeit unter Umständen ohne entsprechenden Kapitaleinsatz möglich ist, ein Anreiz zum Aufkauf vieler Unternehmen - die Konzentration wird also gefördert[175]. Denn gerade dann, wenn der Börsenkurs nicht den wahren Wert eines Unternehmens widerspiegelt, die Aktionäre ihre Entscheidung über das Angebot jedoch an dem Verhältnis Angebotspreis/Börsenkurs orientieren, besteht die Gefahr, dass der Bieter nicht den vollen Preis für die Übernahme zahlt. Dieser Anreiz aufgrund der Diskrepanz zwischen Mitteleinsatz und Machtzuwachs wird aufgrund der Pflichtangebotsregelung beseitigt, so dass nur derjenige, der zum Kauf des ganzen Unternehmens bereit ist, die Kontrolle über ein Unternehmen durch ein Übernahmeangebot erwerben kann[176]. Es wird daher letztlich eher zu weniger Unternehmensübernahmen, also zu einer geringeren Konzentration, kommen. Dieses Ergebnis wird auch dadurch gestützt, dass es voraussichtlich diverse Großaktionäre geben wird, die den Ausbau ihrer Beteiligung bei einem

---

170 *Adams*, AG 1990, 243, 249; *Krause*, WM 1996, 893, 898; *Hommelhoff/Witt* in: Haarmann/Riehmer/Schüppen, vor §§ 35-39, Rn. 36.

171 Ausführliche Widerlegung der konzentrationsfördernden Wirkung bei: *Adams*, AG 1990, 243, 248 ff.

172 Vgl. oben 1. Teil, Kap. 2, Abschn. C. II., S. 46 ff.

173 *Immenga* in: Kreutzer, 11, 15.

174 *Lübking*, 3. Kap., Abschn. D. IV., S. 118. Der Begriff „Preis der Konzernierung" stammt von *Immenga* in: FS Böhm, 253 ff.

175 *Immenga* in: FS Böhm, 253, 255.

176 *Prantl*, S. 225 f.; ähnlich auch *Reul* in: Jahrbuch Junger Zivilrechtswissenschaftler, 11, 23.

Stimmrechtsanteil von 29,9% stoppen werden, um so der Verpflichtung zur Abgabe eines Angebots auf alle Aktien der Zielgesellschaft zu entgehen.

IV. Fazit

Festzuhalten ist, dass die Pflichtangebotsregelung aufgrund des bestehenden Informations- und Machtgefälles zu Lasten der Kleinaktionäre gerade nicht überflüssig ist, sondern diese Regelung die Funktionsfähigkeit des Kapitalmarktes und dessen Finanzierungskraft durch die Verbesserung der Anlagebereitschaft der Anleger sogar unterstützt. Aufgrund der Verteuerung von Übernahmen durch Zahlung einer angemessenen Gegenleistung und die Gleichbehandlung der Aktionäre werden nur unerwünschte, ineffiziente Transaktionen verhindert, was gleichzeitig aufgrund der damit sinkenden Zahl an Unternehmensübernahmen dazu führt, dass gerade keine konzentrationsfördernde Wirkung anzunehmen ist. Auch wenn in vielen Bereichen noch empirische Daten fehlen, ist daher davon auszugehen, dass die Pflichtangebotsregelung auch aus ökonomischer Sicht insgesamt positiv zu bewerten ist. Dies auch vor dem Hintergrund, dass das Pflichtangebot in diversen Staaten längst zum Standard gehört, und damit unerlässlich für die Schaffung international wettbewerbsfähiger Regelungen ist. Es ist daher davon auszugehen, dass die durch diese wettbewerbsfähigen Regelungen angestrebte Stärkung des Finanzplatzes Deutschland sowie die Erhöhung des Vertrauens der Anleger zu einem gesamtwirtschaftlichen Vorteil führen wird, der keineswegs zu unterschätzen ist[177].

D. Verfassungsmäßigkeit der Pflichtangebotsregelung

Mit der oben umrissenen rechtspolitischen und auch ökonomischen Diskussion eng verbunden ist aufgrund des erheblichen Eingriffs in die Vertragsabschluss- und die Vertragsgestaltungsfreiheit die Frage nach der Verfassungsmäßigkeit des Pflichtangebots. Diskutiert werden in diesem Zusammenhang neben möglichen Verstößen gegen Art. 2 Abs. 1 GG und Art. 12 Abs.1 GG vor allem eine Verletzung von Art. 14 Abs. 1 GG.

Vorrangiges Argument für eine mögliche Verfassungswidrigkeit der Pflichtangebotsregelung aufgrund einer Verletzung von Art. 14 Abs. 1 GG ist, dass dieser auch die negative Eigentumsfreiheit schütze, und das bloße Argument des Schutzes der Minderheitsaktionäre und der Hinweis auf die Erforderlichkeit eines Pflichtangebots im Hinblick auf internationale Standards nicht genüge, um

---

[177] *Begr. RegE*, BT-Drucksache 14/7034, Allg. Teil, S. 28; *von Bülow* in: KK-WpÜG, § 35, Rn. 25.

die Verhältnismäßigkeit der Pflichtangebotsregelung zu begründen[178]. Hierbei ist zu beachten, dass die im Hinblick auf Art. 14 Abs. 1 GG diskutierte Verfassungswidrigkeit des Pflichtangebots zum Teil auf die vorgeschlagene EG-Richtlinie bezogen war, der - anders als im deutschen WpÜG - ein Schutz des Kapitalmarkts und damit der Schutz von Interessen der Allgemeinheit abgesprochen wurde[179]. Denn der Richtlinienvorschlag zur Pflichtangebotsregelung sollte vor allem die Gleichbehandlung der Aktionäre sichern und partielle Übernahmeangebote spekulativer Art verhindern, während der deutsche Gesetzgeber mit Einführung der Pflichtangebotsregelung gerade auch den Finanzplatz Deutschland sichern und unterstützen wollte. Zum anderen bezog sich die geäußerte Kritik teilweise noch auf Tatbestände, die nunmehr Gegenstand eines der Befreiungstatbestände der §§ 36, 37 WpÜG sind und daher die Verfassungswidrigkeit der Pflichtangebotsregelung nicht mehr zu begründen vermögen[180]. Nach anderer Ansicht ist die Vorschrift dagegen geeignet, erforderlich und angemessen, um das mit dem WpÜG verfolgte Ziel des Minderheitenschutzes und der Schaffung international wettbewerbsfähiger Regelungen zu erreichen[181].
Bei einer genaueren Überprüfung einer möglichen Verfassungswidrigkeit der Pflichtangebotsregelung sind zwei Szenarien zu unterscheiden: zum einen der Zwangserwerb von Aktien aufgrund eines Pflichtangebots auf Seiten des Bieters und zum anderen die faktische Veräußerungsbeschränkung, die einem Inhaber eines großen Aktienpaktes auferlegt wird, wenn der Paketerwerb beim Erwerber ein Pflichtangebot auslösen würde, und daher die Veräußerungsaussichten erschwert werden.

I. Situation des Erwerbers einer kontrollierenden Beteiligung im Hinblick auf die Pflichtangebotsregelung

1. Verletzung von Art. 14 Abs. 1GG

Durch die Pflichtangebotsregelung wird der Erwerber bei Erreichen der Kontrollschwelle von 30% der Stimmrechte einer Gesellschaft gezwungen, ein Angebot auf alle Aktien dieser Gesellschaft abzugeben. Im Rahmen eines möglichen Eingriffs in den Schutzbereich des Art. 14 Abs. 1 GG stellt sich zunächst die Frage, ob hiervon tatsächlich auch das Recht umfasst ist, kein Eigentum er-

---

178 *Loritz/Wagner*, WM 1991, 709, 718 f.; *Thoma*, ZIP 1996, 1725, 1732; *Kallmeyer*, ZHR 161 (1997), 435, 443 f.

179 *Loritz/Wagner*, WM 1991, 709, 714 ff.

180 So beispielsweise *Loritz/Wagner*, WM 1991, 709, 722, der von einer Unverhältnismäßigkeit der Pflichtangebotsregelung für den Fall ausgeht, dass ein Dritter einen größeren Stimmrechtsanteil besitzt, als der zum Pflichtangebot verpflichtete Bieter. Ein entsprechender Befreiungstatbestand für diesen Fall befindet sich mittlerweile in § 37 Abs. 1 WpÜG i. V. m. § 9 Satz 2 Nr. 1 WpÜG-AngebVO.

181 *von Bülow* in: KK-WpÜG, § 35, Rn. 26; *Krause*, S. 162 ff.; *Meyer* in: Geibel/Süßmann, § 35, Rn. 10 ff.; *Steinmeyer/Häger*, § 35, Rn. 32 ff.

werben zu müssen. So wird vertreten, dass Art. 14 Abs. 1 GG auch die „negative Eigentumsfreiheit" erfasse[182], während nach anderer Ansicht unter Berufung auf die ständige Rechtsprechung des Bundesverfassungsgericht, dass von Art. 14 Abs. 1 GG nur bestehende Vermögenspositionen, die ein Rechtssubjekt bereits inne habe[183], nicht aber Chancen und Verdienstmöglichkeiten erfasst seien[184], eine sogenannte „negative Eigentumsfreiheit" nicht von Art. 14 Abs. 1 GG gewährt wird[185].

Art. 14 Abs. 1 GG gibt nach allgemeiner Meinung kein „Recht auf Eigentum"[186]. Das Recht, kein Eigentum erwerben zu müssen, wäre die Kehrseite eines solchen „Rechts auf Eigentum". Wenn aber schon kein solches „Recht auf Eigentum" von Art. 14 Abs. 1 GG gewährt wird, so wird auch sein negatives Pendant, ein „Recht auf kein Eigentum" nicht vom Schutzbereich dieses Grundrechts umfasst[187]. Art. 14 Abs. 1 GG ist in erster Linie als reines Abwehrrecht des Bürgers gegen staatliche Eingriffe und als Ausschlussrecht des Eigentümers gegenüber der Staatsgewalt konzipiert[188]. Es hat sichernde und abwehrende Bedeutung[189]. Eine negative Eigentumsfreiheit dergestalt, kein Eigentum erwerben zu müssen, ist mit einer solchen Konzeption nicht vereinbar, denn in dieser Konstellation geht es nicht darum, einen Entzug oder eine Beeinträchtigung des Eigentums durch den Staat zu verhindern. Der Bestand des bereits existierenden Eigentums wird vielmehr nicht tangiert[190]. Da Art. 14 Abs. 1 GG daher nicht das Recht gewährt, kein Eigentum erwerben zu müssen, ist schon der Schutzbereich der Eigentumsgarantie nicht durch die Pflichtangebotsregelung berührt.

Ein verfassungswidriger Eingriff in die Eigentumsrechte des Erwerbers ist dementsprechend nicht anzunehmen.

Zu klären ist allerdings im Folgenden, ob der durch die Pflichtangebotsregelung verursachte Eingriff in die Vertragsabschluss- und Vertragsgestaltungsfreiheit nicht die von Art. 2 Abs. 1 GG geschützte wirtschaftliche Handlungsfreiheit beeinträchtigt. Bevor diese Prüfung durchgeführt werden kann, ist zunächst jedoch

---

182 *Loritz/Wagner*, WM 1991, 709, 718 f.; *Thoma*, ZIP 1996, 1725, 1732.

183 *BVerfGE* 28, 119, 141 f.; *BVerfGE* 30, 292, 334 f.; *BVerfGE* 45, 272, 296.

184 *BVerfGE* 30, 292, 334 f.; *BVerfGE* 39, 210, 237; *BVerfGE* 65, 196, 209.

185 *Meyer* in: Geibel/Süßmann, § 35, Rn. 18; *Krause*, S. 171 f.; *Steinmeyer/Häger*, § 35, Rn. 33.

186 *Depenheuer* in: von Mangoldt/Klein/Starck, Bd. 1, Art. 14 GG, Rn. 98.; *Bryde* in: von Münch/Kunig, Art. 14 GG, Rn. 42.

187 *Krause*, S. 172.

188 *Bryde* in: von Münch/Kunig, Bd. 1, Art. 14 GG, Rn. 33; *Depenheuer* in: von Mangoldt/Klein/Starck, Bd. 1, Art. 14 GG, Rn. 28 u. Rn. 86; *Papier* in: Maunz/Dürig, Bd. II, Art. 14 GG, Rn. 5;

189 *BVerfGE* 42, 263, LS 3.

190 Das *BVerfG* (*BVerfGE* 4, 7 ff.) hat denn auch in seiner - soweit ersichtlich - einzigen Entscheidung, in der es sich mit dem Zwangserwerb von Aktien befassen musste, eine mögliche Verletzung von Art. 14 Abs. 1 GG noch nicht einmal angesprochen, sondern sich auf eine Untersuchung von Art. 9 Abs. 1 GG sowie Art. 2 Abs. 1 GG konzentriert.

im Hinblick auf die mit dem Kontrahierungszwang verbundene finanzielle Belastung des Erwerbers ein Eingriff in Art. 12 Abs. 1 GG zu prüfen.

2. Verletzung von Art. 12 Abs. 1 GG

Ein Eingriff in den Schutzbereich des Art. 12 Abs. 1 GG ist allerdings - wenn überhaupt - nur anzunehmen, wenn es dem Erwerber infolge der Abgabe eines Pflichtangebots nicht mehr möglich wäre, seine unternehmerische Betätigung, falls diese im Halten von Beteiligungen besteht, weiter auszuüben[191], da insofern nur ein Eingriff in die Berufsausübungsfreiheit in Betracht kommt. Denn ein Eingriff in die Berufswahlfreiheit ist von vornherein ausgeschlossen, da der Unternehmer in diesem Fall nicht daran gehindert ist, auch weiterhin als Unternehmer tätig zu sein, sondern ihm diese Tätigkeit nur als Aktionär erschwert bzw. unmöglich gemacht wird[192]. Kann daher nur die Berufsausübungsfreiheit betroffen sein, so kommt es insofern für die Verletzung des Art. 12 Abs. 1 GG nur darauf an, ob ein Verstoß gegen das Übermaßverbot gegeben ist[193]. Die Pflichtangebotsregelung müsste also zur Erreichung der von ihr angestrebten Ziele, dem Schutz der Minderheitsaktionäre und der Förderung und Sicherung des Finanzmarktes Deutschland, geeignet, erforderlich und angemessen ist.

Wie bereits ausgeführt[194], besteht ein Schutzbedürfnis der Minderheitsaktionäre, das nicht allein durch die bereits bestehenden konzernrechtlichen Regelungen befriedigt wird[195]. Auch die Förderung des Finanzplatzes Deutschland ist ein legitimes Ziel, das - wie die ökonomische Diskussion gezeigt hat[196] - durch die Einführung der Pflichtangebotsregelung unterstützt wird. Die Pflicht zur Abgabe eines Angebots bei Erreichen des in § 29 Abs. 2 WpÜG vorgesehenen Schwellenwertes ist damit geeignet, die hiermit angestrebten gesetzgeberischen Ziele zu verwirklichen. Aus dem gleichen Grund ist die Pflichtangebotsregelung auch erforderlich, d. h. es existiert kein milderes Mittel, um den angestrebten Zweck zu erreichen, da insbesondere das deutsche Konzernrecht keine gleichwertige Alternative zu einem übernahmerechtlichen Pflichtangebot bietet[197].

---

191 *Ekkenga/Schulz* in: Ehricke/Ekkenga/Oechsler, § 35, Rn. 10; *Loritz/Wagner*, WM 1991, 709, 720; *Steinmeyer/Häger*, § 35, Rn. 33. Vgl. auch *BVerfGE* 14, 263, 280 ff., wonach zur unternehmerischen Tätigkeit auch der Aufbau eines Konzern gehören kann.

192 *Schlitt* in: MüKo-AktG, § 35 WpÜG, Rn. 36.

193 *BVerfGE* 7, 377, 406; *BVerfGE* 68, 155, 171; *Meyer* in: Geibel/Süßmann, § 35, Rn. 21.

194 Vgl. hierzu oben 1. Teil, Kap. 2, Abschn. B. III., S. 33 ff.

195 A. A. *Loritz/Wagner*, WM 1991, 709, 717, die bereits die Schutzbedürftigkeit der Zielgruppe der Minderheitsaktionäre mit dem Argument verneinen, dass der Besitz von einem Drittel aller Stimmrechte durch einen Aktionär jedenfalls nicht zu einer Gefährdung der übrigen Aktionäre führe.

196 Vgl. hierzu oben 1. Teil, Kap. 2, Abschn. C., S. 43 ff.

197 Ausführlich hierzu *Krause*, S. 181 ff.

Im Rahmen der Verhältnismäßigkeit im engeren Sinne ist eine Interessenabwägung zwischen den jeweils betroffenen Interessen des Einzelnen und denjenigen Interessen und Zielen, die der Gesetzgeber mit Einführung der Pflichtangebotsregelung schützen und fördern wollte, vorzunehmen. An dieser Stelle ist entscheidend, welchen Zweck man der Regelung des Pflichtangebots zuschreibt. Reduziert man die Zielsetzung der Regelung auf den reinen Minderheitenschutz, so könnte es in der Tat zweifelhaft sein, ob die Interessen der Minderheitsaktionäre die Interessen des Erwerbers überwiegen. Sieht man allerdings - wie bereits hergeleitet[198] - den Zweck des Pflichtangebots in einer Doppelfunktion und bezieht als Ziel die Sicherung des Finanzplatzes Deutschland und damit die Interessen der Allgemeinheit mit ein, so ist in diesem Fall eine Verhältnismäßigkeit der Regelung anzunehmen, da das Interesse der Allgemeinheit höher zu bewerten ist[199].

Denn der Eingriff in die Berufsfreiheit des Erwerbers ist vergleichsweise geringfügig. Auch stehen seinen Interessen die erhebliche Verbesserung des Anlegerschutzes sowie der Funktions- und Wettbewerbsfähigkeit des Kapitalmarktes gegenüber[200]. Dies vor allem deshalb, weil zumindest in dem Fall, in dem sich der potentielle Erwerber bewusst entschließt, eine Anzahl von Aktien zu erwerben, die die Kontrolle über eine Gesellschaft vermitteln, dem potentiellen Erwerber ja nicht grundsätzlich ein Pflichtangebot auferlegt wird, sondern gerade nur in dem Fall, in dem er die 30%-Schwelle überschreitet[201]. Die 30%-Schwelle beruht dabei auf den Erfahrungswerten aus den Hauptversammlungspräsenzen deutscher börsennotierter Aktiengesellschaften, die gezeigt haben, dass üblicherweise bei einem solchen Stimmrechtsanteil eine Stimmenmehrheit besteht, so dass die Wahl dieser Kontrollschwelle auch nicht unangemessen ist. Nur für den Fall, dass die Kontrolle unbewusst und ohne Zutun des Verpflichteten erlangt wird, könnten möglicherweise verfassungsrechtliche Bedenken bestehen. Ein solcher Fall tritt beispielsweise bei Stimmrechtspoolvereinbarungen ein, bei denen die mit dem Bieter handelnde Person Stimmrechte an der Zielgesellschaft erwirbt, die dem Bieter nach § 30 WpÜG zugerechnet werden. Einer solchen Situation kann jedoch in interessengerechter Art und Weise durch eine Befreiung nach § 37 WpÜG begegnet werden, da die BaFin im Rahmen der ihr eingeräumten Ermessensentscheidung auch die Grundrechte des Betroffenen zu berücksichtigen hat[202].

---

198 Vgl. hierzu oben 1. Teil, Kap. 2, Abschn. B. III., S. 32 f.
199 *Meyer* in: Geibel/Süßmann, § 35, Rn. 19
200 *Meyer* in: Geibel/Süßmann, § 35, Rn. 22; *Krause* S. 203 ff.
201 *Meyer* in: Geibel/Süßmann, § 35, Rn. 23.
202 *Ekkenga/Schulz* in: Ehricke/Ekkenga/Oechsler, § 35, Rn. 11; *Steinmeyer/Häger*, § 35, Rn. 34.

Letztlich lassen sich daher die in Bezug auf Art. 12 Abs. 1 GG möglicherweise bestehenden Bedenken sachgerecht lösen, ohne dass eine Verfassungswidrigkeit der Pflichtangebotsregelung hieraus abzuleiten ist.

3. Verletzung von Art. 2 Abs. 1 GG

Als Ausfluss der allgemeinen Handlungsfreiheit schützt Art. 2 Abs. 1 GG auch die Freiheit im wirtschaftlichen Verkehr und die Vertragsfreiheit, soweit sie nicht durch besondere Grundrechtsbestimmungen gewährleistet sind[203]. Art. 2 Abs. 1 GG schützt dabei nicht nur die Freiheit zum Handeln, sondern auch die Freiheit, etwas zu unterlassen[204]. Eine Beeinträchtigung des Schutzbereichs von Art. 2 Abs. 1 GG kommt damit in zweierlei Hinsicht in Betracht: zum einen im Hinblick auf den Zwangserwerb von Aktien, da dieser gerade nicht von der Eigentumsfreiheit nach Art. 14 Abs. 1 GG umfasst ist, zum anderen im Hinblick auf diejenige Situation, in der der Erwerber mangels finanzieller Mittel für ein Pflichtangebot von einem Anteilskauf absehen muss, der nicht beruflich veranlasst ist und damit nicht dem Schutzbereich des Art. 12 Abs. 1 GG unterfällt. Unbestreitbar hat die Einführung des Pflichtangebots erhebliche Konsequenzen und Einfluss sowohl auf die Vertragsabschluss- als auch auf die Vertragsgestaltungsfreiheit[205], indem der Bieter nicht nur gezwungen wird, ein Angebot zum Erwerb aller Anteile der Zielgesellschaft abzugeben, sondern auch die Konditionen dieses Angebots, insbesondere die zu erbringende Gegenleistung, gesetzlich festgelegt sind. Art. 2 Abs. 1 GG, der als Auffangtatbestand für eine weit verstandene allgemeine Handlungsfreiheit konzipiert ist, ist daher betroffen. Allerdings wird auch die Handlungsfreiheit auf wirtschaftlichem Gebiet nur in den Schranken des zweiten Halbsatzes des Art. 2 Abs. 1 GG gewährt, insbesondere denen der verfassungsmäßigen Ordnung, d. h. allen formell und materiell verfassungsgemäßen Rechtsnormen, ohne dass dem Art. 2 Abs. 1 GG selbst hierfür ein besonderer materieller Maßstab entnommen werden kann[206]. Hieran zeigt sich, dass die wirtschaftliche Betätigungsfreiheit einen relativ niedrigen Stellenwert einnimmt und durch nahezu alle gesetzgeberischen Gemeinwohlvorstellungen verdrängt werden kann, wobei jedoch der Spielraum für die Selbstbestimmung nicht übermäßig eingeschränkt werden darf, so dass die eingesetzten Mittel zum Schutz der Gemeinwohlgüter wiederum am Verhältnismäßigkeitsgrundsatz zu messen sind[207].

---

203 *BVerfGE* 8, 274, 328; *BVerfGE* 25, 371, 407; BVerfGE *50, 290, 366.*

204 *Kunig* in: von Münch/Kunig, Bd. 1, Art. 2 GG, Rn. 17.

205 *Altmeppen*, ZIP 2001, 1073, 1081; *Kallmeyer*, ZHR 161 (1997), 435, 436; *Letzel*, NZG 2001, 260, 261; *Mertens*, AG 1990, 252, 257; *Schlitt* in: MüKo-AktG, § 35, Rn. 37.

206 *BVerfGE* 6, 32, 37 ff.; *BVerfGE* 25, 371, 407 f.; *BVerfGE 50*, 290, 366; *BVerfGE* 59, 275, 278; *Kannengießer* in: Schmidt-Bleibtreu/Klein, Art. 2 GG, Rn. 14.

207 *Krause*, S. 173; *Starck* in: von Mangoldt/Klein/Starck, Bd. 1, Art. 2 GG, Rn. 137.

Bereits im Rahmen der Prüfung eines Eingriffs in Art. 12 Abs. 1 GG wurde gezeigt, dass die Pflichtangebotsregelung zur Erreichung der von ihr verfolgten Ziele geeignet und erforderlich ist[208]. Auch die Abwägung zwischen den Interessen des Erwerbers und denjenigen Interessen, die der Gesetzgeber mit der Einführung der Pflichtangebotsregelung schützen wollte, ergibt ein Überwiegen des Interesses der Allgemeinheit an der Funktionsfähigkeit des deutschen Kapitalmarktes. Denn ein potentieller Erwerber ist nicht grundsätzlich gezwungen, Aktien zu erwerben, sondern vielmehr sind diese Verpflichtung und der damit verbundene Kontrahierungszwang nur für den Fall gegeben, dass er die Kontrollschwelle von 30% der Stimmrechte an einer Zielgesellschaft erreicht. Im Hinblick auf die Vertraggestaltungsfreiheit wird ihm zudem auferlegt, den Minderheitsaktionären wenigstens den Preis zu bieten, über den er sich vorher mit den anderen Aktionären, deren Anteile er zuvor erworben hat, geeinigt hat. Ist diese Beeinträchtigung der Vertragsabschluss- und Vertragsgestaltungsfälle daher nur auf ganz bestimmte Fälle beschränkt, und existieren daneben die umfangreichen Befreiungsmöglichkeiten nach §§ 36 ff. WpÜG, so ist die Pflichtangebotsregelung als zulässige Schrankenbestimmung des Art. 2 Abs. 1 GG zu werten, zumal die Anforderungen an eine solche Inhalts- und Schrankenbestimmung nicht allzu hoch sind, und dem Interesse des Einzelnen an seiner wirtschaftlichen Betätigungsfreiheit nicht nur die Interessen der Minderheitsaktionäre, sondern vor allem auch Allgemeinwohlinteressen gegenüberstehen.

II. Situation des Veräußerers einer kontrollierenden Beteiligung im Hinblick auf die Pflichtangebotsregelung

Im Hinblick auf die zweite Fallgestaltung ist ebenfalls fraglich, ob überhaupt in den Schutzbereich von Art. 14 Abs. 1 GG eingegriffen wird. Dennoch wird ein solcher Eingriff mit dem Argument angenommen, dass der Kreis potentieller Erwerber sich dadurch verringern würde, dass ein Kaufinteressent aufgrund der Pflichtangebotsregelung letztlich ein Angebot auf sämtliche Aktien abgeben müsste, wenn er durch den Erwerb der Aktien die Kontrollschwelle erreichen würde[209]. Dies habe zur Folge, dass der Eingriff in den Schutzbereich des Art. 14 Abs. 1 GG umso schwerer wiege, je größer die Beteiligung des Veräußerers an der Gesellschaft sei, da damit die Gefahr erhöht werde, dass potentielle Erwerber aufgrund des Risikos, eventuell ein Pflichtangebot abgeben zu müssen, abgeschreckt seien und sich der Kreis potentieller Erwerber immer weiter verkleinere[210]. Tatsächlich können derartige faktische Veräußerungsbeschränkungen, durch die die wirtschaftliche Realisierung einer Veräußerung des Eigen-

---

[208] Vgl. hierzu oben, 1. Teil, 2. Kap., Abschn. D. I. 2., S. 53 ff.
[209] *Krause*, S. 173 f.; *Loritz/Wagner*, WM 1991, 709, 714; *von Lingelsheim* in: Heidel, § 35 WpÜG, Rn. 1.
[210] *Krause*, S. 173 f.; *Loritz/Wagner*, WM 1991, 709, 714.

tums erschwert wird, den Schutzbereich des Art. 14 Abs. 1 GG beeinträchtigen[211]. Eine Enteignung scheidet dagegen von vornherein aus, da der Eigentümer des Aktienpaketes die volle Verfügungsbefugnis über sein Eigentum behält und damit nach seinem Belieben verfahren kann, so dass zu prüfen ist, ob es sich bei der Pflichtangebotsregelung um eine rechtmäßige Inhalts- und Schrankenbestimmung der aus Art. 14 Abs. 1 GG fließenden Rechte handelt.

Die vom Gesetzgeber mit der Einführung des Pflichtangebots verfolgten Zwecke des Minderheitenschutzes, insbesondere des Schutzes der Anleger, auf der einen und der Förderung und Sicherung der Wettbewerbsfähigkeit des Finanzplatzes Deutschland auf der anderen Seite, sind als verfassungsrechtlich unbedenklich einzustufen[212], so dass es wiederum nur auf die Frage ankommt, ob ein Verstoß gegen das Übermaßverbot anzunehmen ist. Da die Geeignetheit und Erforderlichkeit der Pflichtangebotsregelung für die mit ihr verfolgten Zwecke bereits bejaht wurde[213], ist allein fraglich, ob eine Verhältnismäßigkeit der Regelung im engeren Sinne anzunehmen ist. Bei der Abwägung zwischen den mit der Pflichtangebotsregelung verfolgten Zwecken und den Interessen des Veräußerers an einem ungehinderten Verkauf seiner Beteiligung ist hierbei besonders zu beachten, dass es dem Inhaber des Aktienpakets nach wie vor freisteht, sein Aktienpaket in einzelnen Tranchen zu verkaufen, wodurch er nur den ansonsten möglicherweise gezahlten Paketzuschlag verliert[214]. Zudem ist es nicht von vornherein ausgeschlossen, einen Investor zu finden, der bereit ist, das an den Aktienerwerb anschließende Pflichtangebot in Kauf zu nehmen[215]. Die Beschränkungen, die dem einzelnen veräußerungswilligen Aktionär durch die Pflichtangebotsregelung aufgebürdet werden, besitzen daher kein allzu großes Ausmaß. Bedenkt man zudem, dass die Veräußerung eines großen Aktienpaketes nicht nur Bedeutung für den einzelnen veräußerungswilligen Aktionär hat, sondern über dessen Sphäre hinaus vor allem auch die Belange schutzwürdiger Dritter, insbesondere im Hinblick auf die mit einem großen Aktienpaket verbundenen unternehmerischen Einflussmöglichkeiten, berührt, so ist der Spielraum des Gesetzgebers bei der Schaffung einer solchen faktischen Veräußerungsbeschränkung weitaus größer[216]. Das öffentliche Interesse an einem funktionierenden Kapitalmarkt und dem Schutz der Minderheitsaktionäre ist dabei höher als das Interesse des einzelnen Aktionärs an einer ungehinderten Veräußerung seines Aktienpakets, das auch nicht zwangsläufig und falls doch, dann nur

---

211 *BVerfGE* 52, 1, 31 f.; *Schlitt* in: MüKo-AktG, § 35 WpÜG, Rn. 33.
212 So auch *Loritz/Wagner*, WM 1991, 709, 716; *Thoma*, ZIP 1996, 1725, 1732.
213 Vgl. oben 1. Teil, Kap. 2, Abschn. D. I. 2., S. 53 f.
214 *Ekkenga/Schulz* in: Ehricke/Ekkenga/Oechsler, § 35, Rn. 12; *Steinmeyer/Häger*, § 35, Rn. 32.
215 *Steinmeyer/Häger*, § 35, Rn. 32.
216 *Krause*, S. 209 f.

in gewissem Maße beeinträchtigt ist, zu bewerten[217]. Ein verfassungswidriger Eingriff in die Rechte des Veräußerers aus Art. 14 Abs. 1 GG ist daher nicht anzunehmen, da die Regelung über Pflichtangebote eine zulässige Inhalts- und Schrankenbestimmung des Eigentumsrechts darstellt.

III. Ergebnis

Auch wenn verfassungsrechtliche Bedenken hinsichtlich der Pflichtangebotsregelung aufgrund des Eingriffs in die Vertragsfreiheit zunächst nahe liegen, ergibt sich dennoch bei näherer Untersuchung, dass solche Bedenken letztlich nicht berechtigt sind, da die Regelung grundsätzlich als geeignet, erforderlich und angemessen anzusehen ist, um die mit ihr verfolgten Ziele des Minderheitenschutzes und der Sicherung des Finanzplatzes Deutschland zu erreichen. Soweit auch dann noch in seltenen Ausnahmefällen, z. B. bei unbewusster Kontrollerlangung über eine Zielgesellschaft, derartige verfassungsrechtliche Bedenken zunächst aufrecht zu halten sind, ist der Gesetzgeber diesen durch die Schaffung entsprechender Befreiungstatbestände begegnet.

Wurden damit die konzernrechtlichen, ökonomischen und verfassungsrechtlichen Problemstellungen, in die die Pflichtangebotsregelung eingebettet ist, geklärt und einer Lösung zugeführt, ist es nun im Folgenden angezeigt, sich mit dem eigentlichen Tatbestand der Pflichtangebotsregelung und dort vor allem mit dem Auslöser des Pflichtangebots, dem Kontrollerwerb über eine Zielgesellschaft, näher zu beschäftigen.

---

[217] *Krause*, S. 209 f.; *Steinmeyer/Häger*, § 35, Rn. 32; *Meyer* in: Geibel/Süßmann, § 35, Rn. 17; *Ekkenga/Schulz* in: Ehricke/Ekkenga/Oechsler, § 35, Rn. 12; *Schlitt* in: MüKo-AktG, § 35 WpÜG, Rn. 33.

Kapitel 3:
Der Begriff der Kontrolle i. S. v. § 35 Abs. 1 Satz 1 WpÜG

Nachdem im vorhergehenden Kapitel allgemein die rechtspolitischen, ökonomischen und verfassungsrechtlichen Aspekte der Pflichtangebotsregelung diskutiert worden sind, sollen in den folgenden Kapiteln die Details der Pflichtangebotsregelung näher untersucht werden. Hierbei ist ein besonderes Augenmerk auf das Tatbestandsmerkmal der Kontrolle zu legen, da Auslöser des Pflichtangebots gemäß § 35 Abs. 1 Satz 1 WpÜG das Erlangen der Kontrolle über eine Zielgesellschaft ist. Das Tatbestandsmerkmal der Kontrolle ist daher der zentrale Begriff, von dem der Eintritt aller weiteren Konsequenzen im Zusammenhang mit dem Pflichtangebot abhängt. Eine nähere Auseinandersetzung mit diesem Kontrollbegriff ist daher unerlässlich, um Voraussetzungen und Folgen eines Pflichtangebots zu verstehen.
In diesem Kapitel sollen daher als Grundlage für die weitere nähere Auseinandersetzung mit der Pflichtangebotsregelung zunächst die Einzelheiten und die hieraus möglicherweise resultierenden Problemstellungen der Definition des Kontrollbegriffs im Sinne des WpÜG genauer beleuchtet werden. Neben der Darstellung der Berechnung der relevanten Kontrollschwelle sollen hierbei auch zwei wichtige Zweifelsfälle beim Umgang mit dem Begriff der Kontrollerlangung näher untersucht werden: der reine Kontrollwechsel, also ein Wechsel in der Person des Kontrollinhabers, sowie die sogenannte passive Kontrollerlangung, bei der ein Gesellschafter ohne sein Zutun die Kontrollschwelle erreicht oder überschreitet.

A. Definition

I. Abstrakter Kontrollbegriff

Kontrolle i. S. v. § 35 Abs. 1 Satz 1 WpÜG ist gemäß § 29 Abs. 2 WpÜG als das Halten von mindestens 30 % der Stimmrechte an der Zielgesellschaft definiert. Im Gegensatz zu Art. 16 des Übernahmekodex, der verschiedene Möglichkeiten der Kontrolle (wie z. B. das Recht zur Bestellung der Mehrheit der Mitglieder des Leitungsorgans oder eine dauerhafte Hauptversammlungsmehrheit) aufzählte, hat sich der Gesetzgeber im WpÜG für eine starre Grenze von 30 % der Stimmrechte, bezogen auf die absolute Zahl der Stimmrechte, entschieden, da aufgrund der durchschnittlichen Hauptversammlungspräsenz in den Hauptversammlungen börsennotierter deutscher Unternehmen bei einer solchen Beteiligung in den meisten Fällen eine Hauptversammlungsmehrheit bestehe, und in den Regelwerken anderer europäischer Staaten vergleichbare Schwellenwerte vorgesehen seien[218]. Es handelt sich mithin um einen abstrakten bzw. formellen Kontrollbegriff, bei dem die konkreten Verhältnisse in der Gesellschaft keine Rolle spielen[219]. Eine Bestimmung der Kontrolle anhand einer materiell quantitativen Definition findet also nicht statt.

II. Rechtsnatur der in § 29 Abs. 2 WpÜG enthaltenen Bestimmung

Während eine Ansicht dabei die in § 29 Abs. 2 WpÜG enthaltene Regelung als reine Legaldefinition dessen, was als Kontrolle im Sinne des WpÜG zu verstehen ist, sieht[220] und dementsprechend davon ausgeht, dass § 29 Abs. 2 WpÜG gerade keine Vermutung dahingehend enthält, dass derjenige, der 30% oder mehr der Stimmrechte an der Zielgesellschaft hält, diese auch tatsächlich kontrolliert[221], stellt § 29 Abs. 2 WpÜG nach anderer Ansicht im Hinblick auf die üblicherweise in deutschen börsennotierten Gesellschaften gegebenen Hauptversammlungsmehrheiten eine unwiderlegbare Vermutung auf, dass bei Überschreiten des Schwellenwertes von 30% der Stimmrechte eine Kontrolle erworben wird[222]. Wieder andere sehen vor dem Hintergrund, dass dem Gesetzgeber durchaus bewusst gewesen sei, dass nicht in jedem Fall, in welchem ein Gesellschafter einer Zielgesellschaft über 30% oder mehr der Stimmrechte verfüge, von einer Kontrolle ausgegangen werden könne, die in § 29 Abs. 2 WpÜG enthaltene Regelung „als eine Art Vermutung für den Regelfall"[223], die im Einzelfall durchaus widerlegt werden könne.

Diese letztgenannte Auffassung verkennt, dass § 29 Abs. 2 WpÜG keinen Raum für eine Widerlegung lässt, denn sobald die 30%-Grenze erreicht ist, knüpfen hieran automatisch alle Rechtsfolgen, wie z. B. die Verpflichtung zur Abgabe eines Pflichtangebots, an, ohne dass der Gesellschafter sich darauf berufen könnte, dass eine Kontrolle über die Zielgesellschaft tatsächlich nicht bestehe. Wohl ist es ihm dagegen möglich, eine Befreiung von der Verpflichtung zur Abgabe eines Pflichtangebots nach § 37 WpÜG i. V. m. der WpÜG-AngebVO zu beantragen, was jedoch keineswegs mit einer Widerlegung einer Vermutung hinsichtlich des Kontrolltatbestands gleichgesetzt werden kann.

---

218 *Begr. RegE*, BT-Drucksache 14/7034, Bes. Teil zu § 29 Abs. 2 WpÜG, S. 53. Statistische Daten zur Hauptversammlungspräsenz finden sich beispielsweise bei *Baums/Fraune*, AG 1995, 97, 102 und *Benner-Heinacher*, DB 1997, 2521, 2521 f.

219 *Mielke* in: Beckmann/Kersting/Mielke, Rn. B 40; *Thoma*, NZG 2002, 105, 111; *von Bülow* in: KK-WpÜG, § 29 Rn. 71.

220 *Krause*, NJW 2002, 705, 713; *Geibel/Süßmann*, BKR 2002, 52, 62.

221 *von Bülow* in: KK-WpÜG, § 29, Rn. 69.

222 *Ekkenga/Hofschroer*, DStR 2002, 768, 772; *Land/Hasselbach*, DB 2000, 1747, 1753; *Oechsler* in: Ehricke/Ekkenga/Oechsler, § 29, Rn. 17; *Steinmeyer/Häger*, § 29, Rn. 25.

223 *Letzel*, BKR 2002, 293, 300.

Die Frage bleibt daher, ob § 29 Abs. 2 WpÜG eine reine Bestimmung dessen, was unter Kontrolle im Sinne des WpÜG zu verstehen ist, enthält, oder aber eine entsprechende unwiderlegbare Vermutung aufstellt. Gegen eine Vermutung spricht, dass sich üblicherweise in Normen, die eine (widerlegbare oder unwiderlegbare) Vermutung aufstellen, schon aus dem Wortlaut ergibt, dass es sich um eine Vermutung handelt („es wird vermutet, dass ...“). Als Beispiel seien nur die Konzernvermutungen der §§ 15 ff. AktG genannt. Schon der Wortlaut der Norm spricht demnach gegen eine Vermutung. Andererseits hat der Gesetzgeber die 30%-Schwelle jedoch bewusst gewählt, da bei den in der Praxis üblicherweise vorliegenden Hauptversammlungspräsenzen börsennotierter Aktiengesellschaften ab einer Beteiligung von 30% der Stimmrechte eine Kontrollausübung möglich ist, so dass insofern sehr wohl aufgrund der statistischen Daten der Hauptversammlungen der letzten Jahre von einer Vermutung der Möglichkeit der Kontrolle gesprochen werden kann. Die praktischen Konsequenzen einer Einstufung der in § 29 Abs. 2 WpÜG enthaltenen Regelung als reine Legaldefinition oder unwiderlegbare Vermutung sind letztlich jedoch dieselben, so dass es auf die theoretische Einordnung der Regelung letztlich nicht ankommt: in beiden Fällen ist bei Erreichen oder Überschreiten der 30%-Schwelle von einer Kontrollerlangung über eine Gesellschaft auszugehen, ohne dass im Einzelfall der Beweis geführt werden kann, dass keine Kontrollmehrheit bestehe.

III. Art und Weise der Kontrollerlangung

Unabhängig von der gerade erörterten Streitfrage über die theoretische Einordnung der in § 29 Abs. 2 WpÜG enthaltenen Regelung ist es grundsätzlich völlig unerheblich, auf welche Art und Weise ein Gesellschafter die Kontrolle über die Zielgesellschaft erlangt[224]. Es kommt daher nicht nur ein börslicher oder außerbörslicher Erwerb wie beispielsweise im Rahmen einer Kapitalerhöhung oder bei Ausschüttung einer Sachdividende nach § 58 Nr. 5 AktG in Betracht, sondern auch der Erwerb von Todes wegen oder kraft Gesetzes, so z. B. im Wege der Zurechnung nach § 30 WpÜG oder des Rechtsformwechsels im Sinne des § 36 Nr. 2 WpÜG[225].

Ausschlaggebend ist daher allein, dass ein Gesellschafter nach irgendeiner Art von Transaktion bzw. einem - wie auch immer ausgestalteten - Ereignis mindes-

224 *Bröcker/Weisner*, Rn. 2; *Harbarth*, ZIP 2002, 321, 323; *Hommelhoff/Witt* in: Haarmann/Riehmer/Schüppen, § 35, Rn. 17; *Lenz/Linke*, AG 2002, 361, 367; *Meyer* in: Geibel/Süßmann, § 35, Rn. 26; *Mielke* in: Beckmann/Kersting/Mielke, Rn. B 41; *Schlitt* in: MüKo-AktG, § 35 WpÜG, Rn. 68; *von Bülow* in: KK-WpÜG, § 35, Rn. 48.

225 Hierunter fallen alle Arten des Rechtsformwechsels, bei denen die Identität des Rechtsträgers nicht gewahrt bleiben, also gerade nicht die Fälle der §§ 190 ff. UmwG, da der formwechselnde Rechtsträger hierbei seine Identität behält, und es insofern nicht zu einer (neuen) Kontrollerlangung kommen kann, da vor und nach dem Formwechsel derselbe Rechtsträger die Kontrolle über die Gesellschaft inne hat.

tens 30% der Stimmrechte an einer Gesellschaft hält. Nur das Resultat, das Halten von mindestens 30% der Stimmrechte, ist von Bedeutung, nicht aber der Weg, aufgrund dessen diese Stimmrechte erlangt wurden. Das Gesetz unterscheidet insofern nicht zwischen verschiedenen Arten der Kontrollerlangung.

B. Handhabung des abstrakten Kontrollbegriffs

I. Faktische Kontrolle

1. Problemstellung

Aufgrund des abstrakten Kontrollbegriffs mit seiner starren 30%-Grenze stellt sich die Frage, wie die Situation zu beurteilen ist, in der die Beteiligung eines Aktionärs zwar unter der 30%-Schwelle liegt und er damit auch nicht den Tatbestand des § 29 Abs. 2 WpÜG erfüllt, er aufgrund einer außergewöhnlich niedrigen Hauptversammlungspräsenz aber praktisch dennoch die Geschicke der Gesellschaft kontrolliert. Dies führt zu einer Situation, in der eigentlich nach Sinn und Zweck des WpÜG dessen Rechtsfolgen, die an das Erlangen einer Kontrollposition anknüpfen, wie die Pflicht zur Abgabe eines Pflichtangebots, eigentlich ausgelöst werden müssten, weil der mit dem Gesetz angestrebte Schutz der außenstehenden Aktionäre gerade für derartige Fällen, in denen ein Aktionär seine Mitaktionäre bzw. die Zielgesellschaft kontrolliert, vorgesehen ist, diese Rechtsfolgen letztlich jedoch tatsächlich nicht ausgelöst werden, weil eine Kontrolle im Sinne des § 29 Abs. 2 WpÜG jedenfalls nicht vorliegt.

2. Konsequenzen und Verbesserungsmöglichkeiten

Die schematische und bewusst generalisierende Fassung des Tatbestands der Kontrollerlangung führt also dazu, dass manche Fälle der tatsächlichen Kontrollerlangung nicht erfasst sind, obwohl deren Erfassung angesichts des Schutzzwecks des WpÜG im Allgemeinen und der Pflichtangebotsregelung im Besonderen wünschenswert wäre. Dies gilt umso mehr, wenn man in der Pflichtangebotsregelung - wie bereits erläutert[226] - unter anderem ein Mittel der Konzernbildungskontrolle sieht, mit dem die bestehenden konzernrechtlichen Vorschriften sinnvoll ergänzt werden. Der Sinn des Schutzes der außenstehenden Aktionäre durch die Unterbreitung eines Pflichtangebots kann in diesem Fall nicht erreicht werden; vielmehr sind die Minderheitsaktionäre in diesem Fall - wie vor Inkrafttreten des WpÜG auch - allein auf die konzernrechtlichen Schutzvorschriften der §§ 311 ff. AktG angewiesen, die jedoch gegenüber der Pflichtangebotsregelung keinen gleichwertigen Schutz zu bieten vermögen.

---

[226] Vgl. oben 1. Teil, Kap. 2, Abschn. B. III., S. 33 ff.

Der Gesetzgeber hat sich jedoch damit begnügt, davon auszugehen, dass ein Stimmrechtsanteil von 30% „in den meisten Fällen" eine Hauptversammlungsmehrheit und damit eine Kontrollposition schafft. Dies ist verschiedentlich kritisiert[227], zum Teil jedoch im Hinblick auf die Planungssicherheit für die Beteiligten und die für den Markt klaren und erkennbaren Vorgaben aber auch gutgeheißen worden[228]. Tatsache bleibt, dass es jedenfalls zur Zeit de lege lata nicht möglich ist, die Rechtsfolgen, die an eine Kontrollerlangung im Rahmen des WpÜG geknüpft werden, auch auf die Fälle faktischer Kontrolle anzuwenden, auch wenn dies unter Umständen angebracht sein kann. Insbesondere eine Abstimmung mit § 17 AktG wäre in diesem Zusammenhang wünschenswert[229], kommt allerdings aufgrund des klaren Wortlauts des WpÜG zur Zeit nicht in Betracht[230]. Dies ist sicherlich als Nachteil der starren Grenze von 30% der Stimmrechte zu werten, wohingegen jedoch die damit verknüpften Vorteile, dass sich relativ einfach und unkompliziert feststellen lässt, ob ein Bieter tatsächlich die Kontrolle über eine Zielgesellschaft erlangt hat, ohne hierfür zunächst in aufwendiger Art und Weise die Verhältnisse in der konkreten Gesellschaft untersuchen zu müssen, nicht außer Acht gelassen werden sollten. Denn eine kapitalmarktorientierte Pflichtangebotsregelung, die das Vertrauen der Anleger fördern und die Funktionsfähigkeit des Kapitalmarktes sichern soll, sollte an einen einfach feststellbaren Tatbestand anknüpfen, der dem Markt klare und erkennbare Vorgaben macht und die Ermittlung der Beteiligungsverhältnisse erleichtert.

---

227 Standpunkte der *Börsensachverständigenkommission* zur zukünftigen Regelung von Übernahmen vom Februar 1999, S. 14 f., die eine einzelfallgerechte Definition bevorzugen. Ebenso *Munschek*, RIW 1995, 998, 1000 ff. sowie *Schutzgemeinschaft der Kleinaktionäre*, Forderungen zum Übernahmerecht vom 6. August 2001, abrufbar unter: www.sdk.org/aktuell.php?id=126, zuletzt abgerufen am 27. Juli 2004.

228 *Forum Europaeum Konzernrecht*, ZGR 1998, 672, 731; *Holzborn/Blank*, NZG 2002, 948, 952; *Hommelhoff/Witt* in: Haarmann/Riehmer/Schüppen vor §§ 35 bis 39 WpÜG, Rn. 22; *Houben*, WM 2000, 1873, 1879; *Krause*, WM 1996, 891, 899; *Pötzsch/Möller*, WM 2000, Sonderbeilage Nr. 2, 3, 17; *Tröger*, DZWir 2002, 397, 397; *van Kann* in: Hölters, Nachtrag zum Teil VIII, Rn. N 170; *Zinser*, NZG 2001, 391, 396, *ders.*, NZG 2000, 573, 578 und WM 2002, 15, 21 unter Hinweis auf feste Schwellenwerte in anderen europäischen Staaten.

229 *Beckmann*, DB 1995, 2407, 2410; *Harbarth*, ZIP 2002, 321, 323; *Hommelhoff* in: FS Semler, 455, 469; *Mülbert*, ZIP 2001, 1221, 1227; *Oechsler* in: Ehricke/Ekkenga/Oechsler, § 29, Rn. 13; *Tröger*, DZWir 2002, 397, 397.

230 *Thoma*, NZG 2002, 105, 111; *Harbarth*, ZIP 2002, 321, 323; *von Bülow* in: KK-WpÜG, § 35, Rn. 47. Vgl. zur faktischen Hauptversammlungsmehrheit: *BGH*, NJW 1997, 1855, 1856.

II. Überschreiten der Kontrollgrenze ohne faktische Kontrollposition

1. Problemstellung

Aus dem abstrakten Kontrollbegriff mit dem starren Schwellenwert von 30% der Stimmrechte kann sich auch in umgekehrter Richtung zu der gerade erörterten Problematik ein Auseinanderfallen von formeller und materieller Kontrolle ergeben, nämlich dann, wenn ein Gesellschafter zwar die 30%-Schwelle überschreitet, faktisch jedoch dennoch keine Kontrolle über die Gesellschaft ausüben kann. Derartige Konstellationen treten vor allem in Fällen auf, in denen ein Dritter ein noch größeres Aktienpaket hält, dann, wenn mehrere Inhaber kleinerer Aktienpakete Stimmbindungsvereinbarungen abgeschlossen haben, oder dann, wenn bei der Gesellschaft eine ungewöhnlich hohe Hauptversammlungspräsenz besteht. Wie oben dargelegt[231], handelt es sich bei der in § 29 Abs. 2 WpÜG vorgesehenen Regelung nicht um eine widerlegbare Vermutung, so dass das Gesetz denjenigen, der die 30%-Schwelle überschreitet, zunächst in jedem Fall so behandelt, als übe er die Kontrolle über die Gesellschaft aus, ohne dass er sich darauf berufen könnte, faktisch gar keine Kontrolle über die Zielgesellschaft zu haben[232].

2. Lösungsmöglichkeiten

Für diese Konstellationen wurde daher eine teleologische Reduktion des § 29 Abs. 2 WpÜG dahingehend vorgeschlagen, dass in diesen Fällen nicht von einer Kontrolle über die Zielgesellschaft auszugehen sei[233]. Einer solchen teleologischen Reduktion steht jedoch entgegen, dass der Gesetzgeber dieses Problem gesehen und in § 37 Abs. 1 WpÜG bzw. § 9 Satz 2 WpÜG-AngebVO eine entsprechende Befreiung von der Verpflichtung zur Abgabe eines Pflichtangebots für den Fall, dass die Verpflichtung zur Abgabe eines Pflichtangebots im Hinblick auf die Beteiligungsverhältnisse an der Zielgesellschaft oder die tatsächliche Möglichkeit zur Ausübung der Kontrolle nicht gerechtfertigt erscheint, vorgesehen hat[234]. Die mit einer solchen Befreiungsmöglichkeit verbundenen Unsicherheiten für den Bieter relativieren sich dabei dadurch, dass in derartigen Konstellationen das von der BaFin im Rahmen des § 37 Abs. 1 WpÜG auszuübende Ermessen durch die vom Gesetzgeber in § 9 WpÜG-AngebVO getroffe-

---

231 Vgl. oben 1. Teil, Kap. 3, Abschn. A. II., S. 60 ff.

232 Aufgrund dieser Unflexibilität starrer Schwellenwerte bevorzugt *Munscheck*, RIW 1995, 998, 1000 f. daher eine widerlegbare Vermutung als Rechtsfolge einer Grenzwertüberschreitung.

233 *Oechsler*, NZG 2001, 817, 825 sowie *Kuhr*, 4. Kap., Abschn. III.1.c), S. 94 und *Peltzer* in: Assmann/Baldua/Bozenhardt/Peltzer, ZGR-Sonderheft Nr. 9, 1990, 179, 193 zu Art. 4 der gescheiterten EU-Übernahmerichtlinie.

234 *Begr. RegE*, BT-Drucksache 14/7034, Bes. Teil zu § 37 Abs. 1 WpÜG, S. 61; *Ekkenga/Hofschroer*, DStR 2002, 768, 772; Letzel, BKR 2002, 293, 300; Thoma, NZG 2002, 105, 111.

nen Wertungsentscheidungen in gewisser Weise vordeterminiert ist[235], auch wenn die BaFin jeweils eine die Umstände des Einzelfalls berücksichtigende Interessenabwägung vorzunehmen hat.
Die bisherige Praxis hat gezeigt, dass von der Möglichkeit einer derartigen Befreiung bisher reger Gebrauch gemacht wurde, und die BaFin eine Befreiung in dem überwiegenden Teil der Fälle auch gewährte. So wurden im ersten Jahr seit Inkrafttreten des WpÜG am 1. Januar 2002 in 43 Fällen eine Befreiung von der Pflicht zur Veröffentlichung des Kontrollerwerbs und zur Abgabe eines Pflichtangebots beantragt und in 110 Fällen ein Antrag auf Nichtberücksichtigung von Stimmrechten nach § 36 WpÜG gestellt. Die BaFin beschied dabei 81 Beifreiungsanträge positiv und lehnte insgesamt nur 7 Anträge ab[236].

III. Zeitpunkt der Kontrollerlangung und Dauer der Kontrolle

1. Kontrollerlangung nur durch dingliches Geschäft

Der Abschluss eines schuldrechtlichen Geschäfts auf Anteilsübertragung einer entsprechenden Anzahl von Anteilen, die eine Kontrolle gem. § 29 Abs. 2 WpÜG vermittelt, genügt für sich allein nicht, um das Pflichtangebot nach § 35 Abs. 1 WpÜG auszulösen[237]. Hierzu ist vielmehr der dingliche Erwerb, also der Vollzug des Verfügungsgeschäfts erforderlich. Erst mit der Aktienübertragung treten die Rechtsfolgen des § 35 WpÜG ein[238].
Zwar ist der Wortlaut des § 29 Abs. 2 WpÜG „Halten von mindestens 30% der Stimmrechte" nicht vollkommen eindeutig, da hierunter beispielsweise auch Stimmrechte verstanden werden könnten, die der Bieter im eigenen oder fremden Namen ausüben darf. Gegen eine solche Auslegung spricht jedoch die Begründung des Regierungsentwurfs, in der ausdrücklich betont wird, dass ein Erwerb nach dem WpÜG eine Eigentumserlangung voraussetzt[239]. Auch kann im deutschen Aktienrecht nach dem Abspaltungsverbot des § 12 Abs. 1 AktG nur der Eigentümer der Aktie selbst Inhaber des Stimmrechts sein[240]. Auch hieraus folgt, dass die Stimmrechte erst „gehalten" werden, sobald die volle Inhaber-

---

235 *Lenz/Behnke*, BKR 2003, 43, 51. Ähnlich *Letzel*, BKR 2002, 293, 300, der in den meisten Fällen von einer Ermessensreduzierung auf Null ausgeht.

236 Vgl. die Zahlen bei *Lenz*, NJW 2003, 2073, 2075. In den übrigen Fällen wurde der Befreiungsantrag entweder zurückgenommen oder ist noch in Bearbeitung.

237 *von Bülow* in: KK-WpÜG, § 29, Rn. 95 sowie § 35, Rn. 21; *Riehmer* in: Haarmann/Riehmer/Schüppen, § 29, Rn. 26; *Steinmeyer/Häger*, § 29, Rn. 33.

238 *Letzel*, BKR 2002, 293, 299; So auch schon die *Börsensachverständigenkommission* in ihren Anmerkungen zu den Änderungen des Übernahmekodex ab 1. Januar 1998, zu Art. 16 ÜK, S. 3, die ausdrücklich auf den Zeitpunkt des Verfügungsgeschäfts abstellt.

239 *Begr. RegE*, BT-Drucksache 14/7034, S. 53.

240 *BGH*, NJW 1987, 780, 780 f.; *Henn*, § 20, Rn. 726; *Hüffer*, § 133 AktG, Rn. 17 sowie § 134 AktG, Rn. 21; *Reichert/Harbarth*; AG 2001, 447, 448 ff.; *Semler* in: Münch. Hdb. GesR IV, § 38, Rn. 1 f.

schaft an der Aktie begründet ist. Auch der Begriff „gehören" in § 30 Abs. 1 Satz 1 Nr. 1 und 2 WpÜG legt nahe, dass es des Übergangs zivilrechtlichen Eigentums bedarf[241]. Gleiches muss aber für § 29 Abs. 2 WpÜG gelten, da nicht einzusehen ist, warum schuldrechtliche Ansprüche des Bieters für eine Kontrollerlangung genügen, eine Zurechnung von schuldrechtlichen Ansprüchen einer Tochtergesellschaft gem. § 30 Abs. 1 Satz 1 Nr. 1 WpÜG hierfür aber nicht ausreichen soll[242]. Auch ordnet das Gesetz in den Fällen, in denen schuldrechtliche Grundgeschäfte dem dinglichen Erwerb gleichgestellt werden sollen, dies ausdrücklich an, so z. B. in § 31 Abs. 6 oder § 23 Abs. 1 Satz 2 WpÜG. Zudem wird auch im Rahmen der ähnlich ausgestalteten Vorschrift des § 21 Abs. 1 WpHG ebenfalls davon ausgegangen, dass der bloße Bestand eines schuldrechtlichen Anspruchs auf Übertragung von Anteilen nicht dazu führt, dass die Stimmrechte aus diesen Anteilen bereits vom Inhaber dieses schuldrechtlichen Anspruchs im Sinne der Vorschrift „gehalten" werden[243].
Insgesamt ist daher davon auszugehen, dass es für das „Halten" der Stimmrechte im Sinne des § 29 Abs. 2 WpÜG auf den dinglichen Erwerb der Anteile, denen das Stimmrecht anhaftet, ankommt, so dass bei einem bloß schuldrechtlichen Anspruch auf Übertragung solcher Anteile noch nicht von einem „Halten" im Sinne von § 29 Abs. 2 WpÜG gesprochen werden kann.

2. Zeitpunkt und Dauer des Innehabens der Kontrolle

Neben dem sachlichen Anknüpfungspunkt der Kontrollerlangung ist zudem auch die zeitliche Komponente zu berücksichtigen.

a) Zeitpunkt

Hierbei ist vor allem die Frage zu untersuchen, ob es für die Erfüllung des Tatbestands des § 29 Abs. 2 WpÜG genügt, wenn die Kontrollschwelle nur punktuell, d. h. nur für einen kleinen Zeitraum im Laufe eines Tages, überschritten wird, oder ob die Beteiligung, die die Kontrolle vermittelt, für einen gewissen Zeitraum gehalten werden muss. Nach einer Ansicht setzt ein „Halten" im Sinne von § 29 Abs. 2 WpÜG keine bestimmte Mindestdauer voraus[244]. Nach anderer Auffassung stelle § 29 Abs. 2 WpÜG dagegen auf eine Kontrollposition ab, die schon ihrem Wortlaut nach eine gewisse Dauer des Haltens der Stimmrechtsanteile nahe lege. Es könne daher nicht genügen, wenn die 30%-Schwelle zu irgendeinem Zeitpunkt überschritten werde, sondern es müsse in Anlehnung an

---

241 Vgl. hierzu *Begr. RegE*, BT-Drucksache 14/7034, Bes. Teil zu § 30 Abs. 1 Satz 1 Nr. 1 WpÜG, S. 53.

242 *Harbarth*, ZIP 2002, 321, 324.

243 *Cahn*, AG 1997, 502, 507; *Hüffer*, Anh. § 22 AktG, § 21 WpHG, Rn. 8; *Opitz* in: Schäfer, § 21 WpHG, Rn. 20; *Steuer/Baur*, WM 1996, 1477, 1477.

244 *Riehmer* in: Haarmann/Riehmer/Schüppen, § 29, Rn. 28.

den Begriff des „Haltens“ gemäß § 71 Abs. 1 Nr. 7 AktG verlangt werden, dass der Bieter die Schwelle am Tagesende erreicht oder überschritten habe[245]. Begründet wird diese Ansicht auch mit einem Vergleich zu § 21 WpHG, der im Gegensatz zu § 29 Abs. 2 WpÜG ausdrücklich an das Erreichen, Über- oder Unterschreiten der Schwellenwerte anknüpft. Dementsprechend könne es für § 29 Abs. 2 WpÜG gerade nicht genügen, wenn die Stimmrechtsanteile nur in einem kurzfristigen Zeitraum gehalten würden. Das Gesetz gehe offensichtlich davon aus, dass der Bieter nach Erlangung der Kontrolle die diese vermittelnde Beteiligung für eine gewisse Zeitdauer halte[246].
Hiergegen spricht jedoch, dass im Gegensatz zu § 71 Abs. 1 Nr. 7 AktG, der ausdrücklich auf die Stimmrechtsverhältnisse „am Ende jeden Tages“ abstellt, ein derartiger Hinweis in § 29 Abs. 2 WpÜG gerade nicht enthalten ist, so dass eine Parallele zu § 71 Abs. 1 Nr. 7 AktG schon aus diesem Grund ausscheidet[247]. Im Übrigen wird auch im Rahmen des § 21 Abs. 1 WpHG für die Auslösung der Meldepflicht keine Mindestdauer der Berührung der Meldeschwelle vorausgesetzt[248]. Zur Vermeidung fortgesetzter Meldepflichten von Wertpapierdienstleistungsunternehmen ermöglicht § 23 Abs. 1 Nr. 2 WpHG eine Befreiung für Handelsbestände. Eine ähnliche Vorschrift findet sich auch in § 20 WpÜG[249], so dass auch insofern der Gefahr von Intransparenzen und Desinformation durch fortgesetzte Meldepflichten vorgebeugt wird. Es besteht daher kein Anlass, im Rahmen des § 29 Abs. 2 WpÜG eine Mindestdauer des Haltens der entsprechenden Stimmrechte vorauszusetzen. Zudem hat sich der Gesetzgeber bewusst für einen formellen und generalisierenden Begriff der Kontrolle entschieden, so dass es auch aus diesem Grund nicht darauf ankommen kann, wie lange oder zu welchem Zeitpunkt der Bieter die Kontrollschwelle erreicht.

b) Sofortiges Wiederunterschreiten der Kontrollschwelle des § 29 Abs. 2 WpÜG

Nach § 35 Abs. 1 WpÜG ist der Bieter verpflichtet, die Kontrollerlangung unverzüglich, spätestens 7 Tage nachdem er hiervon Kenntnis hatte oder nach den Umständen hätte haben müssen, zu veröffentlichen und an die BaFin gem. § 35 Abs. 2 WpÜG innerhalb von 4 Wochen nach dieser Veröffentlichung eine Angebotsunterlage zu übermitteln und ein Angebot nach § 14 Abs. 2 Satz 1 WpÜG zu veröffentlichen.

---

245 *Geibel/Süßmann*, BKR 2002, 52, 63; *Süßmann* in: Geibel/Süßmann, § 29, Rn. 17; *Wackerbarth* in: MüKo-AktG, § 29 WpÜG, Rn. 46.
246 *Süßmann* in: Geibel/Süßmann, § 29, Rn. 17.
247 *von Bülow* in: KK-WpÜG, § 29, Rn. 116.
248 *Bayer* in: MüKo-AktG, Anh. § 22 AktG, § 21 WpHG, Rn. 27.; *Schneider* in: Assmann/ Schneider, § 21 WpHG, Rn. 12.
249 Vgl. hierzu *Holzborn/Friedhoff*, WM 2002, 948 ff.

aa) Problemstellung

Fraglich ist jedoch, wie die Fälle zu beurteilen sind, in denen der Bieter die Kontrollschwelle kurzfristig wieder unterschreitet. In diesem Zusammenhang sind vor allem zwei Fallkonstellationen denkbar: Zum einen kann eine Situation entstehen, in der der Bieter zwar am Tagesende die Kontrollschwelle überschritten hat, seine Beteiligung dann jedoch noch vor der Veröffentlichung nach § 35 Abs. 1 WpÜG wieder unter die Kontrollschwelle des § 29 Abs. 2 WpÜG sinkt. Zum anderen ist auch denkbar, dass der Bieter aufgrund der Kontrollerlangung zwar schon die Veröffentlichung nach § 35 Abs. 1 WpÜG getätigt hat, anschließend jedoch vor Beginn des Angebotsverfahrens des § 35 Abs. 2 WpÜG die Kontrollschwelle wieder unterschreitet.

bb) Meinungsspektrum

Eine Ansicht geht davon aus, dass in diesem Fall kein Beherrschungsverhältnis bestehe, bei dem das Gesetz ein Schutzbedürfnis der Minderheitsaktionäre anerkenne, da ein solches Schutzbedürfnis der außenstehenden Aktionäre vor dem Einfluss eines kontrollierenden Mehrheitsaktionärs erst entstehen könne, wenn die Minderheitsaktionäre diesem Einfluss über einen gewissen Zeitraum ausgesetzt seien[250]. Sei daher die Kontrollposition noch vor Veröffentlichung nach § 35 Abs. 1 WpÜG wieder entfallen, so seien auch die Minderheitsaktionäre nicht mehr schutzbedürftig, mit der Folge, dass eine Pflicht zur Veröffentlichung gemäß § 35 Abs. 1 WpÜG nicht mehr bestehe[251]. Gleiches gelte auch für die Konstellation, dass der Bieter die Kontrollschwelle noch vor Beginn des Angebotsverfahrens nach § 35 Abs. 2 WpÜG wieder unterschreite, so dass § 35 Abs. 2 WpÜG dahingehend ausgelegt werden müsse, dass die Pflicht zur Veröffentlichung eines Pflichtangebots nur bestehe, wenn die Kontrolle im Sinne des § 29 Abs. 2 WpÜG mindestens noch im Zeitpunkt der Abgabe des Pflichtangebots bestehe[252].

Nach anderer Ansicht habe es in beiden Konstellationen keinen Einfluss auf die Veröffentlichungspflicht bzgl. der Kontrolle und der Pflicht zur Durchführung des Angebotsverfahrens nach § 35 Abs. 2 WpÜG, dass der Bieter die Kontrollschwelle des § 29 Abs. 2 WpÜG wieder unterschreite, sondern vielmehr erfülle auch die nur vorübergehende Erlangung der Kontrolle, z. B. im Wege eines Durchgangserwerbs der stimmberechtigten Anteile, den Tatbestand des § 35 WpÜG[253]. Begründet wird dies unter anderem damit, dass es keinen Unterschied machen könne, ob es sich für das kontrollierende Unternehmen z. B. zwischenzeitlich anbot, einen Teil seiner Anteile zu einem höheren Preis wieder zu veräußern, so dass es auf die Dauerhaftigkeit des Haltens nicht ankommen kön-

---

250 *Süßmann* in: Geibel/Süßmann, § 29, Rn. 17.
251 *Süßmann* in: Geibel/Süßmann, § 29, Rn. 19.
252 *Geibel/Süßmann*, BKR 2002, 52, 64; *Süßmann* in: Geibel/Süßmann, § 29, Rn. 19.
253 *von Bülow* in: KK-WpÜG, § 35, Rn. 88 u. Rn. 144.

ne[254]. Denn anderenfalls könne der Bieter zunächst mit der Veröffentlichung seiner Kontrollerlangung den Börsenpreis in die Höhe treiben und dann einen Teil seiner Anteile wieder zu dem gestiegenen Preis veräußern, um sich seiner Verpflichtung, ein Pflichtangebot abzugeben, zu entziehen. Auch bestände ein hohes Maß an Missbrauchsgefahr dahingehend, dass der Bieter seiner Pflicht zur Abgabe eines Angebots durch einen ständigen Wechsel zwischen Veräußerung und Erwerb ausweichen könnte[255]. In solchen Fällen, in denen ein Pflichtangebot nicht sachgerecht erscheint, bestehe die Möglichkeit einer Befreiung durch die BaFin nach § 37 Abs. 1 WpÜG[256]. Beim Erwerb zu spekulativen Zwecken sei es zudem möglich, eine behördliche Anordnung nach § 20 WpÜG zu erreichen, nach der die Beteiligung nicht mitgerechnet wird[257].

cc) Stellungnahme

Die in § 37 Abs. 1, 3. Fall WpÜG vorgesehene Alternative, dass eine Befreiung von der Verpflichtung zur Abgabe eines Pflichtangebots erteilt werden kann, wenn der Bieter nach Erlangung der Kontrolle die Kontrollschwelle nachträglich wieder unterschreitet, würde ihren Sinn verlieren, wenn man an das Halten der Kontrolle in zeitlicher Hinsicht die Anforderung stellen würde, dass diese bis zur Veröffentlichung nach § 35 Abs. 1 WpÜG oder sogar noch bei Abgabe des Pflichtangebots nach § 35 Abs. 2 WpÜG besteht. Denn die Befreiung nach § 37 Abs. 1, 3. Fall WpÜG ist gerade für derartige Fälle gedacht, in denen die Gefahren für die Minderheitsaktionäre nicht mehr bestehen, weil die Kontrollposition nachträglich wieder entfallen ist. Hätte der Gesetzgeber in solchen Fällen von vornherein einen automatischen Wegfall der Verpflichtung zur Abgabe des Pflichtangebots gewollt, so hätte er nicht einen entsprechenden Befreiungstatbestand formuliert, bei dem die Befreiung grundsätzlich noch an die weiteren Voraussetzungen des § 9 Satz 1 Nr. 6 WpÜG-AngebVO geknüpft sind, oder zumindest neben dem nachträglichen Wiederunterschreiten der Kontrollschwelle noch weitere Besonderheiten gegeben sind, die den Bieter im Einzelfall besonders schutzbedürftig erscheinen lassen. Insgesamt wäre die Regelung des § 37 Abs. 1, 3. Fall WpÜG, der unter anderem gerade für Fälle des sog. Durchhandels gedacht ist[258], überflüssig, würde das Wiederunterschreiten der Kontrollschwelle noch vor Abgabe des Pflichtangebots dazu führen, dass die Verpflichtung nach § 35 Abs. 2 WpÜG ohne weiteres entfiele.

Hierfür spricht zudem auch, dass keinesfalls davon ausgegangen werden kann, dass in solchen Fällen ein Schutzbedürfnis der Minderheitsaktionäre nicht be-

---

254 *Ekkenga/Hofschroer*, DStR 2002, 768, 771; *Riehmer* in: Haarmann/Riehmer/Schüppen, § 29, Rn. 28; *Steinmeyer/Häger*, § 37, Rn. 24.

255 *Versteegen* in: KK-WpÜG, § 37, Rn. 45.

256 *von Bülow* in: KK-WpÜG, § 29, Rn. 116 sowie § 35, Rn. 88.

257 *Ekkenga/Hofschroer*, DStR 2002, 768, 773; *Ekkenga/Schulz* in: Ehricke/Ekkenga/Oechsler, § 35, Rn. 18.

258 *Versteegen* in: KK-WpÜG, § 37, Rn. 46.

steht. So kann der kontrollierende Mehrheitsaktionär beispielsweise bereits in der Zeit vor Einreichen des Pflichtangebots ohne weiteres Maßnahmen veranlasst haben, die sich negativ auf den Wert der Aktien ausgewirkt haben, so dass dem Zweck des Pflichtangebots, unter anderem dem Schutz der Anleger zu dienen, nur dadurch Rechnung getragen werden kann, auch und gerade in diesen Fällen den Minderheitsaktionären - vorbehaltlich einer ins Ermessen der BaFin gestellten Befreiung nach § 37 WpÜG - ein Recht zum Austritt aus der Zielgesellschaft zu geben.

Unabhängig von den vorgenannten Fallkonstellationen sind dagegen Fälle zu beurteilen, in denen das Unterschreiten der Kontrollschwelle auf einer Gestattung der BaFin zur Nichtberücksichtigung von Aktien oder Stimmrechten gemäß § 20 Abs. 1 WpÜG bzw. § 36 WpÜG beruht. Der Unterschied zu den gerade diskutierten Fallgestaltungen besteht jedoch darin, dass es streng genommen gar nicht zu einem Wiederunterschreiten der Kontrollschwelle kommt, da es aufgrund der Nichtberücksichtigung der Aktien oder Stimmrechte erst gar nicht zum Kontrollerwerb des Stimmrechtsinhabers kommt, bzw. der Kontrollerwerb rückwirkend mit Erteilung der Gestattung entfällt[259]. In diesen Fällen greifen die Verpflichtungen des § 35 Abs. 1 und 2 WpÜG mangels einer Kontrollerlangung daher nicht ein.

C. Die Berechnung der Kontrollschwelle

I. Die grundsätzliche Berechnungsmethode

Da der Tatbestand der Kontrolle Auslöser für das Pflichtangebot nach § 35 WpÜG ist, ist es ebenfalls erforderlich zu klären, wie die Kontrollschwelle überhaupt in praktischer Hinsicht berechnet wird. Die Frage ist also, auf welche Stimmrechte die 30%-Schwelle konkret zu beziehen ist, und welche Stimmrechte hierbei zu berücksichtigen bzw. außer Acht zu lassen sind. Denn abhängig davon, welche Berechnungsmethode anzuwenden ist, entscheidet sich letztlich, ob ein Pflichtangebot abzugeben ist oder nicht. Dies gilt vor allem in solchen Fällen, in denen der erforderliche Stimmrechtsanteil von 30% nicht in erheblichem Maße überschritten ist, sondern eine Konstellation vorliegt, in der es bei der Frage, ob ein Kontrollerwerb vorliegt und ein Pflichtangebot ausgelöst wird, möglicherweise auf einige wenige Stimmen ankommt. Die Art der Berechnung der Kontrollschwelle kann daher erhebliche Konsequenzen für den Bieter haben. Wie schon angedeutet, bezieht sich die Schwelle von 30% ausschließlich auf den Stimmrechts-, nicht jedoch auf den Kapitalanteil an der Zielgesellschaft, und wird auf Basis der absoluten Zahl der Stimmrechte in der Zielgesellschaft,

---

259 *von Bülow* in: KK-WpÜG, § 35, Rn. 89 u. 145; *Harbarth*, ZIP 2002, 321, 330; *Hommelhoff/Witt* in: Haarmann/Riehmer/Schüppen, § 36, Rn. 30 f.

also nicht auf Grundlage der Hauptversammlungspräsenzen der jeweiligen Gesellschaft, berechnet[260]. Zur Berechnung des Stimmrechtsanteils ist zunächst die Summe der Stimmrechte zu ermitteln, die von dem Anteilsinhaber entsprechend der oben dargestellten Grundsätze im Sinne von § 29 Abs. 2 WpÜG gehalten werden oder ihm nach § 30 WpÜG zuzurechnen sind. Abzuziehen sind hiervon diejenigen Stimmrechte, die aufgrund der Gestattung der BaFin nach § 20 Abs. 1 WpÜG oder § 36 WpÜG nicht zu berücksichtigen sind. Die so ermittelte Anzahl der Stimmrechte des Bieters ist zu der Gesamtsumme der bei der Zielgesellschaft vorhandenen Stimmrechte ins Verhältnis zu setzen[261]. Beträgt der prozentuale Anteil mindestens 30%, übt der Anteilsinhaber Kontrolle im Sinne von § 29 Abs. 2 WpÜG aus.

II. Die Behandlung einzelner Arten von Stimmrechten

1. Stammaktien

Bei der Berechnung der von einem Gesellschafter gehaltenen und insgesamt bei der Zielgesellschaft vorhandenen Stimmrechte sind zunächst für den „Normalfall" die aktienrechtlichen Grundsätze der §§ 12, 134 Abs. 1 AktG anzuwenden, wonach bei Stückaktien jede Aktie eine Stimme gewährt und bei Nennbetragsaktien die Stimmrechte entsprechend des Nennbetrags der jeweiligen Aktie zu berücksichtigen sind.

2. Sonderfälle

In den Fällen, in denen es sich jedoch nicht um „gewöhnliche" Aktien handelt, bei denen sich das damit verknüpfte Stimmrecht ohne weiteres aus den aktienrechtlichen Vorschriften ablesen lässt, stellt sich die Frage, ob und in welcher Weise diese Anteile bzw. Stimmrechte bei der Berechnung der von einem Gesellschafter gehaltenen und in der Zielgesellschaft insgesamt vorhandene Stimmrechte zu berücksichtigen sind. Die Frage ist von erheblicher Bedeutung, da sie - je nachdem, ob und in welcher Weise solche Stimmrechte bei der Berechnung mit einbezogen werden - den Ausschlag dafür geben können, ob die Kontrollschwelle im Sinne von § 29 Abs. 2 WpÜG überschritten wurde oder nicht, und damit erheblichen Einfluss darauf haben kann, ob ein Anteilsinhaber nach § 35 WpÜG ein Pflichtangebot abzugeben hat oder nicht.
Die Frage der Behandlung derartiger Sonderfälle von Stimmrechten stellt sich vor allem bei Vorzugsaktien und Mehrstimmrechten, Pool- bzw. Stimmbin-

260 *Begr. RegE*, BT-Drucksache 14/7034, Bes. Teil zu § 29 Abs. 2 WpÜG, S. 53; *Harbarth*, ZIP 2002, 321, 326; *Pötzsch*, Teil 1, Einführung, S. 46; *Süßmann* in: Geibel/Süßmann, § 29, Rn. 22.

261 *Riehmer* in: Haarmann/Riehmer/Schüppen, § 29, Rn. 36; *Süßmann* in: Geibel/Süßmann, § 29, Rn. 22; *Wackerbarth* in: MüKo-AktG, § 29 WpÜG, Rn. 47.

dungsvereinbarungen und Hindernissen bei der Stimmrechtsausübung sowie bei dem hoch umstrittenen Aspekt, ob eigene Aktien der Gesellschaft bei der Berechnung der Gesamtzahl der Stimmrechte mit einzubeziehen sind.

a) Vorzugsaktien

Die Fälle, in denen das Stimmrecht von Vorzugsaktien entgegen § 139 Abs. 1 AktG nicht ausgeschlossen ist, lassen sich unproblematisch anhand der gerade genannten Grundsätze lösen, da den Vorzugsaktien insofern derselbe Stimmrechtsumfang wie den Stammaktien zukommt[262]. Gleiches gilt für Stimmrechte aus ehemaligen Vorzugsaktien[263]. Dasselbe gilt auch für den Fall des § 140 Abs. 2 AktG, bei denen den Vorzugsaktionären vorübergehend bis zur Nachzahlung von Rückständen hinsichtlich des Vorzugsbetrags das volle Stimmrecht gewährt wird, denn in dieser Situation kommt den Vorzugsaktien bei der Beurteilung der Herrschaftsverhältnisse in der Zielgesellschaft dieselbe Bedeutung zu wie den Stammaktien[264]. Vorzugsaktien, für die gemäß § 139 Abs. 1 AktG das Stimmrecht ausgeschlossen sind, finden dagegen bei der Berechnung der Zahl der Stimmrechte keine Berücksichtigung[265]. Ebenso sind auch die Fälle des § 141 Abs. 3 AktG zu beurteilen, bei denen die grundsätzlich stimmrechtslosen Vorzugsaktien bei Sonderbeschlüssen den Vorzugsaktionären das Stimmrecht gewähren, denn dieses Stimmrecht dient nach § 141 Abs. 1 AktG ausschließlich dem Schutz der Vorzugsaktionäre gegen Maßnahmen, durch die ihr Vorzug aufgehoben oder beschränkt werden soll[266], sind jedoch nicht geeignet, die aufgrund von Stammaktien bestehende Stellung eines Aktionärs im Hinblick auf eine Kontrollausübung zu verstärken oder zu verschlechtern[267].

---

262 *Harbarth*, ZIP 2002, 321, 325; *von Bülow* in: KK-WpÜG, § 29, Rn. 82.

263 *von Bülow* in: KK-WpÜG, § 29, Rn. 84. Ebenso für den entsprechenden Fall des § 21 Abs. 1 WpHG: *Nottmeier/Schäfer*, AG 1997, 87, 89; *Opitz* in: Schäfer, § 21 WpHG, Rn. 16.

264 *Harbarth*, ZIP 2002, 321, 325; *Riehmer* in: Haarmann/Riehmer/Schüppen, § 29, Rn. 39; *Süßmann* in: Geibel/Süßmann, § 29, Rn. 24; *von Bülow* in: KK-WpÜG, § 29, Rn. 83. Ebenso für den entsprechenden Fall des § 21 Abs. 1 WpHG: *Falkenhagen*, WM 1995, 1005, 1008; *Hüffer*, Anh § 22 AktG, § 21 WpHG, Rn. 6; *Schneider* in: Assmann/Schneider, § 21 WpHG, Rn. 30; *Sudmeyer*, BB 2002, 685, 687; kritisch: *Happ*, JZ 1994, 240, 244.

265 *Oechsler* in: Ehricke/Ekkenga/Oechsler, § 29, Rn. 7; *Steinmeyer/Häger*, § 29, Rn. 35; *von Bülow* in KK-WpÜG, § 29, Rn. 83. Ebenso für die entsprechende Vorschrift des § 21 Abs. 1 WpHG: *Falkenhagen*, WM 1995, 1005, 1008; *Hüffer*, Anh § 22 AktG, § 21 WpHG, Rn. 6; *Nottmeier/Schäfer*, AG 1997, 87, 89; *Wilsing*, BB 1995, 2277, 2278.

266 *Bezzenberger* in: GroßK-AktG, § 141 AktG, Rn. 4 f.; *Hüffer*, § 141 AktG, Rn. 1; *Volhard* in. MüKo-AktG, § 141 AktG, Rn. 1.

267 *Harbarth*, ZIP 2002, 321, 325; *von Bülow* in: KK-WpÜG, § 29, Rn. 83.

b) *Mehrstimmrechte*

Mehrstimmrechte sind im deutschen Aktienrecht gemäß § 12 Abs. 2 AktG grundsätzlich nicht mehr zulässig. Soweit die Zielgesellschaft nach § 5 Abs. 1 EGAktG noch über derartige Mehrstimmrechtsaktien verfügt, ist die ihnen zukommende Stimmkraft bei der Ermittlung der Kontrollschwelle und dem Stimmrechtsanteil des Bieters zu berücksichtigen[268]. Bezieht sich das Mehrstimmrecht nur auf einzelne Beschlussgegenstände, so ist eine doppelte Berechnung einmal für den Fall, dass das Mehrstimmrecht besteht, und einmal für die Konstellation, dass das Mehrstimmrecht keine Anwendung findet, durchzuführen. Wird die Kontrollschwelle von 30% der Stimmrechte nur bei einer der beiden Berechnungen überschritten, so ist zunächst von einer Kontrollerlangung auszugehen[269], wobei allerdings dann, wenn die Beschlussgegenstände, bei denen die Kontrollschwelle überschritten wird, von völlig untergeordneter Bedeutung sind, eine Befreiung nach § 37 Abs. 1 WpÜG in Betracht kommt.

c) *Hindernisse bei der Stimmrechtsausübung und vorübergehend nicht bestehende Stimmrechte*

Ob Aktien, bei denen Hindernisse bei der Stimmrechtsausübung bestehen oder die vorübergehend kein Stimmrecht gewähren, in die Berechnung der von einem Anteilsinhaber gehaltenen Stimmrechte mit einzubeziehen sind, lässt das Gesetz offen. Allerdings bejaht die Gesetzesbegründung dies ausdrücklich für die Berechnung der Gesamtzahl der bei der Zielgesellschaft bestehenden Stimmrechte in Bezug auf Stimmrechtsausübungshindernisse[270], so dass es inkonsequent wäre, dies bei der Berechnung des Stimmrechtsanteils eines Gesellschafters nicht zu tun. Es spricht daher vieles dafür, dass solche Aktien einzubeziehen sind. So werden die übrigen Aktionäre über das Bestehen oder den Wegfall eines solchen Hindernisses regelmäßig nicht informiert, und zudem widersprächen schwankende Stimmrechtsanteile dem Ziel des Gesetzes, klare und für die Marktteilnehmer leicht erkennbare Vorgaben zu schaffen[271]. Zumindest in den Fällen, in denen es sich nur um ein vorübergehendes Ausübungshindernis, wie z. B. nach § 67 Abs. 2 AktG oder nur vorübergehend nicht bestehende Stimmrechte, z. B. in Folge einer Sanktion nach § 28 WpHG oder § 59 WpÜG, handelt, oder sich das Ausübungshindernis nur auf bestimmte Beschlussgegenstände, wie z. B.

---

268 *Harbarth*, ZIP 2002, 321, 325; *Ekkenga/Hofschroer*, DStR 2002, 768, 772; *Süßmann* in: Geibel/Süßmann, § 29, Rn. 25. Ebenso für die entsprechende Vorschrift des § 21 WpHG: *Opitz* in: Schäfer, § 21 WpHG, Rn. 15; *Schneider* in: Assmann/Schneider, § 21 WpHG, Rn. 26 ff.

269 *Harbarth*, ZIP 2002, 321, 325. Ebenso für die entsprechende Vorschrift des § 21 WpÜG: *Falkenhagen*, WM 1995, 1005, 1008; *Schneider* in: Assmann/Schneider, § 21 WpHG, Rn. 27.

270 *Begr. RegE*, BT-Drucksache 14/7034, Bes. Teil zu § 29 Abs. 2 WpÜG, S. 53.

271 *Pötzsch*, Teil 1, Einführung, S. 47; *Begr. RegE*, BT-Drucksache 14/7034, Bes. Teil zu § 29 Abs. 2 WpÜG, S. 53.

gemäß § 134 Abs. 1 Satz 2 AktG, bezieht, sind die entsprechenden Aktien daher bei der Berechnung der Kontrollschwelle zu berücksichtigen[272]. Gleiches gilt für Stimmrechtsausschlüsse aufgrund eines Entherrschungsvertrages[273] oder Stimmrechtsausschlussvertrages[274], was schon daraus folgt, dass ein solcher Vertrag nur schuldrechtliche Wirkung hat, die Stimmrechte aus den Aktien auf dinglicher Ebene dagegen unberührt lässt[275].

d) Eigene Aktien

Ein besonderer Unterfall vorübergehend nicht bestehender Stimmrechte stellen allerdings eigene Aktien der Zielgesellschaft dar. Nach § 71b AktG und § 71d Satz 4 AktG stehen einer Aktiengesellschaft Rechte aus eigenen Aktien und damit auch Stimmrechte hieraus nicht zu[276]. Fraglich ist daher, ob diese eigenen Aktien, die kein Stimmrecht der Gesellschaft begründen, bei der Berechnung der Gesamtzahl der bei der Gesellschaft vorhandenen Stimmrechte im Rahmen von § 29 Abs. 2 WpÜG zu berücksichtigen sind. Während eine Ansicht die Einbeziehung eigener Aktien mit dem Argument befürwortet, dass auch die Begründung des Regierungsentwurfs dies unter Hinweis auf die herrschende Meinung zu § 21 WpHG bejahe[277], und eine solche Einbeziehung notwendig sei, um dem mit dem WpÜG verfolgten Ziel, klare, rechtssichere und praktikable Vorgaben zu schaffen, gerecht zu werden[278], sollen nach anderer Ansicht eigene Aktien bei der Berechnung der Gesamtzahl der Stimmrechte keine Berücksich-

---

272 *Ekkenga/Hofschroer*, DStR 2002, 768, 772 f.; *Riehmer* in: Haarmann/Riehmer/Schüppen, § 29, Rn. 38; *Steinmeyer/Häger*, § 29, Rn. 41; *Süßmann* in: Geibel/Süßmann, § 30, Rn. 30; *von Bülow* in: KK-WpÜG, § 29, Rn. 119 f. Ebenso für die entsprechende Vorschrift des § 21 Abs.1 WpHG: *Burgard*, BB 1995, 2069, 2070; *Hüffer*, Anh § 22 AktG, § 21 WpHG, Rn. 6; *Opitz* in: Schäfer, § 21 WpHG, Rn. 18; *Schneider* in: Assmann/Schneider, § 21 WpHG, Rn. 35.

273 Vgl. hierzu *Bayer* in: MüKo-AktG, § 17 AktG, Rn. 99 ff.; *Emmerich* in: Emmerich/Habersack, § 17 AktG, Rn. 42 ff.; *Hüffer*, § 17 AktG, Rn. 22; *Koppensteiner* in: KK-AktG, § 17 AktG, Rn. 89 ff.

274 Vgl. hierzu *Reichert/Harbarth*, AG 2001, 447, 453 ff.; *Hüffer*, § 133 AktG, Rn. 25. Ein Stimmrechtsausschlussvertrag ist dabei als Minus zum Entherrschungsvertrag zu begreifen, da es bei ihm um den Verzicht der Stimmrechtsausübung aus Aktien geht, ohne dass hierdurch Auswirkungen auf eine mögliche Abhängigkeit von Beteiligungsgesellschaften beabsichtigt sind.

275 *Harbarth*, ZIP 2002, 321, 325.

276 *Hüffer*, § 71b AktG, Rn. 3; *Lutter* in: KK-AktG, § 71b AktG, Rn. 8; *Oechsler* in: MüKo-AktG, § 71b AktG, Rn. 10; *Wiesner* in: Münch. Hdb. GesR IV, § 15, Rn. 21.

277 *Begr. RegE*, BT-Drucksache 14/7034; Bes. Teil zu § 29 Abs. 2 WpÜG, S. 53. Vgl. zu dieser Problematik im Rahmen des § 21 WpHG *Schneider* in: Assmann/Schneider, § 21 WpHG, Rn. 34.

278 *Pötzsch*, Teil 1, Einführung, S. 47; *Süßmann* in: Geibel/Süßmann, § 29, Rn. 30.

tigung finden[279]. Begründet wird dies vor allem mit dem Rechtsgedanken aus § 290 Abs. 4 Satz 2 HGB und § 16 Abs. 3 Satz 2 AktG[280] - eine derartige wirtschaftliche Betrachtungsweise stehe einer Berücksichtigung solcher Stimmrechte aus eigenen Aktien entgegen[281]. Auch sei es nicht zumutbar, sich über den jeweils aktuellen Bestand an eigenen Aktien der Gesellschaft kontinuierlich auf dem Laufenden zu halten[282].

Entgegen der soeben vorgebrachten Argumente gegen eine Einbeziehung eigener Aktien bei der Quotenermittlung ist jedoch zu beachten, dass es zu erheblichen Wertungswidersprüchen führen würde, wenn man einerseits entsprechend der oben erläuterten Grundsätze[283] Stimmrechte, deren Ausübung vorübergehend gehindert ist, bei der Berechnung der Gesamtzahl der Stimmrechte mit einbezieht, Stimmrechte aus eigenen Aktien dagegen unberücksichtigt lässt. Denn die eigenen Aktien gewähren zwar vorübergehend kein Stimmrecht, dennoch sind die mit diesen Aktien verbundenen Stimmrechte abstrakt generell vorhanden und können jederzeit, z. B. durch Übertragung dieser Aktien durch die Gesellschaft an Dritte, wieder aufleben. Es besteht daher kein erheblicher Unterschied zwischen den bei eigenen Aktien vorübergehend ruhenden und den aufgrund konkreter Umstände vorübergehend nicht ausübbaren Stimmrechten, so dass schon aus diesem Grund auch abstrakt vorhandene Stimmrechte bei der Berechnung der Gesamtzahl der vorhandenen Stimmrechte zu berücksichtigen sind[284].
Gegen das Argument, dass das Gesetz an anderer Stelle ausdrücklich die Herausrechnung eigener Aktien bei der Quotenermittlung anordnet, lässt sich zudem einwenden, dass es sich bei dieser Regel keineswegs um einen zu verallgemeinernden Rechtsgedanken handelt[285]. So ergibt sich beispielsweise aus dem selektiven Verweis in § 21 Abs. 1 Satz 2 AktG, dass § 16 Abs. 3 Satz 2 AktG im Rahmen von § 21 Abs. 1 Satz 1 AktG gar nicht anwendbar ist.

279 Stellungnahme des *Handelsrechtsausschusses des DAV*, NZG 2001, 420, 429; *Fleischer/Körber*, BB 2001, 2589, 2593 f.; *Harbarth*, ZIP 2002, 321, 326; *Steinmeyer/Häger*, § 29, Rn. 40. Ebenso zu der korrespondierenden Vorschrift des § 21 Abs. 1 WpHG: *Burgard*, BB 1995, 2069, 2071; *Falkenhagen*, WM 1995, 1005, 1008; *Sudmeyer*, BB 2002, 685, 687.

280 Vgl. zur Nichtberücksichtigung eigener Aktien im Rahmen von § 290 Abs. 4 Satz 2 *Hoyos/Lechner* in: Beck'scher Bilanzkommentar, § 290 HGB, Rn. 83; *Wiedmann* in: Ebenroth/Boujong/Joost, § 290 HGB, Rn. 21. Zu § 16 Abs. 3 Satz 2 AktG vgl. *Emmerich* in: Emmerich/Habersack, § 16 AktG, Rn. 22; *Windbichler* in: GroßK-AktG, § 16 AktG, Rn. 13.

281 *Fleischer/Körber*, BB 2001, 2589, 2593.

282 *Falkenhagen*, WM 1995, 1005, 1008 für die korrespondierende Vorschrift des § 21 Abs. 1 WpHG.

283 Vgl. hierzu oben 1. Teil, Kap. 3, Abschn. C. II. 2. c), S. 73.

284 *von Bülow*, KK-WpÜG, § 29, Rn.129; *Geibel* in: Geibel/Süßmann, § 29, Rn. 29; *Riehmer* in: Haarmann/Riehmer/Schüppen, § 29, Rn. 38.

285 *Ekkenga/Hofschroer*, DStR 2002, 768, 773.

Daneben ist selbstverständlich auch der ausdrückliche Wille des Gesetzgebers maßgebend, wonach eigene Aktien ausdrücklich bei der Bestimmung der Gesamtzahl der bei der Zielgesellschaft vorhandenen Stimmrechte mit einzubeziehen sind. Darüber hinaus sollte nicht unberücksichtigt gelassen werden, dass der Gesetzgeber gerade keine einzelfallabhängige Entscheidung über die Erlangung der Kontrolle konstituieren, sondern eine starre, abstrakte Regelung schaffen wollte. Diesem Ziel widerspräche es ebenfalls, würde man eigene Aktien bei der Berechnung unberücksichtigt zu lassen, da dies wieder dazu führen würde, dass die Berechnung von nur im Einzelfall vorliegenden Umständen abhinge.

e) Stimmbindungsverträge[286] *und Poolvereinbarungen*[287]

Entgegen einer teilweise vertretenen Ansicht unter Geltung des Übernahmekodex, die Stimmrechte, die entsprechend von Stimmbindungs- oder Poolvereinbarungen ausgeübt werden, aufgrund deren normalerweise rein schuldrechtlichen Charakters ohne Außenwirkung bei der Berechnung der Kontrollschwelle unberücksichtigt lassen wollte[288], sind unter Geltung des WpÜG derartige Stimmrechte bei der Beurteilung, ob eine Kontrolle über die Gesellschaft erlangt wurde, zu berücksichtigen. Zwar findet sich ein entsprechender Hinweis zur Berücksichtigung derartiger Stimmrechte nicht direkt in § 29 Abs. 2 WpÜG, jedoch stellen Stimmbindungs- und Poolvereinbarungen einen klassischen Fall abgestimmter Verhaltensweisen dar[289], die der Gesetzgeber nun in § 30 Abs. 2 WpÜG erfasst hat. Nach § 30 Abs. 2 WpÜG sind dem Bieter Stimmrechte eines Dritten aus Aktien der Zielgesellschaft in voller Höhe zuzurechnen, mit dem der Bieter oder sein Tochterunternehmen sein Verhalten in Bezug auf die Zielgesellschaft auf Grund einer Vereinbarung oder in sonstiger Weise abstimmt, mit Ausnahme von Vereinbarungen über die Ausübung von Stimmrechten in Einzelfällen. § 30 Abs. 2 WpÜG beschreibt damit den Tatbestand, der international als „acting in concert“ umschrieben wird[290]. Folge einer Zurechnung nach § 30

---

[286] Vgl. hierzu *Henn*, § 20, Rn. 723 f.; *Hüffer*, § 133 AktG, Rn. 25 ff. Durch Stimmbindungsverträge können sich Aktionäre verpflichten, ihr Stimmrecht in einem bestimmten Sinn auszuüben, sei es generell oder bezüglich einer einzelnen Abstimmung.

[287] Vgl. hierzu *Semler* in: Münch. Hdb. GesR IV, § 38, Rn. 41 ff.; *Schroer* in: MüKo-AktG, § 136 AktG, Rn. 56 ff. Pool- bzw. Konsortialverträge sind dabei dadurch gekennzeichnet, dass sich mehrere Aktionäre verpflichten, ihr Stimmrecht einheitlich auszuüben, wobei der Inhalt der Stimmrechtsausübung zumeist durch Mehrheitsentscheidung der Poolmitglieder festgelegt wird.

[288] *Letzel*, NZG 2001, 260, 264. Zur Außenwirkung von Stimmbindungsverträgen vgl. *Hüffer*, § 133 AktG, Rn. 26.

[289] *Liebscher*, ZIP 2002, 1005, 1007; *Hopt*, ZGR 1997, 1, 26 f. Vgl. auch *Witt*, AG 2001, 233, 240; *Sudmeyer*, BB 2002, 685, 687 f.

[290] *Begr. RegE*, BT-Drucksache 14/7034, Bes. Teil zu § 30 Abs. 2 WpÜG, S. 54; *Land/Hasselbach*, DB 2002, 1747, 1753 noch zu dem insoweit identischen § 34 Abs. 2 ÜG des Diskussionsentwurfs des BMF. Der Begriff findet sich beispielsweise auch in Rule 9.1, Nr. 4 des Londoner City Code on Takeovers and Mergers.

WpÜG ist, dass der Tatbestand der nach § 29 Abs. 2 WpÜG gehaltenen Stimmrechte dahingehend erweitert wird, dass Stimmrechte aus Aktien der Zielgesellschaft, die einem Dritten gehören, den eigenen Stimmrechten des Bieters gleichgestellt werden[291]. Dies führt dazu, dass derartige zuzurechnende Stimmrechte bei der Berechnung, ob der Bieter die Kontrollschwelle von 30% der Stimmrechte erreicht und damit die Kontrolle im Sinne von § 29 Abs. 2 WpÜG erlangt hat, in vollem Umfang berücksichtigt werden. Erreicht ein Anteilsinhaber daher faktisch die Kontrollschwelle aufgrund von Stimmbindungs- oder Poolvereinbarungen, so hat er ein Pflichtangebot abzugeben, da er die Kontrolle über die Zielgesellschaft gemäß § 29 Abs. 2 WpÜG i. V. m. § 30 Abs. 2 Satz 1 WpÜG erlangt hat.

Die Zurechnung der Stimmrechte eines Dritten gegenüber dem Bieter führt nicht dazu, dass diese Stimmrechte von den von dem Dritten gehaltenen Stimmrechten abgezogen werden; vielmehr erfolgt eine wechselseitige Zurechnung. Es ist daher denkbar, dass sowohl der Dritte als auch der Bieter die Kontrollschwelle des § 29 Abs. 2 WpÜG überschreiten und damit beide zur Abgabe eines Pflichtangebots nach § 35 Abs. 1 WpÜG grundsätzlich verpflichtet sind[292]. Ausnahmen hierzu sind allenfalls dann denkbar, wenn einem der Poolgesellschafter ein Recht zur Letztentscheidung zusteht, so dass allein er als kontrollierender Aktionär und damit Bieter identifiziert werden kann.

D. Zweifelsfälle bei der Beurteilung der Kontrollerlangung i. S. v. § 35 Abs. 1 Satz 1 WpÜG

I. Kontrollerwerb durch Inhaberwechsel an einem bereits die Kontrolle vermittelnden Aktienpaket

Zu untersuchen ist, ob auch von einer Kontrollerlangung i. S. d. § 35 Abs. 1 Satz 1 WpÜG gesprochen werden kann, wenn die Zielgesellschaft bereits von einem Aktionär kontrolliert wird, und dieser sein die Kontrolle vermittelndes Aktienpaket an einen Dritten verkauft. Bejaht man diese Frage, so würde die Verpflichtung des Dritten zur Abgabe eines Pflichtangebots nach § 35 WpÜG ausgelöst.

---

[291] *Riehmer* in: Haarmann/Riehmer/Schüppen, § 30, Rn. 1; *Steinmeyer/Häger*, § 30, Rn. 1; *von Bülow* in: KK-WpÜG, § 30, Rn. 1.

[292] *Riehmer* in: Haarmann/Riehmer/Schüppen, § 35, Rn. 33; *Steinmeyer/Häger*, § 35, Rn. 36 f.

1. Diskussion

Während eine Ansicht diese Verpflichtung zur Abgabe eines Pflichtangebots bejaht, nimmt eine Gegenmeinung in diesem Fall keine Kontrollerlangung i. S. v. § 35 Abs. 1 Satz 1 WpÜG an.

Diejenigen, die die Abgabe eines Pflichtangebots bejahen, führen als Argument hierfür an, dass sich im Wortlaut der Gesetzesbegründung für eine gegenteilige Auffassung keine Anhaltspunkte finden ließen[293]. So heißt es in der Begründung der Bundesregierung hierzu, dass es *„unerheblich [...] [sei], auf welche Weise die Kontrolle erlangt wurde. Sowohl der rechtsgeschäftliche börsliche und außerbörsliche Erwerb von stimmberechtigten Aktien [...] [...] [könnten] daher grundsätzlich die Verpflichtungen nach § 35 [WpÜG] auslösen"*[294]. Weiter wird angeführt, dass ein reiner Kontrollwechsel für die außenstehenden Aktionäre ein ebenso großes Risiko bilden könne, wie die erstmalige Kontrollerlangung, da es vielfach von der Person des Kontrollinhabers abhänge, welche Gefahren sich für die Minderheitsaktionäre durch die Kontrolle ergäben[295]. So könne zum Beispiel die Zielsetzung des Erwerbers von derjenigen des bisherigen kontrollierenden Aktionärs abweichen, oder der Erwerber mit der Zielgesellschaft zum Beispiel größere geschäftliche Verbindungen aufbauen, als dies beim bisherigen Kontrollaktionär der Fall war. Aus dem Schutzzweck des § 35 WpÜG, jedem Minderheitsaktionär der Zielgesellschaft, der sich einem neuen kontrollierenden Aktionär gegenübersieht, ein Austrittsrecht zu gewähren, ergebe sich daher, dass auch in den Fällen eines bloßen Kontrollwechsels ein Pflichtangebot abzugeben sei, da ein Schutzbedürfnis der Minderheitsaktionäre unabhängig davon bestehe, ob schon vorher eine Kontrollposition bei der Zielgesellschaft bestanden habe oder nicht[296].

Diejenigen, die dagegen für eine teleologische Reduktion des § 35 WpÜG dahingehend plädieren, dass dieser bei einem bloßen Inhaberwechsel eines Aktienpakets nicht anzuwenden sei, führen hierfür an, dass das Argument der möglichen Steigerung einer Gefahrensituation für die Minderheitsgesellschafter durch einen Inhaberwechsel beispielsweise in dem Fall nicht greife, in dem der Inhaberwechsel sich zwischen zwei Gesellschaften vollziehe, die von derselben Mutter beherrscht würden[297]. Auch gehe eine Anwendung des Pflichtangebots vor allem zu Lasten des Veräußerers, der unter Umständen gar nicht Adressat der

---

293 *Letzel*, BKR 2002, 293, 301. Zum umfassenden und offenen Begriff der Kontrollerlangung vgl. auch bereits oben 1. Teil, Kap. 3, Abschn. A. III., S. 61 f.

294 *Begr. RegE*, BT-Drucksache 14/7034, Bes. Teil zu § 35 Abs. 1 WpÜG, S. 59.

295 *Beckmann* in: Beckmann/Kersting/Mielke, Rn. B41; *Harbarth*, ZIP 2002, 321, 323; *Hopt* in: FS Semler, 455, 460 f.; *Liebscher*, ZIP 2001, 853, 866; *Oechsler* in: Ehricke/Ekkenga/Oechsler, § 29, Rn. 8.

296 *Riehmer* in: Haarmann/Riehmer/Schüppen, § 35, Rn. 16; *von Bülow* in: KK-WpÜG, § 35, Rn. 87.

297 *Ekkenga/Hofschroer*, DStR 2002, 768, 774; Seibt/Heiser, ZHR 165 (2001), 466, 492.

Pflichtangebotsregel sei. Denn das drohende Pflichtangebot für den Erwerber führe dazu, dass das vom Veräußerer angebotene Aktienpaket an Attraktivität verliere, und der Verkäufer dadurch gegebenenfalls gezwungen wäre, sein Anteilspaket in mehreren kleineren Tranchen zu veräußern[298].

2. Stellungnahme

a) Vergleich mit dem Übernahmekodex

Für die erstgenannte Auffassung, die die Verpflichtung zur Abgabe eines Pflichtangebots auch bei einem bloßen Inhaberwechsel an einem die Kontrolle vermittelnden Aktienpaket bejaht, spricht zum einen ein Vergleich mit dem vor Einführung des WpÜG geltenden Übernahmekodex, der in Art. 16 eine dem § 35 WpÜG vergleichbare Regelung zum Pflichtangebot enthielt. Zwar war auch schon in Bezug auf den Übernahmekodex streitig, ob ein Pflichtangebot durch den Erwerb eines die Kontrolle vermittelnden Aktienpakets ausgelöst wurde[299]. Hier half jedoch die Begründung der Übernahmekommission zum Übernahmekodex weiter, in der es hieß, dass *„bei dem Übergang von Mehrheitsbeteiligungen innerhalb desselben Konzerns [...] keine Pflicht zu einem Angebot an die Minderheitsaktionäre [entsteht]“*[300]. Aus einem Umkehrschluss hierzu ergibt sich, dass das Pflichtangebot nach dem Übernahmekodex daher grundsätzlich bei einem die Kontrolle vermittelnden Paketerwerb ausgelöst werden sollte, es sei denn, es handelte sich um einen Paketerwerb innerhalb desselben Konzerns[301]. Dies wird auch noch durch die Stellungnahme der Übernahmekommission zu Art. 17 des Übernahmekodex gestützt, in der ausdrücklich ein Paketerwerb angesprochen wurde[302].

Da das WpÜG insofern nur eine Fortsetzung des Übernahmekodex darstellt und in Bezug auf den Begriff der „Kontrollerlangung“ und des Schutzzweckes des Pflichtangebots keine inhaltliche Änderung vorgenommen werden sollten, liegt es nahe, die damalige Begründung zum Übernahmekodex auch auf das WpÜG zu übertragen. So wurde vom Gesetzgeber ungeachtet der geringeren Unterwerfung der börsennotierten Gesellschaften unter den Übernahmekodex anerkannt, dass sich der Übernahmekodex in der praktischen Anwendung grundsätzlich

---

298 *Ekkenga/Hofschroer*, DStR 2002, 768, 774.

299 Bejahend: *Letzel*, NZG 2002, 260, 263; *Wirth/Weiler*, DB 1998, 117, 119. A. A. *Weisgerber*, ZHR 161 (1997), 421, 428 für den Fall, dass sich an der Position der Minderheitsaktionäre durch den Kontrollwechsel nichts ändert; vgl. auch *Wastl*, NZG 2000, 505, 513.

300 Anmerkungen der *Übernahmekommission zum Übernahmekodex der Börsensachverständigenkommission* vom 16. Juli 1996 zu der ursprünglichen Fassung von Art. 16 Übernahmekodex, S. 21, abgedruckt in: *Schuster/Zschocke*, Übernahmerecht,102, 148.

301 *Letzel*, NZG 2001, 260, 263; *Wirth/Weiler*, DB 1998, 117, 119.

302 Anmerkungen der *Übernahmekommission zum Übernahmekodex der Börsensachverständigenkommission* vom 16. Juli 1996 zu der ursprünglichen Fassung von Art. 17 Übernahmekodex, S. 22 f., abgedruckt in: *Schuster/Zschocke*, Übernahmerecht, 102, 150.

bewährt habe[303]. Der Begriff der „Kontrollerlangung“ war zwar im Rahmen des Übernahmekodex in der zum Schluss geltenden Fassung vom 1. Januar 1998 flexibel definiert, d. h. abgestellt wurde nicht mehr auf eine feste Kontrollschwelle, ab der von einer Kontrollerlangung auszugehen war, sondern auf materielle Kriterien, wie zum Beispiel die Hauptversammlungsmehrheit oder die Möglichkeit zur Bestellung von Verwaltungs- und Aufsichtsorganen. Auch wenn sich die Börsensachverständigenkommission damit im Gegensatz zum WpÜG für eine flexible Bestimmung der für ein Pflichtangebot maßgeblichen Schwelle entschieden hatte, so verfolgte sie mit dem im Übernahmekodex vorgesehenen Pflichtangebot doch denselben Zweck wie nunmehr das WpÜG, nämlich den Schutz der Minderheitsaktionäre und die Stärkung des Finanzplatzes Deutschland durch Stärkung des Vertrauens der Anleger. Dementsprechend können die Erläuterungen der Börsensachverständigenkommission zumindest in diesem Punkt auch für die Auslegung des WpÜG herangezogen werden.

Es gibt jedenfalls in dem Fall, in dem ein die Kontrolle vermittelndes Aktienpaket den Inhaber wechselt, ohne dass es sich hierbei um einen rein verbundinternen Vorgang handelt, bei dem Erst- und Zweiterwerber von derselben Muttergesellschaft beherrscht werden, keine Argumente dafür, dass die Minderheitsaktionäre weniger schutzbedürftig sein sollen, als in dem Fall, in dem eine Kontrolle über die Zielgesellschaft erstmalig erlangt wird.

b) Vergleich mit dem Befreiungstatbestand des § 9 Satz 2 Nr. 1 WpÜG-AngebVO

Für eine Auslösung des Pflichtangebots durch einen reinen Kontrollwechsel spricht auch ein Vergleich mit dem Fall, in dem zwar bereits eine Kontrolle über die Zielgesellschaft besteht, dann jedoch ein Dritter seinerseits aus eigener Kraft die Kontrollschwelle des § 29 Abs. 2 WpÜG überschreitet, ohne hierfür das Aktienpaket des bisherigen Kontrollaktionärs zu erwerben. In einem solchen Fall ist völlig unstreitig, dass der Dritte in diesem Fall grundsätzlich ein Pflichtangebot abzugeben hat, auch wenn ihm die Möglichkeit offen steht, eine Befreiung nach § 37 Abs. 1 WpÜG i. V. m. § 9 Satz 2 Nr. 1 WpÜG-AngebVO zu beantragen. Es ist nicht erkennbar, dass es für die Aktionäre einen Unterschied machen kann, ob das die Kontrolle vermittelnde Aktienpaket den Inhaber wechselt, oder ob ein Dritter aufgrund eines eigenen Aktienpakets neben dem bisherigen Kontrollaktionär die Kontrollschwelle überschreitet. In beiden Fällen werden die außenstehenden Aktionäre unter Umständen mit einem neuen Kontrollaktionär konfrontiert, von dem sie nicht wissen, wie er die ihm offen stehenden Kontrollmöglichkeiten nutzen wird. In beiden Fällen sollte ihnen daher ein Recht zum Austritt aus der Gesellschaft geboten werden.

---

303 *Begr. RegE*, BT-Drucksache 14/7034, Allg. Teil, S. 27.

c) Vergleich mit der Situation im Vertragskonzern

Für die Anwendung des Pflichtangebots in diesen Fällen spricht weiterhin auch ein Vergleich mit dem Konzernrecht, da die Situation vergleichbar ist mit der Auswechslung des herrschenden Unternehmens im Vertragskonzern. Auch dabei entsteht eine der hier untersuchten Situation ähnliche Konstellation, nämlich diejenige, dass Minderheitsaktionäre, die unter einem Kontrollgesellschafter in der Gesellschaft verblieben sind, ein berechtigtes Interesse daran haben, bei einem Kontrollwechsel eine Exit-Möglichkeit zu erhalten. Eine solche neuerliche Ausstiegsmöglichkeit wird ihnen bei Auswechslung des herrschenden Unternehmens bei einem Gewinnabführungs- oder Beherrschungsvertrag auch zugestanden. So ist den Aktionären in einem solchen Fall anlässlich der Veränderung der Herrschaftsverhältnisse in der Gesellschaft ein neues Abfindungsangebot nach § 305 Abs. 1 AktG zu unterbreiten[304].

d) Ergebnis der Überlegungen

Unter Heranziehung vergleichbarer Konstellationen nach dem WpÜG und dem Konzernrecht sowie der Beurteilung von Kontrollwechseln unter der Geltung des Übernahmekodex ergibt sich, dass ein Pflichtangebot auch dann abgegeben werden muss, sofern ein die Kontrolle vermittelndes Aktienpaket durch einen Dritten erworben wird.

II. Passiver Kontrollerwerb

Überschreitet ein Aktionär ohne sein Zutun die 30%-Schwelle des § 29 Abs. 2 WpÜG, so stellt sich ebenfalls die Frage, ob der Aktionär bei einem solchen passiven Kontrollerwerb tatsächlich ein Pflichtangebot unterbreiten muss. Zu denken ist hierbei zum Beispiel an den Fall, dass sich die Gesamtzahl der Stimmrechte als Folge einer Kapitalherabsetzung durch Einziehung von Aktien[305] erhöht und damit der relative Stimmanteil des Aktionärs zwangsläufig ansteigt und die 30%-Schwelle überschreitet, oder an die Situation, in der der Bieter zunächst von der Abgabe eines Pflichtangebots nach § 37 Abs. 1 WpÜG befreit wurde, weil ein Dritter ein höheres Aktienpaket hielt, dieser Dritte sein Paket dann aber in mehreren kleineren Tranchen wieder veräußert.

---

304 Vgl. hierzu *Hüffer*, § 295 AktG, Rn. 5 sowie § 305 AktG, Rn. 2; *Hommelhoff* in: FS Claussen, 1997, 129, 138; *Priester*, ZIP 1992, 293, 297 ff. *OLG Karlsruhe*, AG 1997, 270, 271 f.; *LG Mannheim*, ZIP 1996, 22, 24 f.; a. A. *Kort*, ZGR 1999, 402, 420 ff.; *Krieger* in: Münchn. Hdb. GesR IV, § 70, Rn. 95; *Pentz* in: FS Kropff, 225, 234 ff.

305 Vgl. zum Untergang der von der Einziehung betroffenen Mitgliedschaftsrechte: *Krieger* in: Münchn. Hdb. GesR IV, § 62, Rn. 1 ff; *Lutter* in: KK-AktG, § 238, Rn. 9; *Oechsler* in: MüKo-AktG, § 238, Rn. 8.

Bei der Lösung der Frage, ob in diesen Fällen passiver Kontrollerlangung ein Pflichtangebot abzugeben ist, ist zunächst an die Regelung des § 35 Abs. 1 Satz 2 WpÜG zu denken, wonach die Frist zur Veröffentlichung des Stimmrechtsanteils mit dem Zeitpunkt, zu dem der Bieter Kenntnis von der Kontrollerlangung hat oder nach den Umständen haben musste. Diese Vorschrift ergäbe keinen Sinn, sollte nur die Kontrollerlangung durch aktives Tätigwerden des Aktionärs von § 35 WpÜG erfasst sein[306]. So kommt eine unbewusste Kontrollerlangung bei zielgerichtetem Vorgehen des Bieters kaum in Betracht, so dass der Gesetzgeber bei Schaffung des § 35 Abs. 1 Satz 2 WpÜG wohl beabsichtigte, gerade auch den passiven Kontrollerwerbs zu erfassen. Gestützt wird diese Auffassung durch § 36 Nr. 1 und § 37 Abs. 1 WpÜG, in denen die besondere Art der Erlangung der Kontrolle als Befreiungsgrund von der Angebotspflicht aufgeführt ist[307]. Auch sieht § 9 Satz 1 Nr. 6 WpÜG-AngebVO eine Befreiungsmöglichkeit gerade für den Fall vor, dass der Bieter die Kontrolle unbeabsichtigt erlangt hat. In § 9 Satz 1 Nr. 5 WpÜG ist eine Befreiungsmöglichkeit darüber hinaus für die Konstellation vorgesehen, dass eine Kapitalherabsetzung zu einer Verringerung der Gesamtstimmzahl geführt hat. Gerade der letztgenannte Fall stellt ein klassisches Beispiel für eine passive Kontrollerlangung ohne Mitwirkung des Bieters dar, so dass auch hieran erkennbar ist, dass ein passiver Kontrollerwerb grundsätzlich die Verpflichtung zur Abgabe eines Pflichtangebots auslöst, dann jedoch die Möglichkeit einer Befreiung nach § 37 Abs. 1 WpÜG i. V. m. § 9 Satz 1 WpÜG-AngebVO besteht.

Insgesamt kommt es für die Auslösung der Pflichten nach § 35 Abs. 1 und Abs. 2 WpÜG daher nicht darauf an, ob die Kontrollerlangung mit oder ohne den Willen des Bieters oder seine Mitwirkung erfolgt[308]. Bei Fällen, in denen die Verpflichtung zur Abgabe eines Pflichtangebots ungerechtfertigt erscheint, ist eine Lösung über §§ 36 Nr. 1, 37 Abs. 1 WpÜG i. V. m. der WpÜG-AngebVO zu suchen.

---

306 *Letzel*, BKR 2002, 293, 300; *Schlitt* in: MüKo-AktG, § 35 WpÜG, Rn. 85.

307 *Ekkenga/Hofschroer*, DStR 2002, 768, 774; Thoma, NZG 2002, 105, 112; Stellungnahme des *Handelsrechtsausschusses des DAV*, NZG 2001, 420, 429; *Begr. RegE*, BT-Drucksache 14/7034, Bes. Teil zu § 37 Abs. 1 WpÜG, S. 61.

308 *Ekkenga/Schulz* in: Ehricke/Ekkenga/Oechsler, § 35, Rn. 16 u. Rn. 22 ff.; *Fleischer/Körber*, BB 2001, 2589, 2593 ff.; *Harbarth*, ZIP 2002, 321, 325; *Letzel*, BKR 2002, 293, 301; *Steinmeyer/Häger*, § 37, Rn. 24; *von Bülow* in: KK-WpÜG, § 35, Rn. 57 ff.

Kapitel 4: Kontrollerlangung im Rahmen gestufter Unternehmensverbindungen

Beschränkte sich das vorhergehende Kapitel vor allem auf die Untersuchung des Tatbestands der unmittelbaren Kontrollerlangung, sollen im Folgenden auch die Aspekte der mittelbaren Kontrollerlangung beleuchtet werden, da auch ein mittelbarer Kontrollerwerb gemäß § 35 Abs. 1 WpÜG geeignet ist, ein Pflichtangebot auszulösen.

A. Problemstellung

§ 30 WpÜG sieht eine Zurechnung von Stimmrechten vor. Im Kontext der Pflichtangebotsregelung ist diese im Zusammenspiel mit der in § 35 Abs. 1 WpÜG vorgesehenen Möglichkeit der mittelbaren Erlangung der Kontrolle über eine Gesellschaft zu sehen, bei der ebenfalls die Verpflichtung zur Abgabe eines Angebots ausgelöst wird. Die Folgen des Zusammenspiels beider Vorschriften sind jedoch nicht ganz klar. Vor allem stellt sich die Frage, welchen Aktionären welcher Gesellschaft bei der Erlangung der Kontrolle in gestuften Unternehmensverbindungen ein Pflichtangebot zu unterbreiten ist, und von welcher Gesellschaft dies auszugehen hat.
Die Frage nach dem Pflichtangebotsempfänger erwächst vor allem daraus, dass es aufgrund der Zurechnungsvorschrift des § 30 WpÜG zu einer Zurechnung auf der Ebene der Zielgesellschaft kommen kann, mit der Folge, dass nicht nur den Aktionären der Zielgesellschaft selbst, sondern auch den Aktionären von Beteiligungsgesellschaften der Zielgesellschaft ein Pflichtangebot zu unterbreiten sein könnte.
Zudem stellt sich die Frage, wer in gestuften Unternehmensverbindungen überhaupt verpflichtet ist, ein Pflichtangebot abzugeben. Denn eine Zurechnung nach § 30 WpÜG auf der Ebene des Konzerns des Erwerbers kann dazu führen, dass nicht nur die eigentliche Bietergesellschaft, sondern beispielsweise auch deren Muttergesellschaft kraft Zurechnung mittelbar die Kontrolle über eine Zielgesellschaft erlangt, mit der Folge, dass ausgehend vom Wortlaut des Gesetzes mehrere Gesellschaften zur Abgabe eines Pflichtangebots verpflichtet sein können. Dies kann zu unwirtschaftlichen und für die Aktionäre verwirrenden Ergebnissen führen.

Die verschiedenen denkbaren Fallgestaltungen sollen daher im Folgenden näher beleuchtet und zu einer Lösung gebracht werden, wobei zunächst als Grundlage dieser Untersuchung die Zurechnungsvorschrift des § 30 WpÜG selbst näher dargestellt werden soll. Abgerundet wird die Untersuchung durch eine Auseinandersetzung mit der Ausnahmevorschrift des § 35 Abs. 3 WpÜG, im Rahmen derer insbesondere der Frage nachgegangen werden soll, ob und in welchem

Umfang ein vorheriges Übernahmeangebot eines Konzernunternehmens befreiende Wirkung auch für die übrigen Unternehmen des Konzerns im Hinblick auf die Verpflichtung zur Abgabe eines Angebots hat.

Insgesamt erscheint eine Klärung der Problematik der Kontrollerlangung in gestuften Unternehmensverbindungen schon an dieser Stelle angezeigt, um die im zweiten Teil dieser Arbeit zu untersuchenden Auswirkungen von Umwandlungsvorgängen, die in der Praxis häufig im Kontext geschachtelter Unternehmensstrukturen durchgeführt werden, auf die Pflicht zu Abgabe eines Angebots zu erleichtern, und die Grundsätze für derartige Kontrollerlangungen in gestuften Unternehmensverbindungen schon anhand der weniger komplizierten Fälle, bei denen keine Umwandlung stattfindet, darzustellen.

B. Grundverständnis des § 30 WpÜG

I. Grundsätzliches

Die Anzahl der von einem Aktionär gehaltenen Stimmrechte sind, wie bereits gezeigt[309], von erheblicher Bedeutung für die Beurteilung der Frage, ob jemand die Kontrolle über eine Zielgesellschaft im Sinne von § 29 Abs. 2 WpÜG erlangt hat. § 30 WpÜG erweitert den Tatbestand der gehaltenen Stimmrechte insoweit, als nicht nur die von einem Aktionär persönlich gehaltenen Stimmrechte von Bedeutung sind, sondern ihm auch Stimmrechte, die einem Dritten gehören, zugerechnet und diese bei der Beurteilung der Frage, ob er die Kontrollschwelle des § 29 Abs. 2 WpÜG erreicht hat, wie eigene Stimmrechte berücksichtigt werden. § 30 WpÜG betrifft dabei Stimmrechte, hinsichtlich derer der Bieter kraft Rechtsstellung (§ 30 Abs. 1 WpÜG) oder abgestimmten Verhaltens (§ 30 Abs. 2 WpÜG) eine einem Aktionär vergleichbare Stellung innehat[310]. Die Frage der Kontrolle über eine Zielgesellschaft soll also nicht allein anhand der formellen Rechtsinhaberschaft an den stimmberechtigten Aktien, sondern auch anhand der tatsächlichen Stimmrechtsherrschaft beantwortet werden, wobei eine Zurechnung der entsprechenden Stimmrechte bei Vorliegen der Tatbestandsvoraussetzungen auch dann erfolgt, wenn der vom Gesetzgeber vermutete Stimmrechtseinfluss tatsächlich überhaupt nicht besteht[311]. In gewisser Weise bedeutet dies eine Durchbrechung des im Rahmen des § 29 Abs. 2 definierten streng formellen Kontrollbegriffs hin zu einem materiellen Kontrollbegriff im Rahmen des § 30 WpÜG. Auf die Rechtsstellung als Aktionär hat die Stimmrechtszurechnung grundsätzlich keine Auswirkungen. Stimmrechte, die einem Dritten zuzurechnen sind, werden bei dem betroffenen Aktionär nicht etwa abgezogen,

---

309 Vgl. hierzu oben 1. Teil, Kap. 3, S. 59 ff.
310 *Franck*, BKR 2002, 709, 710; *Riehmer* in: Haarmann/Riehmer/Schüppen, § 30, Rn. 1.
311 *von Bülow* in: KK-WpÜG, § 30, Rn. 4.

so dass auch dieser Aktionär weiterhin die Stimmrechte im Sinne von § 29 Abs. 2 WpÜG hält[312].
§ 30 WpÜG hat - wie schon der Übernahmekodex - die Zurechnungstatbestände des § 22 Abs. 1 WpHG zum Vorbild, wobei der Gesetzgeber diese allerdings zur Schließung bestimmter Lücken und zur Klärung von Zweifelsfragen teilweise abgeändert und anschließend zur Vermeidung von Irritationen am Kapitalmarkt, die bei unterschiedlichen Zurechnungsmethoden auftreten würden, auch § 22 Abs. 1 WpHG entsprechend angepasst hat[313].

II. Schwerpunkt der Untersuchung des § 30 WpÜG

Für die im Folgenden zu beantwortende Frage der Zurechnung von Stimmrechten bzw. der Kontrollerlangung in gestuften Unternehmensverbindungen sind insbesondere die Fallgruppe des § 30 Abs. 1 Satz 1 Nr. 1 WpÜG sowie die Vorschriften des § 30 Abs. 1 Satz 2 und Satz 3 WpÜG von Bedeutung. Nach § 30 Abs. 1 Satz 1 Nr. 1 WpÜG stehen Stimmrechten des Bieters Stimmrechte aus Aktien an der Zielgesellschaft gleich, die einem Tochterunternehmen des Bieters gehören.

1. Der Begriff des Tochterunternehmens

Um den Tatbestand des § 30 Abs. 1 Satz 1 Nr. 1 WpÜG genauer zu fassen, ist es zunächst erforderlich zu klären, was unter „Tochterunternehmen" im Sinne dieser Vorschrift zu verstehen ist. Zu diesem Zweck ist die in § 2 Abs. 6 WpÜG enthaltene Definition des Begriffs „Tochterunternehmen" heranzuziehen. Tochterunternehmen sind demnach Unternehmen, die als Tochtergesellschaften im Sinne des § 290 HGB gelten oder auf die ein beherrschender Einfluss ausgeübt werden kann, ohne dass es auf deren Rechtsform oder Sitz ankommt.

a) Tochterunternehmen im Sinne von § 290 HGB

§ 290 HGB enthält zwei verschiedene Definitionen des Begriffs „Tochterunternehmen", von denen die in Absatz 1 enthaltene Definition auf dem deutschen konzernrechtlichen Begriff der einheitlichen Leitung basiert, während die in Absatz 2 enthaltene Definition auf dem angelsächsischen Control-Konzept aufbaut[314].

---

312 *Riehmer* in: Haarmann/Riehmer/Schüppen, § 30, Rn. 4.

313 *Begr. RegE*, BT-Drucksache 14/7034, Bes. Teil zu § 30 WpÜG, S. 53; *Franck*, BKR 2002, 709, 710; *Geibel/Süßmann*, BKR 2002, 52, 62; *Pötzsch/Möller*, WM 2000, Sonderbeilage Nr. 2, 3, 17.

314 *Angerer* in: Geibel/Süßmann, § 2, Rn. 36; *Busse von Colbe* in: MüKo-HGB, § 290 HGB, Rn. 1; *Merkt* in: Baumbach/Hopt, § 290 HGB, Rn. 5 ff; *Wackerbarth* in: MüKo-AktG, § 2 WpÜG, Rn. 65; *Wiedmann* in: Ebenroth/Boujong/Joost, § 290 HGB, Rn. 8 ff.

Nach § 290 Abs. 1 HGB ist ein Unternehmen ein Tochterunternehmen, wenn es einem Konzern angehört, bei dem ein anderes Unternehmen, das „Mutterunternehmen“, die für die Annahme eines Konzerns erforderliche einheitliche Leitung ausübt, und dem Mutterunternehmen eine Beteiligung im Sinne von § 271 Abs. 1 HGB an dem in Frage stehenden Unternehmen gehört. Der Begriff der einheitlichen Leitung findet sich wiederum in § 18 Abs. 1 AktG[315], der dort jedoch nicht definiert wird. Nach allgemeiner Auffassung ist eine einheitliche Leitung dann anzunehmen, wenn die wesentlichen Geschäftsführungsentscheidungen, die die Leitung eines Unternehmens betreffen, im Sinne von § 76 AktG für mehrere Rechtsträger kontinuierlich auf der Grundlage einheitlicher unternehmerischer Zielsetzungen von einem faktisch einheitlichen Geschäftsleitungsgremium getroffen werden[316]. Darüber hinaus gelten auch im Rahmen von § 290 Abs. 1 HGB die Vermutungen des § 18 Abs. 1 Satz 2 und 3 AktG bezüglich des Vorliegens einer einheitlichen Leitung[317].
§ 290 Abs. 2 HGB knüpft dagegen an bestimmte Kontrollelemente, nämlich eine Stimmrechtsmehrheit, das Recht zur Bestellung oder Abberufung der Mehrheit der Mitglieder des Leitungs-, Aufsichts-, oder Verwaltungsorgans sowie das Recht zur Ausübung eines beherrschenden Einflusses aufgrund eines Beherrschungsvertrags oder aufgrund von Satzungsbestimmungen, an, und zwar unabhängig davon, ob eine einheitliche Leitung besteht oder nicht.

b) Tochterunternehmen aufgrund eines beherrschenden Einflusses

Daneben erweitert § 2 Abs. 6 WpÜG den Kreis derjenigen Unternehmen, die als Tochterunternehmen anzusehen sind, auf solche, auf die ein beherrschender Einfluss durch den Bieter ausgeübt werden kann. Zur Auslegung des Begriffs ist hierbei auf die zu § 17 AktG entwickelten Grundsätze zurückzugreifen[318]. Eine derartige Möglichkeit zur Ausübung beherrschenden Einflusses ist dann zu bejahen, wenn das herrschende Unternehmen über Mittel verfügt, die es ihm ermöglichen, seinen Willen in der Geschäftsführung des abhängigen Unternehmens bezüglich der wesentlichen Unternehmensbereiche durchzusetzen, die Gesellschaft also fremdunternehmerischem Willen unterworfen ist, wobei nicht erforderlich ist, dass das herrschende Unternehmen in der Lage ist, dem abhängigen Unternehmen Einzelweisungen zu erteilen, sondern nur darauf, dass das

[315] Die für § 18 AktG entwickelten Grundsätze sollen auch für die Auslegung des Begriffs „einheitliche Leitung“ in § 2 Abs. 6 WpÜG Anwendung finden. Vgl. *Angerer* in: Geibel/Süßmann, § 2, Rn. 470.

[316] Vgl. im Einzelnen: *Emmerich* in: Emmerich/Habersack, § 18 AktG, Rn. 9 ff; *Hüffer*, § 18 AktG, Rn. 8 ff.; *Koppensteiner* in: KK-AktG, § 18 AktG, Rn. 12 ff.; *Krieger* in: Münch. Hdb. GesR IV, § 68, Rn. 67 ff.

[317] *Baumbach/Hopt*, § 290, Rn. 5.

[318] *Begr. RegE*; BT-Drucksache 14/7034, Bes. Teil zu § 2 Abs. 6 WpÜG, S. 35; *Liebscher*, ZIP 2002, 1005, 1006; *Pötzsch/Möller*, WM 2000, Sonderbeilage Nr. 2, 3, 18; *Versteegen* in: KK-WpÜG, § 2, Rn. 203; *Witt*, AG 2001, 231, 236.

herrschende Unternehmen langfristige Konsequenzen herbeiführen kann, sollte das abhängige Unternehmen seinem Willen nicht folgen[319]. Dabei muss die Möglichkeit, beherrschenden Einfluss ausüben zu können, beständig sein, d. h., dass sich das abhängige Unternehmen diesem nicht ohne weiteres entziehen kann. Zudem muss der Einfluss gesellschaftsrechtlich bedingt oder zumindest vermittelt sein, so dass allein eine rein wirtschaftliche Abhängigkeit nicht genügt[320]. Klassisches Mittel zur Ausübung von beherrschendem Einfluss ist dabei vor allem die Mehrheitsbeteiligung, wobei beispielsweise bei geringer Hauptversammlungspräsenz, satzungsmäßigen Sonderrechten oder bei personeller Verflechtung zwischen den Leitungsorganen der beteiligten Unternehmen auch ein geringerer Stimmrechtsanteil genügen kann, um den nötigen Einfluss zu sichern[321].
Aufgrund der Anlehnung des Wortlauts des § 2 Abs. 6 WpÜG an die in § 17 Abs. 1 AktG enthaltene Formulierung ist zudem davon auszugehen, dass die Tatbestände insoweit identisch sind und daher zwangsläufig auch die in § 17 Abs. 2 AktG enthaltene Abhängigkeitsvermutung anzuwenden ist, um die Eigenschaft als Tochterunternehmen zu begründen[322].

2. Enkelgesellschaften

Tochterunternehmen eines Tochterunternehmens sind dabei nicht zwingend auch Tochterunternehmen der Muttergesellschaft, denn dann, wenn die Muttergesellschaft zwar über die Stimmrechtsmehrheit bei der Tochtergesellschaft verfügt, nicht jedoch beherrschenden Einfluss auf diese ausüben kann, ist die Enkelgesellschaft, bei der der Tochtergesellschaft nicht die in § 290 Abs. 2 HGB genannten Rechte zustehen, sondern die nur in anderer Weise einem beherrschenden Einfluss der Tochtergesellschaft ausgesetzt ist, nicht als Tochterunternehmen der Muttergesellschaft anzusehen, da diese schon keinen Einfluss auf ihre eigene Tochtergesellschaft hat. Anders ist dagegen der Fall zu beurteilen, in

---

319 *Liebscher*, ZIP 2002, 1005, 1010; *Hüffer*, § 17 AktG, Rn. 5 ff.; *Koppensteiner* in: KK-AktG, § 17 AktG, Rn. 19; *Krieger* in: Münch. Hdb. GesR IV, § 68, Rn. 37.

320 *Begr. RegE*, BT-Drucksache 14/7034, Bes. Teil zu § 2 Abs. 6 WpÜG, S. 35; *Pötzsch/Möller*, WM 2000, Sonderbeilage Nr. 2, 3, 18; *Steinmeyer/Häger*, § 2, Rn. 21; *Emmerich* in: Emmerich/Habersack, § 17 AktG, Rn. 14 ff.; *Windbichler* in: GroßK-AktG, § 17 AktG, Rn. 12 ff.

321 *Liebscher*, ZIP 2002, 1005, 1010 f. Vgl. für einen beherrschenden Einfluss mit niedriger Beteilgungsquote aufgrund von geringer Hauptversammlungspräsenz: *BGHZ* 69, 334, 347; *BGHZ* 135, 107, 114; *Emmerich* in: Emmerich/Habersack, § 17 AktG, Rn. 19; *Hüffer*, § 17 AktG, Rn. 9; *Krieger* in: Münchn. Hdb. GesR IV, § 68, Rn. 42.

322 *Versteegen* in: KK-WpÜG, § 2, Rn. 210; *Angerer* in: Geibel/Süßmann, § 2, Rn. 46; *Sudmeyer*, BB 2002, 685, 688; *Wackerbarth* in: MüKo-AktG, § 2 WpÜG, Rn. 66. A. A.: *Liebscher*, ZIP 2002, 1005, 1009 und 1011 mit der Begründung, dass für die konzernrechtlichen Vermutungs- und Anscheinsregeln kein Raum sei, da Zurechnungen nach § 30 WpÜG Ordnungswidrigkeiten begründen können, so dass der im Bereich des Ordnungswidrigkeitenrechts geltende Grundsatz der freien Beweiswürdigung (§ 71 OWiG, § 261 StPO) ansonsten eingeschränkt würde.

dem der Tochtergesellschaft bei der Enkelgesellschaft die in § 290 Abs. 2 HGB genannten Rechte zustehen, da in einem solchen Fall der Muttergesellschaft die Stimmen der Tochtergesellschaft gemäß § 290 Abs. 3 HGB zugerechnet werden.

3. Kettenzurechnung

§ 30 Abs. 1 Satz 2 WpÜG erweitert den Zurechnungstatbestand des § 30 Abs. 1 Satz 1 Nr. 1 WpÜG noch insoweit, als dem Bieter nicht nur die Stimmrechte aus Aktien, die im Eigentum der Tochtergesellschaft stehen, zugerechnet werden, sondern darüber hinaus auch diejenigen Stimmrechte aus Aktien, die zwar im Eigentum eines Dritten stehen, dem Tochterunternehmen jedoch nach § 30 Abs. 1 Satz 1 Nr. 2 bis 6 WpÜG zugerechnet werden, so dass insofern eine Kettenzurechnung stattfindet[323]. Es ist daher nicht erforderlich, dass der Bieter selbst mit dem Inhaber der Aktien in einem Rechtsverhältnis i. S. v. § 30 Abs. 1 Satz 1 Nr. 2 bis 6 WpÜG steht, sondern es genügt für die Zurechnung, wenn zwischen dem Inhaber der Aktien und einem Tochterunternehmen des Bieters ein solches Rechtsverhältnis existiert.

4. Umfang der Zurechnung

Der Umfang der Zurechnung richtet sich nach § 30 Abs. 1 Satz 3 WpÜG, wonach Stimmrechte aus Aktien der Zielgesellschaft, die einem Tochterunternehmen gehören, dem Bieter in voller Höhe zugerechnet werden. Dies gilt auch, wenn der Bieter nicht 100% des Kapitals oder der Stimmrechte des Tochterunternehmens hält. Eine „Durchrechnung" der Höhe der an dem Tochterunternehmen gehaltenen Beteiligung auf die Anzahl der zuzurechnenden Stimmrechte findet nicht statt[324]. Hält also beispielsweise der Bieter nur 80% der Anteile an seiner Tochtergesellschaft, und ist diese mit 20% an der Zielgesellschaft beteiligt, so werden dem Bieter die vollen 20% und nicht etwa nur 16% der Stimmrechtsanteile zugerechnet. Die vollständige Zurechnung wird damit begründet, dass mit dem leitenden Einfluss auf das Tochterunternehmen auch auf dessen Stimmrechte im Ganzen eingewirkt werden kann[325].

---

323 *Riehmer* in: Haarmann/Riehmer/Schüppen, § 30, Rn. 20; *von Bülow* in: KK-WpÜG, § 30, Rn. 26 u. 46. Vgl. zur Kettenzurechnung im Rahmen des WpHG auch *Schneider* in: Assmann/Schneider, § 22 WpHG, Rn. 17 ff.

324 *Begr. RegE*, BT-Drucksache 14/7034, Bes. Teil zu § 30 Abs. 1 Satz 1 Nr. 1 WpÜG, S. 53; *Süßmann* in: Geibel/Süßmann, § 30, Rn. 3; *von Bülow* in: KK-WpÜG, § 30, Rn. 48; *Witt*, AG 2001, 233, 237.

325 *Begr. RegE*, BT-Drucksache 14/7034, Bes. Teil zu § 30 Abs. 1 Satz 1 Nr. 1 WpÜG, S. 53; *Geibel/Süßmann*, BKR 2002, 52, 63; *Pötzsch/Möller*, WM 2000, Sonderbeilage Nr. 2, 3, 18; *Steinmeyer/Häger*, § 30, Rn. 5.

5. Ergebnis und Bewertung

Insgesamt ist die nach § 30 Abs. 1 Satz 1 Nr. 1 WpÜG für gestufte Unternehmensverbindungen festgelegte Zurechnung von Stimmrechten sehr weit gefasst. So erfolgt eine Zurechnung nicht nur dann, wenn die in Frage stehenden Unternehmen im Sinne der aktienrechtlichen Vorschriften konzernverbunden sind. Denn durch den Verweis auf den Begriff des „Tochterunternehmens" in § 2 Abs. 6 WpÜG wird die Zurechnung auch auf Stimmrechte erstreckt, die von einem Tochterunternehmen i. S. d. § 290 Abs. 2 HGB, der an bestimmte Kontrollelemente anknüpft, ohne dass hierfür ein Konzerntatbestand erfüllt sein muss, gehalten werden. Daneben wird der Zurechnungstatbestand noch dadurch erweitert, dass § 30 Abs. 1 Satz 2 WpÜG eine Kettenzurechnung vorsieht.
Auch wenn die Zurechnungsvorschriften des § 30 WpÜG letztlich in gewissem Sinne einen materiellen Kontrollbegriff enthalten, so erscheinen diese Regelungen dennoch sachgerecht. Denn dann, wenn auf ein Tochterunternehmen und damit auch auf die Verwendung der von ihr gehaltenen Stimmrechte beherrschender Einfluss ausgeübt werden kann, ist es angezeigt, der tatsächlichen Situation Rechnung zu tragen, dass letztlich die hinter der Tochtergesellschaft stehende Obergesellschaft mit diesen Stimmrechten in einer Weise verfahren kann, als würden sie von ihr selbst gehalten. Auch die mit dem streng formell ausgestalteten Kontrollbegriff des § 29 Abs. 2 WpÜG bezweckte Rechtssicherheit wird dadurch nicht beeinträchtigt, da die Frage, ob die Obergesellschaft die Kontrolle über eine Zielgesellschaft ausübt oder nicht, nach erfolgter Zurechnung sodann wieder an der starren 30%-Grenze gemessen wird. Lediglich die Berechnung der im Rahmen des § 29 Abs. 2 WpÜG zu berücksichtigenden Stimmrechte der Obergesellschaft wird durch § 30 WpÜG anhand materieller Kriterien erweitert. Die Frage, ob eine Kontrolle i. S. d. § 29 Abs. 2 WpÜG vorliegt oder nicht, richtet sich jedoch weiterhin nach streng formalen Kriterien.

C. Mittelbare Kontrollerlangung i. S. v. § 35 Abs. 1 WpÜG

I. Einleitung und Gang der Untersuchung

Nach § 35 Abs. 1 i. V. m. Abs. 2 WpÜG ist sowohl derjenige, der unmittelbar die Kontrolle über eine Gesellschaft erlangt, als auch derjenige, der eine solche Kontrolle (nur) mittelbar erlangt, zur Abgabe eines Pflichtangebots verpflichtet. Als mittelbare Kontrolle werden Sachverhalte bezeichnet, bei denen auf die Zielgesellschaft mittelbar Einfluss genommen werden kann, also nicht durch das direkte Halten von mindestens 30% der Stimmrechte an ihr selbst, sondern durch eine weitere Gesellschaft, auf die der Bieter Einfluss hat.
Im Referentenentwurf war eine derartige Regelung noch nicht enthalten. Nachdem im Rahmen der im Anschluss an den Referentenentwurf stattgefundenen Diskussion jedoch Zweifel geäußert worden waren, ob auch eine mittelbare

Kontrollerlangung von den Regelungen zur Abgabe eines Pflichtangebots umfasst sei[326], wurde der Tatbestand der mittelbaren Kontrollerlangung ausdrücklich in den Wortlaut des § 35 Abs. 1 WpÜG aufgenommen.

Denkbar ist der mittelbare Kontrollerwerb grundsätzlich in zwei Richtungen: einerseits im Rahmen einer Zurechnung auf der Ebene des Konzerns der Zielgesellschaft und andererseits auf der Ebene des Konzerns des Erwerbers.
Im Folgenden soll daher zunächst untersucht werden, ob dann, wenn der Bieter die Kontrolle über eine Zielgesellschaft erlangt, die ihrerseits eine oder mehrere Gesellschaften kontrolliert, der Bieter auch den Aktionären dieser Gesellschaft(en) ein Pflichtangebot zu unterbreiten hat. Hierbei soll insbesondere auch der Frage nachgegangen werden, ob ein solches Pflichtangebot auch bei einem bloßen Kontrollwechsel an der Ziel- (=Mutter-)gesellschaft ausgelöst wird, und ob es für die Auslösung eines Pflichtangebots im Hinblick auf die von der Zielgesellschaft kontrollierte(n) Gesellschaft(en) auch genügt, wenn die Zielgesellschaft durch die Übernahme nicht zu einem Tochterunternehmen des Bieters im Sinne von § 2 Abs. 6 WpÜG wird.
Anschließend wird die Zurechnung auf der Ebene des Konzerns des Erwerbers untersucht, d. h. es werden diejenigen Konstellationen betrachtet, bei denen der Bieter unter Einschaltung einer Tochtergesellschaft die Kontrolle über eine Zielgesellschaft erlangt. Hierbei soll vor allem auch eine Lösung des Problems erarbeitet werden, wie in den Fällen zu verfahren ist, in denen das Gesetz mehr als ein Gesellschaft, nämlich den Bieter und dessen Tochtergesellschaft, dazu verpflichtet, ein Pflichtangebot abzugeben.

II. Zurechnung auf der Ebene der Zielgesellschaft

1. Zielgesellschaft wird zur Tochtergesellschaft des Bieters

a) Zielgesellschaft besitzt eine Tochtergesellschaft i. S. v. § 2 Abs. 6 WpÜG

Bei der Zurechnung auf der Ebene der Zielgesellschaft sind verschiedene Konstellationen denkbar. Ausgegangen wird zunächst von dem Fall, in dem der Bieter die Kontrolle über eine Zielgesellschaft, die ihrerseits eine Tochtergesellschaft hat, erlangt. Wird die Ziel-, also die ursprüngliche Muttergesellschaft durch die Übernahme ihrerseits zu einer Tochtergesellschaft des Bieters im Sinne von § 2 Abs. 6 WpÜG, beispielsweise, indem der Bieter mehr als 50% der Stimmrechte an ihr erlangt, so sind ihre Beteiligungen dem Bieter entsprechend

[326] Stellungnahme des *Handelsrechtsausschusses des DAV*, NZG 2001, 420, 427; *Riehmer/Schröder*, BB 2001, Beilage Nr. 5, 1, 10; Stellungnahme der *Börsensachverständigenkommission* zum Diskussionsentwurf des Übernahmegesetzes vom Juni 2000, S. 5 f.

den oben gemachten Ausführungen nach § 30 Abs. 1 Satz 1 Nr. 1 i. V. m. § 39 WpÜG zuzurechnen[327].

Graphisch dargestellt ergibt sich die folgende Konstellation:

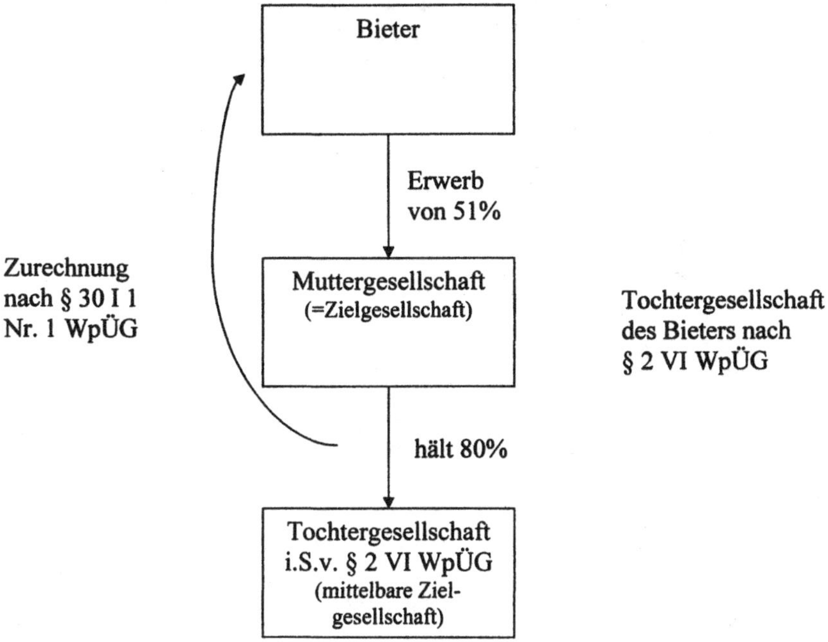

Die Tochtergesellschaft der Zielgesellschaft wird demnach mittelbar ebenfalls zur Zielgesellschaft, so dass auch ihren Minderheitsaktionären ein Pflichtangebot zu unterbreiten ist[328]. Für den graphisch dargestellten Fall bedeutet dies, dass der Bieter mithin nicht nur den Aktionären der Mutter-, also der eigentlichen Zielgesellschaft, die noch 49% der Anteile halten, ein Pflichtangebot zu unterbreiten hat, sondern dass er auch gegenüber den Minderheitsaktionären der Tochtergesellschaft, die mittelbar zur Zielgesellschaft geworden ist, ein Pflichtangebot hinsichtlich der noch verbleibenden 20% der Anteile zu unterbreiten hat.

---

327 So auch *Begr. RegE*, BT-Drucksache 14/7034, Bes. Teil zu § 35 Abs. 1 WpÜG, S. 59; *Adolff/Meister/Randall/Stephan*, Part 3, Subpart A. I. 2., S. 230; *Pötzsch*, Teil 1, Einführung, S. 45; *von Bülow* in: KK-WpÜG, § 35, Rn. 55.

328 *Ekkenga/Hofschroer*, DStR 2002, 768, 776; *Hommelhoff/Witt* in: Haarmann/Riehmer/Schüppen, § 35, Rn. 20; *Krause*, NJW 2000, 705, 713.

b) Zielgesellschaft kontrolliert eine dritte Gesellschaft i. S. v. § 29 Abs. 2 WpÜG

Entsprechendes gilt für den Fall, in dem zwar die Zielgesellschaft durch die Übernahme zur Tochtergesellschaft des Bieters im Sinne von § 2 Abs. 6 WpÜG wird, die Gesellschaft, an der die Zielgesellschaft ihrerseits beteiligt ist, jedoch keine Tochtergesellschaft im Sinne von § 2 Abs. 6 WpÜG ist, sondern die Zielgesellschaft nur 30% der Stimmrechte an dieser Gesellschaft hält.

Graphisch ergibt sich folgende Situation:

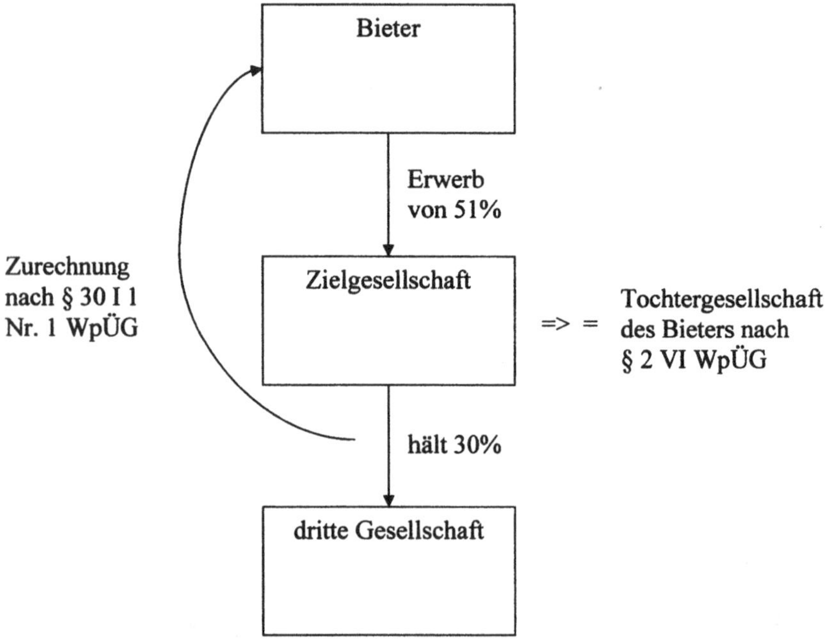

Auch in diesem Fall werden die von der Zielgesellschaft an dieser dritten Gesellschaft gehaltenen Anteile dem Bieter über § 30 Abs. 1 Satz 1 Nr. 1 WpÜG zugerechnet, mit der Folge, dass er so behandelt wird, als würden ihm die von der Zielgesellschaft gehaltenen Anteile selbst gehören. Entsprechend hat er auch die Kontrolle über die dritte Gesellschaft erlangt, so dass er - vorbehaltlich einer etwaigen Befreiung durch die BaFin nach § 37 Abs. 1 WpÜG - auch ihren Aktionären ein Pflichtangebot zu unterbreiten hat.

c) *Kontrollwechsel in Bezug auf die Zielgesellschaft*

Nichts anderes kann in dem Fall gelten, in dem zwar die Kontrolle über die Zielgesellschaft nicht erstmalig erlangt wird, sondern nur ein Kontrollwechsel stattfindet, die Ziel (=Mutter-) Gesellschaft aber auch hierbei zur Tochtergesellschaft des Bieters nach § 2 Abs. 6 WpÜG wird. Denn ein solcher Kontrollwechsel bei der Zielgesellschaft führt mittelbar auch zu einem Kontrollwechsel bei der Tochtergesellschaft bzw. der von der Zielgesellschaft kontrollierten dritten Gesellschaft. Auch hierbei gilt der bereits dargestellte Grundsatz, dass es bei der Beurteilung der Frage, ob eine Kontrollposition erlangt wurde, nicht darauf ankommt, ob die Gesellschaft vorher „kontrollfrei" war oder nicht[329]. Entscheidend ist nur, dass jemand einer Kontrollposition erlangt, die er zuvor noch nicht innehatte.

d) *Ergebnis und Auswirkungen auf Übernahmetransaktionen*

Ausschlaggebend ist in allen erörterten Fällen, dass die Kontrolle an dem Tochterunternehmen der Zielgesellschaft bzw. an der dritten Gesellschaft durch ein Tochterunternehmen des Bieters nach § 2 Abs. 6 WpÜG (also durch die ehemalige Muttergesellschaft) vermittelt wird, so dass die Voraussetzungen des § 30 Abs. 1 Satz 1 Nr. 1 WpÜG eingreifen, und eine Zurechnung auf den Bieter daher stattfindet.

aa) *Behinderung von Übernahmetransaktionen*

Der Kontrollerwerb an der Muttergesellschaft kann daher die Pflicht zur Abgabe einer Vielzahl von Pflichtangeboten nach sich ziehen[330]. Dieser Effekt wird insbesondere dadurch begünstigt, dass gerade für deutsche Unternehmensstrukturen ein weit verzweigtes Konzernnetz typisch ist, bei dem eine Zielgesellschaft unter Umständen diverse Tochtergesellschaften bzw. kontrollierende Beteiligungen an dritten Gesellschaften besitzt. Ein Bieter, der die Zielgesellschaft übernimmt, sieht sich in einem solchen Fall mit der Verpflichtung konfrontiert, eine Vielzahl von Pflichtangeboten an die jeweiligen Tochterunternehmen bzw. von der Zielgesellschaft kontrollierten Gesellschaften abzugeben, sofern die Zielgesellschaft durch die Übernahme zu seiner Tochtergesellschaft im Sinne von § 2 Abs. 6 WpÜG wird. Dies stellt eine erhebliche wirtschaftliche Belastung dar und führt dazu, dass Übernahmetransaktionen unter Umständen erheblich verteuert werden. Ein solches Ergebnis ist jedoch grundsätzlich mit der Intention des Gesetzgebers, mit Schaffung des WpÜG Unternehmensübernahmen weder

---

[329] Vgl. hierzu oben 1. Teil, Kap. 3, Abschn. D. I., S. 77 ff. sowie *Harbarth*, ZIP 2002, 321, 323; *Krause*, NZG 2000, 905, 908; *Lenz/Behnke*, BKR 2003, 43, 49.

[330] *Meyer* in: Geibel/Süßmann, § 35, Rn. 27.

zu fördern noch zu behindern, nicht vereinbar[331]. Allerdings hat der Gesetzgeber diese Problematik gesehen und versucht, für derartige Konstellationen durch die Schaffung von Befreiungstatbeständen Entlastung zu schaffen.

bb) Lösung anhand einer Befreiungsmöglichkeit nach der WpÜG-AngebVO

So kommt eine Befreiung von der Verpflichtung zur Abgabe eines Angebots auch an die Aktionäre der Tochtergesellschaft bzw. der kontrollierten Drittgesellschaft gemäß § 37 WpÜG i. V. m. § 9 Satz 2 Nr. 3 WpÜG-AngebVO in Betracht, sofern der Buchwert der Beteiligung der Zielgesellschaft an deren Tochtergesellschaft oder kontrollierten Drittgesellschaft weniger als 20 % des buchwertigen Aktivvermögens der Zielgesellschaft beträgt, so dass diese Beteiligung bei einer Gesamtbetrachtung der Übernahme von untergeordneter Bedeutung ist[332]. Hintergrund dieser Befreiungsmöglichkeit ist die Überlegung, dass es bei einer so geringen Beteiligung der Zielgesellschaft an der Tochtergesellschaft bzw. dritten Gesellschaft unwahrscheinlich ist, dass die Tochtergesellschaft bzw. die dritte Gesellschaft das eigentliche Zielobjekt war, d. h., dass die Übernahme der Zielgesellschaft nicht nur zu dem Zweck durchgeführt wurde, auch die Kontrolle über die Tochtergesellschaft bzw. die dritte Gesellschaft zu erlangen. Eine Verpflichtung zur Abgabe eines Pflichtangebots an die Aktionäre der Tochtergesellschaft bzw. der dritten Gesellschaft ist aber nur bei besonderem Gewicht dieser Gesellschaft gerechtfertigt, da sie den Bieter erheblich belastet und vor allem auch die Aktionäre des Tochterunternehmens bzw. der dritten Gesellschaft bei einem Kontrollwechsel auf Ebene der Zielgesellschaft in viel geringerem Maße betroffen sind, als die Aktionäre der Zielgesellschaft selbst, so dass in einem solchen Fall auch nicht das Schutzbedürfnis der Aktionäre der Tochter- bzw. Drittgesellschaft zwingend für die Verpflichtung zur Abgabe eines Pflichtangebots spricht[333].

Im Ergebnis stellt die Befreiungsmöglichkeit des § 37 WpÜG i. V. m. § 9 Satz 2 Nr. 3 WpÜG-AngebVO eine tragfähige Lösung dar, um den Bieter in den Fällen, in denen die Tochtergesellschaft der erworbenen Zielgesellschaft nicht das eigentliche Ziel der Unternehmensübernahme war, von den Belastungen der Pflichtangebotsregelung zu befreien. In den Fällen, in denen es dagegen gerade das Ziel des Bieters war, neben der Kontrolle über die eigentliche Zielgesellschaft auch die Kontrolle über deren Tochtergesellschaft zu erlangen, ist es ge-

---

331 *Begr. RegE*, BT-Drucksache 14/7034, Anh. zum Bes. Teil zu § 9 Satz 2 Nr. 3 WpÜG-AngebVO, S. 82; *Holzborn/Blank*, NZG 2002, 948, 952; *Möller/Pötzsch*, ZIP 2001, 1256, 1260; *Meyer* in: Geibel/Süßmann, § 37, Rn. 36. Umfassend zu der Problematik der Auswirkungen einer mittelbaren Kontrollerlangung auf den Übernahmemarkt: *Mühle*, S. 357 ff.

332 Zur Bestimmung des Buchwerts vgl. *Holzborn/Blank*, NZG 2002, 948, 952 f. sowie *Lenz/Behnke*, BKR 2003, 43, 50.

333 *Adolff/Meister/Randell/Stephan*, Part 3, Subpart. A. I. 2., S. 231; Stellungnahme des *Handelsrechtsausschusses des DAV*, NZG 2001, 1003, 1007; *Harbarth*, ZIP 2002, 321, 323; *Steinmeyer/Häger*, § 37, Rn. 34.

rechtfertigt, dem Bieter auch die Verpflichtung zur Abgabe eines Pflichtangebots an die Aktionäre der Tochtergesellschaft aufzuerlegen. Denn in einem solchen Fall hat sich der Bieter bewusst für einen Kontrollerwerb auch über die Tochtergesellschaft entschieden und verfolgt hiermit ganz bestimmte unternehmerische Ziele. Eine Befreiung des Bieters von der Pflichtangebotsregelung erscheint dabei nicht gerechtfertigt, insbesondere, da die Aktionäre der Tochtergesellschaft in einem solchen Fall vor gerade diesen unternehmerischen Interessen des neuen Kontrollinhabers durch ein Austrittsrecht geschützt werden müssen.

2. Zielgesellschaft wird nicht zur Tochtergesellschaft des Bieters

Problematisch ist allerdings, ob auch dann von einer mittelbaren Kontrollerlangung über eine Tochter bzw. eine dritte Gesellschaft, an der die Zielgesellschaft eine kontrollierende Beteiligung hält, gesprochen werden kann, wenn die Zielgesellschaft durch die Übernahme nicht zu einem Tochterunternehmen des Bieters i. S. v. § 2 Abs. 6 WpÜG wird, wie z.B. dann, wenn der Bieter durch die Übernahme einer Zielgesellschaft, die ihrerseits 30% der Stimmrechte an einer dritten Gesellschaft besitzt, zwar die Kontrolle im Sinne von § 29 Abs. 2 WpÜG über die Zielgesellschaft erlangt, diese aber gerade hierdurch nicht zu einem Tochterunternehmen des Bieters i. S. v. § 2 Abs. 6 WpÜG wird:

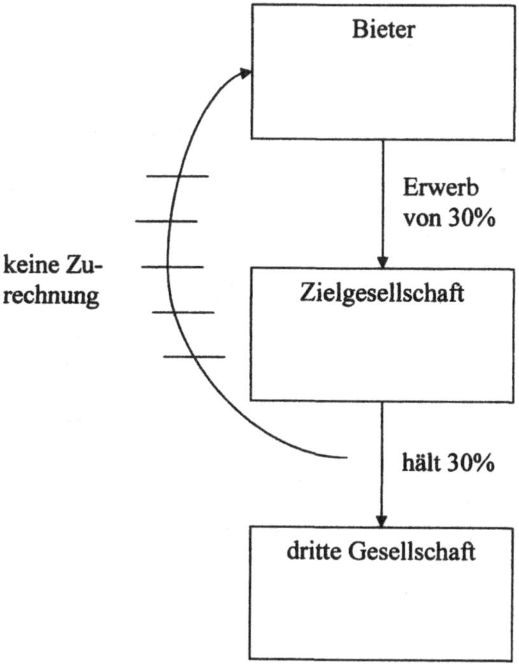

Zum anderen wird diese Frage auch dann aufgeworfen, wenn in gleicher Konstellation die Zielgesellschaft nicht nur einer 30%ige Beteiligung an einer dritten Gesellschaft, sondern ein Tochterunternehmen i. S. v. § 2 Abs. 6 WpÜG besitzt:

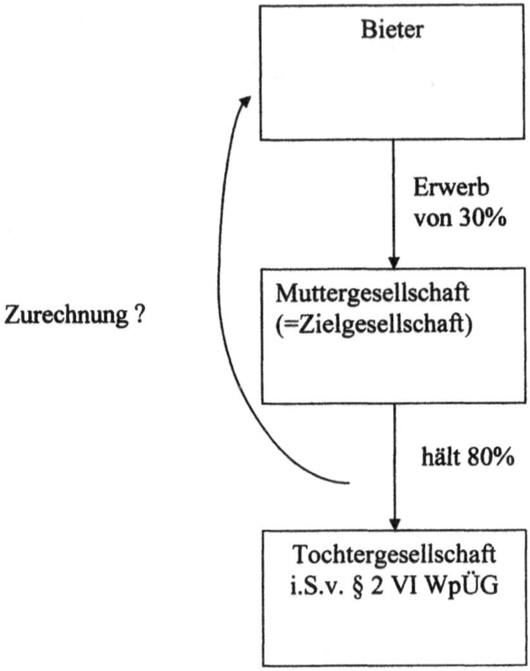

In beiden Konstellationen stellt sich die Frage, ob der Bieter hierbei ebenfalls den außenstehenden Aktionären der dritten Gesellschaft der Zielgesellschaft, an der die Zielgesellschaft 30% der Stimmen besitzt, bzw. in der zweiten Fallkonstellation den Aktionären der Tochtergesellschaft ein Pflichtangebot zu unterbreiten hat.

Dem Bieter werden in beiden Fällen die an der dritten Gesellschaft bzw. an der Tochtergesellschaft von der Zielgesellschaft gehaltenen Stimmrechte gerade nicht nach § 30 Abs. 1 Satz 1 Nr. 1 WpÜG zugerechnet, und zwar allein aufgrund der Tatsache, dass die Zielgesellschaft nicht zur Tochtergesellschaft des Bieters im Sinne von § 2 Abs. 6 WpÜG wird, und daher keine Zurechnung der von ihr gehaltenen Stimmrechte auf den Bieter nach § 30 Abs. 1 Satz 1 Nr. 1 WpÜG erfolgen kann, da es schon an der tatbestandlichen Voraussetzung des „Tochterunternehmens" für eine derartige Zurechnung fehlt.

Fraglich ist mithin, ob trotzdem ein Pflichtangebot ausgelöst wird. Da § 30 Abs. 1 Satz 1 Nr. 1 WpÜG nicht als Zurechnungsnorm zur Verfügung steht, könnte eine solche Verpflichtung nur durch eine anderweitige „mittelbare" Kontrollerlangung ausgelöst werden.

a) *Zielgesellschaft kontrolliert eine dritte Gesellschaft i. S. v. § 29 Abs. 2 WpÜG*

Relative Einigkeit besteht darin, dass der Bieter im erstgenannten Fall, bei dem er nur 30% der Stimmrechte an der Zielgesellschaft erwirbt, die ihrerseits nur 30% der Stimmrechte an einer dritten Gesellschaft hält, kein Pflichtangebot abzugeben hat, da in einem solchen Fall keine mittelbare Kontrollerlangung vorliege[334]. Begründet wird dies teilweise damit, dass sich aus der Zurechnungsregel des § 30 Abs. 1 Satz 1 Nr. 1 WpÜG ergebe, dass die Kontrolle nur durch ein Tochterunternehmen des Bieters i. S. v. § 2 Abs. 6 WpÜG vermittelt werden könne[335]. Nach anderer Ansicht soll es hierauf gerade nicht ankommen; vielmehr scheitere eine mittelbare Kontrollerlangung daran, dass es sich bei der dritten Gesellschaft, an der die Zielgesellschaft 30% der Stimmrechte hält, nicht um ein Tochterunternehmen der Zielgesellschaft i. S. v. § 2 Abs. 6 WpÜG handelt[336].

Hiervon abweichend wird vertreten, dass es zwar sehr wohl darauf ankomme, dass die Kontrolle durch eine Tochtergesellschaft des Bieters i. S. v. § 2 Abs. 6 WpÜG vermittelt werde, dennoch jedoch eine mittelbare Kontrollerlangung zu bejahen sei[337]. Begründet wird dies damit, dass auch in der hier behandelten Fallkonstellation die Voraussetzungen dafür gegeben seien, dass die Zielgesellschaft zum Tochterunternehmen des Bieters würde, da insbesondere aufgrund der niedrigen Hauptversammlungspräsenzen schon bei Erreichen des Schwellenwertes des § 29 Abs. 2 WpÜG typischerweise eine Kontrollposition erlangt würde, und der Bieter damit die Möglichkeit eines beherrschenden Einflusses aus sonstigen Gründen i. S. v. § 2 Abs. 6 WpÜG über die Zielgesellschaft habe.

In dieser Pauschalität ist diese Ansicht abzulehnen. Denn wie schon aufgezeigt ist der Begriff des beherrschenden Einflusses anhand der zu § 17 AktG entwi-

---

[334] *Harbarth*, ZIP 2002, 321, 323; *Hommelhoff/Witt* in: Haarmann/Riehmer/Schüppen, § 35, Rn. 20, Fn. 5; *von Bülow* in: KK-WpÜG, § 35, Rn. 53; Stellungnahme des *Handelsrechtsausschusses des DAV*, NZG 2001, 1003, 1007; a. A. *Meyer* in: Geibel/Süßmann, § 35, Rn. 29 f.

[335] Stellungnahme des *Handelsrechtsausschusses des DAV*, NZG 2001, 1003, 1007; *Harbarth*, ZIP 2002, 321, 323, Fn. 20; *Schlitt* in: KK-AktG, § 35 WpÜG, Rn. 114. Vgl. ebenso *Geibel/Süßmann*, BKR 2002, 52, 63 für den Fall, dass es sich bei dem die Kontrolle vermittelnden Zielunternehmen um eine nicht börsennotierte Gesellschaft handelt.

[336] *Hommelhoff/Witt* in: Haarmann/Riehmer/Schüppen, § 35, Rn. 20.

[337] *Ekkenga/Hofschroer*, DStR 2002, 768, 775.

ckelten Grundsätze zu bestimmen, so dass für eine Anlehnung an § 29 Abs. 2 WpÜG bei der Bestimmung des beherrschenden Einflusses kein Raum ist[338].
Es ist also je nach Einzelfall zu unterscheiden: Ist der Bieter beispielsweise aufgrund einer niedrigen Hauptversammlungspräsenz schon mit einem Stimmrechtsanteil von 30% in der Lage, seinen Willen in der Geschäftsführung des abhängigen Unternehmens bezüglich der wesentlichen Unternehmensbereiche durchzusetzen und kann er somit beherrschenden Einfluss auf die Zielgesellschaft erlangen, so wird die Zielgesellschaft aufgrund des sehr weit gefassten Begriffs des Tochterunternehmens zur Tochtergesellschaft i. S. v. § 2 Abs. 6 WpÜG[339]. In einem solchen Fall sind die Voraussetzungen des § 30 Abs. 1 Satz 1 Nr. 1 WpÜG erfüllt, so dass eine mittelbare Kontrollerlangung über die von der Zielgesellschaft kontrollierte dritte Gesellschaft stattfinden kann. Im Unterschied zu der oben geschilderten Ansicht ist jedoch zu betonen, dass in einem solchen Fall eine mittelbare Kontrollerlangung nicht damit zu begründen ist, dass der Schwellenwert des § 29 Abs. 2 WpÜG überschritten ist, sondern weil die Voraussetzungen für ein Tochterunternehmen i. S. v. § 2 Abs. 6 WpÜG, sei es weil der Tatbestand des § 290 HGB erfüllt oder sonst ein beherrschender Einfluss gegeben ist, vorliegen.
Genügen 30% der Stimmrechte bei der Zielgesellschaft dagegen nicht, um die Voraussetzungen für die Entstehung eines Tochterunternehmens gemäß § 2 Abs. 6 WpÜG zu bejahen, so ist in dem geschilderten Fall nicht von einer mittelbaren Kontrollerlangung auszugehen, sei es mit der Begründung, dass eine solche mittelbare Kontrolle nur durch ein Tochterunternehmen des Bieters i. S. v. § 2 Abs. 6 WpÜG vermittelt werden kann, sei es, weil es sich bei der dritten Gesellschaft, an der die Zielgesellschaft 30% der Stimmrechte hält, nicht um ein Tochterunternehmen i. S. v. § 2 Abs. 6 WpÜG handelt.

b) Zielgesellschaft besitzt eine Tochtergesellschaft i. S. v. § 2 Abs. 6 WpÜG

Entscheidungserheblich wird dieser unterschiedliche Ansatz der beiden gerade dargestellten Ansichten, dass eine mittelbare Kontrollerlangung entweder nur durch ein Tochterunternehmen des Bieters i. S. v. § 2 Abs. 6 WpÜG vermittelt werden könne oder eine solche nur an einem Tochterunternehmen der Zielgesellschaft i. S. v. § 2 Abs. 6 WpÜG erlangt werden könne, jedoch in der zweiten Konstellation, wo der Bieter zwar an der Ziel-(=Mutter-)Gesellschaft ebenfalls nur 30% der Stimmrechte erlangt, so dass diese nicht zum Tochterunternehmen i. S. v. § 2 Abs. 6 WpÜG wird, die Muttergesellschaft jedoch selbst eine Tochtergesellschaft i. S. v. § 2 Abs. 6 WpÜG besitzt.

---

[338] Vgl. hierzu oben 1. Teil, Kap. 4, Abschn. B. II. 1. b), S. 86 f. So auch *Liebscher*, ZIP 2002, 1005, 1011.
[339] Vgl. hierzu oben 1. Teil, Kap. 4, Abschn. B. II. 1. b), S. 86 f.

Ob in diesem Fall von einer mittelbaren Kontrollerlangung auszugehen ist, hängt entscheidend davon ab, welche Bedeutung man dem Tatbestandsmerkmal „mittelbar" in § 35 Abs. 1 WpÜG zumisst.

aa) Kein mittelbarer Kontrollerwerb an der Tochtergesellschaft durch den Bieter

Hierzu wird vertreten, dass ein mittelbarer Kontrollerwerb nicht gegeben sei, so dass der Bieter den Aktionären der Tochtergesellschaft der Zielgesellschaft auch kein Pflichtangebot zu unterbreiten habe. Begründet wird dies damit, dass die Bezugnahme auf den mittelbaren Kontrollerwerb in § 35 Abs. 1 WpÜG rein klarstellenden Charakter dahingehend habe, dass von der Pflichtangebotsregelung nicht nur der unmittelbare, sondern auch der mittelbare Kontrollerwerb erfasst sein sollte, so dass ein Pflichtangebot außerhalb eines Kontrollerwerbs nach § 29 Abs. 2 WpÜG i. V. m. §§ 30, 39 WpÜG nicht ausgelöst werden solle[340]. Gestützt wird diese Auffassung zudem auch durch die Gesetzesbegründung, die besagt, dass der Gesetzgeber nach der im Gesetzgebungsverfahren aufgekommenen Frage, ob auch ein mittelbarer Kontrollerwerb von § 35 WpÜG erfasst sei, mit der Aufnahme dieses Terminus in den Gesetzestext nur solche Vorgänge umfassen wollte, bei denen die Kontrolle i. S. d. § 29 Abs. 2 WpÜG nicht aufgrund des Erwerbs von Aktien an der Zielgesellschaft, sondern aufgrund einer erstmaligen Zurechnung von Stimmrechten aus Aktien der Zielgesellschaft nach § 30 WpÜG erlangt wird[341]. Aus dieser Gesetzesbegründung wird geschlossen, dass die Zurechnungsvorschrift des § 30 WpÜG abschließenden Charakter habe[342].

Dies bedeutet für den geschilderten Fall, dass der Bieter kein Pflichtangebot abzugeben hätte, da die Zurechnungsnorm des § 30 Abs. 1 Satz 1 Nr. 1 WpÜG nicht erfüllt ist, und der Bieter daher keine Kontrolle (auch nicht mittelbar) über die Tochtergesellschaft der übernommenen Muttergesellschaft erlangt hätte.

bb) Bejahung des mittelbaren Kontrollerwerbs an der Tochtergesellschaft durch den Bieter

Nach anderer Ansicht soll dem Begriff „mittelbare" Kontrollerlangung eine über eine bloße Klarstellung der Zurechnung nach §§ 29, 30 Abs. 1 Satz 1 Nr. 1 WpÜG hinausgehende Bedeutung zukommen. So sei unabhängig davon, ob die Voraussetzungen für eine Zurechnung nach § 30 Abs. 1 Satz 1 Nr. 1 i. V. m. § 39 WpÜG vorlägen, immer dann eine mittelbare Kontrollerlangung gegeben, wenn die Kontrolle über eine Zielgesellschaft erlangt würde, die ihrerseits Toch-

---

340 *Steinmeyer/Häger*, § 35, Rn. 7; *Möller/Pötzsch*, ZIP 2001, 1256, 1260; *von Bülow* in: KK-WpÜG, § 35, Rn. 53; *Harbarth*, ZIP 2002, 321, 323, Fn. 20; *Schlitt* in: MüKo-AktG, § 35 WpÜG, Rn. 114.

341 *Begr. RegE*, BT-Drucksache 14/7034, Bes. Teil zu § 35 Abs. 1 WpÜG, S. 59.

342 *Steinmeyer/Häger*, § 35, Rn. 7; *von Bülow* in: KK-WpÜG, § 35, Rn. 53; vgl. auch *Harbarth*, ZIP 2002, 321, 323, Fn. 20.

terunternehmen i. S. d. § 2 Abs. 6 WpÜG besitze[343]. Es sei gerade nicht erforderlich, dass die Zielgesellschaft ihrerseits zum Tochterunternehmen des Bieters würde, denn mit der Erlangung der Kontrolle über eine Zielgesellschaft gehe immer die Erlangung der Kontrolle über deren Tochtergesellschaften einher, so dass diese selbst zu Zielgesellschaften würden und ihren Minderheitsaktionären ein Pflichtangebot zu unterbreiten sei[344].

cc) Eigene Stellungnahme

Der Schluss, dass dann, wenn die Kontrolle über eine Zielgesellschaft erlangt wird, damit auch gleichzeitig die Kontrolle über deren Tochtergesellschaft erlangt wird, erscheint auf den ersten Blick sehr einleuchtend. Denn vor dem Hintergrund, dass der Bieter die Zielgesellschaft zu kontrollieren vermag, kann er gleichzeitig auch Einfluss auf die Tochtergesellschaft nehmen. Diese Betrachtungsweise verkürzt jedoch die tatsächlichen Gegebenheiten. Denn die Tatsache, dass der Bieter die Kontrolle über die Zielgesellschaft im Sinne von § 29 Abs. 2 WpÜG erlangt hat, bedeutet noch nicht zwangsläufig, dass er auch deren Geschicke zu bestimmen vermag.

α) Gesetzgeberische Intention

Auch ist zu bedenken, dass der Gesetzgeber es in § 30 Abs. 1 Satz 1 Nr. 1 WpÜG für eine Zurechnung gerade nicht ausreichen lassen wollte, dass ein Bieter die Kontrolle über eine Gesellschaft besitzt, um ihm deren Stimmrechte zuzurechnen, sondern sich dafür entschieden hat zu verlangen, dass es sich um ein Tochterunternehmen des Bieters i. S. v. § 2 Abs. 6 WpÜG handelt. Entscheidende Bedeutung kommt mithin der Unterscheidung zwischen Kontrolle i. S. v. § 29 Abs. 2 WpÜG, für die das Halten von mindestens 30% der Stimmrechte genügt, und dem Begriff des Tochterunternehmens i. S. v. § 2 Abs. 6 WpÜG zu, für dessen Bejahung regelmäßig ein Stimmrechtsanteil von 50% oder mehr erforderlich ist. Der Hintergrund hierfür kann nur darin gesehen werden, dass - wie bei der Betrachtung des Kontrollbegriffs bereits gezeigt[345] - der Bieter zwar die Kontrolle über ein Unternehmen i. S. v. § 29 Abs. 2 WpÜG ausüben mag, dies jedoch beispielsweise aufgrund einer außergewöhnlich hohen Hauptversammlungspräsenz noch nicht ohne weiteres bedeuten muss, dass er die Gesellschaft auch tatsächlich nach seinen Wünschen beeinflussen kann. Im Gegensatz dazu steht bei der in § 2 Abs. 6 WpÜG vorgesehenen Definition des Tochterunternehmens fest, dass der Bieter auch tatsächlich beherrschenden Einfluss ausüben kann, da es sich hierbei - verkürzt gesagt - entweder um einen Fall der An-

---

[343] *Hommelhoff/Witt* in: Haarmann/Riehmer/Schüppen, § 35, Rn. 20.

[344] *Hommelhoff/Witt* in: Haarmann/Riehmer/Schüppen, § 35, Rn. 20, mit der Begründung, dass gerade für diese Konstellation die Befreiungsmöglichkeit nach § 9 Satz 2 Nr. 3 WpÜG-AngebVO geschaffen worden sei.

[345] Vgl. hierzu oben 1. Teil, Kap. 3, Abschn. B. II., S. 64 ff.

hängigkeit nach § 17 AktG oder einen Fall der Kontrolle nach § 290 HGB handelt, wofür im Regelfall mehr als 50% der Stimmrechte erforderlich sind[346].
Die Aufnahme des Begriffs Tochterunternehmen in § 30 Abs. 1 Satz 1 Nr. 1 WpÜG kann also nur so verstanden werden, dass es dem Gesetzgeber für eine Zurechnung von Stimmrechten gerade darauf ankam sicherzustellen, dass derjenige, dem die Stimmrechte zugerechnet werden, auch tatsächlich beherrschenden Einfluss auszuüben vermag, um die weitreichenden Konsequenzen einer solchen Zurechnung und damit der mittelbaren Kontrollerlangung zu rechtfertigen. Würde man den Begriff „mittelbare Kontrollerlangung" nun darüber hinaus auch auf diejenigen Fälle ausdehnen, in denen der Bieter nur die Kontrolle über eine Zielgesellschaft erlangt, ohne dass diese zu seiner Tochtergesellschaft wird, und dann gleichzeitig auch eine Kontrollerlangung über die Tochtergesellschaft dieser Zielgesellschaft annehmen, so würde die gerade dargestellte gesetzgeberische Intention und Wertung konterkariert. Entsprechend hat der Gesetzgeber in seiner Begründung zu § 35 Abs. 1 WpÜG denn auch nur solche Fälle des mittelbaren Kontrollerwerbs angeführt, bei denen die Pflicht zur Abgabe einer Angebots aus dem Umstand folgt, dass mit Übernahme der Zielgesellschaft diese zur Tochtergesellschaft des Bieters wird, und ihre Beteiligungen daher dem Bieter nach § 30 Abs. 1 Satz 1 Nr. 1 WpÜG zugerechnet werden[347]. Darüber hinausgehende Zurechnungstatbestände oder Tatbestände der mittelbaren Kontrollerlangung sollten erkennbar nicht geschaffen werden.
Dies gilt umso mehr, als auch immer die gesetzgeberische Intention zu berücksichtigen ist, mit der Schaffung des starren Kontrollbegriffs des § 29 Abs. 2 WpÜG ein klares, kapitalmarktfreundliches Kriterium für den Kontrollerwerb zu schaffen. Würde die Zurechnungsvorschrift des § 30 Abs. 1 Satz 1 Nr. 1 WpÜG, die ohnehin über den Verweis auf § 2 Abs. 6 WpÜG schon materielle Kriterien aufweist, noch weiter dahingehend ausgedehnt, dass ein wie auch immer gearteter Einfluss auf die Zielgesellschaft genügt, um eine Zurechnung auszulösen, so würde das Ziel, durch Aufstellung einer starren Kontrollgrenze Rechtssicherheit zu schaffen, in Frage gestellt.

β) Weitere Argumente gegen eine Ausdehnung der Zurechnungsvorschriften

Die Ansicht, die in dem geschilderten Fall einen mittelbaren Kontrollerwerb an der Tochtergesellschaft durch den Bieter bejaht, vermag zudem nicht zu erklären, warum dann nicht auch eine mittelbare Kontrollerlangung anzunehmen ist, wenn es sich nicht um eine Tochtergesellschaft, sondern nur um eine dritte Gesellschaft handelt, bei der die Zielgesellschaft 30% der Stimmrechte hält. Denn auch in diesem Fall kontrolliert der Bieter eine Zielgesellschaft, die ihrerseits

346 Vgl. hierzu ausführlich die Darstellung des Tochterunternehmens i. S. v. § 2 Abs. 6 WpÜG in diesem Kapitel, Abschn. B. II. 1., S. 85 ff.
347 *Begr. RegE*, BT-Drucksache 14/7034, Bes. Teil zu § 35 Abs. 1 WpÜG, S. 59.

eine dritte Gesellschaft kontrolliert, so dass dann auch in diesem Fall die Kontrollerlangung weitervermittelt werden müsste.

Darüber hinaus ist in der Existenz von § 9 Satz 2 Nr. 3 WpÜG-AngebVO keine Begründung dafür zu sehen, dass in der geschilderten Konstellation ein mittelbarer Kontrollerwerb gegeben ist, und damit eine Verpflichtung des Bieters zur Abgabe eines Pflichtangebots auch an die Aktionäre der Tochtergesellschaft der Zielgesellschaft ausgelöst wird. Denn in § 9 Satz 2 Nr. 3 WpÜG-AngebVO ist lediglich davon die Rede, dass dann, wenn aufgrund der Erlangung der Kontrolle über eine Gesellschaft mittelbar die Kontrolle an einer Zielgesellschaft erlangt wird, und der Buchwert der Beteiligung an der Zielgesellschaft weniger als 20% des buchmäßigen Aktivvermögens der Gesellschaft beträgt, dem Bieter eine Befreiung von der Verpflichtung zur Abgabe eines Angebots an die Aktionäre der Zielgesellschaft erteilt werden kann. Zwar legt der Wortlaut der Vorschrift nahe, dass schon allein die Kontrollerlangung über eine Gesellschaft genügt, um eine mittelbare Kontrollerlangung über eine andere (Ziel-)Gesellschaft zu bejahen. Allerdings handelt es sich bei dem Begriff „Kontrollerlangung" nicht um einen Terminus, der einen Zurechnungstatbestand im Sinne des WpÜG bezeichnet, da in § 30 WpÜG ausdrücklich von einer „Tochtergesellschaft" die Rede ist. Insoweit kann es sich bei dem Begriff der „Kontrollerlangung" über eine Gesellschaft als Anknüpfungspunkt für eine mittelbare Kontrollerlangung über eine Zielgesellschaft nur um eine gesetzgeberische Ungenauigkeit handeln, zumal der Gesetzgeber auch in seiner Begründung zu § 9 Satz 2 Nr. 3 WpÜG-AngebVO wiederum deutlich auf § 30 Abs. 1 WpÜG abgestellt hat[348]. Allein aus dem Wortlaut der Vorschrift kann daher kein Argument für das Vorhandensein einer mittelbaren Kontrolle in dem hier behandelten Fall gesehen werden. Die Befreiungsmöglichkeit des § 9 Satz 2 Nr. 3 WpÜG-AngebVO findet zudem ohne weiteres auf die bereits oben näher behandelten Konstellationen Anwendung, bei denen die Gesellschaft zu einer Tochtergesellschaft des Bieters wird, und aus diesem Grund ihre Anteile an der Zielgesellschaft dem Bieter nach § 30 Abs. 1 Satz 1 Nr. 1 WpÜG zugerechnet werden. Die Vorschrift verliert mithin nicht ihren Anwendungsbereich, wenn man in dem gerade behandelten Fall, in der die Muttergesellschaft nicht zur Tochtergesellschaft des Bieters wird, einen mittelbaren Kontrollerwerb verneint. Auch aus der Existenz dieser Befreiungsmöglichkeit lassen sich daher keine Rückschlüsse darauf ziehen, dass in einem solchen Fall ein mittelbarer Kontrollerwerb zu bejahen ist oder nicht.

Die Frage, warum der Gesetzgeber den Begriff der mittelbaren Kontrollerlangung noch zusätzlich in § 35 Abs. 1 WpÜG aufgenommen hat, obwohl die Fälle des mittelbaren Haltens von Stimmrechten in §§ 29, 30 i. V. m. § 39 WpÜG

[348] *Begr. RegE*, BT-Drucksache 14/7034, Anh. Bes. Teil zu § 9 Satz 2 Nr. 3 WpÜG-AngebVO, S. 82.

schon abschließend erfasst sind, lässt sich zudem damit erklären, dass der Gesetzgeber klarstellen wollte, dass der Bieter im Falle einer erfolgreichen Übernahme einer Muttergesellschaft nachträglich die Veröffentlichung der Kontrollerlangung über deren börsennotierter Tochter vornehmen und ein Pflichtangebot an deren Minderheitsaktionäre abgeben muss[349]. Eine solche Klarstellung erscheint sinnvoll, um zu verdeutlichen, dass ausschlaggebend für eine Kontrollerlangung und die daran anknüpfende Pflicht zur Abgabe eines Pflichtangebots nicht nur Beteiligungen sind, die einem Bieter vor einer Transaktion zuzurechnen sind, sondern auch solche Beteiligungen, die er erst im Rahmen der Erlangung der Kontrolle über eine Zielgesellschaft erwirbt bzw. ihm zugerechnet werden.

dd) Ergebnis

Es kann also für eine mittelbare Kontrollerlangung nur darauf ankommen, ob die Voraussetzungen der §§ 30, 39 WpÜG, in den diskutierten Fällen insbesondere des § 30 Abs. 1 Satz 1 Nr. 1 WpÜG, erfüllt sind, oder nicht, also dass das die Kontrolle vermittelnde Unternehmen eine Tochtergesellschaft im Sinne von § 2 Abs. 6 WpÜG ist. Für die in Graphik Nr. 4 dargestellte Konstellation bedeutet dies, dass der Bieter kein Pflichtangebot an die Tochtergesellschaft der Zielgesellschaft abzugeben hat, da die Ziel- (=Mutter-)Gesellschaft keine Tochtergesellschaft des Bieters geworden ist, und daher eine Zurechnung nach § 30 Abs. 1 Satz 1 Nr. 1 WpÜG und damit eine mittelbare Kontrollerlangung nicht stattfindet.

III. Zurechnung auf der Ebene des Konzerns des Erwerbers

Wie in der Einleitung zu diesem Kapitel schon angedeutet wurde, stellt sich das Problem des mittelbaren Kontrollerwerbs auch bei einer Zurechnung auf Ebene des Konzerns des Bieters, nämlich dann, wenn ein Bieter durch eine eigene Tochtergesellschaft i. S. v. § 2 Abs. 6 WpÜG mittelbar die Kontrolle über ein Unternehmen erlangt.

---

[349] *Steinmeyer/Häger*, § 35, Rn. 7.

Graphisch stellt sich diese Konstellation wie folgt dar:

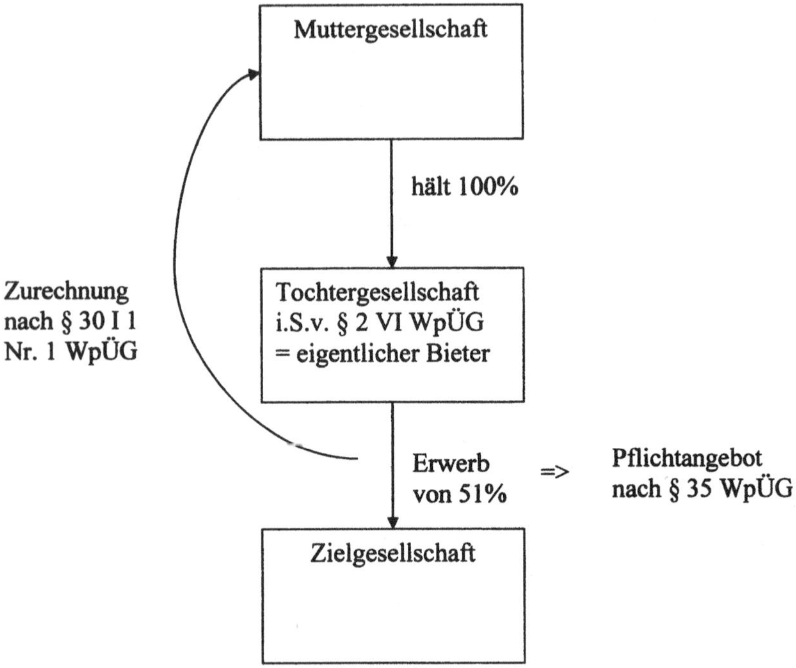

In einer solchen Konstellation übernimmt die Tochtergesellschaft die eigentliche Funktion des Bieters. Durch den Erwerb von 51% der Stimmrechtsanteile an der Zielgesellschaft wird für sie die Verpflichtung zur Abgabe eines Angebots nach § 35 WpÜG ausgelöst. Darüber hinaus sind aber die von der Tochtergesellschaft an der Zielgesellschaft erworbenen 51% der Stimmrechtsanteile über §§ 30 Abs. 1 Satz 1 Nr. 1, 39 WpÜG auch der Muttergesellschaft zuzurechnen, mit der Folge, dass diese so behandelt wird, als würde sie selbst diese Anteile halten. Auch die Muttergesellschaft hat demnach kraft Zurechnung mehr als 30% der Anteile an der Zielgesellschaft erworben, so dass auch sie im Sinne von § 29 Abs. 2 WpÜG die Kontrolle über die Zielgesellschaft erlangt und damit ebenfalls nach § 35 WpÜG aufgrund der mittelbaren Kontrollerlangung ein Pflichtangebot an die Minderheitsaktionäre der Zielgesellschaft abzugeben hat.

1. Die Problematik

In derartigen Fällen, in denen ein Bieter unter Einschaltung einer Tochtergesellschaft die Kontrolle über eine Zielgesellschaft erlangt, bestimmt das Gesetz mithin augenscheinlich, dass zwei Gesellschaften jeweils ihre Kontrollerlangung über dieselbe Gesellschaft nach § 35 Abs. 1 WpÜG zu veröffentlichen und denselben Aktionären der Zielgesellschaft nach § 35 Abs. 2 WpÜG ein Pflichtangebot zu unterbreiten haben[350]. Obwohl im Rahmen des Gesetzgebungsverfahrens auf diese Problematik aufmerksam gemacht wurde[351], verzichtete der Gesetzgeber auf eine entsprechende klarstellende Regelung. Insbesondere übernahm er auch nicht die noch in § 33 Abs. 3 des Diskussionsentwurfs eines Gesetzes zur Regelung von Unternehmensübernahmen enthaltene Regelung, dass in den Fällen, in denen mehrere Personen, die ihr Verhalten im Hinblick auf die Zielgesellschaft abgestimmt haben, die Kontrolle über die Zielgesellschaft erlangen, die Verpflichtungen nach diesem Gesetz (insbesondere die Verpflichtungen im Zusammenhang mit der Kontrollerlangung und dem Pflichtangebot) von einer dieser Personen erfüllt werden können.

Eine derartige Kumulation von Verpflichteten, die ein Angebot an dieselben Aktionäre abzugeben haben, ist jedoch nicht unproblematisch. Denn es kann dem Zweck des Pflichtangebots, die Minderheitsaktionäre zu schützen, nicht dienlich sein, wenn die Aktionäre der Zielgesellschaft plötzlich mit mehreren Pflichtangeboten konfrontiert werden, da dies eher zu Verwirrungen und letztlich auch zu Intransparenzen und sogar zu einer Art Desinformation führen kann[352].

2. Meinungsspektrum

a) *Die Befürworter einer doppelten Veröffentlichungs- und Angebotspflicht nach § 35 Abs. 1 und 2 WpÜG*

Ungeachtet dieser Bedenken will es jedoch eine Ansicht vor dem Hintergrund der bewussten Entscheidung des Gesetzgebers, keine besondere Regelung für einen solchen Fall in den Gesetzestext aufzunehmen, bei der unabhängig voneinander bestehenden Veröffentlichungs- und Angebotspflicht beider kontrollierenden Gesellschaften belassen[353]. Ein Korrektur im Einzelfall solle ausschließ-

---

350 *Adolff/Meister/Randell/Stephan*, Part 3, Subpart 3. a., S. 232 f.; *Hommelhoff/Witt* in: Haarmann/Riehmer/Schüppen, § 35, Rn. 33; *Steinmeyer/Häger*, § 35, Rn. 37; *Süßmann* in: Geibel/Süßmann, § 29, Rn. 31; *von Bülow* in: KK-WpÜG, § 35, Rn. 132.

351 Stellungnahme des *Handelsrechtsausschuss des DAV*, NZG 2001, 1003, 1007.

352 *Apfelbacher/Barthelmess/Buhl/von Dryander*, Part Two, Subpart 5, III., Rn. 11; *von Bülow* in: KK-WpÜG, § 35, Rn. 133. Ähnlich auch *Riehmer/Schröder*, BB 2001, Beilage Nr. 5, 1, 11, die mehrere Übernahmeangebote hintereinander als wenig zweckmäßig ansehen. Vgl. zur gleichen Problematik bei Veröffentlichungen nach § 21 WpHG die ausdrückliche Regelung für Konzernunternehmen in § 24 WpHG sowie zum Zweck der Regelung, Mehrfachmeldungen und Intransparenzen zu vermeiden: *Opitz* in: Schäfer, § 24 WpHG, Rn. 1 f.; *Schneider* in: Assmann/Schneider, § 24 WpHG, Rn. 1 f.

353 *Hommelhoff/Witt* in: Haarmann/Riehmer/Schüppen, § 35, Rn. 33 f.; *Steinmeyer/Häger*, § 35, Rn. 37.

lich der BaFin überlassen werden, die gegebenenfalls eine Befreiung nach § 37 WpÜG i. V. m. §§ 8 ff. WpÜG-AngebVO erteilen könne[354].

b) Lösungsvorschläge zur Vermeidung einer doppelten Veröffentlichungs- und Angebotspflicht nach § 35 Abs. 1 und 2 WpÜG

Nach anderer Ansicht soll dagegen eine kumulierte Veröffentlichungs- und Angebotspflicht beider Gesellschaften wenig sinnvoll sein. Insbesondere auch das Ziel des Anlegerschutzes verlange die Abgabe nur eines Pflichtangebots, nicht jedoch eine Vielzahl derselben, zumal auch kein Grund bestehe, die Aktionären in einem solchen Fall in den Genuss zweier konkurrierender Austrittsmöglichkeiten kommen zu lassen.[355] Die Diskussion, wie eine derartige sinnlose Verdoppelung von Zeit und Kosten zu lösen ist, ist noch voll im Fluss. Während in einigen Auseinandersetzungen mit dieser Problematik die Veröffentlichungspflicht nach § 35 Abs. 1 WpÜG und die Pflicht zur Abgabe eines Angebots nach § 35 Abs. 2 WpÜG getrennt voneinander untersucht werden, unterscheiden andere Ansichten nicht genauer zwischen diesen beiden Pflichten.

aa) Getrennte Betrachtung von Veröffentlichungs- und Angebotspflicht nach § 35 Abs. 1 und 2 WpÜG

Eine Ansicht möchte auf die Veröffentlichungspflicht des § 35 Abs. 1 WpÜG, die den Mitteilungspflichten des § 21 WpHG nachgebildet sei, § 24 WpHG entsprechend anwenden, mit der Folge, dass zwar grundsätzlich beide Gesellschaften verpflichtet seien, der Mitteilungspflicht nachzukommen, jedoch das Mutterunternehmen eine eigene Mitteilung mit einer für die Tochter befreienden Wirkung abgeben könne[356]. Dies entspreche auch dem Ziel des Gesetzgebers, die Zurechnungsvorschriften des WpHG und WpÜG aneinander so weit wie möglich anzugleichen[357].
Die Auswirkungen einer solchen Auslegung der Veröffentlichungspflicht nach § 35 Abs. 1 WpÜG auf die Angebotspflicht werden wiederum auch innerhalb

---

354 *Hommelhoff/Witt* in: Haarmann/Riehmer/Schüppen, § 35, Rn. 34 sowie § 37, Rn. 18. Ähnlich *Kleindiek*, ZGR 2002, 546, 576, der ebenfalls von einer kumulierten Angebotspflicht beider Gesellschaften ausgeht, und sodann eine Befreiung nach § 37 WpÜG unter Berücksichtung der jeweiligen Abhängigkeitsbeziehung zwischen den einzelnen Kontrollerwerbern im Einzelfall favorisiert.

355 *Meyer* in: Geibel/Süßmann, § 35, Rn. 27; *Ekkenga/Hofschroer*, DStR 2002, 768, 775; *von Bülow* in: KK-WpÜG, § 35, Rn. 171: Ähnlich auch *Steinmeyer/Häger*, § 35, Rn. 37, die jedoch die Veröffentlichungspflicht nach § 35 Abs. 1 WpÜG aus Transparenzgründen in jedem Fall beiden Gesellschaften gleichzeitig auferlegen wollen.

356 *Ekkenga/Hofschroer*, DStR 2002, 768, 775 f. Ähnlich *von Bülow* in: KK-WpÜG, § 35, Rn. 133, allerdings mit der Einschränkung, dies nur bei Konzernen unter einheitlicher Leitung gem. § 290 HGB gelten zu lassen. A. A. *Hommelhoff/Witt* in Haarmann/Riehmer/Schüppen, § 35, Rn. 33 f., mit dem Argument, dass eine dem § 24 WpHG vergleichbare Regelung im WpÜG gerade fehle.

357 *von Bülow* in: KK-WpÜG, § 35, Rn. 133 unter Berufung auf *Begr. RegE*, BT-Drucksache 14/7034, Bes. Teil zu Art. 2 (Änderung des WpHG), S. 70.

dieser Ansicht unterschiedlich beurteilt. Eine Meinung stellt eine enge Verknüpfung zwischen der Veröffentlichungs- und der Angebotspflicht dadurch her, dass § 35 Abs. 2 WpÜG nicht auf die Erlangung der Kontrolle, sondern auf die Veröffentlichung nach § 35 Abs. 1 WpÜG abstelle. Entsprechend entstehe dann, wenn die Muttergesellschaft tatsächlich mit für die Tochter befreiender Wirkung die Veröffentlichung nach § 35 Abs. 1 WpÜG durchgeführt habe, die Verpflichtung zur Abgabe eines Angebots nach § 35 Abs. 2 WpÜG nur in der Person der Mutter, so dass nur ein Pflichtangebot fällig werde[358]. Andere Meinungen sehen eine solche strikte Auswirkung von § 35 Abs. 1 WpÜG auf § 35 Abs. 2 WpÜG dagegen nicht, sondern vertreten unabhängig von der entsprechenden Anwendung des § 24 WpHG im Rahmen der Veröffentlichungspflicht des § 35 Abs. 1 WpÜG die Auffassung, dass dann, wenn nur einer der Kontrollerwerber ein Pflichtangebot nach § 35 Abs. 2 WpÜG abgebe, dies befreiende Wirkung für den anderen Kontrollerwerber habe, sofern die Bedingungen des Pflichtangebots dem entsprächen, was den Aktionären der Zielgesellschaft in dem für sie günstigsten Fall von einem der Kontrollerwerber zu bieten gewesen wäre[359].
Wieder andere sehen aus Gründen der Transparenz in jedem Fall alle Kontrollerwerber zur Veröffentlichung der Kontrollerlangung nach § 35 Abs. 1 WpÜG verpflichtet, wollen dann aber in den Fällen, in denen es zum Schutz der Aktionären der Zielgesellschaft nicht notwendig sei, dass mehrere Pflichtangebote abgegeben würden (insbesondere in dem Fall der gleichzeitigen Verpflichtung von Mutter- und Tochtergesellschaft), ausreichen lassen, dass nur einer der Kontrollerwerber ein Pflichtangebot nach § 35 Abs. 2 WpÜG abgibt[360].

bb) Gemeinsame Betrachtung von Veröffentlichungs- und Angebotspflicht nach § 35 Abs. 1 und 2 WpÜG

Andere Meinungen differenzieren dagegen nicht eindeutig zwischen der Veröffentlichungs- und der Angebotspflicht nach § 35 Abs. 1 und 2 WpÜG, sondern betrachten die in § 35 WpÜG enthaltenen Pflichten einheitlich.
So wird vertreten, dass § 35 WpÜG teleologisch dahingehend zu reduzieren sei, dass eine Erfüllung der Verpflichtung durch Mutter oder Tochter jeweils der anderen Gesellschaft zurechnet werde, da das Ziel des Anlegerschutzes schon durch die Abgabe eines Pflichtangebots erreicht werde, ohne dass hierfür eine Vielzahl von Pflichtangeboten notwendig sei[361]. Eine andere Ansicht bevorzugt unter Verweis auf die entsprechende Regelung des Britischen City Code on Takeovers and Mergers (Rule 9.2 und Notes on Rule 9.2)[362], derjenigen Gesellschaft die Verpflichtungen nach § 35 Abs. 1 und 2 WpÜG aufzuerlegen, die den

---

358 *Ekkenga/Hofschroer*, DStR 2002, 768, 776.
359 *von Bülow* in: KK-WpÜG, § 35, Rn. 171.
360 *Steinmeyer/Häger*, § 35, Rn. 37 und Fn. 43.
361 *Meyer* in: Geibel/Süßmann, § 35, Rn. 27; *Schlitt* in: MüKo-AktG, § 35 WpÜG, Rn. 109.
362 Abrufbar unter: www.thetakeoverpanel.org.uk, zuletzt abgerufen am 27. Juli 2004.

höchsten Stimmanteil innehabe[363]. Wieder andere sehen zwar grundsätzlich sowohl Mutter als auch Tochter als Verpflichtete zur Abgabe des Pflichtangebots an, möchten dies aber schließlich der Mutter auferlegen, da sie es letztlich sei, die die Kontrolle über die Zielgesellschaft ausübe[364]. Ein Angebot durch die Muttergesellschaft rechtfertige dann eine Befreiung der Tochter nach § 37 Abs. 1 WpÜG. Nach anderer Ansicht soll nicht die Muttergesellschaft die vorrangig Verpflichtete sein, sondern eine Möglichkeit zur Befreiung von der Verpflichtung zur Abgabe eines Pflichtangebots entweder in Bezug auf die Mutter oder die Tochtergesellschaft bestehen, sofern die Tochtergesellschaft als direkter Bieter einen entsprechenden Antrag an die BaFin stelle[365]. Wieder andere möchten dagegen das Tochterunternehmen allein zur Abgabe des Pflichtangebots verpflichten, allerdings mit der Besonderheit, dass die Muttergesellschaft für die Durchführung und die Zahlung der Gegenleistung mithaften solle[366]. Ähnlich gelagert fordert eine andere Ansicht in dem Fall, in dem die Muttergesellschaft keinen Einfluss auf das Erwerbsverhalten der Tochter genommen habe, eine Befreiung der Muttergesellschaft nach § 37 Abs. 1 WpÜG, da sie für den Kontrollerwerb an der Zielgesellschaft nicht verantwortlich und ihr dementsprechend die Abgabe eines Pflichtangebots nicht zuzumuten sei[367]. Wieder andere sehen ebenfalls eine Befreiung der Muttergesellschaft als zweckmäßig an, wollen dies jedoch nur unter der Bedingung zulassen, dass sich die Art der von der Tochtergesellschaft anzubietenden Abfindung an dem Modell des § 305 Abs. 2 Nr. 2 AktG orientieren müsse, d. h., dass die Muttergesellschaft nur befreit werde, wenn die Tochtergesellschaft eine Barabfindung oder Aktien der Muttergesellschaft anbiete. Denn es sei mit der Zielsetzung des WpÜG nicht zu vereinbaren, wenn den Aktionären der Zielgesellschaft als Ersatz für ihre Beteiligung an der kontrollierten Zielgesellschaft Anteile an der potentiell fremdgesteuerten Tochtergesellschaft angeboten würden[368].

---

363 *Krause*, NJW 2002, 705, 713; *Hopt*, ZHR 166 (2002), 383, 417.

364 *Pötzsch*, Teil 1, Einführung, S. 45.

365 *Adolff/Meister/Randell/Stephan*, Part 3, Subpart 3. a., S. 233.

366 *Apfelbacher/Barthelmess/Buhl/von Dryander*, Part Two, Subpart 5, III., Rn. 12.

367 *Versteegen* in: KK-WpÜG, § 37, Rn. 27; *Hommelhoff/Witt* in: Haarmann/Riehmer/Schüppen, § 37, Rn. 18 und Fn. 14 mit dem Vorschlag, gegebenenfalls die Art der von der Tochtergesellschaft anzubietenden Abfindung nach dem Vorbild des § 305 Abs. 2 Nr. 2 AktG zum Inhalt einer Auflage im Rahmen der Befreiung zu machen. Ähnlich auch *Steinmeyer/Häger*, § 37, Rn. 24 f., die jedoch für eine Befreiung entsprechend § 9 Satz 1 Nr. 6 WpÜG-AngebVO verlangen, dass die Kontrollschwelle unverzüglich wieder unterschritten wird.

368 Stellungnahme des *Handelsrechtsausschusses des DAV*, NZG 2001, 1003, 1007; *Bröcker/Weisner*, Rn. 153; *Harbarth*, ZIP 2002, 321, 323.

c) Stellungnahme

aa) Allgemeine Überlegungen

Die Tatsache, dass der Gesetzgeber trotz Kenntnis der Problematik die Aufnahme einer entsprechenden Regelung in den Gesetzestext unterlassen hat, ist sicherlich als gewichtiges Argument dafür zu werten, dass er grundsätzlich von der parallelen Verpflichtung aller Kontrollererwerber zur Erfüllung der in § 35 Abs. 1 und 2 WpÜG vorgesehenen Pflichten ausgegangen ist. Andererseits kann nicht darüber hinweggesehen werden, dass weder Anlass dazu besteht, den Aktionären der Zielgesellschaft ohne weiteres die Wahl zwischen mehreren Pflichtangeboten zu bieten, und darüber hinaus eine solche Kumulation mehrerer Pflichtangebote für den in Wertpapiergeschäften nicht allzu bewanderten Anleger auch verwirrend sein kann, mit dem Ergebnis, dass das Ziel, den Anleger umfassend zu schützen, nahezu in das Gegenteil verkehrt werden könnte. Vor diesem Hintergrund erscheint es in der Tat sinnvoll, nach Lösungen zur Vermeidung der doppelten Verpflichtung zu suchen.

bb) Getrennte Betrachtung von Veröffentlichungs- und Angebotspflicht nach § 35 Abs. 1 und 2 WpÜG

Hierbei soll zunächst eine getrennte Betrachtung von Veröffentlichungs- und der Angebotspflicht versucht werden, insbesondere, da die in § 35 Abs. 1 i. V. m. § 30 WpÜG enthaltene Veröffentlichungspflicht der Mitteilungspflicht nach § 21 Abs. 1 i. V. m. § 22 WpHG nachgebildet ist, so dass insofern möglicherweise Parallelen zwischen beiden Vorschriften zu ziehen sind.

α) Veröffentlichungspflicht nach § 35 Abs. 1 WpÜG

Im Rahmen von §§ 21, 22 WpHG sind doppelte Mitteilungspflichten unstreitig anerkannt[369], was Rückschlüsse auf die entsprechende Auslegung von § 35 Abs. 1 WpÜG zulässt. Auch erscheint eine umfassende Information der Aktionäre der Zielgesellschaft über die Beteiligungs- und Kontrollverhältnisse aus Transparenzgründen sicherlich wünschenswert.

Um eine solche Transparenz zu erreichen, ist jedoch eine Veröffentlichung nach § 35 Abs. 1 WpÜG durch sämtliche Kontrollerwerber unabhängig voneinander nicht zwingend erforderlich, zumal mehrere unterschiedliche Meldungen durchaus Verwirrung unter den Anlegern auslösen können. Vielmehr kann eine umfassende Information darüber, wer unmittelbar und mittelbar die Kontrolle über die Zielgesellschaft erlangt hat, auch dadurch erreicht werden, dass nur einer der Kontrollerwerber für alle übrigen Verpflichteten eine derartige Meldung abgibt,

---

369 *Bayer* in: MüKo-AktG, Anh. § 22 AktG, § 22 WpHG, Rn. 3; *Burgard*, BB 1995, 2069, 2072 unter Berufung auf § 24 WpHG und die Gesetzesbegründung hierzu in *Begr. RegE*, BT-Drucksache 12/6679, Bes. Teil zu § 24 WpHG, S. 54 f.; *Hüffer*, Anh. § 22 AktG, § 22 WpHG, Rn. 6; *Opitz* in: Schäfer, § 21 WpHG, Rn. 36; *Schneider* in: Assmann/Schneider § 22 WpHG, Rn. 14.

in der allerdings umfassend darzustellen ist, wer in welcher Weise - mittelbar oder unmittelbar - die Kontrolle über die Zielgesellschaft erlangt hat[370]. Eine solche Lösung erscheint sinnvoll, um eine möglicherweise entstehende Vielzahl von Veröffentlichungen zu vermeiden. Allerdings ist hiermit noch nichts darüber gesagt, wer eine solche umfassende Veröffentlichung vorzunehmen hat.

β) Angebotspflicht nach § 35 Abs. 2 WpÜG

Auch in Bezug auf das Pflichtangebot nach § 35 Abs. 2 WpÜG ist davon auszugehen, dass grundsätzlich auch eine gemeinschaftliche Abgabe nur eines Pflichtangebots, nämlich in der Form einer Bietergemeinschaft gemäß § 2 Abs. 4 WpÜG, denkbar ist[371]. Dies hat allerdings den Nachteil, dass alle Teilnehmer der Bietergemeinschaft nach § 12 Abs. 1 WpÜG für die Richtigkeit und Vollständigkeit der Angebotsunterlage gesamtschuldnerisch haften. Es wäre daher wünschenswert, unabhängig vom Zusammenschluss zu einer Bietergemeinschaft bei einer Verpflichtung von mehreren Kontrollerwerbern zur Abgabe eines Pflichtangebots letztlich nur zu einer vorrangigen Verpflichtung eines Kontrollerwerbers und damit auch nur zu einem Pflichtangebot zu kommen.

cc) Einheitliche Betrachtung von Veröffentlichungs- und Angebotspflicht nach § 35 Abs. 1 und 2 WpÜG

Die gerade vorgenommenen Überlegungen zur Veröffentlichungs- und Angebotspflicht zeigen, dass sich bezüglich beider Pflichten letztlich dieselben Probleme stellen, nämlich wer von mehreren Verpflichteten letztlich die jeweilige Pflicht zu erfüllen hat. Eine strikte Trennung zwischen § 35 Abs. 1 und § 35 Abs. 2 WpÜG erscheint daher kaum möglich und auch nicht notwendig. Dies ist nicht nur daran erkennbar, dass die Angebotspflicht nach § 35 Abs. 2 WpÜG an die Veröffentlichung anknüpft, sondern auch daran, dass in § 37 Abs. 1 WpÜG ausdrücklich von einer Befreiung von den „Verpflichtungen nach § 35 Abs. 1 Satz 1 und Abs. 2 Satz 1" WpÜG die Rede ist, was ebenfalls darauf hindeutet, dass insofern eine parallele Entscheidung hinsichtlich beider Verpflichtungen zu treffen ist. Darüber hinaus würde es auch kaum einen Sinn ergeben, eine Gesellschaft zur Abgabe eines Pflichtangebots zu verpflichten, die zuvor nicht ihren Kontrollerwerb nach § 35 Abs. 1 WpÜG veröffentlicht hat. Entsprechend sind Veröffentlichungs- und Angebotspflicht einheitlich zu beurteilen.

---

370 *Lenz/Behnke*, BKR 2003, 43, 50.

371 *Süßmann*, BKR 2003, 1453, 1457; *Süßmann* in: Geibel/Süßmann, § 29, Rn. 31; *Steinmeyer/Häger*, § 35, Rn. 38; *von Bülow* in: KK-WpÜG, § 35, Rn. 170.

α) Argumente für eine „automatisch“ vorrangige Verpflichtung von Mutter- oder Tochtergesellschaft

Für eine vorrangige Verpflichtung der Tochtergesellschaft spricht sicherlich, dass sie diejenige ist, die die Kontrolle unmittelbar über die Zielgesellschaft erlangt, und auch diejenige Gesellschaft ist, die direkten Einfluss auf die Zielgesellschaft ausübt, so dass insofern von einem erhöhten Schutzbedürfnis der Minderheitsaktionäre ihr gegenüber auszugehen ist. Andererseits lässt sich jedoch ebenso gut argumentieren, dass es letztlich die Muttergesellschaft sei, die Einfluss auf ihre Tochtergesellschaft und damit auch auf die Zielgesellschaft ausübe, so dass sie diejenige sei, die die Verpflichtungen nach § 35 Abs. 1 und 2 WpÜG in erster Linie zu erfüllen habe.
Gerade der mittelbare Einfluss auf die Zielgesellschaft hängt jedoch von den Umständen des Einzelfalls ab. Eine vorrangige Verpflichtung der Muttergesellschaft mit befreiender Wirkung für die Tochter ergibt sich darüber hinaus auch nicht aus einer entsprechenden Anwendung des § 24 WpHG. Zutreffend ist zwar, dass der Gesetzgeber die Zurechnungstatbestände des WpHG und WpÜG so weit wie möglich anpassen wollte. Gegen eine Anwendung von § 24 WpHG spricht jedoch eindeutig, dass der Gesetzgeber die Problematik mehrerer Verpflichteter aufgrund der diesbezüglich aufgekommenen Diskussion und Stellungnahmen, insbesondere des Handelsrechtssausschusses des DAV[372], kannte. Er hat demnach bewusst darauf verzichtet, eine der Vorschrift des § 24 WpHG entsprechende Regelung in das Gesetz aufzunehmen, so dass es an der für eine analoge Anwendung erforderlichen Planwidrigkeit der Regelungslücke fehlt.

β) Argumente für eine Befreiung nach § 37 Abs. 1 WpÜG im Einzelfall

Es lassen sich daher für eine vorrangige Verpflichtung sowohl der Mutter- als auch der Tochtergesellschaft jeweils gute Argumente finden, so dass es sich als äußerst schwierig erweist, die Verpflichtung pauschal einer der beiden Gesellschaften aufzuerlegen. Auch birgt die pauschale Annahme, dass nur eine der Gesellschaften per se vorrangig zur Erfüllung der Verpflichtungen aus § 35 WpÜG verpflichtet sei, ohne dass es hierzu einer Befreiung nach § 37 Abs. 1 WpÜG bedarf, die Gefahr, dass diejenige Gesellschaft, die sich nicht zur Veröffentlichung und zur Abgabe des Pflichtangebots verpflichtet sieht, tatsächlich darauf verlässt, dass die andere Gesellschaft beide Pflichten erfüllt. Kommt diese andere Gesellschaft diesen Pflichten nicht oder nicht in ordnungsgemäßer Weise nach, so entfällt jedenfalls die befreiende bzw. suspendierende Wirkung eines solchen Pflichtangebots durch die andere Gesellschaft, so dass für diejenige Gesellschaft, die sich nicht zur Veröffentlichung und zur Abgabe eines Pflichtangebots zuständig fühlte, diese Verpflichtungen rückwirkend wieder aufleben bzw. niemals suspendiert waren. In einem solchen Fall

---

[372] Stellungnahme des *Handelsrechtsausschusses des DAV*, NZG 2001, 1003, 1007.

greifen gegenüber dieser Gesellschaft die Sanktionen des § 59 WpÜG ein, da sie ihrer Verpflichtung nach § 35 Abs. 2 WpÜG nicht ordnungsgemäß nachgekommen ist, mit der Folge, dass ihre Rechte aus Aktien, die ihr selbst, mit ihr gemeinsam handelnden Personen oder deren Tochterunternehmen gehörenden Aktien oder aus denen ihr, mit ihr gemeinsam handelnden Personen oder deren Tochterunternehmen gemäß § 30 Abs. 1 Satz 1 Nr. 2 WpÜG Stimmrechte zugerechnet werden, ab dem Zeitpunkt, ab der sie der BaFin eigentlich eine Angebotsunterlage hätte übermitteln müssen, nicht zustehen. Bei derart weitreichenden Konsequenzen ist es daher risikoreich, ohne weiteres von der vorrangigen Verpflichtung eines anderen Kontrollerwerbers auszugehen und auf dessen ordnungsgemäßer Durchführung seiner Pflichten zu vertrauen.
Aufgrund der aufgezeigten Risiken bei einer pauschalen Bestimmung einer vorrangig verpflichteten Gesellschaft, der guten Argumente für eine Verpflichtung der jeweils anderen Gesellschaft und der im Einzelfall vollkommen unterschiedlich ausgestalteten Abhängigkeitsverhältnisse erscheint es daher sinnvoll, eine Entscheidung darüber, welcher Kontrollerwerber von der Veröffentlichungs- und Angebotspflicht befreit sein soll, der BaFin nach § 37 Abs. 1 WpÜG zu überlassen. Dies bietet nicht nur den Vorteil, dass diejenige Gesellschaft, die eine solche Befreiung erlangt hat, sich nicht mehr der Gefahr einer Nichterfüllung der Pflichten des § 35 WpÜG und damit der Sanktionen des § 59 WpÜG ausgesetzt sieht, sondern bringt darüber hinaus den Vorteil mit sich, dass die BaFin eine interessengerechte Einzelfallentscheidung unter Berücksichtigung der tatsächlichen Umstände, insbesondere von welchem Kontrollerwerber der Kontrollerwerb letztlich initiiert wurde, und wessen Einfluss die Aktionäre der Zielgesellschaft in besonderem Maße ausgesetzt sind, treffen kann[373].

d) Ergebnis

Die gerade durchgeführte Untersuchung hat gezeigt, dass bei zunächst mehreren Verpflichteten letztlich nur einer der Kontrollerwerber dazu verpflichtet sein sollte, die Pflichten nach § 35 Abs. 1 und 2 WpÜG zu übernehmen. Um dieses Ergebnis zu erhalten, sprechen allerdings die besseren Argumente für eine Befreiung einer der Kontrollerwerber durch eine Einzelfallentscheidung der BaFin gemäß § 37 Abs. 1 WpÜG, anstatt pauschal eine vorrangige Verpflichtung von Mutter- oder Tochtergesellschaft anzunehmen.

---

[373] So auch *Kleindiek*, ZGR 2002, 546, 576; ähnlich *Hommelhoff/Witt* in: Haarmann/Riehmer/Schüppen, § 35, Rn. 34 sowie § 37, Rn. 18.

D. Ausnahmen nach § 35 Abs. 3 WpÜG beim Kontrollerwerb in gestuften Unternehmensverbindungen

Nach § 35 Abs. 3 WpÜG besteht in den Fällen, in denen der Bieter vorher die Kontrolle über die Gesellschaft aufgrund eines Übernahmeangebots entsprechend den Vorschriften des 4. Abschnitts des WpÜG erlangt hat, keine Pflicht zur Abgabe eines Angebots nach § 35 Abs. 2 WpÜG. Fraglich ist jedoch, wie § 35 Abs. 3 WpÜG bei einem Kontrollerwerb im Rahmen von gestuften Unternehmensverbindungen zu beurteilen ist. Diese Frage stellt sich wiederum in zweifacher Hinsicht, nämlich einerseits bei einer Zurechnung auf der Ebene der Zielgesellschaft und andererseits bei einer Zurechnung auf der Ebene des Konzerns des Erwerbers.

I. Zurechnung auf der Ebene der Zielgesellschaft

Bei einer Zurechnung auf der Ebene der Zielgesellschaft stellt sich das Problem der Anwendbarkeit des § 35 Abs. 3 WpÜG dann, wenn ein Bieter aufgrund eines freiwilligen Übernahmeangebots nicht nur die Kontrolle über die Muttergesellschaft, sondern mittelbar auch über die Tochtergesellschaft erlangt hat, also dann, wenn die Muttergesellschaft durch das Übernahmeangebot zur Tochtergesellschaft des Bieters i. S. v. § 2 Abs. 6 WpÜG wird, und dem Bieter daher nach §§ 30 Abs. 1 Satz 1 Nr. 1, 39 WpÜG die von der Mutter- an der Tochtergesellschaft gehaltenen Stimmrechte zugerechnet werden. In dieser Konstellation stellt sich die Frage, ob das von dem Bieter an die Muttergesellschaft abgegebene freiwillige Übernahmeangebot ihn aufgrund von § 35 Abs. 3 WpÜG nicht nur von seiner Verpflichtung zur Abgabe eines Angebots an die Aktionäre der Muttergesellschaft, sondern auch von der Verpflichtung zur Unterbreitung eines solchen Angebots an die Aktionäre der Tochtergesellschaft entbindet.
Zwar hat der Bieter in diesem Fall mittelbar ebenfalls „auf Grund eines Übernahmeangebots" die Kontrolle über die Tochtergesellschaft erlangt, so dass § 35 Abs. 3 WpÜG seinem Wortlaut nach eingreift. Allerdings ist zu beachten, dass die Aktionäre der Tochtergesellschaft in diesem Fall gerade nicht in den Genuss des freiwilligen Übernahmeangebots gekommen sind, da dieses nur den Aktionären der Muttergesellschaft unterbreitet wurde. Die Aktionäre der Tochtergesellschaft hatten demnach nicht die Gelegenheit, ihre Beteiligungen zu einem angemessenen Preis zu veräußern, so dass das den Aktionären der Muttergesellschaft unterbreitete Übernahmeangebot gerade nicht zum Entfallen des Schutzbedürfnisses der Aktionäre der Tochtergesellschaft geführt hat[374].
Mit dem Schutzbedürfnis der Aktionäre der Tochtergesellschaft ist es aus diesem Grunde nicht zu vereinbaren, dass auch mittelbare Kontrollerwerbe durch

---

[374] *von Bülow* in: KK-WpÜG, § 35, Rn. 182.

die befreiende Wirkung des § 35 Abs. 3 WpÜG privilegiert werden. § 35 Abs. 3 WpÜG ist demnach dahingehend einschränkend auszulegen, dass die Befreiungswirkung des § 35 Abs. 3 WpÜG nur für diejenigen Fälle Anwendung findet, in denen ein Bieter die Kontrolle über eine Zielgesellschaft unmittelbar aufgrund eines Übernahmeangebots erlangt hat[375]. Dies ist auch vor dem Hintergrund der Gesetzesbegründung sinnvoll, denn § 35 Abs. 3 WpÜG beruht auf der Überlegung, dass derjenige, der die Kontrolle aufgrund eines freiwilligen Übernahmeangebots erlangt, nicht verpflichtet sein soll, im Anschluss daran direkt ein weiteres Übernahmeangebot, nämlich ein Pflichtangebot abzugeben, wobei diese Befreiungswirkung jedoch nur dann gerechtfertigt sein soll, wenn das freiwillige Angebot den für ein Pflichtangebot geltenden Anforderungen unterliegt[376]. Hier wird deutlich, dass es dem Gesetzgeber in jedem Fall darauf ankommt, dass den Aktionären ein Angebot unterbreitet wird, das den für ein Pflichtangebot geltenden Regeln entspricht. Die Aktionäre der Tochtergesellschaft haben jedoch im geschilderten Fall überhaupt kein Angebot erhalten, so dass dem Bieter insofern auch die Befreiung nach § 35 Abs. 3 WpÜG nicht zugute kommen sollte.

II. Zurechnung auf der Ebene des Konzerns des Erwerbers

Auch für den umgekehrten Fall, dass eine Muttergesellschaft die Kontrolle über eine Zielgesellschaft dadurch erlangt, dass ihre Tochtergesellschaft den Aktionären dieser Zielgesellschaft ein Übernahmeangebot unterbreitet hat, stellt sich die Frage, ob auch der Muttergesellschaft die befreiende Wirkung des Übernahmeangebots durch die Tochtergesellschaft zugute kommt. Unzweifelhaft ist, dass die Tochtergesellschaft des Bieters nach § 35 Abs. 3 WpÜG von der Verpflichtung zur Abgabe eines Pflichtangebots befreit ist, da sie die Kontrolle über die Zielgesellschaft mittels eines öffentlichen Übernahmeangebots erlangt hat.

Stellt man ausschließlich auf den Wortlaut von § 35 Abs. 3 WpÜG ab, so wäre die Muttergesellschaft dennoch verpflichtet, gegenüber den Aktionären der Zielgesellschaft ein Übernahmeangebot abzugeben, da sie selbst die Kontrolle über eine Zielgesellschaft nicht „auf Grund eines Übernahmeangebots", sondern nur mittelbar über ihre Tochtergesellschaft erlangt hat. Zu beachten ist allerdings, dass die Aktionäre der Zielgesellschaft durch das von der Tochtergesellschaft abgegebene Übernahmeangebot hinreichend geschützt sind, da ihnen dadurch die Möglichkeit zum Austritt aus der Gesellschaft zu einem angemessenen Preis ermöglicht wurde. Der Schutzzweck des § 35 Abs. 2 WpÜG gebietet es daher nicht, die Muttergesellschaft nochmals zur Abgabe eines Angebots zu

---

375 *Hommelhoff/Witt* in: Haarmann/Riehmer/Schüppen, § 35, Rn. 54; *Steinmeyer/Häger*, § 29, Rn. 24 und § 35, Rn. 51; *von Bülow* in: KK-WpÜG, § 35, Rn. 182; vgl. hierzu auch *Ekkenga/Hofschroer*, DStR 2002, 768, 776.

376 *Begr. RegE*, BT-Drucksache 14/7034, Bes. Teil zu § 35 Abs. 3 WpÜG, S. 60.

zwingen[377]. Es ist vielmehr so, dass auch die Zielgesellschaft nicht durch die Abgabe mehrerer zeitlich dicht aufeinander folgender Angebote belastet werden sollte. Ein einmal von der Tochtergesellschaft abgegebenes Übernahmeangebot sollte demnach umfassende befreiende Wirkung von der Verpflichtung zur Abgabe eines Pflichtangebots auch für die Muttergesellschaft haben[378].
Dies deckt sich auch mit den bereits oben getroffenen Überlegungen dazu, wer bei mehreren Kontrollerwerbern die Pflichten nach § 35 Abs. 1 und 2 WpÜG erfüllen sollte[379]. Zwar wurde festgestellt, dass nicht per se einer der Kontrollerwerber, also entweder Mutter- oder Tochtergesellschaft, der vorrangig Verpflichtete ist. Andererseits wurde jedoch auch betont, dass es keinen Anlass dazu gebe, die Aktionäre der Zielgesellschaft in den Genuss zweier konkurrierender Austrittsmöglichkeiten kommen zu lassen[380], zumal eine doppelte Angebotspflicht sogar eher zu Verwirrungen führen als dem Schutz der Minderheitsaktionäre zugute kommen kann[381]. Letztlich sollte daher nur einer der Kontrollerwerber zur Erfüllung der Pflichten nach § 35 Abs. 1 und 2 WpÜG verpflichtet sein, und der andere Kontrollerwerber eine Befreiung nach § 37 Abs. 1 WpÜG erlangen. Wenn aber auch bei mehreren Verpflichteten letztlich nur einer zur Abgabe eines Pflichtangebots nach § 35 Abs. 2 WpÜG herangezogen werden soll, so ist es nur konsequent, dass dann, wenn einer der Verpflichteten tatsächlich schon ein freiwilliges Übernahmeangebot entsprechend dem 4. Abschnitt des WpÜG abgegeben hat, die befreiende Wirkung dieses Übernahmeangebots nach § 35 Abs. 3 WpÜG auch dem jeweils anderen Verpflichteten zukommen zu lassen.

---

377 *von Bülow* in: KK-WpÜG, § 35, Rn. 171.
378 *Adolff/Meister/Randell/Stephan*, Part 3, Subpart 3 a., S. 233.
379 Vgl. hierzu in diesem Kapitel Abschn. C. III., S. 103 ff. „Zurechnung auf Ebene des Konzerns des Erwerbers".
380 *Meyer* in: Geibel/Süßmann, § 35, Rn. 27; *Ekkenga/Hofschroer*, DStR 2002, 768, 775; *von Bülow* in: KK-WpÜG, § 35, Rn. 171.
381 *Apfelbacher/Barthelmess/Buhl/von Dryander*, Part Two, Subpart 5, III., Rn. 11; *von Bülow* in KK-WpÜG, § 35, Rn. 133; *Riehmer/Schröder*, BB 2001, Beilage Nr. 5, 1, 11.

Zweiter Teil:

Das Spannungsverhältnis zwischen Pflichtangebotsregelung und Umwandlungsrecht

Im ersten Teil dieser Arbeit wurden allgemeine Aspekte der Pflichtangebotsregelung sowie des Tatbestands der Kontrollerlangung, dem entscheidenden Kriterium für die Auslösung eines Pflichtangebots, erläutert. Dabei wurde festgestellt, dass es für das „Erlangen" einer kontrollierenden Beteiligung *„unerheblich ist, auf welche Weise [diese] erlangt wurde"*[382]. Das WpÜG beschränkt sich daher nicht auf den Kauf von Aktien, sondern erfasst auch andere Arten des Kontrollerwerbs. Für das Pflichtangebot eröffnet sich daher ein sehr weiter Anwendungsbereich.

Kommen daher neben beispielsweise öffentlichen Übernahmeangeboten, privaten Paketkäufen und sukzessivem Kauf von Aktien an der Börse auch noch andere Möglichkeiten in Betracht, um mittels Anteilserwerbs die Kontrolle über eine Zielgesellschaft zu erlangen, so drängt sich die Frage auf, ob unter diese Möglichkeiten des Kontrollerwerbs auch die Tatbestände des UmwG zu fassen sind. Denn in der Praxis spielt der Anteilserwerb mittels umwandlungsrechtlicher Transaktionen eine erhebliche Rolle. Zumindest im untechnischen Sinne[383] kann gerade auch durch Umwandlungsmaßnahmen sowohl ein Kontrollwechsel zustande kommen, als auch die Kontrolle über ein Unternehmen erstmalig erlangt werden, da beispielsweise im Rahmen einer Verschmelzung ein Gesellschafter der übertragenden Gesellschaft nach § 20 Abs. 1 Nr. 3 UmwG Anteile an der aufnehmenden Gesellschaft erhält und damit - je nach Ausgestaltung des Umtauschverhältnisses - mehr als 30% der Stimmrechte dieser Gesellschaft erlangen kann.

Insofern stellt sich zunächst die Frage, ob umwandlungsrechtliche Vorgänge tatsächlich zu einer erstmaligen Kontrollerlangung oder einem Kontrollwechsel im Sinne von § 29 Abs. 2 WpÜG führen können. Die Frage erübrigt sich auch nicht deshalb, weil die Erlangung von möglicherweise mehr als 30% der Stimmrechte an der aufnehmenden Gesellschaft nach § 20 Abs. 1 Nr. 3 UmwG „automatisch" mit Vollzug der Verschmelzung ohne Zutun des jeweiligen Aktionärs erfolgt. Denn wie im ersten Teil dieser Arbeit gezeigt wurde, ist auch die passive Kontrollerlangung grundsätzlich zur Auslösung eines Pflichtangebots geeig-

---

[382] *Begr. RegE*, BT-Drucksache 14/7034, Bes. Teil zu § 35 Abs. 1 WpÜG, S. 59. Vgl. hierzu ausführlich oben 1. Teil, Kap. 3., Abschn. A. III., S. 61 f.

[383] Ob als Resultat von umwandlungsrechtlichen Vorgängen von einer Kontrollerlangung im Sinne von § 29 Abs. 2 WpÜG gesprochen werden kann, ist im Folgenden gerade zu untersuchen.

net[384], so dass die Frage, ob auch umwandlungsrechtliche Vorgänge zu einer Kontrollerlangung im Sinne von § 29 Abs. 2 WpÜG führen können, nicht von vornherein mit dem Argument verneint werden kann, dass die Kontrollerlangung ohne Zutun des Erwerbers erfolge. Vielmehr hat dieser Aspekt keinerlei Einfluss auf die Frage, ob eine umwandlungsrechtliche Transaktion zu einem Kontrollerwerb im übernahmerechtlichen Sinne führen kann.
Sollte diese Vorfrage bejaht werden, so ist weiterhin fraglich, ob durch solche umwandlungsrechtlichen Vorgänge auch ein Pflichtangebot nach §§ 35 ff. WpÜG auslöst werden kann. Diese Frage stellt sich allerdings nicht für den Fall einer lediglich formwechselnden Umwandlung im Sinne von §§ 190, 191 UmwG, da nach § 202 Abs. 1 Nr. 1 u. 2 UmwG die Identität der Zielgesellschaft in dieser Situation erhalten bleibt, und die Mitgliedschaftsrechte in aller Regel nicht berührt werden[385].
In allen übrigen Fällen der Umwandlung stellt sich dagegen die Frage nach der Anwendbarkeit der §§ 35 ff. WpÜG.

Das Problem ist umso dringlicher, als sich dic Begründung des Regierungsentwurfs ausdrücklich zu einer Lösung hierzu ausschweigt und den Umgang mit dieser Frage Rechtsprechung und Literatur überlassen hat.
Dort heißt es nur:

„Übernahmen stellen neben anderen Maßnahmen, die sich nach aktien- und umwandlungsrechtlichen Vorschriften richten, nur eine Möglichkeit dar, um bestimmte unternehmerische Ziele durchzusetzen. Dabei beurteilt sich die Zulässigkeit derartiger Maßnahmen stets nach den jeweils einschlägigen Rechtsvorschriften. Ob und wieweit für bestimmte Fallkonstellationen im Schnittbereich zwischen Umwandlungsrecht und Übernahmerecht in der Praxis besondere gesetzliche Regelungen erforderlich sind, bleibt abzuwarten, da zunächst mit den neuen Vorschriften des Gesetzes Erfahrungen gewonnen werden sollen“[386].

Im Folgenden soll daher zunächst die Vorfrage geklärt werden, ob umwandlungsrechtliche Vorgänge tatsächlich zu einem Erlangen der Kontrolle im Sinne von § 29 Abs. 2 WpÜG führen können. Sofern dies bejaht wird, ist im Anschluss hieran zu überlegen, ob in einem solchen umwandlungsrechtlichen Kon-

---

384 Vgl. oben 1. Teil, 3. Kap., Abschn. D. II., S. 82 f.

385 *Ekkenga/Hofschroer*, DStR 2002, 768, 774; *Ekkenga/Schulz* in: Ehricke/Ekkenga/Oechsler, § 35, Rn. 26; *Meister/Klöcker* in: Kallmeyer, § 202 UmwG, Rn. 2 u. Rn. 28 ff.; *Kübler* in: Semler/Stengel, § 202, Rn. 7 u. Rn. 18 ff.; *Schlitt* in: MüKo-AktG, § 35 WpÜG, Rn. 75.

386 *Begr. RegE*, BT-Drucksache 14/7034, Allg. Teil, S. 31. Vor diesem eindeutigen Wortlaut der Gesetzesbegründung ist die von *Angerer* in: Geibel/Süßmann, § 1, Rn. 104 vertretene Auffassung, dass sich schon allein aus dem Wortlaut dieser Begründung ergebe, dass das WpÜG nicht auf umwandlungsrechtlich gestaltete Transaktionen anzuwenden sei, nicht recht nachvollziehbar.

text zwangsläufig bei Kontrollerlangung ein Pflichtangebot nach §§ 35 ff. WpÜG ausgelöst wird. Mit anderen Worten, es ist zu klären, ob das WpÜG überhaupt neben den Vorschriften des UmwG anwendbar ist, oder ob diese die übernahmerechtlichen Vorschriften verdrängen. Diese Frage stellt sich insbesondere vor dem Hintergrund, dass beide Materien den Schutz der Aktionäre im Blick haben und hierfür diverse Schutzmechanismen bereithalten, die eventuell nicht miteinander vereinbar sind, oder eine parallele Anwendung beider Gesetze möglicherweise sogar zu einem zu weitreichenden, vom Gesetzgeber nicht gewollten Schutz der Aktionäre führt. Dabei ist vor allem auch zu untersuchen, ob es zu Überschneidungen beider Regelungskomplexe kommt, und wie diese gegebenenfalls aufgelöst oder in Einklang miteinander gebracht werden können.
In diesem Zusammenhang ist auch eine Auseinandersetzung mit der Frage erforderlich, ob dadurch, dass ein Umwandlungsbeschluss und eine damit einhergehende Kontrollerlangung durch einen Hauptversammlungsbeschluss quasi legitimiert sind, eine Anwendung der Pflichtangebotsregelung überhaupt noch gerechtfertigt ist. Zwar hat die Untersuchung im ersten Teil dieser Arbeit gezeigt, dass auch ein Kontrollwechsel unter die Pflichtangebotsregelung fällt[387], so dass dieses Argument in gewissem Umfang an Schlagkraft verliert, da auch schon die Entscheidung der Hauptversammlung über die Umwandlung und damit indirekt auch über den Kontrollerwerb unter dem Einfluss eines kontrollierenden Gesellschafters erfolgen könnte. Dennoch wirft eine solche verbandsrechtlich gefasste Mehrheitsentscheidung im Verhältnis zum übernahmerechtlichen Austrittsrecht die viel weitergehende Frage nach dem Pflichtangebot im Spannungsverhältnis zwischen Gesellschafts- und Kapitalmarktrecht auf, der ebenfalls nachzugehen ist.
Sollte letztlich eine parallele Anwendbarkeit von WpÜG und UmwG grundsätzlich bejaht werden, ist darüber hinaus zu klären, wer Adressat des Pflichtangebots nach dem WpÜG ist, da die Auswirkungen der Kontrollerlangung oder des Kontrollwechsels auf die Aktionäre der beteiligten Gesellschaften von unterschiedlichem Maß und Gewicht sein können.

Insgesamt soll zur Beantwortung der soeben aufgeworfenen Fragen zudem zunächst ein Vergleich zur Rechtslage in Österreich herangezogen werden. Dort ist das dem WpÜG in vielerlei Hinsicht ähnliche Übernahmegesetz (ÜbG) schon seit 1999 in Kraft, so dass hieraus möglicherweise wertvolle Hinweise und Parallelen zur Interpretation des deutschen WpÜG gezogen werden können.

---

[387] Vgl. oben 1. Teil, Kap. 3, Abschn. D. I., S. 77 ff.

Kapitel 5: Die Paralleldiskussion zum Spannungsverhältnis zwischen Pflichtangebotsregelung und Umwandlungsrecht in Österreich

Die Frage, ob die Pflichtangebotsregelung auf Vorgänge anzuwenden ist, bei denen die Kontrolle über eine Gesellschaft im Wege einer Verschmelzung oder Spaltung erlangt wurde, wurde in Österreich schon vor Einführung des deutschen WpÜG im Zusammenhang mit dem im Jahre 1999 in Kraft getretenen österreichischen Übernahmegesetz (ÜbG)[388], das in weiten Teilen dem deutschen WpÜG ähnliche Regelungen enthält, lebhaft diskutiert. Anlass für die Diskussion war der prominente Fall der „Bankenehe"[389] zwischen der Bayerische HypoVereinsbank (HVB), allgemein unter dem Namen „HypoVereinsbank" bekannt, und der Bank Austria AG (BA), bei dem sich die Frage stellte, ob § 22 ÜbG[390] auch bei Verschmelzungen Anwendung findet. Dem Fall lag folgender Sachverhalt zugrunde:

A. Der Fall Bayerische HypoVereinsbank und Bank Austria AG

Geplant war die Zusammenführung der Aktionäre beider Gesellschaften in einer dreistufigen Transaktion, die - vereinfacht dargestellt - wie folgt ablaufen sollte[391]:

Die börsennotierte BA sollte ihren gesamten Geschäftsbetrieb auf ihre nicht börsennotierte 100%ige Tochtergesellschaft Sparkasse Stockerau AG (BA-Neu) - im Wesentlichen durch eine Abspaltung zur Aufnahme - übertragen, mit der Folge, dass die BA zur börsennotierten Holdinggesellschaft (BA-Holding) werden sollte. In einem zweiten Schritt sollte die BA-Holding sodann ihre Beteiligung an der BA-Neu vollständig als Sacheinlage in die HVB gegen Gewährung von HVB-Aktien einbringen, so dass von der BA-Holding nur noch Aktien der HVB gehalten, und die BA-Neu zur Tochtergesellschaft der HVB werden sollte. Die Beteiligung der BA-Holding an der HVB sollte dabei 21% betragen. Schließlich war beabsichtigt, die BA-Holding als übertragende Gesellschaft auf ihre nunmehrige Enkelgesellschaft BA-Neu zu verschmelzen. Die Aktionäre der BA-Holding sollten dabei jedoch nicht etwa im Wege einer Kapitalerhöhung bei

---

388 BGBl. für die Republik Österreich, Teil I, Jahrgang 1998, 1559 ff.; Materialien zum österreichischen Übernahmegesetz abrufbar unter: www.takeover.at/recht/rechtframe.htm, zuletzt abgerufen am 27. Juli 2004.

389 So die Begriffswahl bei *Binder/Khol*, ecolex 2000, 875 ff.

390 § 22 Abs. 1 ÜbG lautet: „*Wer eine kontrollierende Beteiligung an einer anderen Gesellschaft (Zielgesellschaft) erlangt, muss ein den Bestimmungen dieses Bundesgesetzes entsprechendes Angebot für alle Beteiligungspapiere der Zielgesellschaft stellen und dies innerhalb von 20 Börsentagen der Übernahmekommission anzeigen (§ 10 Abs. 1).*"

391 Eine detaillierte Darstellung findet sich in der *Stellungnahme der Österreichischen Übernahmekommission* in der Sache HVB/Bank Austria, Stellungnahme GZ 2000/1/4-171 vom 12. September 2000, abgedruckt in NZG 2001, 282 ff.

BA-Neu zu Aktionären der BA-Neu werden, sondern zur Abfindung die von der BA-Holding gehaltenen HVB-Aktien gem. § 224 Abs. 3 (österreichisches) AktG analog erhalten[392]. Die BA-Holding sollte demnach untergehen, und die ehemaligen Aktionäre der BA-Holding unmittelbar an der HVB beteiligt sein. Nach Durchführung der Transaktion würde allerdings kein Aktionär über eine kontrollierende Beteiligung an der HVB verfügen.

B. Die Stellungnahme der österreichischen Übernahmekommission[393]

Bei der österreichischen Übernahmekommission handelt es sich um die gem. §§ 28 ff. ÜbG für die im Zusammenhang mit dem ÜbG stehenden Angelegenheiten zuständige Aufsichtsbehörde. Die Kommission wurde durch eine Ad-hoc-Mitteilung der HVB und der BA, in der diese ankündigten, in Zukunft gemeinsam vorzugehen und ihre Aktionäre zusammenzuführen, aufmerksam und nach § 29 ÜbG von Amts wegen tätig.

I. Keine Qualifizierung verschmelzungsähnlicher Transaktionen als öffentliches Übernahmeangebot

Zunächst untersuchte die österreichische Übernahmekommission die an dieser Stelle nicht näher zu beleuchtende Frage, ob die oben geschilderte Transaktion selbst als öffentliches Übernahmeangebot im Sinne von § 1 ÜbG, bei dem die Verfahrensvorschriften des ÜbG zu beachten sind, zu qualifizieren sei. Sie ging dabei von dem Grundsatz aus, dass nicht jede Übernahme im wirtschaftlichen Sinne auch als Übernahmeangebot im rechtlichen Sinne zu qualifizieren sei, und daher auch nicht jede Übernahme im wirtschaftlichen Sinne eine Angebots-

---

392 § 224 Abs. 3 österreichisches AktG bestimmt, dass bei einer Verschmelzung der Muttergesellschaft auf die Tochtergesellschaft, also einem sogenannten downstream merger, die von der Muttergesellschaft an der Tochtergesellschaft gehaltenen Aktien zur Abfindung der Aktionäre der Muttergesellschaft verwendet werden. In der geplanten Transaktion sollten dagegen die von der BA-Holding an der Zwischengesellschaft HVB gehaltenen Aktien verwendet werden, um die Aktionäre der BA-Holding bei Verschmelzung der BA-Holding auf ihre Enkelgesellschaft BA-Neu abzufinden. Eine dem § 224 Abs. 3 österreichisches AktG ähnliche Regelung enthält § 68 Abs. 1 Satz 2 Nr. 2 UmwG, bei dem es in der Praxis gerade üblich ist, in den Fällen, in denen ein übertragender Rechtsträger voll eingezahlte Aktien der Übernehmerin inne hat, diese so von der Übernehmerin im Zuge der Verschmelzung erworbenen eigenen Aktien zur Abfindung der Aktionäre des übertragenden Rechtsträgers zu verwenden. Vgl. hierzu *Diekmann* in: Semler/Stengel, § 68, Rn. 15; *Limmer* in: Limmer, Rn. 435 f. u. Rn. 1229; *Marsch-Barner* in: Kallmeyer, § 68 UmwG, Rn. 13.

393 Abgedruckt in: NZG 2001, 282 ff. mit Anm. *Karollus/Geist*. Eine umfassende Darstellung und Diskussion findet sich auch bei *Binder/Khol*, ecolex 2000, 875 ff.; *Doralt*, GesRZ 2000, 197 ff.; *Gall*, wbl 2000, 544 ff.; *Schütt*, Journal of International Banking Law 2001, 61 ff. sowie in der deutschen Literatur bei *Kleindiek*, ZGR 2002, 546, 565 ff.; *Seibt/Heiser*, ZHR 165 (2001), 466, 468 f.; *Weber-Rey/Schütz*, AG 2001, 325, 325 ff.

pflicht nach dem ÜbG auslöse[394]. Schon der Wortlaut von § 1 ÜbG, in dem ausdrücklich von einem „öffentlichen Angebot an die Inhaber von Beteiligungspapieren einer AG“ die Rede ist, spreche gegen die Qualifizierung der Transaktion als öffentliches Übernahmeangebot, da ein solches dem einzelnen Aktionär ein individuelles Entscheidungsrecht über die Annahme oder Ablehnung des Angebots eröffne, während bei einer Verschmelzung nur eine gemeinsame Entscheidung der Aktionäre in Form eines Hauptversammlungsbeschlusses möglich sei, die sich im Verfahren, in der Art der Zählung und in dem Umstand, dass auch nicht zustimmende Aktionäre gebunden seien, von einer individuellen Entscheidung des Einzelnen unterscheide[395].
Ausgehend von dem oben genannten Grundsatz, dass nicht jede Übernahme im wirtschaftlichen Sinne auch ein Übernahmeangebot im rechtlichen Sinne darstelle, lehnte die Übernahmekommission sodann auch eine analoge Anwendung der übernahmerechtlichen Vorschriften auf die beabsichtigte Transaktion ab, da weder eine Auslegung noch eine Lückenfüllung eine solche gebiete[396]. Sie begründete die Entscheidung mit dem Argument, dass das öffentliche Angebot nach dem ÜbG mit der individuellen Entscheidungsmöglichkeit jedes einzelnen Gesellschafters nur eine von mehreren Techniken zur Erlangung der Kontrolle und zur Übernahme eines Unternehmens darstelle, während ein wirtschaftlich ähnliches Ergebnis beispielsweise auch durch die Rechtstechnik der Verschmelzung, der Kapitalerhöhung oder ähnlichen Transaktionen erreicht werden könne. Einen numerus clausus der Rechtstechniken, durch die eine Übernahme im wirtschaftlichen Sinne erreicht werden könne, stelle auch das ÜbG nicht auf, so dass eine derartige verschmelzungsähnliche Transaktion wie die beabsichtigte nicht automatisch als öffentliches Übernahmeangebot im Sinne des ÜbG anzusehen sei und dessen Regelungen unterfiele. Das ÜbG verbiete daher nicht etwa andere Techniken, mit denen eine wirtschaftliche Übernahme erreicht würde, sondern derartige Rechtstechniken sollten als Alternative zu Übernahmeangeboten im rechtlichen Sinne bestehen bleiben. Denn auch für Verschmelzungen und verschmelzungsähnliche Sachverhalte beständen bestimmte Verfahrens- und Schutzsysteme, die sich zwar erheblich von den im ÜbG aufgestellten Regelungen unterschieden, der Aktionärsschutz jedoch durch die von den Banken beabsichtigte Transaktion nicht in einer Art und Weise umgangen werde, die eine generelle Anwendung der (Verfahrens-)Vorschriften des ÜbG rechtfertige.

---

394 *Übernahmekommission*, Stellungnahme GZ 2000/1/4-171 vom 12. September 2000, NZG 2001, 282, 284.

395 *Übernahmekommission*, Stellungnahme GZ 2000/1/4-171 vom 12. September 2000, NZG 2001, 282, 284. So auch die Darstellung der Kommissionsentscheidung bei *Fleischer/Kalss*, § 4, S. 158 f.

396 *Übernahmekommission*, Stellungnahme GZ 2000/1/4-171 vom 12. September 2000, NZG 2001, 282, 284 f.

II. Angebotspflicht bei Kontrollerwerb oder Kontrollwechsel als Rechtsfolge der Transaktion

Von der Frage, ob die Transaktion selbst ein öffentliches Angebot im Sinne des § 1 ÜbG darstellt, war die Frage zu unterscheiden, ob dann, wenn Rechtsfolge der Transaktion ein Kontrollererwerb oder ein Kontrollwechsel ist, der nunmehr kontrollierende Aktionär ein Pflichtangebot nach § 22 Abs. 1 ÜbG abzugeben hat.

Hierzu führte die Kommission aus, dass eine direkte Anwendung von § 22 Abs. 1 ÜbG nicht in Betracht käme, denn eine Kontrolle an einem börsennotierten Rechtsträger würde nicht erlangt, da insbesondere die börsennotierte BA-Holding untergehe. Eine Analogie sei aber jedenfalls dann gerechtfertigt, wenn einzelne Schutzzwecke des ÜbG dessen Anwendung im Einzelfall gebieten würden[397]. Angesichts des Schutzzwecks des Pflichtangebots mit dem Inhalt, den Aktionären ein Austrittsrecht beim erstmaligen Entstehen einer kontrollierenden Beteiligung oder bei Wechsel des kontrollierenden Aktionärs zu gewähren, sei die Frage, aus welchem Blickwinkel das Erlangen der Kontrolle zu beurteilen sei, aus der Sicht der übernahmerechtlich zu Schützenden zu beantworten. Also habe die Beurteilung nicht etwa aus Unternehmenssicht, sondern aus Sicht der ehemaligen Aktionäre der BA zu erfolgen, wobei es auf die formale Technik der Kontrollerlangung nicht ankomme. Sähen sich diese Aktionäre in der HVB einem kontrollierenden Aktionär gegenüber - was letztlich jedoch in tatsächlicher Hinsicht nicht der Fall war - sei die vom ÜbG geregelte Situation eingetreten, so dass diesen Aktionären ein Pflichtangebot nach § 22 Abs. 1 ÜbG analog zu unterbreiten sei[398]. Weitergehend führte die Übernahmekommission aus, dass es bei der Beurteilung der Frage, ob ein Pflichtangebot zu unterbreiten sei, weder auf die Rechtsform der Transaktion, durch die eine Kontrolle erlangt werde, noch auf die Transaktionsrichtung oder auf die Tatsache, dass die Zielgesellschaft nach der Transaktion bestehen bleibe oder nicht, oder darauf, ob die Gesellschaft, an der die zu schützenden Aktionäre nach der Transaktion beteiligt seien, börsennotiert sei oder nicht, ankomme, da anderenfalls der Schutzzweck des Pflichtangebots und des Austrittsrechts umgangen werden könne[399].

---

397 *Übernahmekommission*, Stellungnahme GZ 2000/1/4-171 vom 12. September 2000, NZG 2001, 282, 286.

398 *Übernahmekommission*, Stellungnahme GZ 2000/1/4-171 vom 12. September 2000, NZG 2001, 282, 286.

399 *Übernahmekommission*, Stellungnahme GZ 2000/1/4-171 vom 12. September 2000, NZG 2001, 282, 286.

C. Die Diskussion in der österreichischen Literatur

Bei der Beurteilung des von der Übernahmekommission entschiedenen Sachverhalts sind die Meinungen - wie bei der entsprechenden Problematik in Deutschland auch - geteilt.

I. Befürworter einer Anwendung des ÜbG auf umgründungsrechtliche Transaktionen

Mehrheitlich wurde die Entscheidung der Kommission, auch Verschmelzungen gegebenenfalls unter das ÜbG fallen zu lassen, unter Hinweis auf dessen Schutzzwecke begrüßt[400]. Die Befürworter einer kumulativen Anwendung der übernahme- und umgründungsrechtlichen Regelungen berufen sich dabei auf den Schutzzweck des ÜbG, ein Austrittsrecht mit einer rechtlich überprüfbaren angemessenen Abfindung für die (Klein-) Aktionäre sicherzustellen[401], sowie darauf, dass es insbesondere bei der Beurteilung derartiger Sachverhalte nicht auf die Verschmelzungsrichtung ankommen könne, da dies nur als Einladung zu geschickten Umgehungskonstruktionen zu verstehen sei[402].
Begründet wird die Auffassung, dass die umgründungsrechtlichen Vorschriften und das ÜbG nebeneinander anwendbar seien, damit, dass das Pflichtangebot als Instrument der Marktordnung den Minderheitsaktionären vor allem die Möglichkeit gewähren solle, im Falle eines Kontrollerwerbs oder Kontrollwechsels aus der Gesellschaft auszuscheiden, und zwar unabhängig von der Art des Kontrollerwerbs, da es infolge der Kontrollerlangung zu einer Verlagerung von Vermögen, Erwerbschancen und Gewinnen bzw. zu einer Neuausrichtung der Strategie kommen könne, so dass sich die Aktionäre plötzlich in einer Gesellschaft wieder fänden, an deren Aktien sie nicht länger interessiert seien[403]. Die Regelungen über Verschmelzungen und Spaltungen legten hingegen nur die rechtlichen Rahmenbedingungen für diese Vorgänge fest, unabhängig davon, ob und in welchem Umfang sich die Machtverhältnisse an den beteiligten Gesellschaften verändert hätten, so dass umgründungs- und umwandlungsrechtliche Schutzmechanismen materiell nicht vergleichbar seien[404]. Darüber hinaus erfordere der gesellschaftsrechtliche Schutz regelmäßig die Anfechtung von Haupt-

---

400 *Fleischer/Kalss*, § 4, S. 160; *Gall*, wbl 2000, 544, 548; *Kaindl*, Abschn. III. C., S. 114 ff.; *Karollus/Geist*, NZG 2001, 288 (Anm. zur Stellungnahme der Österreichischen Übernahmekommission, NZG 2001, 282 ff.); *Zollner*, Abschn. 4.3.5.7.1., S. 132 f.
401 *Gall*, wbl 2000, 544, 548; *Karollus/Geist*, NZG 2000, 1145, 1147.
402 *Kalss/Winner*, ÖBA 2000, 51, 54.
403 *Kalss/Winner*, ÖBA 2000, 51, 52; *Zollner*, Abschn. 4.3.5.7.1, S. 132 f. sowie *Kaindl*, Abschn. III. C. 3., S. 117 f. unter Berufung auf die gesetzgeberischen Erläuterungen zum ÜbG, ErlRV 1276 BlgNr. XX. GP, Allg. Teil, S. 3. Zu dieser Zielsetzung der Pflichtangebotsregelung auch *Stockenhuber*, RIW 1999, 752, 753.
404 *Zollner*, Abschn. 4.3.5.7.1., S. 132 f.

versammlungsbeschlüssen, was neben den erheblichen Kostenfolgen für die anfechtenden Aktionäre auch den Nachteil habe, dass eine solche Anfechtung niemals auf eine Kontrollerlangung, sondern immer nur darauf gestützt werden könne, dass eine Transaktion gegen die gesellschaftsrechtliche Treuepflicht oder die Interessen der Gesellschaft verstoße, während das ÜbG allein auf die Tatsache des Kontrollerwerbs abstelle, unabhängig davon, ob die Transaktion als solche bedenklich sei oder nicht[405].

Soweit eine Angebotspflicht danach bejaht wird, sei die Beurteilung, ob ein die Angebotspflicht auslösender Kontrollwechsel stattgefunden habe, aus der Sicht der übernahmerechtlich zu Schützenden vorzunehmen, so dass nur jenen Beteiligungsinhabern ein Pflichtangebot zu unterbreiten sei, die nach Durchführung der Transaktion mit einem neuen kontrollierenden Aktionär konfrontiert seien[406]. Dies könne nach der jeweiligen Fallkonstellation bei Verschmelzungen im Einzelnen zu unterschiedlichen Ergebnissen führen, mit der Folge, dass nur einem Teil der Minderheitsaktionäre ein Pflichtangebot zu unterbreiten sei[407].

II. Ablehnende Auffassung der Anwendung des ÜbG auf umgründungsrechtliche Maßnahmen

Nach anderer Ansicht kommt eine Anwendung des ÜbG auf umgründungsrechtliche Transaktionen dagegen nicht in Betracht, da zum einen eine direkte Anwendung schon deshalb ausgeschlossen sei, weil § 22 ÜbG immer einen Beteiligungserwerb voraussetze, was aber gerade im Rahmen von Verschmelzungen nicht der Fall sei, da die aufnehmende Gesellschaft das gesamte Unternehmen der übertragenden Gesellschaft im Wege der Gesamtrechtsnachfolge erwerbe[408]. Auch eine analoge Anwendung scheide aus, da Paketzuschläge, bei deren Verteilung das ÜbG eine Gleichbehandlung der Aktionäre sicherstellen wolle, im Rahmen von Verschmelzungen nicht gezahlt würden, und zudem die verschmelzungsrechtlichen Berichts- und Prüfpflichten sowie die gerichtliche Kontrolle der Angemessenheit des Umtauschverhältnisses genügten, um die Belange der

405 *Karollus/Geist*, NZG 2000, 1145, 1147 u. 1149.

406 *Fleischer/Kalss*, § 4, S. 160; *Diregger/Ullmer*, wbl 2002, 97, 101 f.; *Kaindl*, Abschn. III. C. 8., S. 123; *Zollner*, Abschn. 4.3.5.7.2, S. 134.

407 *Fleischer/Kalss*, § 4, S. 160; *Gall*, wbl 2000, 544, 548; *Zollner*, Abschn. 4.3.5.7.2., S. 134.

408 *Nowotny*, RdW 2000, 330, 330, der letztlich die umfassende These aufstellt, dass immer dann, wenn Unternehmenszusammenschlüsse unter gesetzlicher Aufsicht erfolgten, bei denen die Transparenz des Vorgangs und seine Überprüfbarkeit gewährleistet seien, ein Schutzmechanismus eingreife, der demjenigen des ÜbG gleichwertig sei, und daher das ÜbG keine Anwendung finde.

Kleinaktionäre zu sichern[409]. So habe auch der österreichische Gesetzgeber ausdrücklich die Unterschiede zwischen Übernahme- und Verschmelzungsrecht gesehen[410], so dass dementsprechend auf die Unanwendbarkeit des ÜbG zu schließen sei[411]. Darüber hinaus finde sich auch im englischen City Code on Takeovers and Mergers, der häufig als Vorbild für die österreichischen Übernahmeregelungen genannt werde, kein Verschmelzungstatbestand[412].

D. Übertragbarkeit der österreichischen Ansatzpunkte auf das deutsche Recht

Da der Tatbestand des § 22 Abs. 1 ÜbG demjenigen des § 35 WpÜG in vielerlei Hinsicht ähnlich ist, indem er an die Erlangung einer kontrollierenden Beteiligung eine Angebotspflicht knüpft, könnten die oben dargestellten Argumente wichtige Hinweise für eine Analyse der Rechtslage in Deutschland bieten. Allerdings weisen österreichisches ÜbG und Umwandlungsrecht bzw. Konzernrecht gegenüber dem deutschen Recht auch einige Unterschiede auf[413], so dass sich die Frage stellt, ob die genannten Argumente tatsächlich vollumfänglich auf die deutsche Rechtslage übertragbar sind.

I. Art der Gegenleistung

Ein auf den ersten Blick erheblicher Unterschied zwischen deutschem und österreichischem Übernahmerecht besteht darin, dass § 22 Abs. 8 ÜbG als Gegenleistung ein Barangebot als Alternative zu Aktien zwingend vorschreibt, während nach § 31 Abs. 2 WpÜG die Gegenleistung in Euro oder in liquiden Aktien bestehen kann, mit der Folge, dass prinzipiell ein reines Tauschangebot ohne Baralternative zulässig ist, es sei denn, dass der Bieter nach § 31 Abs. 3 WpÜG in den letzten drei Monaten vor Veröffentlichung der Entscheidung zur Abgabe eines Angebots mindestens 5% der Aktien bzw. der Stimmrechte der Zielgesell-

---

409 *Nowotny*, RdW 2000, 330, 331 sowie *ders.*, wbl 2001, 379, 382 ff. So auch *Huber/Löber*, § 22 ÜbG, Rn. 92, die die Effektivität der umgründungsrechtlichen Vorschriften aus dem im Verschmelzungsrecht vorgesehenen einheitlichen Umtauschverhältnis ableiten und hierin sogar einen tendenziell umfassenderen Schutz als nach dem ÜbG sehen.

410 ErlRV 1276 BlgNr XX. GP, Allg. Teil, S. 2.

411 *Nowotny*, RdW 2000, 330, 330 f.

412 *Nowotny*, RdW 2000, 330, 331; a. A. *Fleischer/Kalss*, § 4, S. 159, die ausdrücklich darauf hinweisen, dass der City Code on Takeovers and Mergers ein Pflichtangebot unabhängig von der Art des Kontrollerwerbs, also auch für Verschmelzungen, Kapitalerhöhungen und ähnliche Transaktionen, statuiere. Ebenso *Kaindl*, Abschn. III. C. 2., S. 116 f., mit dem zusätzlichen Argument, dass sich die Anwendbarkeit auf Verschmelzungen auch schon aus dem Titel „City Code on Takeovers and Mergers" ergebe. Zu diesem Aspekt im englischen Recht vgl. *Stern* in: Doralt/Nowotny/Schauer, 51, 60; *Zinser*, NZG 2000, 573, 574.

413 Zu den Unterschieden zwischen deutschem und österreichischem Übernahmerecht vgl. den umfassenden Überblick bei *Diregger/Winner*, WM 2002, 1583 ff.

schaft oder nach der Veröffentlichung dieser Entscheidung und vor Ende der Annahmefrist mindestens 1% der Aktien oder Stimmrechte der Zielgesellschaft gegen Zahlung einer Geldleistung erworben hat. Dementsprechend wird vorgebracht, dass das österreichische ÜbG den Minderheitsaktionären tatsächlich ein Ausstiegsrecht gewähre, was in Deutschland dagegen gerade nicht der Fall sei[414]. Man könnte demnach argumentieren, dass die deutsche Pflichtangebotsregelung gar kein „echtes" Ausstiegsrecht gewähre, und sich der durch die §§ 35 ff. WpÜG gebotene Schutz damit relativiere. Allerdings ist diesem Argument entgegen zu halten, dass die „Liquidität" der als Gegenleistung gebotenen Aktien als zusätzliche Voraussetzung neben dem Erfordernis, dass diese Aktien zum Handel an einem organisierten Markt zugelassen sind, anzusehen ist[415]. Dies bedeutet, dass diese Wertpapiere zumindest genauso leicht zu veräußern sein müssen wie die bisher von den Aktionären gehaltenen[416]. Damit kommt der deutschen Pflichtangebotsregelung zwar nicht zwingend wie im österreichischen Recht ein unmittelbares Austrittsrecht gegen Barabfindung zu, führt jedoch letztlich wirtschaftlich zum selben Ergebnis, da den Aktionären als Gegenleistung nur Aktien angeboten werden dürfen, die diese jederzeit veräußern können, ohne hierbei im Vergleich zu den von ihnen bisher gehaltenen Aktien mit Veräußerungsschwierigkeiten rechnen zu müssen, und die damit „so gut wie Bargeld" sind[417].

II. Unterschiedlich ausgeprägte Überprüfungsmöglichkeiten des Umtauschverhältnisses in Verschmelzungsfällen

Gegen eine Vergleichbarkeit der österreichischen und der deutschen Rechtslage kann auch nicht eingewendet werden, dass ein österreichischer Minderheitsaktionär im Rahmen von Verschmelzungen weitaus schutzbedürftiger sei als ein Minderheitsaktionär in Deutschland, da er die Kontrolle des Umtauschverhältnisses bei der Verschmelzung aufgrund der für die Antragslegitimation vorgese-

---

414 *Vetter*, WM 2002, 1999, 2008. Ähnlich auch *Diregger/Winner*, WM 2002, 1583, 1587, die angesichts der Möglichkeit von reinen Tauschangeboten Bedenken dagegen vorbringen, dass die deutsche Pflichtangebotsregelung die Minderheitsaktionäre tatsächlich vor einer Konzernierung schützen könne.

415 *Diregger/Winner*, WM 2002, 1583, 1586; *Oechsler* in: Ehricke/Ekkenga/Oechsler, § 31, Rn. 49; *Steinmeyer/Häger*, § 31, Rn. 50.

416 *Diregger/Winner*, WM 2002, 1583, 1586; *Steinmeyer/Häger*, § 31, Rn. 50. Ob die gebotenen Aktien dabei von einer kontrollierten Gesellschaft stammen dürfen, ist umstritten. So *Süßmann*, WM 2003, 1453, 1455 und *Technau*, AG 2002, 260, 264. Ebenso *Kremer/Oesterhaus* in KK-WpÜG, § 31, Rn. 24 mit dem Argument, dass das Ausstiegsrecht auch in diesem Fall durch die ausreichende Liquidität der Aktien – seien sie auch von einer abhängigen Gesellschaft – gesichert sei. A. A. *Harbarth*, ZIP 2002, 321, 331, der davon ausgeht, dass eine Gegenleistung in Form von Anteilen an einer fremdgesteuerten Gesellschaft mit der Zielsetzung des WpÜG nicht vereinbar sei.

417 *Kleindiek*, ZGR 2002, 546, 560 f.; *Steinmeyer/Häger*, § 31, Rn. 50.

henen Schwellenwerte nicht allein initiieren kann[418]. Zwar ist dieser Ansicht zuzugeben, dass in Deutschland eine Bewertungsrüge im Hinblick auf das Umtauschverhältnis auch durch einen einzelnen Aktionär unabhängig von der Höhe der von ihm gehaltenen Anteile erhoben werden kann[419]. Allerdings verliert dieses Argument seine Schlagkraft dadurch, dass auch das deutsche WpÜG augenscheinlich eine noch darüber hinausgehende Schutzbedürftigkeit der Minderheitsaktionäre erkannt und entsprechend eine Überprüfung der Angemessenheit der Gegenleistung von Amts wegen vorgesehen hat, so dass es gar nicht erst zum Angebot einer zu geringen Gegenleistung kommen kann, da die BaFin diese vor Veröffentlichung der Angebotsunterlage prüft. Auch im deutschen Recht geht daher der Schutz nach dem WpÜG im Hinblick auf die Angemessenheit der gebotenen Gegenleistung weit über diejenige des UmwG im Hinblick auf die Bemessung des Umtauschverhältnisses hinaus[420]. Aus der Tatsache, dass das österreichische Verschmelzungsrecht den Aktionären weniger Kontrollmöglichkeiten im Hinblick auf das Umtauschverhältnis der Anteile bei Verschmelzungen einräumt als das deutsche Umwandlungsrecht, können demnach keine Rückschlüsse auf die (Nicht-)Übertragbarkeit der österreichischen Argumente zum Verhältnis zwischen Umwandlungs- und Übernahmerecht gezogen werden, da auch in Deutschland das Übernahmerecht die Minderheitsaktionäre noch besser schützt als das Verschmelzungsrecht, und sich damit das Argument der höheren Schutzbedürftigkeit österreichischer Kleinaktionäre im Vergleich zu deutschen Kleinaktionären relativiert.

III. Unterschiedlich stark ausgeprägtes Konzernrecht

Als einer der gravierenden Unterschiede zwischen österreichischem und deutschem Recht wird angeführt, dass das österreichische Recht im Gegensatz zum deutschen Recht kaum ein materielles Konzernrecht kenne, was dem durch das

---

418 *Vetter*, WM 2002, 1999, 2009. Zur Unzulänglichkeit der Kontrollmöglichkeiten der österreichischen Kleinaktionäre in Verschmelzungsfällen aufgrund der in § 225c Abs. 3 Nr. 2 österreichisches AktG vorgesehenen Schwellenwerte (Aktien im Betrag von mindestens einem hundertsten Teil des Grundkapitals oder im Betrag von mindestens EUR 70.000,--) vgl. *Karollus/Geist*, NZG 2000, 1145, 1148.

419 Vgl. § 15 Abs. 1 UmwG und hierzu aus der Literatur *Bork* in: Lutter, Bd. I, § 15 UmwG, Rn. 2; *Gehling* in: Semler/Stengel, § 15 UmwG, Rn. 6; *Marsch-Barner* in: Kallmeyer, § 15 UmwG, Rn. 3.

420 *Lenz/Linke*, AG 2002, 361, 368.

ÜbG vermittelten Konzerneingangsschutz für Österreich besondere Bedeutung zukommen lasse[421].

1. Konzernrecht in Österreich

Zwar kennt das österreichische Aktiengesetz ebenfalls eine Begriffsbestimmung des Konzerns (§ 15 öAktG), der bei einer Zusammenfassung rechtlich selbständiger Unternehmen unter einheitlicher Leitung zu wirtschaftlichen Zwecken anzunehmen ist[422]. Hierbei sind sowohl der faktische Konzern als auch der Vertragskonzern in der Praxis anerkannt[423]. Allerdings knüpft an die Definition des Konzernbegriffs keine Regelung der entscheidenden Fragen, die bei einem Konzern- oder Abhängigkeitsverhältnis auftreten, an, so dass ein kodifiziertes Konzernverfassungsrecht kaum existiert[424]. Gesetzliche Anhaltspunkte für materielle Regelungen sind allein die Generalklauseln in §§ 100, 101 öAktG sowie § 195 Abs. 2 öAktG, die auf die Ausnutzung eines Einflusses auf die Gesellschaft abstellen, und hieran Schadensersatzpflichten und Anfechtungsrechte knüpfen, sofern die Einflussnahme mit der Absicht erfolgt, gesellschaftsfremde Sondervorteile zum Schaden der Gesellschaft zu erlangen[425]. Der Schadensersatzanspruch steht dabei in erster Linie der Gesellschaft zu, kann aber bei unmittelbarer Schädigung des Aktionärs selbst auch diesem zustehen. Für eine solche unmittelbare Schädigung genügt allerdings nicht die bloß mittelbare Schädigung aufgrund einer Schädigung der Gesellschaft[426]. Sofern Gläubiger nicht von der Gesellschaft selbst Befriedigung erlangen können, sind auch diese nach § 101 Abs. 1 öAktG anspruchsberechtigt. Neben der Problematik in der Praxis, einen entsprechenden Vorsatz nachzuweisen[427], besteht eine weitere Schwierigkeit im Zusammenhang mit der Anwendung der Vorschrift darin, dass diese nach § 100 Abs. 3 öAktG dann nicht eingreift, wenn die Ausübung des Einflusses auf die Erlangung von Vorteilen gerichtet ist, die schutzwürdigen Interessen dienen. Die

---

421 *Vetter*, WM 2002, 1999, 2008 sowie *Karollus/Geist*, NZG 2000, 1145, 1146 unter Hinweis auf *Jabornegg* in: Schiemer/Jabornegg/Strasser, § 15 öAktG, Rn. 3, der die Auffassung vertritt, dass in Österreich eine bloß faktische Anerkennung von Konzernen bestehe, während jedoch von einer durchnormierten Konzernverfassung keine Rede sein könne. Ähnlich auch *Doralt/Kalss* in: Hommelhoff/Hopt/Lutter, Kap. G., S. 177, die ebenfalls davon ausgehen, dass das österreichische Recht im Gegensatz zum deutschen Recht keine umfassende Regelung des Konzernrechts enthalte, und von einem „unvollständigen Mosaikbild" des österreichischen Konzernrechts sprechen.

422 Zum Begriff des Konzerns nach österreichischem Recht vgl. *Doralt/Kalss* in: Hommelhoff/Hopt/Lutter, Kap. G., S. 179 f. sowie *Doralt* in: MüKo-AktG, § 15 AktG, Rn. 61 ff.

423 *Jabornegg* in: Schiemer/Jabornegg/Strasser, § 15 öAktG, Rn. 35 u. 43 f.; *Doralt* in: MüKo-AktG, § 15, Rn. 54.

424 *Doralt* in: MüKo-AktG, § 15 AktG, Rn. 51; *Jabornegg* in: Schiemer/Jabornegg/Strasser, § 15 öAktG, Rn. 3.

425 §§ 100, 101 öAktG entsprechen dabei im Wesentlichen der Vorschrift des § 117 AktG, § 195 Abs. 2 öAktG der Vorschrift des § 243 Abs. 2 AktG.

426 *Kalss* in: MüKo-AktG, § 117 AktG, Rn. 87.

427 *Kastner/Doralt/Nowotny*, S. 240.

Regelung ist Ausfluss des sogenannten Konzernprivilegs, wobei heute allerdings anerkannt ist, dass Konzerninteressen möglicherweise zwar noch eine Vermögenseinbuße, nicht jedoch eine direkte Schädigung der Aktiengesellschaft, ohne dass die Aktionäre einen Ausgleich erhalten, rechtfertigen können[428].
Neben diesen Regelungen beschränkt sich das österreichische Konzernrecht darauf, den aus einer Konzernierung resultierenden Gefahren dadurch entgegen zu treten, dass es den Kleinaktionären Minderheitenrechte in Form von Klagemöglichkeiten auf Schadensersatz gegen Organmitglieder, die ihr Verhalten primär am Wohl der Gesellschaft auszurichten (§ 70 Abs. 1 öAktG) bzw. diese mit der Sorgfalt eines ordentlichen Kaufmanns zu leiten haben, und auf Rückerstattung verdeckter Gewinnausschüttungen (§ 122 Abs. 1 öAktG) einräumt[429]. Abgerundet werden diese Regelungen durch die in zahlreichen Detailvorschriften enthaltenen, allerdings nicht konzernspezifischen Regelungen zum Schutz der Minderheitsaktionäre gegen die Mehrheitsherrschaft und zum Schutz der Gläubiger, die daneben teilweise auch in den allgemeinen Prinzipien des Aktienrechts wie dem Prinzip der Kapitalerhaltung, dem Gleichbehandlungsgebot und der Lehre von der Treuepflicht der Gesellschafter verankert sind[430]. Eine detaillierte Regelung der konzernrechtlichen Verhältnisse wie in §§ 291 ff. AktG existiert daher in Österreich nicht.

2. Vergleichbarkeit von österreichischem und deutschem Übernahmerecht trotz unterschiedlich stark ausgeprägtem Konzernrecht

Dies ist jedoch letztlich kein Argument gegen eine Vergleichbarkeit des österreichischen und deutschen Rechts im Hinblick auf den Anwendungsbereich des Übernahmerechts. Denn auch das deutsche Konzernrecht kann – wie gezeigt – vor allem im faktischen Konzern keinen dem Übernahmerecht vergleichbaren Schutz bieten[431]. Zum anderen wird auch im österreichischen Recht neben der Funktion des Konzerneingangsschutzes[432] immer wieder die kapitalmarktrechtliche Funktion der Pflichtangebotsregelung betont. So diene die Pflichtangebotsregelung der Stärkung des Kapitalmarktes und sei ein Instrument der Marktordnung[433]. Der in Österreich nicht so stark ausgeprägte Rechtsschutz im

---

428 *Kalss* in: MüKo-AktG, § 117 AktG, Rn. 89; *Strasser* in. Jabornegg/Strasser, §§ 100, 101 öAktG, Rn. 17.

429 *Doralt*, GesRZ 2000, 197, 199; *Doralt/Kalss* in: Hommelhoff/Hopt/Lutter, Kap. G., S. 181.

430 *Doralt* in: MüKo-AktG, § 15 AktG, Rn. 52; *Doralt/Kalss* in: Hommelhoff/Hopt/Lutter, Kap. G., S. 181.

431 Vgl. hierzu oben 1. Teil, Kap. 2, Abschn. B. III., S. 33 ff.

432 So *Gall*, wbl 2000, 544, 548; *Gruber*, wbl 1999, 10, 14; *Kalss*, NZG 1999, 421, 422 f.; *Zollner*, Abschn. 4.3.5.7.1, S. 132.

433 ErlRV 1276, BlgNr. XX. GP, Allg. Teil, S. 6; *Kalss* in: Semler/Volhard, Bd. 2, § 51, Rn. 66; *Kalss/Winner*, ÖBA 2000, 51, 52; *Karollus/Geist*, NZG 2000, 1145, 1146; *Stockenhuber*, RIW 1999, 752, 753; *Zollner*, Abschn. 4.3.5.7.1., S. 132.

(bestehenden) Konzern und die damit einhergehende Bedeutung des Konzerneingangsschutzes kann demnach nicht gegen eine generelle Heranziehung der in der österreichischen Literatur entwickelten Argumente zum Verhältnis zwischen Umwandlungsrecht und Übernahmenrecht sprechen, da auch das österreichische Übernahmerecht neben dem Aspekt des Konzerneingangsschutzes dieselbe Zielsetzung und bedeutende Funktion wie das deutsche Übernahmerecht aufweist, nämlich das Vertrauen der Aktionäre in die Kontinuität gegebener Beteiligungsverhältnisse zu schützen und ihnen für den Fall einer Veränderung der Grundlagen ihrer Investitionsentscheidung, die bei einer Kontrollerlangung oder einem Kontrollwechsel berührt werden, ein Austrittsrecht zu gewähren.

IV. Fazit

Insgesamt zeigt sich daher, dass zwar Unterschiede zwischen österreichischem und deutschem Übernahmerecht und den damit zusammenhängenden Rechtsgebieten des Umwandlungs- und Konzernrechts bestehen, diese Unterschiede jedoch nicht so erheblich sind, dass sich eine Übertragung der in der österreichischen Literatur erarbeiteten Argumente und Lösungen auf die Rechtslage in Deutschland von vornherein verbieten würde. Zwar sollten die jeweiligen Argumente vor dem Hintergrund der zweifelsohne bestehenden Unterschiede nicht bedenkenlos und unverändert übertragen werden, jedoch sind die Pflichtangebotsregelungen beider Länder konzeptionell sehr ähnlich ausgestaltet und dienen vor allem dem Ziel des Anlegerschutzes, so dass sich der österreichischen Diskussion wertvolle Hinweise auch für die Problemlösung in Deutschland entnehmen lassen[434].

Da sich auch in Österreich zu den verschiedenen denkbaren Fallkonstellationen neben den soeben dargestellten allgemeinen Begründungsansätzen unterschiedliche Meinungen herausgebildet haben, sollen die dort im Rahmen der Beantwortung von Einzelfragen entwickelten Argumente an dieser Stelle noch nicht detailliert aufgeführt, sondern ebenfalls bei den im Folgenden durchzuführenden Einzelfallbetrachtungen dargestellt und als Argumentationshilfe herangezogen werden.

---

[434] Für eine Heranziehung der in der österreichischen Literatur gefundenen Argumente in der deutschen Diskussion grundsätzlich auch *Kleindiek*, ZGR 2002, 546, 552 u. 569.

Kapitel 6: Erste Ansatzpunkte zur Anwendbarkeit der Pflichtangebotsregelung auf Umwandlungssachverhalte

Im Folgenden soll anhand der klassischen Auslegungsmethoden zunächst eine erste (allgemeinere) Annäherung an die soeben aufgeworfene Fragestellung, ob auch umwandlungsrechtliche Tatbestände zu einer Kontrollerlangung im Sinne von § 29 Abs. 2 WpÜG führen und damit ein Pflichtangebot nach §§ 35 ff. WpÜG auslösen können, oder ob dieser Bereich bereits abschließend durch die Vorschriften des UmwG abgedeckt ist, unternommen werden.

A. Wortlaut und Gesetzesbegründung

I. Wortlaut

Bei unbefangener Betrachtung des Wortlauts des § 29 Abs. 2 WpÜG scheint nichts gegen eine Kontrollerlangung aufgrund eines umwandlungsrechtlichen Vorgangs zu sprechen. Im Gegenteil: § 29 Abs. 2 WpÜG definiert Kontrolle als das Halten von mindestens 30% der Stimmrechte an der Zielgesellschaft, wobei bereits im ersten Teil dieser Arbeit dargestellt wurde, dass es grundsätzlich völlig unerheblich ist, wie der Bieter die Kontrolle über die Zielgesellschaft erlangt, sei es durch börslichen oder außerbörslichen Erwerb, Erwerb von Todes wegen oder kraft Gesetzes[435]. Allein dem Wortlaut der in § 29 Abs. 2 WpÜG enthaltenen Definition nach lässt sich demnach auch die Erlangung von mehr als 30% der Stimmrechte an einer Zielgesellschaft im Wege eines umwandlungsrechtlichen Vorgangs unproblematisch unter das Tatbestandsmerkmal der Kontrollerlangung subsumieren. Die in § 29 Abs. 2 WpÜG enthaltene Definition der Kontrolle steht demnach einer parallelen Anwendung von UmwG und WpÜG auf Sachverhalte, in denen die Kontrolle über eine Zielgesellschaft im Wege der Umwandlung erlangt wird, nicht entgegen. Dies gilt beispielsweise für den Fall, in dem eine von einem Mehrheitsaktionär beherrschte börsennotierte Aktiengesellschaft auf eine andere, nicht kontrollierte börsennotierte Aktiengesellschaft verschmolzen wird, und der Mehrheitsaktionär nach der Verschmelzung (erstmalig) die übernehmende Gesellschaft kontrolliert.

Gleiches ergibt sich auch aus einer unbefangenen Betrachtung des Wortlauts des § 35 WpÜG. So ist der Wortlaut weit genug angelegt, um neben dem rechtsgeschäftlichen Erwerb auch andere Techniken der Kontrollerlangung, beispielsweise auch Verschmelzungen, zu erfassen[436]. Dadurch, dass die Angebotspflicht

---

[435] Vgl. oben 1. Teil, Kap. 3, Abschn. A. III., S. 61 f. sowie aus der Literatur *Altmeppen*, ZIP 2001, 1073, 1081; *Steinmeyer/Häger*, § 35, Rn. 12; *Meyer* in: Geibel/Süßmann, § 35, Rn. 26.

[436] *Ekkenga/Schulz* in: Ehricke/Ekkenga/Oechsler, § 35, Rn. 30; *Fleischer*, NZG 2002, 545, 549; *Fleischer/Kalss*, § 3, S. 68; *Kleindiek*, ZGR 2002, 546, 568.

(nur) an die Erlangung der Kontrolle über eine Zielgesellschaft anknüpft, nimmt das Gesetz gerade keinerlei Einschränkungen hinsichtlich der Rechtstechnik der Kontrollerlangung und keine Unterscheidungen zwischen den verschiedenen Arten der Kontrollerlangung vor[437].

Festzuhalten ist demnach, dass der Wortlaut sowohl des § 29 Abs. 2 WpÜG als auch des § 35 Abs. 1 WpÜG nicht nur den rechtsgeschäftlichen Erwerb von Anteilen und damit von Stimmrechten erfasst, sondern es ausschließlich auf eine Kontrollerlangung über eine (Ziel-) Gesellschaft ankommt, wobei die Art und Weise dieser Kontrollerlangung völlig unerheblich ist. Die Wortlautinterpretation ergibt daher, dass auch eine Kontrollerlangung oder ein Kontrollwechsel in einem umwandlungsrechtlichen Kontext von der Pflichtangebotsregelung des WpÜG erfasst wird.

II. Gesetzesbegründung

1. Keine abschließende Aufzählung der möglichen Erwerbstatbestände in der Gesetzesbegründung

Ausgehend von der Begründung des Regierungsentwurfs zu § 35 Abs. 1 WpÜG, die besagt, dass es unerheblich sei, auf welche Weise die Kontrolle erlangt wurde, und dass sowohl der rechtsgeschäftliche börsliche und außerbörsliche Erwerb von stimmberechtigten Aktien als auch der Erwerb von Todes sowie Verhaltensweisen, die zu einer Zurechnung von Stimmrechten nach § 30 WpÜG führen, grundsätzlich die Verpflichtung nach § 35 WpÜG auslösen könnten[438], wird gegen eine Anwendung der Pflichtangebotsregelung auf Umwandlungsfälle zu bedenken gegeben, dass es sich bei all diesen vom Gesetzgeber genannten Fällen des Kontrollerwerbs um Situationen handele, bei denen sich der Erwerb der die Kontrolle vermittelnden Beteiligung ohne Mitwirkung der betroffenen Aktionäre vollziehe[439]. Im Gegensatz dazu sei bei einer Umwandlung jedoch ein Hauptversammlungsbeschluss mit einer qualifizierten Mehrheit von drei Vierteln der abgegebenen Stimmen erforderlich, so dass der Großaktionär seine Herrschaftsposition gerade aufgrund eines zustimmenden Beschlusses der Aktionäre erhalte, was gegen die Überlegung spreche, der Gesetzgeber habe Umwandlungsfälle in den Anwendungsbereich der §§ 35 ff. WpÜG mit einbeziehen wollen.

---

[437] *Kleindiek*, ZGR 2002, 546, 568; *Lenz/Linke*, AG 2002, 361, 367; *Schlitt* in: MüKo-AktG, § 35 WpÜG, Rn. 128; *Technau*, AG 2002, 206, 261.

[438] *Begr. RegE*, BT-Drucksache 14/7034, Bes. Teil zu § 35 Abs. 1 WpÜG, S. 59.

[439] *Vetter*, WM 2002, 1999, 2000.

Dieses Argument ist jedoch nicht zwingend[440]. Denn der Gesetzgeber hat mögliche Wege der Kontrollerlangung - (außer-)börslicher Erwerb, Erwerb von Todes wegen und kraft Zurechnung - nur schlagwortartig aufgezählt, ohne diese Schlagworte durch weitere Beispiele näher auszufüllen. Es kann in diesem Zusammenhang nicht erwartet werden, dass der Gesetzgeber in dieser nur summarischen Aufzählung der Erwerbstatbestände Verschmelzungsvorgänge explizit angesprochen hätte, wenn er diese von der Pflichtangebotsregelung hätte erfassen wollen. Zumindest kann jedenfalls aus der Tatsache, dass er Verschmelzungsvorgänge nicht ausdrücklich aufgeführt hat, nicht der Schluss gezogen werden, dass er diese nicht unter §§ 35 ff. WpÜG habe fassen wollen. Im Gegenteil liegt die Betonung in der Gesetzesbegründung darauf, dass die Art und Weise der Kontrollerlangung für die Anwendbarkeit der Pflichtangebotsregelung unerheblich sein soll, was gerade dafür spricht, dass auch umwandlungsrechtliche Vorgänge von dem Tatbestand des § 35 WpÜG erfasst sein sollen.

2. Keine scharfe Trennung von Übernahmen und anderen strukturändernden Maßnahmen

Weiterhin wird versucht, die Auffassung, dass der Gesetzgeber Umwandlungsfälle nicht in den Anwendungsbereich der §§ 35 ff. WpÜG habe einbeziehen wollen, anhand der bereits oben zitierte Aussage in der Begründung des Regierungsentwurfs, wonach Übernahmen neben strukturändernden Maßnahmen, die sich nach aktien- und umwandlungsrechtlichen Vorschriften richten, nur eine Möglichkeit darstellten, um bestimmte unternehmerische Ziele durchzusetzen[441], zu begründen[442]. So unterscheide der Gesetzgeber deutlich zwischen Übernahmen, die unter das WpÜG fielen, und den strukturändernden Maßnahmen, die sich nach Aktien- bzw. Umwandlungsrecht richteten. Die Gesetzesbegründung wird dabei dahingehend interpretiert, dass der Gesetzgeber gerade davon ausgegangen sei, dass das WpÜG auf umwandlungsrechtliche Transaktionen nicht anzuwenden sei, sondern sich die Zulässigkeit derartiger Maßnahmen immer allein nach den für sie maßgeblichen Rechtsvorschriften des UmwG und AktG richte[443]. Allenfalls de lege ferenda solle anhand der künftig zu machenden Er-

---

440 Zu der in einem teleologischen Kontext erheblichen Frage, ob die Zustimmung eines Aktionärs zu dem Umwandlungsbeschluss im Einzelfall einen Verzicht auf das übernahmerechtliche Austrittsrecht beinhaltet, vgl. die nachfolgenden Ausführungen zum Sinn und Zweck des Pflichtangebots. Vgl. zu dieser Problematik für Österreich auch: *Kalss/Winner*, ÖBA 2000, 51, 55 f.; *Stockenhuber* in: FS Krejci, 893, 895 ff.

441 *Begr. RegE*, BT-Drucksache 14/7034, Allg. Teil, S. 31.

442 *Vetter*, WM 2002, 1999, 2000.

443 *Angerer* in: Geibel/Süßmann, § 1, Rn. 104; *Heckschen* in: Heckschen/Simon, § 6, Rn. 24. Gegen diese Argumentation wenden sich ausdrücklich *Lenz/Linke*, AG 2002, 361, 367, Fn. 22, die ausdrücklich betonen, dass sich die von *Angerer* vorgenommene Interpretation der Gesetzesbegründung gerade nicht entnehmen lasse.

fahrungen überlegt werden, ob in den Schnittbereichen gesetzliche Regelungen erforderlich seien.
Eine Ergänzung möglicher Lücken im Gesetzestext mag sicherlich durch den Gesetzgeber angestrebt sein. Dennoch reißt eine derartige Interpretation den zitierten Satz aus dem Zusammenhang und verkürzt die Aussage des Gesetzgebers, denn sie geht auf die darauf folgende Passage in der Gesetzesbegründung nur beiläufig ein. So macht der Gesetzgeber nämlich am Ende seiner Ausführungen deutlich, dass er sehr wohl mögliche Überschneidungen der einzelnen Rechtsgebiete sieht - was aufgrund der in zeitlicher Hinsicht vorangegangenen lebhaften Diskussion in Österreich über die parallele Anwendung von Übernahme- und Umwandlungsrecht anlässlich der Aufsehen erregenden „Bankenehe" zwischen der Bayerischen HypoVereinsbank und der Bank Austria AG auch nicht weiter verwunderlich ist - und es nur vorläufig Praxis, Rechtsprechung und Literatur überlassen will, Lösungsmöglichkeiten zu finden.

Darüber hinaus zählt der Gesetzgeber umwandlungs- und übernahmerechtliche Maßnahmen nebeneinander als verschiedene Möglichkeiten auf, um grundsätzlich dieselben unternehmerischen Ziele zu erreichen. Führen jedoch beide Vorgänge zu ähnlichen unternehmerischen und wirtschaftlichen Ergebnissen und hat der Gesetzgeber dies auch erkannt, so spricht dies eher dafür, dass das WpÜG und die dort enthaltene Pflichtangebotsregelung auch auf umwandlungsrechtliche Sachverhalte Anwendung finden sollen. Denn betrachtet man den Schutzbereich des WpÜG näher, so ist dieser aus Sicht der durch das Gesetz zu Schützenden, nämlich der betroffenen Aktionäre, zu bestimmen. Aus deren Blickwinkel kann es jedoch keinen Unterschied machen, auf welche Art und Weise die Kontrolle über die Zielgesellschaft erlangt wurde, sofern sie sich nach Abschluss der Transaktion mit einem neuen oder anderen Kontrollinhaber konfrontiert sehen.

3. Die Begründung zu § 36 Nr. 2 WpÜG

Für die grundsätzliche Anwendbarkeit des WpÜG auf umwandlungsrechtliche Vorgänge spricht auch die Gesetzesbegründung zu § 36 Nr. 2 WpÜG, wonach von dieser Vorschrift nur Fälle des Formwechsels außerhalb des fünften Buches des UmwG erfasst sind, da es bei Formwechseln nach den Vorschriften des UmwG an einem relevanten Übertragungsvorgang fehle[444]. Wäre der Gesetzgeber davon ausgegangen, dass ein Kontrollerwerb aufgrund eines umwandlungsrechtlichen Vorgangs ohnehin nicht unter § 35 Abs. 1 WpÜG fiele, so hätte es nahe gelegen, die fehlende Anwendbarkeit des § 36 Nr. 2 WpÜG in Fällen des Formwechsels nach dem UmwG damit zu begründen, dass in diesen Fällen das

---

[444] *Begr. RegE*, BT-Drucksache 14/7034, Bes. Teil zu § 36 Nr. 2 WpÜG, S. 60.

UmwG ohnehin nicht anwendbar sei[445]. Indem der Gesetzgeber dagegen auf den fehlenden Übertragungsvorgang abgestellt hat, hat er damit implizit vorausgesetzt, dass WpÜG und UmwG grundsätzlich nebeneinander anwendbar sind.

Insgesamt spricht daher auch die Gesetzesbegründung eher für als gegen eine parallele Anwendbarkeit von WpÜG und UmwG.

B. Historie

In historischer Hinsicht ist auf die tatsächliche Entwicklung der Pflichtangebotsregelung in den entsprechenden Regelwerken in Deutschland und damit vor allem auf einen Vergleich zwischen den entsprechenden Vorschriften des Übernahmekodex und der heutigen Pflichtangebotsregelung abzustellen. So war in Art. 16 des Übernahmekodex unter anderem noch eine Ausnahme vom Pflichtangebot in den Fällen vorgesehen, in denen der Bieter beabsichtigte, innerhalb von 18 Monaten nach der Kontrollerlangung Beschlüsse über eine Eingliederung, eine Verschmelzung oder einen Formwechsel herbeizuführen. Allerdings wurde bei Eingreifen dieser Fallkonstellation die Kontrolle nicht aufgrund einer Verschmelzung erlangt, sondern es entfiel nur die Verpflichtung zur Abgabe eines Pflichtangebots, sofern anschließend an die Kontrollerlangung zeitnah eine Verschmelzung stattfinden sollte. Die Börsensachverständigenkommission stellte dabei den Vorrang der aktien- und umwandlungsrechtlichen Schutznormen gegenüber dem Schutzinstrumentarium des Übernahmekodex ausdrücklich heraus[446].
Aber auch wenn Art. 16 des Übernahmekodex nicht Fallgestaltungen erfassen sollte, bei denen die Kontrolle selbst durch einen umwandlungsrechtlichen Vorgang erlangt wurde, sondern nur solche Konstellationen, in denen ein solcher Vorgang erst im Anschluss an die Kontrollerlangung erfolgen sollte, so kommt der Tatsache, dass eine solche Regelung nicht mehr in den jetzigen Gesetzestext aufgenommen wurde, durchaus Indizwirkung zu. Denn die Börsensachverständigenkommission wollte mit dieser Regelung Ausnahmen für diejenigen Fälle schaffen, in denen ihrer Ansicht nach der Minderheitenschutz bereits gesetzlich auf andere Art und Weise, nämlich durch die im Aktien- und Umwandlungsrecht vorgesehenen Tatbestände mit jeweils eigenen Ausgleichs- bzw. Abfindungsregelungen zu Gunsten der betroffenen Aktionäre, sichergestellt war[447]. Durch den ausdrücklichen Verzicht auf diese noch in Art. 16 des Übernahmekodex enthaltene Ausnahme von der Angebotspflicht hat der Gesetzgeber sich offensichtlich von der Vorstellung verabschiedet, dass Umwandlungs- und Aktien-

---

[445] *von Bülow* in: KK-WpÜG, § 35, Rn. 69.
[446] Anmerkungen der *Übernahmekommission* vom Juli 1996 zum Übernahmekodex, abgedruckt in: *Schuster/Zschocke*, Übernahmerecht, Teil C, 102, 146.
[447] *Letzel*, NZG 2001, 260, 265; *Schander*, NZG 1998, 799, 801.

recht allein einen umfassenden Schutz für die Minderheitsaktionäre bieten[448]. Es kann dementsprechend nicht argumentiert werden, dass das UmwG einen ausreichenden Schutz für die Minderheitsaktionäre biete, und eine parallele Anwendung von UmwG und WpÜG zu einer vom Gesetzgeber nicht gewollten „Addition der Schutzmechanismen“[449] für die betroffenen Aktionäre führe. Der Gesetzgeber sieht demnach aufgrund des Verzichts auf diese Regelung offenbar nunmehr Verschmelzungsvorgänge insgesamt nicht mehr als Grund für eine Ausnahme von der Pflichtangebotsregelung an. Es macht daher keinen Unterschied, ob der im jetzigen Gesetz nicht mehr enthaltene Ausnahmetatbestand des Art. 16 des Übernahmekodex nur Konstellationen erfasste, in denen die Kontrolle in irgendeiner Weise erlangt wurde, und erst im Anschluss daran eine Verschmelzung erfolgen sollte. Ausschlaggebend ist, dass der Gesetzgeber insgesamt keine Privilegierung von Verschmelzungsvorgängen in Form einer Ausnahme von der Angebotspflicht mehr beabsichtigte, so dass hieraus geschlossen werden kann, dass auch eine Kontrollerlangung aufgrund von Verschmelzungen von den Regelungen des WpÜG erfasst sein sollte, bzw. zumindest keine Intention des Gesetzgebers vorhanden ist, die Kontrollerlangung durch Verschmelzungsvorgänge per se von den Regelungen des WpÜG auszunehmen.

C. Systematik

In systematischer Hinsicht spricht auch die Neuregelung in der Nachbesserungsvorschrift des § 31 Abs. 5 WpÜG dafür, dass Verschmelzungsvorgänge nicht vom WpÜG ausgeklammert werden sollten. Dies folgt aus einem Umkehrschluss aus § 31 Abs. 5 Satz 2 WpÜG, der Verschmelzungen gerade ausnimmt, woran erkennbar ist, dass der Gesetzgeber die Problematik bei den anderen Vorschriften des WpÜG durchaus im Blick hatte. Soweit hiergegen eingewendet wird, dass sich hierzu keine Anhaltspunkte finden ließen[450], kann dem nicht gefolgt werden. Dies folgt schon aus der oben zitierten Gesetzesbegründung, wonach der Gesetzgeber das Problem durchaus erkannt hatte.

---

448 *Hommelhoff/Witt* in: Haarmann/Riehmer/Schüppen, § 35, Rn. 31; *Seibt/Heiser*, ZHR 165 (2001), 466, 488 f.; kritisch zum Verzicht auf eine solche Regelung im WpÜG: *Riehmer/Schröder*, BB 2001, Beilage Nr. 5, 1, 10.

449 So die Begriffswahl bei *Adolff*, ZGR 2002, 579, 585.

450 *Vetter*, WM 2002, 1999, 2001.

D. Sinn und Zweck

I. Zielrichtung von § 35 WpÜG

1. Zusammenfassung der wesentlichen Ziele der Pflichtangebotsregelung

Sinn und Zweck des Pflichtangebots wurden bereits im ersten Teil dieser Arbeit ausführlich dargestellt und diskutiert[451], so dass an dieser Stelle nur noch einmal die wesentlichen Begründungsansätze wiederholt werden sollen. Vom Gesetzgeber angestrebter Zweck des Pflichtangebots war einerseits, angesichts der Pflichtangebotsregelungen in anderen Staaten die Wettbewerbsfähigkeit des Finanzplatzes Deutschland sicherzustellen und einen verlässlichen rechtlichen Rahmen für Unternehmensübernahmen zu schaffen[452]. Eng damit verknüpft ist das Ziel, das Vertrauen der Anleger zu stärken und deren Vermögensinteressen zu schützen – kurz gesagt: der Schutz der Minderheitsaktionäre, denn der Gesetzgeber erkannte die Risiken einer Kontrollerlangung oder eines Kontrollwechsels für die betroffenen Aktionäre, insbesondere die Auswirkungen einer Übernahme auf die geschäftspolitische Ausrichtung des Unternehmens und die Werthaltigkeit der Unternehmensanteile[453]. Um dieses Ziel zu erreichen, wollte der Gesetzgeber den betroffenen Aktionären ein Recht zum Austritt schaffen, indem ihnen die Möglichkeit gegeben werden sollte, die von ihnen gehaltenen Anteile an der Zielgesellschaft zu einem angemessenen Preis zu veräußern[454]. Eine derartige Gefahr für die Minderheitsaktionäre besteht jedoch gleichermaßen auch im Falle einer umwandlungsrechtlichen Maßnahme, beispielsweise, wenn der kontrollierende Aktionär der übertragenden oder sich spaltenden Gesellschaft erstmalig die Kontrolle über die aufnehmende Gesellschaft erlangt, oder es aufgrund der Umwandlung zu einem Kontrollwechsel innerhalb der aufnehmenden Gesellschaft kommt, denn in beiden Fällen kann es durch eine Änderung der Machtposition innerhalb des Unternehmens zu einer Änderung der Ausrichtung und Strategie des Unternehmens kommen. Insofern kann in Verschmelzungs- und Spaltungsfällen nichts anderes gelten als bei einem Kontrollwechsel im Rahmen eines „normalen" Anteilskaufs[455]. Auch im Falle von Verschmelzungen und Spaltungen kommt also der Schutzgedanke des

---

[451] Vgl. oben 1. Teil, Kap. 2, Abschn. B., S. 28 ff.

[452] *Begr. RegE*, BT-Drucksache 14/7034, Allg. Teil, S. 27 f.

[453] *Begr. RegE*, BT-Drucksache 14/7034, Allg. Teil, S. 27. Zu den Auswirkungen einer Kontrollerlangung und insbesondere dem daraus resultierenden Wertverlust der Aktien vgl. auch *Hommelhoff* in: FS Semler, 455, 457; *Steinmeyer/Häger*, § 35, Rn. 21; *Ekkenga/Hofschroer*, DStR 2002, 724, 725. Kritisch hierzu *Letzel*, NZG 2001, 260, 262; *Pietzke* in: FS Fikentscher, 601, 612 f.

[454] *Begr. RegE*, BT-Drucksache 14/7034, Allg. Teil, S. 30., vgl. auch *Kleindiek*, ZGR 2002, 547, 568 f.

[455] Vgl. ausführlich zum Kontrollwechsel oben 1. Teil, Kap. 3, Abschn. D. I., S. 78 ff. sowie aus der Literatur *Harbarth*, ZIP 2002, 321, 323; *Liebscher*, ZIP 2001, 853, 866; *von Bülow* in: KK-WpÜG, § 35, Rn. 87.

§ 35 WpÜG voll zum Tragen, denn auch in diesem Fall muss dem Anleger die Möglichkeit offen stehen, sich bei einem drohenden Kontrollwechsel von seiner Investition zu einem angemessenen Preis trennen zu können, um sich nicht bereits im Vorfeld der Investition darüber Gedanken machen zu müssen, ob diese nicht möglicherweise aufgrund eines drohenden Kontrollwechsels entwertet werden könnte[456].
Der darüber hinausgehende Aspekt der Gleichbehandlung der Aktionäre, insbesondere im Hinblick auf eine Teilhabe an dem für den Erwerb der Kontrollposition gezahlten Paketzuschlag, trifft dagegen bei Verschmelzungsvorgängen schon allein deshalb nicht zu, weil derartige Paketzuschläge im Rahmen von Verschmelzungen üblicherweise nicht gezahlt werden[457]. Dies allein kann jedoch nicht gegen eine Anwendung des WpÜG auf umwandlungsrechtliche Vorgänge sprechen, da es auch in diesen Fällen bei dem schlagenden Argument für die Pflichtangebotsregelung verbleibt, dass sich die betroffenen Aktionäre auf einmal mit einem (neuen) Kontrollinhaber konfrontiert sehen, und ihnen aus dieser möglicherweise unerwünschten Position des Minderheitsaktionärs eine Austrittsmöglichkeit aus einer Gesellschaft, an deren Aktien sie kein Interesse mehr haben, gegeben werden muss.

2. Schutzbedürftigkeit der Minderheitsaktionäre in Umwandlungsfällen

Hiergegen kann auch nicht eingewendet werden, dass es normalerweise dann, wenn ein Mehrheitsaktionär im Wege einer Verschmelzung erstmalig die Kontrolle in der aufnehmenden Gesellschaft erlangt, nicht zu einem Absinken des Aktienkurses komme, und damit auch kein Grund bestehe, den Minderheitsaktionären eine Austrittsmöglichkeit zu eröffnen[458]. Denn es ist zweifelhaft, ob eine derart pauschalierte Betrachtungsweise den besonderen Umständen im Einzelfall hinreichend Rechnung trägt. Denn die Gefahr eines sinkenden Aktienkurses kann auch im Rahmen von Verschmelzungen nicht von vornherein ausgeschlossen werden, insbesondere, da das Interesse des Mehrheitsaktionärs nicht zwingend deckungsgleich mit dem Interesse der betroffenen Aktionäre an einer positiven Entwicklung der Gesellschaft sein muss[459].

Auch die Möglichkeit eines regulären Verkaufs der Anteile an der Börse stellt kein Argument dar, aufgrund dessen die Verpflichtung zur Abgabe eines Ange-

---

456 So auch *Fleischer*, NZG 2002, 545, 550; *Fleischer/Kalss*, § 3, S. 69.
457 *Seibt/Heiser*, ZHR 165 (2001), 466, 479; *Vetter*, WM 2002, 1999, 2002 und für Österreich *Nowotny*, RdW 2000, 330, 331 sowie aus der Literatur zum umwandlungsrechtlichen Gleichbehandlungsgrundsatz *Lutter* in: Lutter, Bd. I, § 5 UmwG, Rn. 18; *Mayer* in: Widmann/Mayer, § 5 UmwG, Rn. 95; *Streck/Mack/Schwedhelm*, GmbHR 1995, 161, 163.
458 *Vetter*, WM 2002, 1999, 2002, der aber selbst nicht in dieser Allgemeinheit davon auszugehen scheint, dass ein Kontrollwechsel im Rahmen einer Verschmelzung keinerlei Auswirkungen auf den Aktienkurs hat.
459 *Grabbe/Fett*, NZG 2003, 755, 757.

bots bei einer Kontrollerlangung im Rahmen von umwandlungsrechtlichen Maßnahmen verneint werden könnte[460]. Denn eine solche Argumentation stellt das gesamte Prinzip des Austrittsrechts im Falle einer erstmaligen Kontrollerlangung oder eines Kontrollwechsels in Frage. Die Möglichkeit eines Verkaufs der Aktien an der Börse besteht für die Minderheitsaktionäre unabhängig davon, auf welche Art und Weise die Kontrolle über eine Gesellschaft erlangt wurde. Der Gesetzgeber hat durch die Schaffung der Pflichtangebotsregelung zu erkennen gegeben, dass er diesen „Schutz" über den Markt, der grundsätzlich zu einem angemessenen Preis unter grundsätzlichen gleichen Bedingungen für alle Aktionäre führen könnte, als nicht ausreichend angesehen hat[461]. Diese Zweifel des Gesetzgebers an der Funktionsfähigkeit der Preisfindung über den Markt können aber nur alle Arten der Kontrollerlangung betreffen - insbesondere Umwandlungen stellen in diesem Zusammenhang keinen Sonderfall dar. Auch für Verschmelzungen und Umwandlungen ist das Argument der Möglichkeit eines Verkaufs über die Börse daher nicht ausschlaggebend.

3. Zwischenergebnis

Vor dem Hintergrund des Sinn und Zwecks des Pflichtangebots spricht also insgesamt nichts gegen eine Anwendung der §§ 35 ff. WpÜG auf Fälle, in denen die Kontrolle im Wege einer umwandlungsrechtlichen Maßnahme erlangt wurde - im Gegenteil: vor dem Hintergrund des Schutzgedankens der Pflichtangebotsregelung, den Minderheitsaktionären eine Austrittsmöglichkeit zu einem angemessenen Preis zu gewähren, ist eine derartige Anwendung auch bei Verschmelzungen und Spaltungen gerade wünschenswert.

II. Kein ausreichender und gleichwertiger Schutz durch das UmwG

1. Zielrichtung und Gegenstand der umwandlungsrechtlichen Regelungen

Bevor eine nähere Untersuchung der Frage erfolgen kann, ob das UmwG einen ausreichenden und dem übernahmerechtlichen Pflichtangebot gleichwertigen Schutz der Minderheitsaktionäre bieten kann, ist zunächst eine Auseinandersetzung mit der Zielsetzung und dem Regelungsanliegen des UmwG und insbesondere des darin enthaltenen umwandlungsrechtlichen Austrittsrechts gegen Bar-

---

460 So aber *Süßmann*, WM 2003, 1453, 1455; *Vetter*, WM 2002, 1999, 2002.

461 *Grabbe/Fett*, NZG 2003, 755, 757; *Vetter*, WM 2002, 1999, 2002. *Houben*, WM 2000, 1873, 1877 begründet die fehlende Sicherheit einer solchen Marktregulierung beispielsweise damit, dass sich der Börsenkurs letztlich nach dem Gewinn des Unternehmens und damit wiederum nach der Strategie des Kontrollinhabers richte, so dass die Minderheitsaktionäre gerade auch im Rahmen eines Verkaufs an der Börse die Auswirkungen eines Kontrollwechsels zu spüren bekämen.

abfindung nach §§ 29 ff. UmwG erforderlich, um anschließend einen Vergleich mit den Vorschriften des WpÜG durchführen zu können.

Ziele des Gesetzes zur Bereinigung des Umwandlungsrechts vom 28. Oktober 1994 waren neben der Systematisierung und Zusammenfassung der bereits existierenden, aber auf verschiedene Gesetze verteilten Regelungen, der Schließung von Gesetzeslücken und Erweiterung der Umwandlungsmöglichkeiten vor allem eine Verbesserung des Gläubiger-, Arbeitnehmer- und Anlegerschutzes[462]. Gegenstand des Umwandlungsrechts ist dabei allein die Regelung der verschiedenen Arten von Umwandlungen und deren rechtliche Ermöglichung und Erweiterung[463], also vor allem die technische Durchführung sowie die Festlegung der Rechtsfolgen von Umwandlungen, wie die dingliche Zuordnung von Betriebsvermögen durch Gesamtrechtsübergang, die Änderung der Verfassung des Unternehmensträgers und die grundsätzliche Fortführung der Mitgliedschaft in der übernehmenden Gesellschaft[464]. Das Umwandlungsrecht ist daher als gesellschaftsrechtliches Instrument für die Verwirklichung von Strukturmaßnahmen zu sehen, indem es die organisatorische Neugestaltung und die technische Durchführung des Erwerbs von Vermögen und Anteilen unter Wahrung der betroffenen Interessen regelt. Die mit dem Erwerb im Regelfall einhergehende Veränderung der Organisationsstruktur innerhalb der betroffenen Gesellschaft nach der Umwandlung ist dagegen nicht Gegenstand des Umwandlungsrechts[465].

Auch die im UmwG enthaltenen Regelungen zum Minderheitenschutz, auch das in dem vorliegenden Zusammenhang besonders interessante Recht auf Austritt aus der Gesellschaft gegen Barabfindung, lassen sich ohne weiteres in diesen gesellschaftsrechtlichen Kontext einreihen. So sind die in den umwandlungsrechtlichen Regelungen enthaltenenen Vorschriften zum Minderheitenschutz allein dem Gesellschaftsrecht zuzuordnen, da sie vor allem vor einem qualitativen Verlust der Rechte der Minderheitsgesellschafter schützen sollen[466]:
So ist Sinn und Zweck von § 29 UmwG, der über § 125 UmwG auch für Auf- und Abspaltungen gilt, allein der Schutz der Anteilsinhaber[467], denen eine Kompensation für ihre Schlechterstellung aufgrund des Umwandlungsbeschlusses gewährt werden soll. Ähnliche Regelungen finden sich in §§ 207 ff. UmwG für

---

462 *Begr. RegE*, BT-Drucksache 12/6699, Allg. Teil, S. 71 u. 73 f.; Vgl. hierzu *Sagasser* in: Sagasser/Bula/Brünger, 1. Teil, Abschn. C., Rn. 1 ff.; *Semler/Stengel* in: Semler/Stengel, Einl. A. UmwG., Rn. 19 ff.; *Schwarz*, DStR 1994, 1694, 1695 f.; *Schwarz* in: Widmann/Mayer, Einl. UmwG, Rn. 3 ff.

463 *Begr. RegE*, BT-Drucksache 12/6699, Allg. Teil, S. 71 u. S. 73 f.; *Schmidt*, § 12 I, Abschn. 1 u. 6, S. 332 u. 338, der die Einreihung der Umwandlung in die allgemeinen Lehren des Gesellschaftsrechts betont.

464 *Kallmeyer*, ZIP 1994, 1746, 1746; *Kalss* in: Festgabe Volhard, 56, 62.

465 So für das österreichische Verschmelzungsrecht *Kalss* in: Festgabe Volhard, 56, 63.

466 *Limmer* in: Limmer, Rn. 92.

467 *OLG Düsseldorf*, DB 2001, 189, 189; *Kalss* in: Semler/Stengel, § 29 UmwG, Rn. 1.

die Fälle des Formwechsels. Die Schlechterstellung der Anteilsinhaber in den in § 29 Abs. 1 UmwG geregelten Fällen ist dabei darin zu sehen, dass der Anteilsinhaber sich aufgrund des im Rahmen der Umwandlung erfolgenden Anteilstausches in den in § 29 Abs. 1 UmwG geregelten Fällen der Mischverschmelzung oder der Verfügungsbeschränkungen der Anteile in einer grundlegend veränderten Mitgliedschaftsposition wieder finden würde. Bei Mischverschmelzungen, also in Fällen, in denen die übertragende Gesellschaft auf einen Träger anderer Rechtsform verschmolzen wird, wird dies damit begründet, dass sich der Anteilsinhaber in einer strukturell vollkommen anderen Gesellschaftsform wieder findet. So hat jede Veränderung der Rechtsform erhebliche Auswirkungen auf die Rechtsstellung des Anteilsinhabers, mit der Folge, dass eine Mitgliedschaft in dem aufnehmenden Rechtsträger nicht ohne weiteres zumutbar ist[468]. Die dem Anteilsinhaber durch den Rechtsformwechsel erwachsenden Nachteile bestehen dabei beispielsweise darin, dass beim Wechsel einer Personengesellschaft in eine Kapitalgesellschaft die Geschäftsführungs- und Vertretungsbefugnisse der Anteilsinhaber beschränkt, beim Wechsel einer GmbH in eine AG die personalistische Struktur der GmbH verloren gehen und im umgekehrten Fall der Verschmelzung einer AG auf eine GmbH die Fungibilität der Anteile beeinträchtigt werden kann.
Ähnlich besteht der Normzweck des Austrittsrechts in den Fällen, in denen die Anteile des übernehmenden Rechtsträgers in der Verfügung beschränkt sind, im Schutz der Minderheitsgesellschafter vor einem Eingriff in ihre Verfügungsbefugnis durch die Verschmelzung[469].

Insgesamt stellt das Barabfindungsrecht nach dem UmwG daher ein Instrument des gesellschaftsrechtlichen Interessenausgleichs und einen Kompromiss zwischen dem Interesse der Gesellschaft oder der Gesellschaftermehrheit an der Verschmelzung und den Belangen und dem Schutz widersprechender Minderheitsgesellschafter dar[470]. Denn dort, wo die Minderheit eine Strukturmaßnahme nicht verhindern kann, weil ein Mehrheitsentscheid vorgesehen und eine Zustimmung seitens des einzelnen Anteilsinhabers nicht notwendig ist, werden

---

468 *Grunewald* in: Lutter, Bd. I, § 29 UmwG, Rn. 2 sowie *dies.* in: FS Boujong, 175, 176; *Hoffmann-Becking*, ZGR 1990, 482, 487; *Schaub*, NZG 1998, 626, 626; *Stratz* in: Schmitt/Hörtnagel/Stratz, § 29 UmwG, Rn. 5.

469 *Begr. RegE*, BT-Drucksache 12/6699, Bes. Teil zu § 29 UmwG, S. 94; *Grunewald* in: FS Boujong, 175, 177; *Kalss* in: Semler/Stengel, § 29 UmwG, Rn. 7.

470 *Kalss* in: Semler/Stengel, § 29 UmwG, Rn. 8; *Limmer* in: Limmer, Rn. 689; *Priester*, ZGR 1990, 420, 443; *Wiedemann*, S. 468 ff; *Dörrie*, WiB 1995, 1, 6.

zumindest die Vermögensinteressen der Minderheit durch ein gesellschaftsrechtlich begründetes Austrittsrecht gewahrt[471].

2. Argumente für die Gleichwertigkeit der Schutzmechanismen und einen Vorrang des UmwG vor dem WpÜG

Schon im Rahmen des Übernahmekodex wurde geltend gemacht, dass eine Angebotspflicht für den Anlegerschutz nicht notwendig sei, wenn der Kontrollerwerb in gesellschaftsrechtlich geregelter Form erfolge, da in solchen Fällen der Schutz der Minderheitsaktionäre in ausreichendem Maße gewährleistet sei[472]. Die Sicherungsmechanismen des UmwG gewährleisteten den Schutz der Anteilseigner der beteiligten Rechtsträger im Vorfeld, so dass es eines nachträglichen Pflichtangebots nicht bedürfe, sondern ein solches vielmehr zu einer ineffizienten Überregulierung führe[473]. Diese schon im Rahmen des Übernahmekodex geführte Diskussion wird auch im Bereich des WpÜG mit eben jenen, gerade genannten Argumenten fortgeführt[474].

a) Transparenz des Verfahrens und Gleichbehandlung der Aktionäre

So wird gegen eine parallele Anwendung von WpÜG und UmwG angeführt, dass das UmwG mit der Festsetzung eines festen Umtauschverhältnisses und seinen Berichtspflichten einen hinreichenden Aktionärsschutz, d. h. gerade auch die Gleichbehandlung der Aktionäre, gewährleiste, so dass es einer zusätzlichen Anwendung des WpÜG daneben nicht bedürfe[475]. Denn der Zweck des Pflichtangebots, eine Gleichbehandlung von Groß- und Kleinaktionären sicherzustellen, werde schon vollumfänglich durch das UmwG erfüllt. So träfen alle Aktionäre ihre Entscheidung, ob sie dem für die Umwandlung erforderlichen Hauptversammlungsbeschluss zustimmen sollten, auf der Basis der gleichen Informationen, nämlich Verschmelzungsvertrag, Lageberichte und Jahresabschlüsse sowie Erläuterungen des Vorstands zum Verschmelzungsbericht, und gerade dieser Verschmelzungsvertrag enthalte das Umtauschverhältnis, in dem die Aktien des übertragenden Rechtsträgers gegen diejenigen des übernehmenden Rechts-

---

471 *Priester*, ZGR 1990, 420, 443; *Wiedemann*, ZGR 1978, 477 ff.; *Schaub*, NZG 1998, 626, 626, der das umwandlungsrechtliche Austrittsrecht gerade auch als flankierende Maßnahme zu den typischerweise verbands- und gesellschaftsrechtlichen Instrumenten des Minderheitenschutzes wie Zustimmungs- und Mehrheitserfordernissen und Prüfung des Verschmelzungsbeschlusses sieht.

472 *Wirth/Weiler*, DB 1998, 117, 119 f.

473 *Wirth/Weiler*, DB 1998, 117, 120.

474 *Angerer* in: Geibel/Süßmann, § 1, Rn. 104 ff.; *Vetter*, WM 2002, 1999, 2001 ff.; *Weber-Rey/Schütz*, AG 2001, 325, 328 f.

475 *Weber-Rey/Schütz*, AG 2001, 325, 329; *Vetter*, WM 2002, 1999, 2002 u. 2006. Ebenso für Österreich: *Huber/Löber*, § 22, Rn. 92; *Nowotny*, RdW 2000, 330, 331.

trägers umgetauscht werden sollten[476]. Das im UmwG vorgesehene feste Umtauschverhältnis gewährleiste in ausreichendem Maße die Gleichbehandlung aller Aktionäre, zumal auch das UmwG gerade dem Minderheitenschutz diene[477]. Einen Schutz des Minderheitsaktionärs vor Fehlentscheidungen der eigenen Gesellschaftermehrheit solle dagegen auch das Pflichtangebot nach § 35 WpÜG nicht bieten, so dass kein Grund für eine Anwendung des § 35 WpÜG gegeben sei[478]. Vielmehr fehle es aufgrund des differenzierten Minderheitenschutzes des UmwG und der Tatsache, dass Umwandlungen den Tatbestand des § 35 WpÜG nicht erfüllten, an der für eine analoge Anwendung des WpÜG erforderlichen planwidrigen Unvollständigkeit des Gesetzes[479].

b) Umwandlungsrechtliches Austrittsrecht nach § 29 ff. UmwG

Darüber hinaus sei der Minderheitenschutz im UmwG auch dadurch in ausreichendem Maße gewährleistet, dass ein Aktionär gegen den Verschmelzungsbeschluss der übertragenden Gesellschaft stimmen, gegen diesen Widerspruch zur

---

476 Eine Verschmelzung von zwei Gesellschaften durch Aufnahme oder auch durch Bildung einer NewCo hat zur Folge, dass der Aktionär, der an der untergehenden, d. h. übertragenden Gesellschaft beteiligt war, entsprechend dem Wert der früheren Gesellschaft Anteile an der neuen bzw. aufnehmenden Gesellschaft erhält. Das UmwG enthält dabei eindeutige Vorschriften, in welcher Weise der Umtausch der Aktien der übertragenden Gesellschaft in solche der aufnehmenden Gesellschaft zu erfolgen hat. Nach § 5 Abs. 1 Nr. 3 UmwG ist im Verschmelzungsvertrag das Umtauschverhältnis, das auf einer Unternehmensbewertung beruht, anzugeben. Dieses ist nach § 8 UmwG im Verschmelzungsbericht der Vertretungsorgane der an der Verschmelzung beteiligten Rechtsträger umfassend zu erläutern und zu begründen.

477 *Weber-Rey/Schütz*, AG 2001, 325, 329 unter Hinweis auf den Gesetzentwurf der Bundestagsfraktion von CDU/CSU und der FDP zum UmwG, BT-Drucksache 12/6699, S. 71. So auch *Angerer* in: Geibel/Süßmann, § 1, Rn. 106 und *Vetter*, WM 2002, 1999, 2002 unter Hinweis auf *Lutter* in: Lutter, Bd. I, § 5 UmwG, Rn. 18, wonach Ziel der umwandlungsrechtlichen Regelungen gerade die Wahrung des Grundsatzes der Gleichbehandlung unter sämtlichen Anteilsinhabern aller betroffenen Rechtsträger sei, insbesondere keinem Anteilsinhaber ein Vor- oder Nachteil aus der Verschmelzung entstehen, und jeder seinen bisherigen Anteil an der Summe der verschmolzenen Vermögensmassen behalten solle.

478 *Vetter*, WM 2002, 1999, 2002.

479 *Angerer* in: Geibel/Süßmann, § 1, Rn. 106. Zu den Voraussetzungen einer Analogie vgl. *Canaris*, S. 16 u. 24 f. und *Larenz/Canaris*, S. 191 ff.

Niederschrift erklären und dann nach §§ 29 ff. UmwG seine Anteile gegen eine angemessene Barabfindung an den übernehmenden Rechtsträger veräußern könne[480].

c) *Aushebelung des umwandlungsrechtlichen Austrittsrechts*

Dabei führe die Anwendung des § 35 WpÜG auf Verschmelzungsfälle zu einer Aushebelung des umwandlungsrechtlichen Austrittsrechts, da ein solches nur gegeben sei, wenn durch die Verschmelzung nachteilig in die Mitgliedschaft eingegriffen würde, und zudem der betroffene Aktionär sich nach Abwägung der Vor- und Nachteile ausdrücklich gegen eine Zustimmung zur Verschmelzung entschieden habe. Anderenfalls solle er keine Möglichkeit haben, gegen eine Abfindung aus der Gesellschaft auszuscheiden. Würde man daher im Rahmen von Verschmelzungen jedem Aktionär unabhängig davon, ob dadurch nachteilig in seine Rechte eingegriffen würde oder nicht, und auch dann, wenn er die Verschmelzung durch seine positive Stimmabgabe aktiv unterstützt hätte, ein Pflichtangebot nach § 35 WpÜG gewähren, so würden die Wertungen des § 29 UmwG ausgehebelt[481].

3. Keine Gleichwertigkeit beider Schutzsysteme

Dass ein grundsätzlicher Vorrang der umwandlungsrechtlichen Schutzmechanismen vor denen des WpÜG vom Gesetzgeber gerade nicht gewollt war, wurde bereits soeben in Abschnitt B. I. dieses Kapitels aus dem Verzicht auf die noch in Art. 16 des Übernahmekodex enthaltene Ausnahmeregelung für den Fall einer der Kontrollerlangung nachfolgenden Verschmelzung hergeleitet. Für eine parallele Anwendung beider Gesetze spricht zudem auch die Tatsache, dass die Anwendbarkeit anderer kapitalmarktrechtlicher Vorschriften, wie §§ 21 ff. WpHG, nicht dadurch ausgeschlossen sind, dass die relevante Beteiligungsschwelle durch einen Umwandlungsvorgang über- oder unterschritten wird[482].

---

480 *Hommelhoff/Witt* in: Haarmann/Riehmer/Schüppen, § 35, Rn. 26. Ebenso zumindest für den Fall einer Verschmelzung auf eine bereits kontrollierte Gesellschaft *Süßmann*, WM 2003, 1453, 1455 und *Adolff/Meister/Randell/Stephan*, Part 3, Subpart A. III. 4. c., S. 242 f.
Ob Voraussetzung für das umwandlungsrechtliche Austrittsrecht ist, dass der Aktionär auch gegen den Verschmelzungsbeschluss gestimmt hat, ist umstritten, wird aber von der herrschenden Meinung gefordert; vgl. *Grunewald* in: Lutter, Bd. I, § 29 UmwG, Rn. 10; *Hommelhoff*, ZGR 1993, 452, 470 f.; *Schaub*, NZG 1998, 626, 628; *Stratz* in: Schmitt/Hörtnagel/Stratz, § 29 UmwG, Rn. 13; Vollrath in: Widmann/Mayer, § 29 UmwG, Rn. 24; a. A. *Marsch-Barner* in: Kallmeyer, § 29 UmwG, Rn. 13.

481 *Vetter*, WM 2002, 1999, 2006.

482 Vgl. zur Anwendbarkeit der §§ 21 ff. WpHG bei Erreichen der Schwellenwerte aufgrund von Umwandlungsvorgängen *Heppe*, WM 2002, 60, 63; *Hüffer*, Anh. § 22 AktG, zu § 21 WpHG, Rn. 8; *Opitz* in: Schäfer, § 21 WpHG, Rn. 22; *Stucken* in: Happ, Abschn. 7.03, Rn. 3.

Aber auch aus dem Sinn und Zweck der Pflichtangebotsregelung des WpÜG und dem Umfang der im UmwG vorgesehenen Schutzmechanismen lässt sich ein solcher Vorrang des UmwG und damit eine Nichtanwendbarkeit des WpÜG auf umwandlungsrechtliche Vorgänge nicht ableiten.

a) Keine Reduktion des Telos des WpÜG auf die Gleichbehandlung der Aktionäre

Die Vertreter der Ansicht, dass der Schutz nach dem UmwG demjenigen nach dem WpÜG gleichwertig und damit ausreichend sei, begründen dies üblicherweise mit dem Argument, dass auch durch das UmwG eine Gleichbehandlung der Aktionäre sichergestellt sei[483].

Bei dieser Argumentation ist schon zweifelhaft, ob die Gleichbehandlung der Aktionäre nach dem UmwG tatsächlich derjenigen nach dem WpÜG entspricht, da eine Besonderheit des WpÜG darin besteht, dass bei der Bestimmung des angemessenen Mindestpreises Erwerbe vor und nach Beginn des öffentlichen Angebots berücksichtigt werden, während das UmwG eine solche Ausgestaltung des Gleichbehandlungsgebots nicht kennt[484], sondern sich der angemessene Mindestpreis im Rahmen der Abfindung nach §§ 29 Abs. 1, 30 Abs. 1 UmwG allein nach dem Verkehrswert der Beteiligung, also dem Unternehmenswert zum Zeitpunkt des Umwandlungsbeschlusses bestimmt[485], also beispielsweise im Rahmen von Vorerwerben gezahlte Paketzuschläge keine Berücksichtigung finden.

Von weitaus größerer Wichtigkeit ist daneben jedoch der Aspekt, dass das Argument der Gleichwertigkeit des Schutzes durch beide Gesetze den Sinn und Zweck des Pflichtangebots nach dem WpÜG in unzulässiger Weise verkürzt. Denn das WpÜG zielt neben der Gleichbehandlung der Aktionäre vor allem auch darauf ab, den Minderheitsaktionären ein Recht zum Ausstieg aus der Kapitalanlage zu einer angemessenen Gegenleistung zu gewähren[486]. Dabei dient § 35 WpÜG nicht nur dem Vermögensschutz, sondern auch dem Erwartungsschutz der Anleger in die Kontinuität gegebener Mehrheitsverhältnisse[487]. Dieser Funktion kann aber § 29 UmwG gerade nicht gerecht werden, da es nicht vor dem Verlust einer unbeherrschten Aktionärsposition schützt bzw. den Verlust dieser Position nicht durch ein Recht zum „Exit" kompensiert[488]. Selbst die Ver-

---

483 Vgl. oben 2. Teil, Kap. 6, Abschn. D. II. 2 a), S. 144 f.

484 *Lenz/Linke*, AG 2002, 361, 368; *Heckschen* in: Heckschen/Simon, § 6, Rn. 7; a. A. *Vetter*, WM 2002, 1999, 2003.

485 Vgl. zur Angemessenheit der Barabfindung im Rahmen der §§ 29 Abs. 1, 30 Abs. 1 UmwG *Kalss* in: Semler/Stengel, § 30 UmwG, Rn. 4 ff.; *Müller* in: Kallmeyer, § 30 UmwG, Rn. 4 ff.; *Vollrath* in: Widmann/Mayer, § 30 UmwG, Rn. 5 ff.

486 *Kleindiek*, ZGR 2002, 546, 558; *Reul*, Dritter Teil, 6. Kap., § 22, S. 265 f.; Seibt/*Heiser*, ZHR 165 (2001), 466, 482.

487 *Fleischer*, NZG 2002, 545, 550; *Fleischer/Kalss*, § 3, S. 69.

488 *Seibt/Heiser*, ZHR 165 (2001), 466, 482; *von Bülow* in: KK-WpÜG, § 35, Rn. 75.

treter der Gegenansicht, die den Schutz nach dem UmwG als gleichwertig und ausreichend erachten, erkennen an, dass der Einzelne durch das UmwG nicht davor geschützt werde, sich unerwartet in der Position eines Minderheitsaktionärs wieder zu finden[489]. Gerade dies ist aber eine der Zielsetzungen, die mit der Pflichtangebotsregelung nach dem WpÜG verfolgt werden[490].
Die fehlende Gleichwertigkeit des umwandlungsrechtlichen Schutzsystems ergibt sich dabei auch daraus, dass das Austrittsrecht nach §§ 29 ff. UmwG. nicht nur voraussetzt, dass der Aktionär gegen den Verschmelzungsbeschluss gestimmt und Widerspruch zur Niederschrift erklärt hat, sondern noch weitere Anforderungen bestehen, auf die der Aktionär keinerlei Einfluss nehmen kann. So muss es sich nach § 29 Abs. 1 Satz 1 und 2 UmwG entweder um eine sogenannte Mischverschmelzung, also eine Übertragung des Vermögens auf einen Rechtsträger anderer Rechtsform, oder um einen umwandlungsrechtlichen Vorgang handeln, bei denen die Anteile des übernehmenden Rechtsträgers in der Verfügung beschränkt sind[491]. Zudem ist zu bedenken, dass § 29 UmwG selbst bei Vorliegen der genannten Voraussetzungen nur den Aktionären des übertragenden Rechtsträgers ein Austrittsrecht gewährt, nicht jedoch den Aktionären des aufnehmenden Rechtsträgers, die sich nach der Verschmelzung einem neuen Mehrheitsaktionär, der nunmehr die Kontrolle über die Gesellschaft ausübt, gegenüber sehen[492]. Vor diesem Hintergrund ist damit der Schutz des § 29 UmwG gerade nicht demjenigen durch ein Pflichtangebot nach § 35 WpÜG gleichwertig, da das übernahmerechtliche Austrittsrecht nach § 35 WpÜG im Unterschied zur Austrittsmöglichkeit nach § 29 UmwG allen Aktionären der Zielgesellschaft zusteht.[493]

b) Materiellrechtliche Regelungsunterschiede zwischen UmwG und WpÜG

Im Hinblick auf die von den Vertretern der Nichtanwendbarkeit der Pflichtangebotsregelung auf Umwandlungsfälle propagierte Gleichwertigkeit der Schutzsysteme beider Gesetze sind zudem die materiellrechtlichen Regelungsunterschiede zwischen umwandlungsrechtlichem Abfindungsangebot und übernah-

---

489 *Hommelhoff/Witt* in: Haarmann/Riehmer/Schüppen, § 35, Rn. 26.

490 *Begr. RegE*, BT-Drucksache 14/7034, Allg. Teil, S. 30; *Meyer* in: Geibel/Süßmann, § 35, Rn. 9; *von Bülow* in: KK-WpÜG, § 35, Rn. 78.

491 Ähnlich auch die BaFin, die § 29 UmwG, der nur in engen Ausnahmefällen ein Austrittsrecht gewähre, als grundsätzlich nicht ausreichend ansieht; vgl. *Lenz/Linke*, AG 2002, 361, 368. Ebenso *von Bülow* in: KK-WpÜG, § 35, Rn. 75.

492 *Vollrath* in: Widmann/Mayer, § 29 UmwG, Rn. 3.

493 *Kleindiek*, ZGR 2002, 546, 569; *Technau*, AG 2002, 260, 262; *von Bülow* in: KK-WpÜG, § 35, Rn. 75.

merechtlichem Pflichtangebot zu untersuchen[494]. Selbst wenn beide Schutzsysteme letztlich gleichermaßen - jedes auf seine Weise - effektiv sind, so macht es doch einen erheblichen Unterschied, welches Schutzkonzept und Anliegen mit dem jeweiligen System verfolgt wird. Denn ein Schutz des Aktionärs in seiner Funktion als aktiver Teilhaber an den Geschicken der Gesellschaft bedeutet nicht zwangsläufig auch den Schutz eben dieses Aktionärs in seiner Funktion als Kapitalanleger. Im Folgenden soll daher untersucht und gezeigt werden, dass sich die Zielsetzungen der beiden Schutzmechanismen von UmwG und WpÜG grundlegend unterscheiden und daher nicht davon ausgehen ist, dass das Schutzinstrumentarium des UmwG die übernahmerechtlichen Schutzvorschriften überflüssig werden lässt.

aa) „Voting by voice" und „Voting by exit"

Wie bereits erläutert, soll den Aktionären vor dem Hintergrund, dass die Kontrollbegründung die Grundlage ihrer Investitionsbeziehung verändert, ein Recht zum Ausstieg aus der Kapitalanlage gewährt werden. Im Unterschied dazu sind die im UmwG angelegten Instrumente zum Interessenausgleich eher auf eine Information und Mitentscheidung über die Umwandlungsmaßnahme angelegt und stellen die Angemessenheit des Umtauschverhältnisses in den Vordergrund. Sie begründen eher eine Entscheidungsteilhabe und ein Recht auf Widerspruch, also ein sogenanntes „Voting by voice"[495]. Ein solches Konzept kann jedoch ein Recht zum Austritt nicht ersetzen, sondern steht einem solchen vielmehr als aliud gegenüber, wobei beide Instrumente sich zur Wahrung der Position des einzelnen Anteilsinhabers gerade ergänzen[496].

Im deutschen Umwandlungsrecht findet sich für die hier zu untersuchende Fallkonstellation ein sogenanntes „Voting by exit" eben nur unter den gerade dargestellten engen Voraussetzungen des § 29 UmwG, so dass ein Mechanismus, der das im UmwG übliche „Voting by voice" ergänzen könnte, nur in ganz engem

494 Ausführlich hierzu *Seibt/Heiser*, ZHR 165 (2001), 466, 475 ff., die vor allem auf die unterschiedliche Bemessung der Gegenleistung – Barabfindung unter Berücksichtigung der Verhältnisse des übertragenden Rechtsträgers im Zeitpunkt der Beschlussfassung über die Umwandlung nach § 30 Abs. 1 UmwG einerseits und Barabfindung oder liquide Aktien unter Berücksichtigung der Börsenkurse der letzten drei Monate vor Veröffentlichung der Angebotsunterlage und der in diesem Zeitraum vom Bieter gewährten oder vereinbarten Gegenleistung nach § 31 Abs. 1 WpÜG i. V. m. §§ 4, 5 WpÜG-AngebVO andererseits – abstellen.

495 Die Handlungsmöglichkeiten „Voice" und „Exit" gehen auf die sozialwissenschaftliche Arbeit von *Hirschman* zurück. „Voice" meint dabei die Mitwirkung bei der Willensbildung der Gesellschaft, vor allem durch Beteiligung an der Hauptversammlung, Ausübung des Stimmrechts, Anfechtungsklage und Wahrnehmung sonstiger Kontrollrechte, ist also insgesamt verbandsrechtlich orientiert. „Exit" bedeutet dagegen im Allgemeinen der Verkauf bei Unzufriedenheit mit der Kapitalanlage, möglicherweise auch unter Ausnutzung gesetzlich vorgesehener Abfindungs- und Austrittsmöglichkeiten und richtet sich dabei an den Markt als Handlungsebene. Vgl. zum Ganzen *Doralt*, GesRZ 2000, 197, 199 f.; *Kalss*, Anlegerinteressen, S. 1 ff. u. S. 339 ff.; *Reul*, Dritter Teil, 6. Kap., § 22, S. 265.

496 *Kleindiek*, ZGR 2002, 546, 568 f.; *Kalss*, Anlegerinteressen, S. 341 f.; *Mülbert*, S. 121.

Rahmen vorhanden ist. Zwar können diejenigen Aktionäre, die den Umwandlungsbeschluss nicht gutheißen, einer ungewollten Mehrheitsherrschaft durch einen Austritt aus der Gesellschaft (theoretisch) zuvorkommen[497]. Ein solcher vorheriger Austritt läuft jedoch auf einen regulären Verkauf an der Börse hinaus - ein Möglichkeit, die, wie bereits erläutert, keine Alternative zum Pflichtangebot darstellt, und zudem dem klaren Willen des Gesetzgebers, der offenbar gerade in diesem Punkt an der Funktionsfähigkeit des Marktes zweifelte[498], widerspricht. Der Lösungsvorschlag, Minderheitsaktionäre dementsprechend auf einen freihändigen Verkauf ihrer Anteile noch vor dem Verschmelzungsbeschluss zu verweisen, ist damit nicht gangbar und stellt keinesfalls ein Argument für eine Gleichwertigkeit von umwandlungsrechtlichem und übernahmerechtlichem Schutzsystem dar. Vielmehr ist davon auszugehen, dass die übernahmerechtliche Befugnis zum Austritt die im UmwG für die überwiegende Zahl der Fälle bestehende Lücke aufgrund des Fehlens eines Instruments des „Voting by exit" sinnvoll ausfüllt, und damit das im Rahmen des UmwG übliche Instrument des „Voting by voice" zu einem vollständigen und umfassenden Schutz der Anteilsinhaber abrundet und ergänzt.

bb) Unterschiedliche Rechtsschutz- und Regelungsgegenstände

Hiergegen kann auch nicht argumentiert werden, dass die Minderheitsaktionäre bei Umwandlungen nicht gegen die Entscheidungen der Gesellschaftermehrheit geschützt werden dürften. Denn das UmwG beinhaltet eher die rechtlichen Rahmenbedingungen für Verschmelzungen und Spaltungen und bezieht sich allein auf den Rechtsschutz im Hinblick auf die mit der Verschmelzung und Spaltung direkt zusammenhängenden Fragen, und zwar jeweils unabhängig davon, ob sich die Machtverhältnisse innerhalb der beteiligten Gesellschaften verändert haben oder nicht[499]. Diese letztgenannte Frage regelt allein das WpÜG, und zwar ungeachtet der Tatsache, ob die zum Kontrollerwerb führende Transaktion als solche ordnungsgemäß abgelaufen ist.

Umwandlungs- und Übernahmerecht haben mithin vollkommen unterschiedliche Regelungsanliegen: Während das Übernahmerecht ein Instrument der Marktordnung darstellt, bietet das Umwandlungsrecht allein den rechtlichen Rahmen für Umstrukturierungen, ohne aber Aufgaben der Marktordnung wahrzunehmen[500].

Beide Gesetze schließen daher einander nicht aus, sondern sind entsprechend kumulativ anzuwenden. Die Zulässigkeit und die rechtlichen Rahmenbedingun-

---

[497] *Wirth/Weiler*, DB 1998, 117, 120.

[498] Vgl. hierzu oben 2. Teil, Kap. 6., Abschn. D. I. 2., S. 140 f.

[499] *Lenz/Linke*, AG 2002, 361, 368. Für Österreich vgl. den Überblick bei *Kaindl*, Abschn. III. C. 4., S. 118 f.; *Karollus/Geist*, NZG 2000, 1147, 1149; *Zollner*, Abschn. 4.3.5.7.1., S. 132 f.

[500] *Kalss* in: Semler/Volhard, Bd. 2, § 51, Rn. 66; *Kalss* in: Festgabe Volhard, 56, 62 f.

gen einer Umwandlung und der damit möglicherweise einhergehenden Kontrollerlangung bestimmen sich nach dem UmwG, während die Frage, ob und wie auf eine Veränderung der Machtverhältnisse zu reagieren ist, vom WpÜG geregelt wird.
Dies ist im Übrigen auch das Argument dafür, dass die Wertungen des umwandlungsrechtlichen Austrittsrechts nach § 29 UmwG nicht etwa ausgehebelt, sondern nur ergänzt werden, und zwar auch nur für die besondere Konstellation, dass es im Rahmen der Umwandlung zu einer Kontrollerlangung kommt. In allen anderen Fällen verbleibt es ohnehin allein bei den umwandlungsrechtlichen Regelungen.

Untermauert wird dieses Ergebnis gerade auch durch den verschiedentlich angesprochenen Anfechtungsaspekt, der nach Ansicht der Befürworter der Gleichwertigkeit von UmwG und WpÜG eigentlich den Umfang des Schutzes nach dem UmwG hervorheben soll[501], letztlich aber - wie in der österreichischen Literatur bereits herausgearbeitet wurde[502] - gerade das Gegenteil zum Ausdruck bringt. Die dort vorgebrachten Argumente lassen sich teilweise[503] auch auf die deutsche Rechtslage übertragen. So bleibt den in der Hauptversammlung überstimmten Minderheitsaktionären nur die Möglichkeit der gerichtlichen Überprüfung des Verschmelzungsbeschlusses durch Anfechtungsklage, wobei diesen regelmäßig auch die Beweislast für das Vorliegen von Anfechtungsgründen obliegt, denn der Verschmelzungsbeschluss ist hinsichtlich seiner Wirksamkeit, insbesondere seiner Anfechtbarkeit und Nichtigkeit unter Berücksichtigung des § 14 UmwG wie ein normaler Anteilsinhaberbeschluss zu behandeln[504]. Darüber hinaus kann eine Anfechtungsklage nicht darauf gestützt werden, dass durch die Umwandlung eine Kontrollposition innerhalb der aufnehmenden Gesellschaft begründet wird. Anfechtungsgründe können allein treuepflichtwidrige, rechtswidrige Vorgänge sein.

---

501 *Wirth/Weiler*, DB 1998, 117, 120. Für den konzernrechtlichen Schutz durch die Anfechtungsmöglichkeit nach § 243 Abs. 1 und 2 AktG ebenso *Vetter*, WM 2002, 1999, 2002.

502 *Karollus/Geist*, NZG 2000, 1145, 1147.

503 Das Argument in der österreichischen Literatur, dass ein effektiver Rechtsschutz nur aufgrund einer einstweiligen Verfügung gewährleistet sei, der dem Kleinaktionär regelmäßig eine hohe Sicherheitsleistung abverlange, trifft im deutschen Umwandlungsrecht aufgrund der Registersperre des § 16 Abs. 2 Satz 2 UmwG nicht zu. Denn hiernach darf die Verschmelzung ohne die Negativerklärung der Vertretungsorgane, dass eine Klage gegen die Wirksamkeit des Verschmelzungsbeschlusses nicht erhoben oder rechtskräftig abgewiesen oder zurückgenommen wurde, nicht eingetragen werden, es sei denn, dass eine gerichtliche Entscheidung nach § 16 Abs. 3 Satz 1 UmwG vorliegt.

504 *Gehling* in: Semler/Stengel, § 14 UmwG, Rn. 5; *Stratz* in: Schmitt/Hörtnagel/Stratz, § 13 UmwG, Rn. 25; *Zimmermann* in: Kallmeyer, § 13 UmwG, Rn. 46. Zur Beweislast bei Anfechtungsklagen nach dem AktG vgl. *Hüffer*, § 243 AktG, Rn. 59 ff.; *Schmidt* in: GroßK-AktG, § 246 AktG, Rn. 80 ff.

Zwar wird in Fällen abhängigkeitsbegründender Maßnahmen teilweise unter Berufung auf die „Süssen"-Entscheidung des BGH[505], die allerdings den Fall einer GmbH behandelte, eine materielle Beschlusskontrolle dahingehend befürwortet, dass solche Beschlüsse einer sachlichen Rechtfertigung bedürfen[506]. Für das Umwandlungsrecht wird dagegen eine solche materielle Beschlusskontrolle überwiegend mit dem Argument verneint, dass die Informations-, Berichts- und Prüfungspflichten, das Barabfindungsrecht sowie die hohen Mehrheitserfordernisse den Minderheitenschutz in ausreichendem Maße sicherten[507]. Aber selbst wenn man der erstgenannten Meinung folgen würde, würde dies in Verschmelzungsfällen nur dann zu einer materiellen Beschlusskontrolle führen, wenn die Anteilsinhaber eines beteiligten Rechtsträgers erstmals Gesellschafter einer abhängigen Gesellschaft i. S. v. §§ 15 ff. AktG würden. Dies ist jedoch nur dann der Fall, wenn der Kontrollaktionär, mit dem die Anteilsinhaber der aufnehmenden Gesellschaft aufgrund der Verschmelzung konfrontiert werden, den Unternehmensbegriff der §§ 15 ff. AktG erfüllt. Bei Fehlen einer anderweitigen Interessenbindung lässt die bloße Beteiligung an einer AG den Großaktionär jedoch nicht zum Unternehmen im Sinne dieser Vorschriften werden[508], so dass selbst bei Befürwortung einer materiellen Beschlusskontrolle genügend Fälle denkbar sind, in denen eine Anfechtung nicht in Betracht kommt, weil es sich bei dem Kontrollaktionär beispielsweise um eine natürliche Person ohne anderweitige Interessenbindungen handelt.

Insgesamt wird damit wird deutlich, dass den Minderheitsaktionären gar nicht in allen Fällen einer Kontrollerlangung eine Anfechtungsklage offen steht, es sei denn, dass gerade die Begründung einer Kontrollposition den Interessen der Gesellschaft oder der Treuepflicht gegenüber den Aktionären widerspricht[509]. Der kapitalmarktrechtliche Schutzmechanismus räumt den Minderheitsaktionären dagegen ein Austrittsrecht mit Anspruch auf eine rechtlich überprüfbare angemessene Gegenleistung ein, die es ihnen ermöglicht, ihre Rechtsposition nicht durch kostenintensive und risikoreiche Blockaden der Transaktion durchsetzen zu müssen, was letztlich auch dem Kontrollerwerber dient, da er nicht den Kosten und den Gefahren eines Scheiterns der Transaktion ausgesetzt ist[510].

---

505 *BGHZ* 80, 69 ff.

506 *Lutter* in: Lutter, Bd. I, § 13 UmwG, Rn. 38; *Timm*, ZGR 1987, 403, 423 ff.; a. A. *BGHZ* 119, 1, 7; *Hüffer* in: MüKo-AktG, § 243 AktG, Rn. 65; *Mülbert,* S. 451 ff.; *Schmidt* in: GroßK-AktG, § 243 AktG, Rn. 46.

507 *Gehling* in: Semler/Stengel, § 13 UmwG, Rn. 36; *Stratz* in: Schmitt/Hörtnagel/Stratz, § 13, Rn. 21; *Zimmermann* in: Kallmeyer, § 13 UmwG, Rn. 12; ebenso i. E. *Heckschen* in: Widmann/Mayer, § 13 UmwG, Rn. 214 ff.

508 *Hüffer,* § 15 AktG, Rn. 9; *OLG Hamm,* AG 2001, 146, 148.

509 *Karollus/Geist,* NZG 2000, 1145, 1147 (für Österreich).

510 *Karollus/Geist,* NZG 2000, 1145, 1147 (für Österreich).

Auch vor diesem Hintergrund ist demnach eine parallele Anwendung von UmwG und WpÜG zu befürworten.

III. Kein Verzicht auf die Pflichtangebotsregelung durch Zustimmung zum Umwandlungsbeschluss

Verschiedentlich wird darauf hingewiesen, dass die Aktionäre durch die Erforderlichkeit eines Hauptversammlungsbeschlusses für eine Umwandlung (§ 13 UmwG, für Spaltungen i. V. m. § 125 UmwG) in die Entscheidungsfindung mit einbezogen seien, und ihre Zustimmung zum Umwandlungsbeschluss einen Verzicht auf die übernahmerechtliche Austrittsmöglichkeit impliziere[511]. Bei der Beantwortung dieser Frage ist zu unterschieden, ob der Aktionär selbst aktiv gegen den Umwandlungsbeschluss gestimmt oder diesem zugestimmt hat.

1. Aktives Stimmen gegen den Umwandlungsbeschluss

Im erstgenannten Fall kann keineswegs die Zustimmung der Mehrheit der Aktionäre zum Umwandlungsbeschluss zu einem Verzicht aller auf die übernahmerechtliche Austrittsmöglichkeit gewertet werden. Denn als Minderheitenrecht steht das übernahmerechtliche Austrittsrecht der Aktionäre der Zielgesellschaft nicht zur Disposition der Mitaktionäre; vielmehr fehlt es an jeglicher Grundlage dafür, dass die Zustimmung der Mehrheit der Aktionäre auch den übrigen Aktionären den Schutz der Pflichtangebotsregelung entziehen sollte[512]. Das Pflichtangebot stellt ein Individualrecht des einzelnen Aktionärs dar, was sich schon daraus ergibt, dass über Annahme oder Ausschlagung des Pflichtangebots ebenfalls der einzelne Anteilsinhaber individuell entscheiden kann. Es handelt sich demnach nicht um ein kollektiv auf Grundlage einer Mehrheitsentscheidung auszuübendes Recht aller Anteilsinhaber gemeinsam, sondern um ein Individualrecht, über dessen Verzicht nur der Einzelne entscheiden kann[513].

---

511 Für Österreich vgl. *Nowotny*, RdW 2000, 330, 331. *Grabbe/Fett*, NZG 2003, 755, 760 und *Vetter*, WM 1999, 2000 sprechen zwar nicht ausdrücklich einen Verzicht auf die Pflichtangebotsregelung an, betonen aber dennoch, dass der neue Kontrollinhaber diese Herrschaftsposition erst durch einen mit einer qualifizierten Mehrheit von drei Vierteln der abgegebenen Stimmen gefassten zustimmenden Hauptversammlungsbeschluss erhalte.

512 *von Bülow* in: KK-WpÜG, § 35, Rn. 75. Ähnlich auch *Lenz/Linke*, AG 2002, 361, 368, die einen Ausschluss der Anwendbarkeit des WpÜG nur dann befürworten würden, wäre für die Zustimmung zur Umwandlung Einstimmigkeit erforderlich, da die Minderheitsaktionäre in diesem Falle nicht schutzbedürftig seien. Für Österreich vgl. *Karollus/Geist*, NZG 2000, 1145, 1149.

513 *Stockenhuber* in: FS Krejci, 893, 897.

2. Zustimmung des Einzelnen zum Umwandlungsbeschluss

Aber auch im zweitgenannten Fall kann eine Zustimmung zum Verschmelzungsbeschluss nicht gleichzeitig als Verzicht auf das übernahmerechtliche Austrittsrecht gewertet werden, denn mit ihrer Zustimmung zur Umwandlung als solcher erklären sich die zustimmenden Aktionäre nicht gleichzeitig auch mit einer Kontrolle durch einen neu hinzutretenden Aktionär einverstanden[514]. Vielmehr kann die Zustimmung zur Verschmelzung auch gerade ganz bewusst im Hinblick auf das hierdurch ausgelöste Pflichtangebot abgegeben werden[515]. Dies ist im Übrigen auch im UmwG nicht anders. Zwar vertritt die herrschende Meinung die Auffassung, dass eine Barabfindung nach § 29 UmwG nur denjenigen Aktionären zustehe, die nicht nur gegen den Hauptversammlungsbeschluss Widerspruch zur Niederschrift erklärt, sondern auch in der Hauptversammlung aktiv gegen den Verschmelzungsbeschluss gestimmt haben. Eine generelle Erklärung zum Verzicht auf das Barabfindungsangebot muss aber auch nach dem UmwG grundsätzlich ausdrücklich erfolgen, da anderenfalls die Möglichkeit bestände, dass das Austritts- und Barabfindungsrecht dem Berechtigten gar nicht bekannt gewesen ist[516]. Allein aus der Zustimmung zu einem Verschmelzungsvertrag, der kein Barabfindungsangebot enthält, kann daher auch nach dem UmwG kein Verzicht auf ein Pflichtangebot gesehen werden.

Wenn aber schon im UmwG selbst allein die Zustimmung zu einem Verschmelzungsvertrag, der kein Barabfindungsangebot enthält, grundsätzlich nicht als Verzicht auf das umwandlungsrechtliche Austrittsrecht gewertet werden kann, so muss dies erst Recht in Bezug auf das übernahmerechtliche Pflichtangebot gelten. Denn gerade hierbei besteht die Gefahr, dass der Berechtigte überhaupt keine Kenntnis von seiner Berechtigung, ein Pflichtangebot nach § 35 WpÜG zu erhalten, hat, da ein solches Pflichtangebot, das ja allein von dem zukünftigen Kontrollaktionär unterbreitet werden muss, üblicherweise nicht im Verschmelzungsvertrag, über den der Hauptversammlungsbeschluss gefasst wird, enthalten ist. Ein Verzicht auf etwas, von dessen Existenz keine Kenntnis besteht, ist aber nicht zulässig.

---

514 *Süßmann*, WM 2003, 1453, 1455.

515 *Ekkenga* in: Ehricke/Ekkenga/Oechsler, § 37, Rn. 22 sowie *Seibt/Heiser*, ZHR 165 (2001), 466, 483 unter Hinweis darauf, dass bei Annahme einer derartigen Verzichtswirkung sogar erwünschten Transaktionen die Zustimmung verweigert werden könnte, da die Aktionäre befürchten müssten, ihr Recht auf ein Pflichtangebot zu verlieren. Ebenso für Österreich: *Kalss/Winner*, ÖBA 2000, 51, 56.

516 *Grunewald* in: FS Boujong, 175, 185; *dies.* in: Lutter, Bd. I, § 29 UmwG, Rn. 18.; *Schaub*, NZG 1998, 626, 628; *Vollrath* in: Widmann/Mayer, § 29 UmwG, Rn. 38. Ob eine notarielle Beurkundung der Verzichtserklärung erforderlich ist, ist dabei allerdings umstritten. Für eine solche notarielle Beurkundung *Limmer* in: Limmer, Rn. 705; *Schaub*, NZG 1998, 626, 629; *Eilers/Müller-Eising*, WiB 1995, 449, 451; a. A. *Grunewald* in: Lutter, Bd. I, § 29 UmwG, Rn. 18.

Der Zustimmung zum Umwandlungsbeschluss als solchem kann daher keine Auswirkungen auf die Verpflichtung zur Abgabe eines Pflichtangebots durch den Kontrollinhaber, insbesondere kein Verzicht der Aktionäre auf die übernahmerechtliche Austrittsmöglichkeit, beigemessen werden.

IV. Das Spannungsverhältnis zwischen Gesellschafts- und Kapitalmarktrecht

Aber auch wenn die Zustimmung zum Umwandlungsbeschluss nicht als Verzicht auf das übernahmerechtliche Austrittsrecht gewertet werden kann, so kommt dem mehrheitlich gefassten zustimmenden Hauptversammlungsbeschluss dennoch eine entscheidende Rolle zu. Denn ein solcher verbandsrechtlich gefasster Beschluss wirft im Verhältnis zur übernahmerechtlichen Austrittsmöglichkeit die viel weitergehende Frage nach dem Pflichtangebot im Spannungsverhältnis zwischen Gesellschafts- und Kapitalmarktrecht auf[517].

1. Retroaktive Wirkung der Pflichtangebotsregelung auf Umwandlungsbeschlüsse

So wird vertreten, dass die Anwendung der übernahmerechtlichen Pflichtangebotsregelung auf Umwandlungssachverhalte auf einen Schutz des Minderheitsaktionärs vor einer Fehlentscheidung der eigenen Gesellschaftermehrheit hinausliefe, was aber auch durch § 35 WpÜG nicht beabsichtigt sei[518]. Im Gegenteil rechtfertige der institutionelle Minderheitenschutz in Form der Zustimmungs- und Mehrheitserfordernisse in den Gesellschafterversammlungen sowie das Erfordernis der Verschmelzungsprüfung und des Prüfungsberichts nach dem UmwG die getroffene Mehrheitsentscheidung und stelle damit im Kern die verbandsrechtliche Legitimation der Verschmelzungsmaßnahme als rechtmäßige Mehrheitsentscheidung einschließlich der verbandsinternen Bindung der Gesellschafter an diese Entscheidung sicher[519]. Gerade dieses verbandsrechtliche Wer-

---

[517] Vgl. umfassend hierzu und der Frage nach der Ableitung der Pflichtangebotsregelung aus Konzern- oder Kapitalmarktrecht insgesamt: *Grabbe/Fett*, NZG 2003, 755, 759 ff.; *Kleindiek*, ZGR 2002, 546, 554 ff. Für eine konzernrechtliche Ableitung einerseits vgl. *Mülbert*, ZIP 2001, 1221, 1226; *Ekkenga/Hofschroer*, DStR 2002, 768, 771; für eine Ableitung aus c.i.c. vgl. *Bozenhardt*, S. 78 ff.; *Reul*, Dritter Teil, 6. Kap., § 22, S. 266 u. 7. Kap., § 26, S. 303 ff.; *Westermann*, AG 1976, 309, 314 f.; für eine Ableitung aus vormitgliedschaftlichen Treuebindungen vgl. *Berding*, WM 2002, 1149, 1151 f.; *Weber*, S. 328 ff., S. 377 ff. sowie S. 411 ff.; ähnlich *Nobel* in: FS Bär, 301, 310; für einen anlegerbezogenen kapitalmarktrechtlichen Ansatz andererseits vgl. *Forum Europaeum Konzernrecht*, ZGR 1998, 672, 727; *Habersack*, ZIP 2001, 1230, 1235; *Heiser*, 1. Teil, Abschn. C. III., S. 47 ff. u. 3. Teil, Abschn. B., S. 350 ff.; *Hopt* in: Grundmann, 307, 317; *Houben*, WM 2000, 1873, 1877; *Krause*, WM 1996, 893, 897 ff.; *Meyer* in: Geibel/Süßmann, § 35, Rn. 5 u. 7 ff.; *Wenger/Kaserer/Hecker*, ZBB 2001, 317, 320 ff.

[518] *Vetter*, WM 2002, 1999, 2002.

[519] *Grabbe/Fett*, NZG 2003, 755, 760.

tungssystem des UmwG werde aber konterkariert, wenn die Aktionäre bei Anwendung des Pflichtangebots in Verschmelzungsfällen das übernahmerechtliche Austrittsrecht ausüben könnten, da sie dadurch der Entscheidung über die Verschmelzung ihre Verbindlichkeit nähmen[520]. Die kumulative Anwendung beider Schutzsysteme führe daher dazu, dass die aus der kapitalmarktrechtlichen Pflichtangebotsregelung eine Verengung der gesellschaftsrechtlichen Schutzprinzipien resultiere[521].

2. Nichtvorliegen der Anwendungsvoraussetzungen des Pflichtangebots aufgrund dessen retroaktiver Wirkung

Grabbe/Fett[522] führen diesen Gedanken anschließend noch dahingehend weiter, dass sich die kapitalmarktrechtliche Regelung aufgrund der retroaktiven Wirkung des Pflichtangebots und des übernahmerechtlichen Austrittsrechts im Hinblick auf den konkreten gesellschaftsrechtlichen Bezug zu den eigenen Anwendungsvoraussetzungen in Widerspruch setze. Ein solcher werde dadurch erzeugt, dass die Pflichtangebotsregelung des WpÜG grundsätzlich nur präventive Schutzwirkung entfalte, die Aktionäre also vor der Einflussnahme eines kontrollierenden Anteilsinhabers im Verband schützen solle. Zwingende Voraussetzung für die Auslösung des Pflichtangebots nach § 35 Abs. 2 WpÜG sei demnach die Existenz einer kontrollierenden Beteiligung im Sinne von § 29 Abs. 2 WpÜG. Wenn das Pflichtangebot dagegen auf Umwandlungsfälle angewendet würde, so würde dies auf einen retroaktiven, unmittelbar auf die verbandsrechtliche Maßnahme wirkenden Schutz hinauslaufen. Denn Anwendungsvoraussetzung für die Pflichtangebotsregelung sei jedenfalls, dass eine kontrollierende Beteiligung bestände. Eine solche sei aber im Zeitpunkt des Zustimmungsbeschlusses zur Umwandlung im übernehmenden Rechtsträger regelmäßig nicht vorhanden, so dass dieser nicht unter der Bedingung kontrollierender Beteiligungsverhältnisse zustande komme.

3. Stellungnahme

Auf den ersten Blick mag dem entgegen gehalten werden, dass die Minderheitsaktionäre unter Umständen auch dann, wenn keine Kontrolle im Sinne von § 29 Abs. 2 WpÜG besteht, nicht in ihrer Entscheidung frei sein können, weil auch bei faktischer Kontrolle, also einer tatsächlichen Beeinflussung durch einen Mitaktionär, keine Kontrollerlangung im Sinne von § 29 Abs. 2 WpÜG angenom-

520 *Grabbe/Fett*, NZG 2003, 755, 760 sprechen von einer „retroaktiven Wirkung" des übernahmerechtlichen Austrittsrechts auf die verbandsinterne Mehrheitsentscheidung.

521 *Grabbe/Fett*, NZG 2003, 755, 762. Allgemein zu den Auswirkungen kapitalmarktrechtlicher Regelungen auf gesellschaftsrechtliche Schutzprinzipien vgl. *Lutter* in: FS Zöllner, Bd. I, 363 ff.; *Möllers*, ZGR 1997, 334 ff.; *Schwark* in: FS Lutter, 1529 ff.

522 *Grabbe/Fett*, NZG 2003, 755, 762 f.

men wird, sofern nicht der Stimmrechtsanteil von 30% der Stimmen gehalten wird[523]. Hiergegen wird aber richtigerweise eingewandt, dass in diesem Fall eben nicht die Voraussetzungen des WpÜG erfüllt seien, so dass der Zustimmungsbeschluss auch bei faktischer Kontrolle nicht unter der Bedingung einer kontrollierenden Beteiligung im Sinne des § 29 Abs. 2 WpÜG zustande komme[524]. Auch der Hinweis auf einen Kontrollwechsel, also den Fall, dass schon vor der Umwandlung eine Kontrollposition im Sinne von § 29 Abs. 2 WpÜG im übernehmenden Rechtsträger besteht und damit der Zustimmungsbeschluss gerade unter Einfluss eines kontrollierenden Mehrheitsaktionärs getroffen wird, hilft nicht weiter. Denn hiergegen kann eingewendet werden, dass diese bereits bestehende Kontrollposition bereits durch ein Pflichtangebot im Zeitpunkt der damaligen Kontrollerlangung abgegolten wurde[525].
Letztlich kommt es hierauf jedoch auch gar nicht an, denn die beiden Prämissen für die Überlegung, dass sich die Pflichtangebotsregelung bei Anwendung in Umwandlungsfällen zu ihren eigenen Voraussetzungen in Widerspruch setze, liegen gerade nicht vor.

a) Keine retroaktive Wirkung und Konterkarierung des Umwandlungsbeschlusses

Zum einen ist dem Pflichtangebot bzw. dem dadurch gebotenen Austrittsrecht keine retroaktive Wirkung auf den Umwandlungsbeschluss in der Form beizumessen, dass er diesem die Verbindlichkeit nimmt. Denn der Umwandlungsbeschluss als solcher wird durch das Pflichtangebot und das hiermit verbundene Ausstiegsrecht aus der Gesellschaft in keiner Weise berührt. Zwar führt dies letztlich dazu, dass der einzelne Aktionär, der diese Ausstiegsmöglichkeit wahrnimmt, dadurch im Ergebnis nicht mehr an den Umwandlungsbeschluss, die verbandsrechtlich legitimierte Mehrheitsentscheidung, gebunden ist, und damit der im UmwG vorgesehene Minderheitenschutz erheblich erweitert wird. Zum einen ist jedoch auch dem Gesellschaftsrecht ein Austrittsrecht trotz Mehrheitsentscheidung, beispielsweise bei Auswechslung des herrschenden Unternehmens in einem Gewinnabführungs- oder Beherrschungsvertrag, nicht unbekannt. Denn für eine solche Vertragsänderung ist nach § 295 Abs. 1 AktG die Zustimmung der Hauptversammlung erforderlich, wobei den Aktionären trotz Zustimmung zur Vertragsänderung durch die Hauptversammlung ein neues Abfindungsangebot nach § 305 Abs. 1 AktG zu unterbreiten ist, damit diese anläss-

---

523 Vgl. oben 1. Teil, Kap. 3, Abschn. B. I., S. 62 ff.
524 *Grabbe/Fett*, NZG 2003, 755, 763.
525 *Grabbe/Fett*, NZG 2003, 755, 763; *Vetter*, WM 2002, 1999, 2002.

lich der Veränderung der Herrschaftsverhältnisse aus der Gesellschaft austreten können[526].

Zum anderen ist dem deutschen WpÜG die „whitewash procedure" einer Mehrheitsentscheidung der „freien" Aktionäre, wie sie beispielsweise im englischen City Code on Takeovers and Mergers vorgesehen ist, fremd[527]. Bei dieser Prozedur handelt es sich um ein Befreiungsverfahren, bei dem das Panel on Takeovers and Mergers, das britische Aufsichtsorgan, eine Befreiung von der Angebotspflicht erteilen kann, sofern bestimmte Transaktionen, wie beispielsweise die Zeichnung neuer Aktien oder der Verkauf von Anteilen, von den nicht an dieser Transaktion beteiligten Aktionären durch Mehrheitsbeschluss in der Gesellschafterversammlung genehmigt werden[528]. Derartige Befreiungsmöglichkeiten sind in § 37 WpÜG i. V. m. der WpÜG-AngebVO jedoch nicht vorgesehen. Auch kommt dem zustimmenden Hauptversammlungsbeschluss zur Umwandlung - wie gezeigt[529] - gerade keine Verzichtswirkung im Hinblick auf das Pflichtangebot zu.

Der Versuch, die kapitalmarktrechtliche Pflichtangebotsregelung in gesellschaftsrechtliche Schemata zu pressen, ist damit von vornherein zum Scheitern verurteilt[530]. Eine Mehrheitsentscheidung kann den Schutz nach dem WpÜG nicht unterbinden. Dies ist auch interessengerecht, da beide Schutzsysteme - wie bereits ausgeführt - völlig unterschiedliche Ansatzpunkte haben: so knüpft der gesellschaftsrechtliche Schutz an die Rechtswidrigkeit und Treuwidrigkeit einer Transaktion an, während der übernahmerechtliche Schutz auch bei gesellschaftsrechtlich unbedenklichen Transaktionen vor potentiellen wirtschaftlichen Nachteilen schützen will[531]. Beide Systeme ergänzen sich daher. Soweit es hierbei zu Überschneidungen beider Systeme kommt, führt dies gerade nicht zu einer Verengung des gesellschaftsrechtlichen Schutzsystems. Denn dieses bleibt weiterhin in vollem Umfang - insbesondere im Hinblick auf den Schutz vor rechtswidrigen Vorgängen - bestehen, und ist auch gerade für diejenigen Aktionäre, die das übernahmerechtliche Austrittsrecht nicht wahrnehmen wollen, von ganz erheblicher Bedeutung.

---

526 *Hüffer*, § 295 AktG, Rn. 5 sowie § 305 AktG, Rn. 2; *Hommelhoff* in: FS Claussen, 1997, 129, 138; *Priester*, ZIP 1992, 293, 297 ff.; *OLG Karlsruhe*, AG 1997, 270, 271 f.; *LG Mannheim*, ZIP 1996, 22, 24 f.; a. A. *Kort, ZGR 1999, 402, 420 ff.; Pentz in:* FS Kropff, 225, 234 ff.; offengelassen von *BGHZ* 119, 1, 9 f. Die Änderung der Herrschaftsverhältnisse als Anlass zum Wiederaufleben des Wahlrechts zwischen Ausgleich und Abfindung erwägt *BGHZ* 138, 136, 141 f.

527 Zur whitewash-procedure vgl. die "Whitewash Guidance Note" in Appendix 1 des City Code on Takeovers and Mergers. Vgl. für Österreich: *Kaindl*, Abschn. III. C. 5., S. 119, Fn. 494 unter Verweis auf *Karollus/Geist*, NZG 2000, 1145, 1149.

528 *Zinser*, NZG 2000, 573, 574; *Zinser*, RIW 2001, 481, 484 f.; *Stern* in: Doralt/Nowotny/Schauer, 51, 63.

529 Vgl. oben 2. Teil, Kap. 6, Abschn. D. III., S. 153 ff.

530 *Kleindiek*, ZGR 2002, 547, 560; umfassend hierzu *Heiser*, 3. Teil, Abschn. A., S. 307 ff.

531 Vgl. oben 2. Teil, Kap. 6, Abschn. D. II. 3. b), S. 148 ff.

b) Kein Widerspruch zu den eigenen Anwendungsvoraussetzungen

Auch das Argument, dass die Pflichtangebotsregelung in Widerspruch zu ihren eigenen Anwendungsvoraussetzungen gesetzt würde, wendete man sie auf Umwandlungsfälle an, da der Zustimmungsbeschluss zur Umwandlung normalerweise gerade nicht unter Einfluss einer kontrollierenden Beteiligung getroffen wird, überzeugt nicht. Die grundsätzlich präventive Wirkung der Pflichtangebotsregelung wird auch in Umwandlungsfällen nicht in eine retroaktive Wirkung verkehrt; vielmehr soll die Austrittsmöglichkeit nach § 35 Abs. 2 WpÜG die Minderheitsaktionäre - wie in allen übrigen Fällen der Kontrollerlangung auch - vor den Auswirkungen der Erlangung von über 30% der Stimmrechte durch einen Mehrheitsaktionär nach Vollzug der Verschmelzung schützen. Darauf, ob die Transaktion oder Maßnahme, die zu dieser Kontrollerlangung führt, selbst schon unter der Bedingung kontrollierender Beteiligungsverhältnisse erfolgte oder nicht, kommt es nicht an. Denn die Art und Weise der Kontrollerlangung ist vollkommen unerheblich[532]. Ansatzpunkte dafür, dass der Gesetzgeber bei einer der Kontrollerlangung vorausgehenden Mehrheitsentscheidung für die Anwendung der Pflichtangebotsregelung voraussetzen wollte, dass auch bereits diese unter Einfluss eines Kontrollinhabers im Sinne von § 29 Abs. 2 WpÜG zustande gekommen ist, finden sich weder im Gesetzestext selbst noch in der zugehörigen Gesetzesbegründung. Dass eine solche Voraussetzung nicht beabsichtigt ist, zeigt sich zudem auch schon an dem fehlenden Pendant zu der britischen „Whitewash-Procedure". Die Gesetzesbegründung bezieht sich an verschiedenen Stellen auf den britischen City Code on Takeovers and Mergers. Es kann daher davon ausgegangen werden, dass dem Gesetzgeber auch die dort vorhandene Befreiungsmöglichkeit bei Vorliegen von verbandsrechtlichen Mehrheitsentscheidungen bekannt war.

V. Fazit und Zusammenfassung

Die Bestimmungen des UmwG bieten den Minderheitsaktionären gegenüber den Pflichtangebotsregelungen des WpÜG keinen ausreichenden und gleichwertigen Schutz. Die im Einzelnen weitergehenden Schutzbestimmungen zugunsten der Minderheitsaktionäre nach dem WpÜG rechtfertigen daher dessen Anwendung auch bei Sachverhalten nach dem UmwG[533]. UmwG und WpÜG sind demnach nicht alternativ, sondern kumulativ nebeneinander anzuwenden. Hiergegen spricht auch nicht die Existenz einer zustimmenden verbandsrechtlichen Mehr-

---

532 *Begr. RegE*, BT-Drucksache 14/7034, Bes. Teil zu § 35 Abs. 1 WpÜG, S. 59.

533 *Ekkenga/Hofschroer*, DStR 2002, 768, 774; *Fleischer*, NZG 2002, 545, 550; *Fleischer/Kalss*, § 3, S. 69; *Hirte* in: KK-WpÜG, Einl., Rn. 80; *Kleindiek*, ZGR 2002, 546, 569; *Lenz/Linke*, AG 2002, 361, 368; *Seibt/Heiser*, ZHR 165 (2001), 466, 468; *von Bülow* in: KK-WpÜG, § 35, Rn. 76. Für Österreich vgl. *Stellungnahme der österreichischen Übernahmekommission*, NZG 2001, 282, 286; *Kalss/Winner*, ÖBA 2000, 51, 52; *Karollus/Geist*, NZG 2000, 1145, 1147; *Zollner*, Abschn. 4.3.5.7.1., S. 132 f.

heitsentscheidung zum Umwandlungsbeschluss, da in einer solchen zum einen kein Verzicht auf das übernahmerechtliche Austrittsrecht gesehen werden kann, und zum anderen das umwandlungsrechtliche Schutzsystem durch die Anwendung der Pflichtangebotsregelung auch nicht unterlaufen, sondern aufgrund der völlig anderen Schutzrichtungen sinnvoll ergänzt wird. Dabei hängt die Anwendung des § 35 Abs. 2 WpÜG auch nicht davon ab, ob diese Mehrheitsentscheidung bereits unter dem Einfluss einer kontrollierenden Beteiligung im Sinne von § 29 Abs. 2 WpÜG getroffen wird, da es nicht darauf ankommt, in welcher Art und Weise die Maßnahme, die letztlich zu der Kontrollerlangung führt, zustande kommt.

E. Ergebnis

Eine Auslegung der Vorschriften über das Pflichtangebot ergibt, dass grundsätzlich deren Anwendung auf Umwandlungsfälle nichts entgegensteht. Im Gegenteil ist vor dem Hintergrund, dass die umwandlungsrechtlichen Vorschriften keinen gleichwertigen Schutz für die Minderheitsaktionäre zu bieten vermögen, eine Anwendung der Regelungen über das Pflichtangebot auch in Fällen, in denen die Kontrolle im Rahmen einer Umwandlungsmaßnahme erlangt wird, sogar wünschenswert. Ob die Regelungen der §§ 35 ff. WpÜG jedoch in allen denkbaren Fallkonstellationen tatsächlich passen und Anwendung finden können, soll in den nachfolgenden Einzelfalluntersuchungen genauer beleuchtet werden.

Kapitel 7: Einzelfallbetrachtungen zur Anwendbarkeit der Pflichtangebotsregelung auf Umwandlungssachverhalte

Auch wenn das Ergebnis der Untersuchungen des vorherigen Kapitels darin besteht, dass grundsätzlich nichts gegen eine Anwendung der Pflichtangebotsregelung auf Umwandlungsfälle spricht, so kann hieraus dennoch nicht positiv geschlossen werden, dass die §§ 35 ff. WpÜG auch tatsächlich auf alle denkbaren Fallgestaltungen anzuwenden sind. So ist im Einzelfall zunächst prinzipiell die Frage zu klären, ob bei der in Frage stehenden Transaktion auch tatsächlich eine Kontrollerlangung i. S. d. §§ 35 Abs. 1, 29 Abs. 2 WpÜG zu bejahen ist, da auch nur in einem solchen Fall die Verpflichtung zur Abgabe eines Angebots ausgelöst wird. Denkbar ist hierbei beispielsweise, dass aufgrund der Wahl der Transaktionsrichtung oder aufgrund der Qualität der Zielgesellschaft keine Kontrollerlangung in übernahmerechtlichem Sinne möglich ist. Im Folgenden sollen daher verschiedene Arten der Umwandlung mit jeweils unterschiedlicher Transaktionsrichtung und unterschiedlich ausgestalteten Zielgesellschaften näher beleuchtet werden. Zudem soll in denjenigen Fällen, in denen nicht von vornherein der Tatbestand der Kontrollerlangung bejaht werden kann, der Frage nachgegangen werden, ob im Einzelfall nicht dennoch der Sinn und Zweck der §§ 35 ff. WpÜG eine (analoge) Anwendung der Pflichtangebotsregelung gebietet.
Ziel ist es, das im vorherigen Kapitel hergeleitete Ergebnis, dass grundsätzlich keine Bedenken gegen eine Anwendbarkeit der §§ 35 ff. WpÜG auf Umwandlungsfälle bestehen, für den Einzelfall in eine konkrete Aussage dahingehend fortzuentwickeln, dass eine Verpflichtung zur Abgabe eines Angebots auch tatsächlich ausgelöst wird oder nicht.

A. Verschmelzung auf eine vorher nicht kontrollierte Gesellschaft

I. Der Fall

Untersucht werden soll zunächst der folgende Fall:
Eine Gesellschaft X wird auf eine Gesellschaft Y verschmolzen. Beide Gesellschaften sind börsennotiert[534]. Vor Vollzug der Verschmelzung hat ein Großaktionär K die Kontrolle i. S. d. § 29 Abs. 2 WpÜG über die Gesellschaft X inne, während es sich bei der Gesellschaft Y um eine Gesellschaft ohne beherrschenden Gesellschafter handelt. Ferner soll unterstellt werden, dass die Beteiligung des Großaktionärs K nach der Verschmelzung mehr als 30% der Stimmrechte an

[534] Für die Anwendbarkeit des WpÜG kommt es allerdings auf eine Börsennotierung der übertragenden Gesellschaft X nicht an, da nach § 1 WpÜG nur erforderlich ist, dass die Zielgesellschaft, also hier die aufnehmende Gesellschaft Y, börsennotiert ist.

der aufnehmenden Gesellschaft Y beträgt. Hierbei handelt es sich auch nicht um eine rein theoretische Fallkonstellation, da die Aktionäre der übertragenden Gesellschaft mit Eintragung der Verschmelzung in das Handelsregister nach § 20 Abs. 1 Nr. 3 UmwG als Gegenleistung Aktien der übernehmenden Gesellschaft erhalten, so dass ein Großaktionär unter Berücksichtigung seines bisherigen Aktienanteils durchaus eine Beteiligungsquote von 30% oder mehr an der übernehmenden Gesellschaft erreichen kann. Zwingend ist dies allerdings nicht, da der Umfang der Beteiligung der Aktionäre der übertragenden an der aufnehmenden Gesellschaft von dem im Verschmelzungsvertrag vereinbarten Umtauschverhältnis (§ 5 Abs. 1 Nr. 3 UmwG) abhängig ist.
Für den hier untersuchten Fall soll jedoch angenommen werden, dass das Umtauschverhältnis so bemessen ist, dass der Großaktionär K nach der Verschmelzung mehr als 30% der Stimmrechte an der aufnehmenden Gesellschaft Y hält. Dies bedeutet im Ergebnis, dass der beherrschende Gesellschafter der ehemaligen Gesellschaft X durch Vollzug der Verschmelzung zum Inhaber der Kontrollmehrheit bei der aufnehmenden Gesellschaft Y wird.
Graphisch dargestellt ergibt sich folgende Situation:

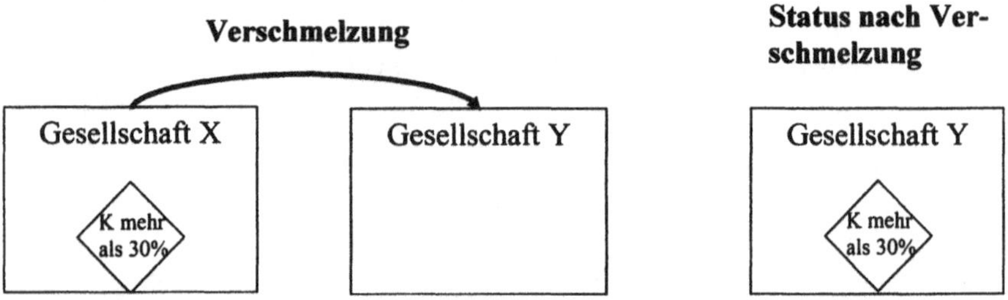

II. Lösung

1. Theoretische Überlegungen

In diesem Fall sehen sich die Aktionäre der aufnehmenden Gesellschaft Y erstmalig der Kontrolle durch den Großaktionär der übertragenden Gesellschaft X ausgesetzt, der aufgrund der Verschmelzung nunmehr mehr als 30% der Stimmrechte hält. Dadurch ist tatsächlich von einer Kontrollerlangung i. S. v. § 35 WpÜG auszugehen, da bei der weiter bestehenden, aufnehmenden Gesellschaft Y vorher noch keine Kontrolle i. S. v. § 29 Abs. 2 WpÜG bestand, und

der Großaktionär K diese erst durch den Vollzug der Verschmelzung erlangt[535]. Die soeben geschilderte Konstellation betrifft daher genau den Fall, in dem § 35 WpÜG seinem Wortlaut nach unproblematisch eingreift. Auch teleologische Argumente sprechen - wie bereits oben dargestellt - grundsätzlich für eine Anwendung des § 35 WpÜG auf Verschmelzungsvorgänge, so dass dem Eingreifen der Pflichtangebotsregelung nichts entgegensteht.
Es handelt es um einen der Fälle, die § 35 WpÜG gerade im Blick hat.

2. Handhabung in der Praxis

So hat denn auch die BaFin in einem derartigen Fall entschieden, dass der Tatbestand des § 35 WpÜG erfüllt sei, und der Kontrollinhaber der übertragenden Gesellschaft, der durch die Verschmelzung auch die Kontrolle in der aufnehmenden Gesellschaft erlangt, ein Pflichtangebot abzugeben habe, da aufgrund des weitergehenden Schutzes des WpÜG auch keine Befreiung von der Angebotspflicht nach § 37 Abs. 1 WpÜG mit dem Argument in Betracht komme, dass der Schutz der Minderheitsaktionäre durch das UmwG in ausreichendem und vergleichbaren Maße sichergestellt sei[536]. Auch in der Praxis scheint sich diese Vorgehensweise durchzusetzen. So hat beispielsweise die Carl Zeiss Jena GmbH den außenstehenden Aktionären der Carl Zeiss Meditec AG, vormals firmierend als Asclepion-Meditec AG, im Juli 2002 vor folgendem (hier stark vereinfacht dargestellten) Hintergrund ein Pflichtangebot unterbreitet[537]:
Die Carl Zeiss Jena GmbH und die Carl Zeiss Beteiligungs-GmbH waren alleinige Gesellschafterinnen der Carl Zeiss Ophthalmic Systems AG. Die Carl Zeiss Ophthalmic Systems AG wurde auf die Carl Zeiss Meditec AG, damals noch firmierend als Asclepion-Meditec AG, verschmolzen. Als Gegenleistung erhielten die Carl Zeiss Jena GmbH und die Carl Zeiss Beteiligungs-GmbH Aktien der Carl Zeiss Meditec AG, die im Wege einer Kapitalerhöhung entstanden, mit der Folge, dass die Carl Zeiss Jena GmbH mit Vollzug der Verschmelzung eine

---

535 So auch *Apfelbacher/Barthelmess/Buhl/von Dryander*, Part Two, Subpart 5, Sec. 35, Rn. 3; *Ekkenga/Hofschroer*, DStR 2002, 768, 774; *Hommelhoff/Witt* in: Haarmann/Riehmer/Schüppen, § 35, Rn. 28; *Kleindiek*, ZGR 2002, 546, 570; *Seibt/Heiser*, ZGR 165 (2001), 466, 479; *Stellungnahme des DAV*, NZG 2001, 420, 420; *Technau*, AG 2002, 260, 261 f.; *von Bülow* in: KK-WpÜG, § 35, Rn. 74. Ebenso *Süßmann*, WM 2003, 1453, 1455 f., der dieses Ergebnis auch damit rechtfertigt, dass wirtschaftlich das gleiche Ergebnis auch mit der Einbringung einer Sacheinlage im Rahmen einer Sachkapitalerhöhung erreichbar wäre, und in diesen Fällen unstreitig das Pflichtangebot ausgelöst werde, wenn der neue Aktionär anschließend die Kontrollschwelle des § 29 Abs. 2 WpÜG überschreite. Das gleiche Argument führen für die Rechtslage in Österreich *Kalss/Winner*, ÖBA 2000, 51, 54 an.

536 Vgl. zur umfassenden Darstellung der Entscheidung der BaFin vom 4. März 2002: *Lenz/Linke*, AG 2002, 361, 367 f.

537 Die Angebotsunterlage der Carl Zeiss Jena GmbH mit einer umfassenden Schilderung der Gründe für das Pflichtangebot kann abgerufen werden unter www.bafin.de/datenbanken/wpueg_14/carlzeiss.pdf, zuletzt abgerufen am 27. Juli 2004.

Beteiligung von 38,76% und die Carl Zeiss Beteiligungs-GmbH eine Beteiligung von 37,24% an der Carl Zeiss Meditec AG hielten. Beide Gesellschaften, sowohl die Carl Zeiss Jena GmbH als auch die Carl Zeiss Beteiligungs-GmbH, hatten damit unmittelbar die Kontrolle im Sinne von § 29 Abs. 2 WpÜG über die Carl Zeiss Meditec AG erlangt. Ferner hatte die Muttergesellschaft beider Gesellschaften, die Carl-Zeiss-Stiftung, ebenfalls über die Zurechnungsvorschrift des § 30 Abs. 1 Nr. 1 WpÜG mittelbar die Kontrolle über die Carl Zeiss Meditec AG erlangt. Die Carl Zeiss Jena GmbH unterbreitete daher in Erfüllung sowohl ihrer eigenen Verpflichtung aus § 35 Abs. 2 WpÜG als auch in Erfüllung der Verpflichtungen der Carl Zeiss Beteiligungs-GmbH und der gemeinsamen Muttergesellschaft, der Carl-Zeiss-Stiftung, den Minderheitsaktionären der Carl Zeiss Meditec AG ein Pflichtangebot.

III. Adressaten des Pflichtangebots

1. Pflichtangebot an die Altaktionäre der aufnehmenden Gesellschaft

Es ist daher in jedem Fall den Altaktionäre der aufnehmenden Gesellschaft Y ein Pflichtangebot zu unterbreiten, da diese vorher noch keiner Kontrolle ausgesetzt waren und diesen daher nach dem Sinn und Zweck des § 35 WpÜG ein Ausstieg aus ihrer Kapitalanlage, deren Grundlage sich durch die Kontrollerlangung entscheidend verändert hat, gewährt werden muss[538].

2. Kein Pflichtangebot an die Altaktionäre der übertragenden Gesellschaft

Fraglich ist jedoch, ob ein solches Angebot auch gegenüber den Altaktionären der X-Gesellschaft abzugeben ist. Hierfür könnte sprechen, dass diese mit der Verschmelzung zu Aktionären der Y-Gesellschaft geworden sind, über die dann streng genommen auch die Kontrolle erlangt wurde. Andererseits wurden gerade diese Aktionäre aber schon vor der Verschmelzung von dem Großaktionär K, der nun auch die Kontrolle über die Gesellschaft Y hält, sogar in noch stärkerem Maße kontrolliert, so dass ihnen gegenüber eigentlich weder eine neue tatsächliche Kontrollerlangung noch ein Wechsel in der Person des Inhabers der Kontrolle stattgefunden hat. Ein Schutzbedürfnis der Altaktionäre der X-Gesellschaft besteht daher nicht, da für diese insofern keine neue Zwangswirkung entsteht, und auch die kapitalmarktrechtliche Begründung für das Pflichtangebot, einen Austritt aus der Gesellschaft zu gewähren, nicht greift, da sich die Grundlage der Investitionsentscheidung dieser Altaktionäre nicht verändert. Denn sie haben ihre Aktien an der aufnehmenden Gesellschaft Y nicht im Ver-

---

[538] *Adolff/Meister/Randell/Stephan*, Part 3, Subpart A. III. 4. b., S. 241 f.; *Hommelhoff/Witt* in: Haarmann/Riehmer/Schüppen, § 35, Rn. 28; *Kleindiek*, ZGR 2002, 546, 570; *Seibt/Heiser*, ZHR 165 (2001) 466, 479 f.; *Technau*, AG 2002, 260, 261 f.

trauen auf eine bestimmte, vor dem Wirksamwerden der Verschmelzung nicht bestehende Kontrollsituation erworben, da sie dieser Kontrolle eben schon vor dem Vollzug der Verschmelzung ausgesetzt waren, und sich diese Kontrollsituation nunmehr in der neuen Gesellschaft für sie fortsetzt[539]. Die Situation ist insofern vergleichbar mit der vom Gesetzgeber ausdrücklich geschaffenen Ausnahme von der Angebotspflicht im Rahmen einer Kontrollerlangung aufgrund einer Umstrukturierung innerhalb eines Konzerns (§ 36 Nr. 3 WpÜG), da vor und nach der Umstrukturierung dieselbe Obergesellschaft die Zielgesellschaft kontrolliert, so dass sich an der Kontrollsituation materiell nichts ändert[540]. Auch ist eine Beteiligung an möglichen Paketzuschlägen nicht sicherzustellen, da diese im Rahmen einer Verschmelzung üblicherweise nicht gezahlt werden. Ebenso wenig ist eine Gleichbehandlung der Aktionäre geboten, da die beiden verschiedenen Aktionärsgruppen - Altaktionäre der übertragenden und Altaktionäre der aufnehmenden Gesellschaft - gerade eben nicht aus derselben Situation hervorgegangen sind[541]. Im Hinblick auf die Altgesellschafter der X-Gesellschaft ist § 35 WpÜG daher dahingehend teleologisch zu reduzieren, dass diesen Altaktionären kein Pflichtangebot zu unterbreiten ist[542].

Eine solche teleologische Reduktion führt auch nicht zu einem Verstoß gegen das Verbot von Teilangeboten gemäß §§ 32, 39 WpÜG. Zwar ist grundsätzlich allen Aktionären einer Zielgesellschaft ein Pflichtangebot zu unterbreiten, so dass eine Differenzierung zwischen den Altaktionären der Gesellschaften X und Y eigentlich nicht zulässig wäre. Hier hilft jedoch eine entsprechende Anwendung von § 35 Abs. 2 Nr. 2 WpÜG weiter, der eine Ausnahme von der Verpflichtung zur Abgabe eines Angebots für solche Aktien macht, die im Besitz der Zielgesellschaft oder einem von der Zielgesellschaft kontrollierten Unternehmen stehen, da diese Aktionäre nicht schutzbedürftig sind. Da auch die Altaktionäre der übertragenden Gesellschaft X - wie gezeigt - nicht des Schutzes des übernahmerechtlichen Austrittsrechts bedürfen, erscheint eine entsprechende

---

539 *Adolff/Meister/Randell/Stephan*, Part 3, Subpart A. III. 4. b., S. 242; *Ekkenga*/Schulz in: Ehricke/Ekkenga/Oechsler, § 35, Rn. 31; *Rotthege/Wassermann*, 11. Teil, Rn. 1546; *Schlitt* in: MüKo-AktG, § 35 WpÜG, Rn. 140; *Technau*, AG 2002, 260, 262; *von Bülow* in: KK-WpÜG, § 35, Rn. 78.

540 *von Bülow* in: KK-WpÜG, § 35, Rn. 78.

541 *Seibt/Heiser*, ZHR 165 (2001), 466, 479 f.; *Technau*, AG 2002, 260, 262.

542 *Hommelhoff/Witt* in: Haarmann/Riehmer/Schüppen, § 35, Rn. 28; *Seibt/Heiser*, ZHR 165 (2001), 466, 479 f.; *Süßmann*, WM 2003, 1453, 1456 und *von Bülow* in: KK-WpÜG, § 35, Rn. 78 weisen dabei allerdings darauf hin, dass diese Lösung praktisch nicht immer umsetzbar sei, da unter Umständen Altaktionäre der aufnehmenden und der übertragenden Gesellschaft nicht zu unterscheiden seien. Eine Unterscheidung sei nur möglich, sofern für die neuen, an die Altaktionäre der übertragenden Gesellschaft ausgegebenen Aktien eine andere Wertpapierkennnummer vergeben werde. Für den entsprechenden Fall des § 22 ÜbG in Österreich: *Kalss*, Festgabe Volhard, 56, 70; *Kalss/Winner*, ÖBA 2000, 51, 53 f.; *Zollner*, Abschn. 4.3.5.7.2., S. 136.

Anwendung von § 35 Abs. 2 Nr. 2 WpÜG gerechtfertigt, da insoweit § 35 Abs. 2 Satz 2 WpÜG entsprechend anzuwenden ist[543].

Den Altaktionären der Gesellschaft X kommt allerdings das gesellschaftsrechtliche Schutzinstrumentarium, nämlich vor allem das Austrittsrecht nach § 29 UmwG, zugute, sofern die dort genannten Voraussetzungen vorliegen, also wenn sie gegen die Verschmelzung gestimmt und gegen den zustimmenden Hauptversammlungsbeschluss Widerspruch zur Niederschrift erklärt haben, und infolge der Verschmelzung ein Rechtsformwechsel durchgeführt wurde, oder die Aktien der Y-Gesellschaft in der Verfügung beschränkt sind.

3. Konsequenzen

Zu beachten ist an dieser Stelle vor allem, dass sich das Austrittsrecht der Altgesellschafter der aufnehmenden Gesellschaft Y nach § 35 WpÜG und das mögliche Austrittsrecht der Altgesellschafter der übertragenden Gesellschaft X nach § 29 UmwG jeweils nach den dort vorgeschriebenen Verfahrens- und Preisfindungsvorschriften richten, also vor allem die Altgesellschafter der aufnehmenden Gesellschaft Y von dem neuen Kontrollaktionär abzufinden sind, während die Altgesellschafter der übertragenden Gesellschaft X ihre Abfindung direkt von der aufnehmenden Gesellschaft Y erhalten[544]. Zu Überschneidungen beider Gesetze kommt es dabei gerade nicht.

B. Verschmelzung auf eine bereits kontrollierte Gesellschaft mit Kontrollwechsel

An dem soeben gefundenen Ergebnis kann sich auch dann nichts ändern, wenn die aufnehmende Gesellschaft Y bereits vor der Verschmelzung im Sinne des § 29 Abs. 2 WpÜG kontrolliert wurde, nach Vollzug der Verschmelzung aber der vorherige Großaktionär der übertragenden Gesellschaft X die Kontrolle über die aufnehmende Gesellschaft Y erlangt. Denn auch in diesem Fall sehen sich die Altaktionäre der aufnehmenden Gesellschaft einem neuen Kontrollinhaber gegenüber. Zwar waren sie auch schon vor der Verschmelzung mit einem Kontrollinhaber konfrontiert; jedoch hat sich die Person des Kontrollinhabers verändert, was grundsätzlich für die Auslösung eines Pflichtangebots genügt[545]. Für eine Kontrollerlangung im Rahmen von Verschmelzungsfällen kann jedoch nichts anderes gelten, da auch in derartigen Konstellationen die Gefahren für die Altaktionäre der aufnehmenden Gesellschaft Y dieselben sind: so können auch hier die Zielsetzungen des neuen kontrollierenden Aktionärs vollkommen andere

---

[543] *Technau*, AG 2002, 260, 262.
[544] *Seibt/Heiser*, ZHR 165 (2001), 466, 480.
[545] Vgl. hierzu näher 1. Teil, Kap. 3, Abschn. D. I., S. 77 ff.

sein als diejenigen des bisherigen Kontrollinhabers, so dass sich auch hier die Grundlage der Investitionsanlage der Altaktionäre der aufnehmenden Gesellschaft verändert. Ihnen ist demnach ein Pflichtangebot zu unterbreiten, da § 35 WpÜG auch in diesen Fällen vor einem Kontrollwechsel schützt[546]. Für die Altaktionäre der übertragenden Gesellschaft X ändert sich die Situation dagegen nicht; für sie setzt sich nur die schon vorher bestehende Kontrolle desselben Kontrollinhabers in der neuen Gesellschaft fort, so dass ihnen kein Pflichtangebot zu unterbreiten ist.

C. Verschmelzung auf eine bereits kontrollierte Gesellschaft ohne Kontrollwechsel

Der oben unter Abschn. A. I. geschilderte Fall ist jedoch auch in umgekehrter Richtung denkbar:

I. Der Fall

Bei der kontrollierten Gesellschaft X soll es sich im Gegensatz zu dem gerade unter Abschn. A. I. erläuterten Fall um die aufnehmende Gesellschaft handeln, die die übertragende, bisher nicht kontrollierte Gesellschaft Y im Wege der Verschmelzung aufnimmt. Auch nach der Verschmelzung soll die Beteiligung des Großaktionärs K der X-Gesellschaft mehr als 30% der Stimmrechte betragen mit der Folge, dass sich die bisher nicht kontrollierten Aktionäre der ehemaligen Y-Gesellschaft einer Kontrolle durch den Großaktionär K der X-Gesellschaft ausgesetzt sehen.

Graphisch dargestellt ergibt sich folgende Situation:

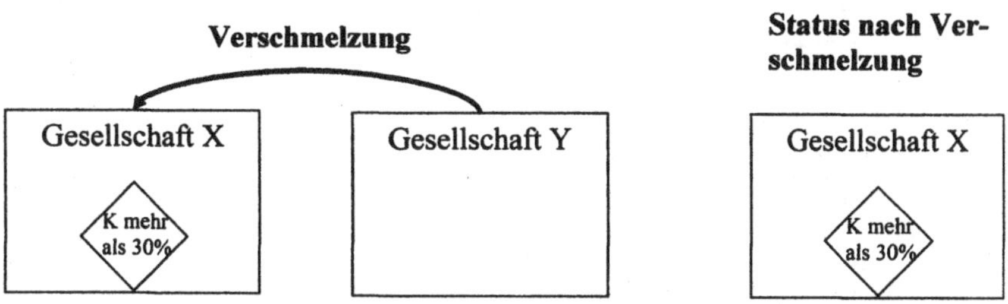

546 *Seibt/Heiser*, ZHR 165 (2001), 466, 479; *Technau*, AG 2002, 261, 262.

II. Problemstellung

Auch in diesem Fall stellt sich die Frage, ob von einer Erlangung der Kontrolle des Großaktionärs K der X-Gesellschaft über eine Zielgesellschaft gesprochen werden kann. Zwar sehen sich die Altaktionäre der Y-Gesellschaft nunmehr plötzlich mit einem beherrschenden Gesellschafter konfrontiert. Der Unterschied zu dem oben geschilderten Fall besteht allerdings darin, dass die Kontrolle über die weiter bestehende X-Gesellschaft bereits vor der Verschmelzung bestand, und sich nur der Kreis der Aktionäre, die dieser Kontrollmehrheit unterworfen sind, um die Altaktionäre der ehemaligen Y-Gesellschaft erweitert hat.

III. Lösungsansätze

1. Keine direkte Anwendbarkeit von § 35 WpÜG

§ 35 WpÜG verlangt, dass unmittelbar oder mittelbar die Kontrolle über eine Zielgesellschaft erlangt wird. Gegen die Erlangung der Kontrolle i. S. v. § 35 WpÜG in einem solchen Fall wird angeführt, dass von der Erlangung der Kontrolle über eine Zielgesellschaft gerade keine Rede sein könne, da sich nur der Aktionärskreis der Gesellschaft, die bereits vor der Verschmelzung der Kontrolle unterworfen gewesen sei, vergrößert habe, und lediglich das Vermögen der übertragenden Gesellschaft, die untergegangen sei, auf die übernehmende Gesellschaft übergehe[547]. Erlangt würde daher gerade nicht die Kontrolle über eine Gesellschaft, sondern nur über deren Vermögen, zumal die übertragende Gesellschaft durch die Verschmelzung gemäß § 20 Abs. 1 Nr. 2 UmwG liquidationslos erlösche und daher über diese Gesellschaft auch gar keine Kontrolle mehr erlangt werden könne[548].

§ 35 WpÜG greift demnach seinem Wortlaut nach nicht unmittelbar ein. Dementsprechend kommt nur eine analoge Anwendung der Pflichtangebotsregelung in Betracht, was allerdings voraussetzt, dass ein besonderes Schutzbedürfnis der Altaktionäre der übertragenden Gesellschaft Y zu bejahen ist.

---

[547] *Vetter*, WM 2002, 1999, 1999; *Weber-Rey/Schütz*, AG 2001, 325, 328. Ähnlich auch *Lenz/Linke*, AG 2002, 361, 367, Fn. 23, die zumindest Zweifel an einer Kontrollerlangung im Sinne des WpÜG hegen, da der Großaktionär auch schon vor der Transaktion die Kontrolle über „seine“ Gesellschaft gehabt habe.

[548] *Weber-Rey/Schütz*, AG 2001, 325, 328; *Stengel/Semler* in: Stengel/Semler, Einl. A. UmwG, Rn. 88 f.; *Technau*, AG 2002, 260, 263; *Apfelbacher/Barthelmess/Buhl/von Dryander,* Part Two, Subpart 5, Sec. 35, Rn. 3; *Schlitt* in: MüKo-AktG, § 35 WpÜG, Rn. 139. So auch *Adolff/Meister/Randell/Stephan,* Part 3, Subpart A. III. 4.c., S. 242 sowie *Seibt/Heiser*, ZHR 165 (2001), 466, 481 und *Heckschen* in: Heckschen/Simon, § 6, Rn. 13, die ein Eingreifen des § 35 WpÜG dem Wortlaut nach ebenfalls verneinen, da der Kontrollaktionär der aufnehmenden Gesellschaft nur seine bisherige Kontrollposition behalte.

2. Analoge Anwendung von § 35 WpÜG?

a) Befürwortende Ansicht

aa) Argumente für eine analoge Anwendung von § 35 WpÜG

Für eine solche analoge Anwendung der Pflichtangebotsregelung wird angeführt, dass eine Verneinung der Angebotspflicht in dieser Fallkonstellation gerade im Hinblick auf den Anlegerschutz bedenklich sei, da es dadurch ganz in der Hand der jeweiligen Unternehmen liege, durch Wahl der entsprechenden Verschmelzungsrichtung der Verpflichtung zur Abgabe eines Pflichtangebots auszuweichen[549]. Auch fänden sich die Altaktionäre der übertragenden Gesellschaft nach der Verschmelzung in einem entscheidend veränderten Umfeld, nämlich in einer kontrollierten Gesellschaft, wieder, obwohl sie sich ursprünglich für eine Investition in eine nicht kontrollierte Gesellschaft entschieden hätten, so dass auch und gerade ihnen die Möglichkeit zum Austritt geboten werden müsse[550]. Der Schutzzweck des § 35 WpÜG erfordere daher eine erweiternde Auslegung, da sich für den hinzukommenden Minderheitsaktionär die Situation so darstelle, als ob in der Gesellschaft eine vorher nicht vorhandene Kontrollposition entstehen würde. Wie auch schon von der österreichischen Übernahmekommission argumentiert wurde[551], sei daher eine Analogie dahingehend zu bilden, dass es ausnahmsweise nicht auf die Erlangung der Kontrolle über eine Zielgesellschaft ankomme, sondern allein darauf, ob aus der Perspektive der Anleger die Kontrolle über eine Gruppe, die in den Schutzbereich des WpÜG einzubeziehen sei, also über die Aktionäre des übertragenden Rechtsträgers, erlangt würde, falls diese ihren Status als Aktionäre einer unkontrollierten Gesellschaft einbüßten oder einem Wechsel in der Person des Kontrollträgers ausgesetzt seien[552].

bb) Adressatenkreis des Pflichtangebots bei einer analogen Anwendung von § 35 WpÜG

Die Befürworter einer analogen Anwendung des § 35 WpÜG müssen sich zudem mit der Frage auseinandersetzen, wer in einem solchen Fall Adressat des Pflichtangebots ist. Folgt man dem Wortlaut der §§ 35 Abs. 2 Satz 1, 32, 39 WpÜG, so wäre ein Vollangebot auf alle Aktien der Zielgesellschaft, also auch auf die Aktien der Altaktionäre der X-Gesellschaft, die auch schon vorher der Kontrolle des Großaktionärs ausgesetzt waren, zu unterbreiten. Diese Altaktionäre erscheinen jedoch nicht schutzbedürftig, da sie sich in der Position von

---

549 *Seibt/Heiser*, ZHR 165 (2001), 466, 481; *Kleindiek*, ZGR 2002, 546, 571.

550 *Kleindiek*, ZGR 2002, 546, 571; *Hommelhoff/Witt* in: Haarmann/Riehmer/Schüppen, § 35, Rn. 30; *Seibt/Heiser*, ZHR 165 (2001), 466, 482.

551 *Übernahmekommission*, Stellungnahme GZ 2000/1/4-171 vom 12. September 2000, NZG 2001, 282, 286.

552 *Kleindiek*, ZGR 2002, 546, 571; *Seibt/Heiser*, ZHR 165 (2001), 466, 482; *Stengel/Semler* in: Stengel/Semler, Einl. A. UmwG, Rn. 94.

Minderheitsaktionären weiterhin unverändert demselben Kontrollinhaber gegenübersehen[553]. Schutzbedürftig sind demnach nur die Altaktionäre der übertragenden, bisher nicht kontrollierten Gesellschaft, da sie im Zuge der Verschmelzung in die kontrollierte, aufnehmende Gesellschaft „hineintransportiert" werden, und dort plötzlich mit einem kontrollierenden Großaktionär konfrontiert sind, so dass allein ihnen ein Pflichtangebot zu unterbreiten sei. Dabei sei allen Aktionären der übertragenden Gesellschaft ein Pflichtangebot zu unterbreiten und nicht etwa nur denjenigen, die gegen den Verschmelzungsbeschluss in der Hauptversammlung gestimmt haben, da in der Zustimmung zum Verschmelzungsbeschluss - wie bereits erläutert[554] - kein Verzicht auf das Recht, ein Pflichtangebot zu erhalten, gesehen werden kann.
Sofern man eine analoge Anwendung der Pflichtangebotsregelung befürwortet, ist demnach im eingangs geschilderten Fall den Altaktionären der übertragenden Gesellschaft Y ein Pflichtangebot zu unterbreiten.

b) Argumente gegen eine analoge Anwendung von § 35 WpÜG

Die Gegner einer analogen Anwendung des § 35 WpÜG verneinen dagegen schon eine planwidrige Unvollständigkeit des Gesetzes[555], da - anders als in dem oben geschilderten umgekehrten Fall der Verschmelzung einer kontrollierten auf eine unkontrollierte Gesellschaft - den betroffenen Aktionären, nämlich den Altaktionären der übertragenden Gesellschaft, das umwandlungsrechtliche Austrittsrecht nach § 29 Abs. 1 UmwG unter den dort genannten Voraussetzungen zur Verfügung stehe, was einen ausreichenden Schutz gewähre[556]. Der Gesetzgeber habe sich dabei auch bewusst gegen ein Austrittsrecht im UmwG allein für den Fall entschieden, dass sich die Aktionäre einer übertragenden Gesellschaft in der übernehmenden Gesellschaft der Kontrolle eines anderen Aktionärs ausgesetzt sähen, denn im Zuge des Umwandlungsrechtsbereinigungsgesetzes vom 28. Oktober 1994, bei dem gleichzeitig auch das Recht der Eingliederung neu gefasst wurde, habe der Gesetzgeber in § 320b Abs. 1 Satz 2 und 3 AktG ausdrücklich zwischen dem Fall der Übernahme durch eine kontrollierte und dem Fall der Übernahme durch eine nicht kontrollierte Aktiengesellschaft unterschieden, mit der Folge, dass im Fall der Übernahme durch eine kontrollierte Gesellschaft eine angemessene Barabfindung verlangt

---

553 *Hommelhoff/Witt* in: Haarmann/Riehmer/Schüppen, § 35, Rn. 30; *Kleindiek*, ZGR 2002, 546, 572; für Österreich: *Kalss/Winner*, ÖBA 2000, 51, 54 und *Gall*, wbl 2000, 544, 548, der insoweit für eine teleologische Reduktion des § 22 ÜbG plädiert.

554 Vgl. oben 2. Teil, Kap. 6, Abschn. D. III., S. 153 ff.

555 Zur planwidrigen Regelungslücke und einer vergleichbaren Interessenlage als Voraussetzungen für eine Analogiebildung vgl. *Larenz/Canaris*, S. 191 ff.; *BGH*, BB 1988, 1207, 1208.

556 *Weber-Rey/Schütz*, AG 2001, 325, 328 f.; *Technau*, AG 2002, 260, 264; *Angerer* in: Geibel/Süßmann, § 1, Rn. 106; *Adolff/Meister/Randell/Stephan*, Part 3, Subpart A. III. 4.c., S. 242 f.

werden könnte, während in § 29 Abs. 1 UmwG ein solche Differenzierung zwischen Verschmelzung auf eine kontrollierte oder auf eine nicht kontrollierte Gesellschaft gerade nicht vorgesehen sei, so dass eine planwidrige Lücke, die durch das WpÜG geschlossen werden müsse, nicht vorliege[557]. Zudem gewähre das WpÜG selbst keinen Schutz für den Fall, dass die betroffenen Aktionäre Aktien einer kontrollierten Gesellschaft erhielten, da im Rahmen des Pflichtangebots als Gegenleistung auch Aktien einer abhängigen Gesellschaft angeboten werden dürften[558].

Ferner stelle es ein nicht vertretbares Ergebnis dar, einerseits den Anlegern im Falle des sog. kalten Delistings im Zuge einer Verschmelzung jedenfalls kein Pflichtangebot zu gewähren (und zwar unabhängig davon, ob über die Aktionäre im Zuge der Verschmelzung erstmalig die Kontrolle erlangt wird), da Anwendungsvoraussetzung des WpÜG nun einmal eine Börsennotierung sei, ihnen andererseits jedoch in dem Fall, in dem sie zwar unter die Kontrolle eines Dritten gerieten, ihnen jedoch wenigstens die Börsennotierung erhalten bleibe, den Schutz des § 35 WpÜG zu gewähren[559].

c) § 29 UmwG analog als alternativer Lösungsansatz

Statt einer entsprechenden Anwendung von § 35 WpÜG wäre auch eine analoge Anwendung von § 29 Abs. 1 Satz 2 UmwG denkbar, um den Altaktionären der übertragenden Gesellschaft eine Ausstiegsmöglichkeit zu verschaffen[560]. Während § 29 Abs. 1 Satz 2 UmwG unmittelbar den Fall erfasst, dass die Aktien der aufnehmenden Gesellschaft einer Verfügungsbeschränkung unterliegen, könnte diese Regelung entsprechend für den Fall angewendet werden, dass zwar nicht die Aktien der aufnehmenden Gesellschaft vinkuliert sind, jedoch die Altaktionäre der übertragenden Gesellschaft nach der Verschmelzung in der aufnehmenden Gesellschaft einem kontrollierenden Einfluss ausgesetzt sind[561]. So wird argumentiert, dass § 29 Abs. 1 Satz 2 UmwG in Tatbestand und Rechtsfolge besser passe, da es sich um ein verschmelzungsrechtliches Problem handele, das

---

557 *Technau*, AG 2002, 260, 264.

558 *Technau*, AG 2002, 260, 264 f.; *Süßmann*, WM 2003, 1453, 1455. Diese Auffassung ist allerdings nicht unbestritten, vgl. hierzu *Harbarth*, ZIP 2002, 321, 331.

559 *Technau*, AG 2002, 260, 265. Dieses Argument relativiert sich allerdings dadurch, dass auch in diesen Fällen des Delistings teilweise eine analoge Anwendung der Pflichtangebotsregelung befürwortet wird. Vgl. hierzu *Kleindiek*, ZGR 2002, 546, 573 f.; *Kalss/Winner*, ÖBA 2000, 51, 56 f.; *Kaindl*, Abschn. III. C. 7., S. 120 ff. sowie nachfolgend die ausführliche Untersuchung dieses Problems in diesem Kapitel unter Abschn. E.

560 Zuerst angedacht wurde diese Möglichkeit in der *Stellungnahme des DAV*, NZG 2001, 420, 420. Auch in einer von *Hopt* geleiteten Diskussion im Rahmen des ZGR-Symposiums 2002 vom 18./19. Januar 2002 zum „Übernahmerecht" wurde diese Möglichkeit teilweise befürwortet, vgl. hierzu den Bericht über die Diskussion von *Adolff*, ZGR 2002, 579, 585 f. So auch *Adolff/Meister/Randell/ Stephan*, Part 3, Subpart A. III. 4. c., S. 242 f.

561 *Adolff*, ZGR 2002, 579, 585 f.

durch eine analoge Anwendung des § 29 UmwG auch einer verschmelzungsrechtlichen Lösung zugeführt, und zudem ein verfahrenskomplizierendes Nebeneinander von UmwG und WpÜG und eine Addition beider Schutzmechanismen vermieden würde[562]. Die Minderheitsgesellschafter der übertragenden Gesellschaft, die keine Aktien an der aufnehmenden kontrollierten Gesellschaft erhalten wollten, könnten durch Einlegung eines Widerspruchs (wie von § 29 Abs. 1 UmwG verlangt) ein Barabfindungsangebot erhalten, dessen Höhe aufgrund des Spruchstellenverfahrens auch kontrollierbar wäre, so dass ein ausreichender Schutz bestände.

3. Meinungsspektrum in Österreich

Bereits in der österreichischen Diskussion über die Anwendung des § 22 Abs. 1 ÜbG in Fällen, in denen eine bisher nicht kontrollierte Gesellschaft auf eine kontrollierte Gesellschaft verschmolzen wurde, wurden die soeben dargestellten Argumente vorgebracht. So wurde auch in Österreich eine unmittelbare Anwendung der Pflichtangebotsregelung mit dem Argument verneint, dass keine kontrollierende Beteiligung an einer Gesellschaft erlangt würde, da die übertragende Gesellschaft im Rahmen der Fusion untergehe, und die aufnehmende Gesellschaft ihr Vermögen im Wege der Gesamtrechtsnachfolge erwerbe[563]. Über eine entsprechende Anwendung der Pflichtangebotsregelung bestanden wie auch in Deutschland geteilte Meinungen. So wurde einerseits vertreten, dass die Aktionäre schon ausreichend durch das Verschmelzungsrecht geschützt seien, so dass es einer analogen Anwendung der Pflichtangebotsregelung nicht bedürfe[564]. Nach anderer Ansicht, allen voran derjenigen der Übernahmekommission, kann es bei der Frage, ob von einer Kontrollerlangung und damit von der Anwendung der Pflichtangebotsregelung des § 22 Abs. 1 ÜbG auszugehen ist, nicht auf die Transaktionsrichtung ankommen[565]. Zudem wurde auch für diese Fallkonstellation in der österreichischen Literatur wiederum das Argument vorgetragen, dass die Frage, ob ein Kontrollerwerb oder Kontrollwechsel stattgefunden habe, aus Sicht der übernahmerechtlich zu schützenden Personen zu beurteilen sei[566]. Aus Sicht der ehemaligen Aktionäre der übertragenden, vorher nicht kontrollierten

---

562 *Adolff/Meister/Randell/Stephan*, Part 3, Subpart A. III. 4. c., S. 242 f.; *Adolff*, ZGR 2002, 579, 585 f.

563 *Nowotny*, RdW 2000, 330, 330 sowie *ders.*, wbl 2001, 379, 382 mit dem Argument, dass die Pflichtangebotsregelung eindeutig davon ausgehe, dass die Zielgesellschaft zunächst fortbestehe. Hiervon geht auch die *Übernahmekommission*, Stellungnahme GZ 2000/1/4-171 vom 12. September 2000, NZG 2001, 282, 286 aus und zieht im Anschluss daran eine analoge Anwendung des § 22 Abs. 1 ÜbG in Betracht.

564 *Huber/Löber*, § 22 ÜbG, Rn. 92; *Nowotny*, RdW 2000, 330, 331.

565 *Übernahmekommission*, Stellungnahme GZ 2000/1/4-171 vom 12. September 2000, NZG 2001, 282, 286.

566 *Doralt*, GesRZ 2000, 197, 198 f., der die von der Übernahmekommission zugrunde gelegte „materielle Betrachtung“ ausdrücklich begrüßt.

Gesellschaft habe durch die Verschmelzung ein Kontrollerwerb stattgefunden, da sie erstmals mit einem Kontrollaktionär konfrontiert seien, so dass ihnen ein Pflichtangebot zu unterbreiten sei[567]. Auch würde anderenfalls das Entstehen der Angebotspflicht allein von der Verschmelzungsrichtung abhängen, was geradezu als Einladung zur geschickten Fallgestaltung zur Umgehung der Pflichtangebotsregelung zu verstehen wäre[568]. Ein Pflichtangebot sei daher an die Altaktionäre der übertragenden Gesellschaft zu richten[569].

4. Stellungnahme

a) *Grundsätzliche Überlegungen*

aa) *Auseinandersetzung mit einer analogen Anwendung von § 35 WpÜG*

Die grundsätzliche Überlegung, dass sich die Altaktionäre der übertragenden Gesellschaft nach der Verschmelzung in einer anderen Gesellschaft wieder finden, die sich durch das Bestehen einer Kontrollposition entscheidend von ihrer bisherigen Gesellschaft unterscheidet, und damit die Grundlage der Investitionsentscheidung in Frage stellt, ist zutreffend. Denn Gedanke der Pflichtangebotsregelung des § 35 WpÜG ist es gerade, den Aktionären, also den Anlegern, die sich vor dem Hintergrund einer nicht kontrollierten Gesellschaft für eine Kapitalanlage entschieden haben, eine Ausstiegsmöglichkeit aus dieser Kapitalanlage zu ermöglichen, sofern die Gesellschaft, in die sie investiert haben, unter die Kontrolle eines Großaktionärs gerät. Hierfür kann es aus Sicht der Anleger keinen Unterschied machen, ob die Gesellschaft, in die sie ursprünglich investiert haben, selbst unter einen kontrollierenden Einfluss gerät, oder ob diese im Zuge einer Verschmelzung untergeht, und die Aktionäre sich in der aufnehmenden Gesellschaft einem kontrollierenden Einfluss ausgesetzt sehen. In beiden Situationen greift der Schutzgedanke des § 35 WpÜG, denn das Interesse der Altaktionäre der übertragenden Gesellschaft, ihre Beteiligung zu einem angemessenen Preis veräußern zu können, entspricht in vollem Umfang demjenigen der Altaktionäre der aufnehmenden Gesellschaft in dem umgekehrten und vom Wortlaut des § 35 WpÜG abgedeckten Fall, in dem eine bereits kontrollierte Gesellschaft auf eine unkontrollierte verschmolzen wird.

Auch das umwandlungsrechtliche Austrittsrecht nach § 29 Abs. 1 UmwG kann dieses Schutzbedürfnis der Altaktionäre der übertragenden Gesellschaft aufgrund seiner strengen Anwendungsvoraussetzungen und der Tatsache, dass es nicht vor dem Verlust einer unbeherrschten Aktionärsposition schützt, nicht be-

---

567 *Zollner*, Abschn. 4.3.5.7.2., S. 137. So auch *Kaindl*, Abschn. III. C. 8., S. 123, die davon ausgehen, dass es unerheblich sei, dass die übertragende Gesellschaft untergehe.

568 *Kalss/Winner*, ÖBA 2000, 51, 54.

569 *Kalss/Winner*, ÖBA 2000, 51, 54; *Zollner*, Abschn. 4.3.5.7.2., S. 137.

friedigen[570]. Auch die Tatsache, dass als Gegenleistung beim Pflichtangebot unter Umständen auch Aktien einer abhängigen Gesellschaft ausgegeben werden können, stellt kein Argument gegen eine analoge Anwendung des § 35 WpÜG auf Fälle, in denen eine unkontrollierte auf eine kontrollierte Gesellschaft verschmolzen wird, dar, denn der Grundgedanke des Pflichtangebots, eine Austrittsmöglichkeit zu schaffen, wird hierdurch nicht berührt, da diese Aktien jedenfalls nicht schwieriger zu veräußern sein dürfen, als die bisher von den Altaktionären der übertragenden Gesellschaft gehaltenen, so dass die Aktionäre sich jedenfalls nicht schlechter stehen als vor der Verschmelzungsmaßnahme[571].

bb) Auseinandersetzung mit einer analogen Anwendung von § 29 UmwG

Der Gedanke, § 29 Abs. 1 Satz 2 UmwG entsprechend anzuwenden, um den Minderheitsgesellschaftern der übertragenden Gesellschaft ein Austrittsrecht zu gewähren, erscheint vor dem Hintergrund, dass sogar die Entwurfsverfasser in der Begründung zum WpÜG darauf hinweisen, dass die umwandlungsrechtlichen Regelungen zur Barabfindung nach § 29 Abs. 1 Satz 1, 207 Abs. 1 Satz 1 UmwG als Vorbild für die in § 31 Abs. 1 WpÜG geregelte Gegenleistung gedient hätten[572], auf den ersten Blick bestechend. Allerdings ist schon diese Begründung des Gesetzgebers erstaunlich, da § 31 Abs. 2 WpÜG als Gegenleistung eben nicht nur ein Barangebot, sondern auch liquide Aktien zulässt, also gerade ein entscheidender Unterschied zum zwingenden Barangebot nach § 29 Abs. 1 UmwG besteht. Aber auch der Tatbestand des § 29 Abs. 1 UmwG weist einen ganz erheblichen Unterschied zur übernahmerechtlichen Pflichtangebotsregelung auf, denn das umwandlungsrechtliche Austrittsrecht steht nur denjenigen Aktionären zu, die individuell Widerspruch gegen den Verschmelzungsbeschluss erklärt haben. Ein solcher Widerspruch ist jedoch für den Erhalt des Pflichtangebots nach § 35 WpÜG gerade nicht erforderlich, da das WpÜG ein Entfallen der Angebotspflicht aufgrund eines zustimmenden Mehrheitsbeschlusses gerade nicht kennt. Geht man mit der herrschenden Meinung davon aus, dass Voraussetzung für die Abfindung nach § 29 Abs. 1 UmwG darüber hinaus ist, dass die betreffenden Aktionäre auch in der Hauptversammlung gegen den Verschmelzungsbeschluss gestimmt haben[573], so wird der Unterschied zu einer analogen Anwendung von § 35 WpÜG noch deutlicher, denn in der Zustimmung zum Verschmelzungsbeschluss ist - wie bereits dargestellt - gerade kein Verzicht auf die Unterbreitung eines Pflichtangebots zu sehen[574]. Es ist nicht einzu-

---

570 Vgl. hierzu ausführlich oben 2. Teil, Kap. 6, Abschn. D. II. 3., S. 146 ff.

571 Vgl. hierzu oben 2. Teil, Kap. 5, Abschn. D. I., S. 127 ff.

572 *Begr. RegE*, BT-Drucksache 14/7034, Bes. Teil zu § 31 Abs. 1 WpÜG, S. 55.

573 Ob dies zusätzliche Voraussetzung ist, ist allerdings umstritten. Vgl. hierzu einerseits *Grunewald* in: Lutter, Bd. I, § 29 UmwG, Rn. 10; *Hommelhoff*, ZGR 1993, 452, 470 f.; *Schaub*, NZG 1998, 626, 628; *Vollrath* in: Widmann/Mayer, § 29 UmwG, Rn. 24 und andererseits *Marsch-Barner* in: Kallmeyer, § 29 UmwG, Rn. 13.

574 Vgl. hierzu oben 2. Teil, Kap. 6, Abschn. D. III., S. 153 ff.

sehen, warum der Erhalt einer Austrittsmöglichkeit in den beiden hier zu vergleichenden Fällen - Verschmelzung einer kontrollierten auf eine unkontrollierte Gesellschaft und umgekehrt - von unterschiedlichen Voraussetzungen abhängen soll. Würde man eine analoge Anwendung des § 29 Abs. 1 UmwG für den Fall der Verschmelzung einer unkontrollierten auf eine kontrollierte Gesellschaft einer analogen Anwendung von § 35 WpÜG vorziehen, so würde das Ausstiegsrecht der Minderheitsaktionäre, die erstmals mit einem kontrollierenden Großaktionär konfrontiert sind, nur aufgrund der von den beteiligten Rechtsträgern gewählten Verschmelzungsrichtung erschwert. Mit anderen Worten es hinge allein von der Verschmelzungsrichtung ab, ob die Minderheitsaktionäre, die sich ihre Austrittsmöglichkeit erhalten wollen, zu diesem Zweck gegen den Verschmelzungsbeschluss stimmen und hiergegen Widerspruch zur Niederschrift erklären müssten oder nicht. Ein solches Ergebnis ist jedoch angesichts der gleich gelagerten Interessenlage der Minderheitsaktionäre und vor dem Hintergrund, dass der Schutz der Pflichtangebotsregelung gerade für die gesellschaftsrechtlich normalerweise nicht bewanderten Anlegeraktionäre gedacht ist, nicht haltbar. Gleiches gilt auch für die den Minderheitsaktionären offen stehenden Möglichkeiten der Kontrolle der Gegenleistung. Während ihnen nach dem WpÜG aufgrund der Kontrolle der Gegenleistung von Amts wegen (vgl. § 4 Abs. 1 WpÜG) schon gar keine unangemessene Gegenleistung geboten werden kann, müssen sie diese beim umwandlungsrechtlichen Ausstiegsrecht im Rahmen eines Spruchstellenverfahrens überprüfen lassen, sofern sie das Angebot für unangemessen halten.

Auch das Argument, dass es sich um ein verschmelzungsrechtliches Problem handele, das durch eine analoge Anwendung des § 29 Abs. 1 UmwG einer verschmelzungsrechtlichen Lösung zugeführt würde[575], kann eine Bevorzugung der umwandlungsrechtlichen Regelung vor einer analogen Anwendung der Pflichtangebotsregelung nicht rechtfertigen. Im Kern handelt es sich gerade nicht um eine umwandlungsrechtliche, sondern um eine übernahmerechtliche Problemstellung, denn die umwandlungsrechtliche Maßnahme stellt nur die Technik, das „Wie“ der Kontrollerlangung dar, während es bei der hier zu beantwortenden Frage um die Rechtsfolge dieser Kontrollerlangung geht. Diese Rechtsfolge, die an einen Kontrollerwerb anknüpft, ist aber vorrangig im WpÜG geregelt, während das umwandlungsrechtliche Austrittsrecht nach § 29 UmwG unabhängig davon, ob im Rahmen der Verschmelzung ein Kontrollerwerb erfolgt oder nicht, allein daran anknüpft, ob in der aufnehmenden Gesellschaft vinkulierte Aktien vorhanden sind, oder es im Zuge der Verschmelzung zu einem Rechtsformwechsel kommt. Auch in materieller Hinsicht liegt daher eine analoge Anwendung von § 35 WpÜG aufgrund der weitaus größeren Sachnähe näher als eine analoge Anwendung von § 29 Abs. 1 Satz 2 UmwG.

---

[575] *Adolff/Meister/Randell/Stephan*, Part 3, Subpart A. 4. c., S. 242 f.

Insgesamt stellt daher eine analoge Anwendung von § 29 Abs. 1 Satz 2 UmwG keine Alternative zu einer analogen Anwendung von § 35 WpÜG dar, da sich die entsprechenden Verfahren in erheblicher Weise unterscheiden[576], § 29 UmwG weitaus strengere Anforderungen an die Gewährung eines Ausstiegsrechts stellt, und § 35 WpÜG die sachnähere Norm ist[577].

cc) Zwischenergebnis

Die Schutzbedürftigkeit der Altaktionäre der übertragenden Gesellschaft entspricht demnach mangels anderer gleichwertiger Schutzinstrumente in vollem Umfang derjenigen der Altaktionäre einer aufnehmenden Gesellschaft in dem Fall, in dem eine kontrollierte Gesellschaft auf eine unkontrollierte Gesellschaft verschmolzen wird, und die aufnehmende Gesellschaft dadurch unter den kontrollierenden Einfluss eines Großaktionärs gerät, und der vom Wortlaut des § 35 WpÜG erfasst ist. Vor diesem Hintergrund ist eine entsprechende Anwendung der Pflichtangebotsregelung auch auf die hier erörterte Fallkonstellation wünschenswert, da auch eine entsprechende Anwendung von § 29 Abs. 1 Satz 2 UmwG nicht weitreichend genug und aufgrund der unterschiedlichen Regelungsinhalte auch nicht angezeigt ist. Eine solche analoge Anwendung von § 35 WpÜG zieht jedoch eine Reihe von Folgeproblemen nach sich, die zunächst näher untersucht werden müssen, bevor eine analoge Anwendung tatsächlich bejaht werden kann.

b) Folgeprobleme einer analogen Anwendung von § 35 WpÜG

aa) Problematik der parallelen Anwendung der Verfahrensvorschriften von UmwG und WpÜG

Sofern eine analoge Anwendung von § 35 WpÜG bejaht wird, kommt es unweigerlich - wenn auch angesichts der engen Voraussetzungen von § 29 UmwG nur in seltenen Fällen - zu einem Nebeneinander von übernahmerechtlichem und umwandlungsrechtlichen Austrittsrecht, nämlich dann, wenn die Aktien der aufnehmenden Gesellschaft einer Verfügungsbeschränkung unterliegen, oder es aufgrund der Verschmelzung zu einem Rechtsformwechsel kommt. Es kann demnach sein, dass den Aktionären der übertragenden Gesellschaft theoretisch gleichzeitig sowohl das Ausstiegsrecht nach § 29 UmwG aufgrund der dort genannten Voraussetzungen wie auch das Ausstiegsrecht nach § 35 WpÜG analog

576 So auch *Kleindiek*, ZGR 2002, 546, 573. Zu den unterschiedlichen Verfahrensabläufen vgl. ausführlich *Seibt/Heiser*, ZHR 165 (2001), 466, 475 ff.

577 Ähnlich auch *Kleindiek*, dargestellt im Diskussionsbericht von *Adolff*, ZGR 2002, 579, 587, der die Meinung vertritt, dass nunmehr, da eine kapitalmarktrechtliche Regelung zur Verfügung stehe, diese auch angewendet werden solle, insbesondere da die betroffenen Aktionäre als Investoren und nicht als Verbandsmitglieder angesprochen seien.

zustünde, da sie in der aufnehmenden Gesellschaft der Kontrolle eines Großaktionärs ausgesetzt sind. Hierbei ist fraglich, wie diese beiden unterschiedlichen Austrittsrechte harmonisiert werden können. So schreibt § 29 UmwG beispielsweise zwingend ein Barangebot vor und weist die Angebotspflicht nicht dem kontrollierenden Aktionär, sondern dem aufnehmenden Rechtsträger zu.
Hierfür wird vorgeschlagen, § 35 WpÜG den Vorrang gegenüber § 29 UmwG zu geben, jedoch mit der Maßgabe, dass die Gegenleistung nach § 35 WpÜG entsprechend § 29 Abs. 1 UmwG in jedem Fall in einem Barangebot bestehen müsse und auch nicht davon abhängen dürfe, ob die Altaktionäre der übertragenden Gesellschaft dem Verschmelzungsbeschluss widersprochen hätten oder nicht[578]. Dies sei sachgerecht, da eine Zustimmung zum Verschmelzungsbeschluss nicht als Verzicht auf das Pflichtangebot ausgelegt werden dürfe, umgekehrt aber auch der Großaktionär nicht des Schutzes der Widerspruchspflicht bedürfe, da er von Anfang an wisse, dass er allen verbleibenden Aktionären der übertragenden Gesellschaft ein Pflichtangebot nach dem WpÜG unterbreiten müsse.
Ein anderer Vorschlag geht dahin, den Aktionären der übertragenden Gesellschaft ein Wahlrecht zu lassen, ob sie sich entweder von der aufnehmenden Gesellschaft nach § 29 Abs. 1 UmwG abfinden oder das Pflichtangebot des Kontrollaktionärs der aufnehmenden Gesellschaft nach § 35 WpÜG analog annehmen wollen, da eine anderweitige Regelung dieser Konkurrenzsituation nur vom Gesetzgeber ausgehen könne[579].
Insgesamt erscheint eine parallele Anwendung beider Ausstiegsrechte aufgrund der erheblichen Regelungsunterschiede problematisch, zumal sich die Preisbildungsvorschriften beider Vorschriften erheblich unterscheiden[580]. Während § 31 Abs. 1 Satz 2 WpÜG bestimmt, dass bei der Bemessung der angemessenen Gegenleistung grundsätzlich der durchschnittliche Börsenkurs der Aktien der Zielgesellschaft und Erwerbe der Aktien der Zielgesellschaft durch den Bieter, mit ihm gemeinsam handelnder Personen und deren Tochterunternehmen zu berücksichtigen sind, bestimmt sich die angemessene Barabfindung des § 29 Abs. 1 UmwG gemäß § 30 Abs. 1 UmwG nach den Verhältnissen des übertragenden Rechtsträgers im Zeitpunkt der Beschlussfassung über die Verschmelzung, also nach einer Unternehmensbewertung, damit sichergestellt ist, dass der Aktionär den Verkehrswert seiner Beteiligung als Abfindung erhält[581]. Zwar hat insofern

---

578 *Seibt/Heiser*, ZHR 165 (2001), 466, 482 f.

579 *Hommelhoff/Witt* in: Haarmann/Riehmer/Schüppen, § 35, Rn. 29. Auch der zuvor dargestellte Lösungsvorschlag von *Seibt/Heiser*, ZHR 165 (2001), 466, 482 f. stellt nur eine Anregung an den Gesetzgeber dar, eine entsprechende Lösung gesetzlich zu normieren.

580 Diese Problematik wird ausdrücklich von *Fleischer*, NZG 2002, 546, 550, *Fleischer/Kalss*, § 3, S. 69, *von Bülow* in: KK-WpÜG, Einleitung, Rn. 80 sowie für Österreich von *Doralt*, GesRZ 2000, 197, 206 angesprochen, ohne jedoch genauere Lösungsvorschläge zu unterbreiten.

581 *Grunewald* in: Lutter, Bd. I, § 30 UmwG, Rn. 2; *Schöne*, GmbHR 1995, 325, 328 f.; *Vollrath* in: Widmann/Mayer, § 30 UmwG, Rn. 5.

eine Annäherung beider Preisfindungsvorschriften stattgefunden, als sich nach einer Entscheidung des BVerfG auch im Rahmen des UmwG die an die Aktionäre zu zahlende Abfindung am Börsenkurs der Aktien der übertragenden Gesellschaft zu orientieren hat[582], und in der Praxis entsprechend der Regelung des § 5 WpÜG-AngebVO eine Berücksichtigung des Börsenkurses der letzten drei Monate gefordert wird[583]; jedoch finden im Gegensatz zu § 30 Abs. 4 u. 5 WpÜG i. V. m. § 4 WpÜG-AngebVO Erwerbe vor und nach Beginn des öffentlichen Angebots keine Berücksichtigung[584].
Schon allein aus diesem Grund und dem daraus entstehenden Dilemma für die Altaktionäre der übertragenden Gesellschaft, sich entscheiden zu müssen, welches Austrittsrecht sie in Anspruch nehmen möchten, erscheint die - wenn auch vor dem Hintergrund der Schutzbedürftigkeit dieser Aktionäre grundsätzlich wünschenswerte - analoge Anwendung des § 35 WpÜG, in den Fällen, in denen dieses mit dem umwandlungsrechtlichen Austrittsrecht des § 29 Abs. 1 UmwG konkurriert, nicht unproblematisch. An dieser Stelle wäre eine gesetzliche Regelung dieses Konkurrenzverhältnisses sicherlich wünschenswert. Allerdings ist eine Auseinandersetzung mit den hierfür vorgeschlagenen Lösungen entbehrlich, wenn eine analoge Anwendung des § 35 WpÜG letztlich schon aus anderen Gründen ausscheidet.

582 „DAT/Altana"-Entscheidung zu §§ 304, 305, 320b AktG, *BVerfGE* 100, 289 ff., wonach es mit Art. 14 Abs. 1 GG unvereinbar ist, bei der Bestimmung der Abfindung für außenstehende oder ausgeschiedene Aktionäre den Börsenkurs der Aktien außer Betracht zu lassen. Eine Besprechung der Entscheidung findet sich beispielsweise bei *Busse von Colbe* in: FS Lutter, 1053 ff.; *Hüttemann*, ZGR 2001, 454 ff.; *Piltz*, ZGR 2001, 185 ff. Ähnlich - dem folgend - auch die „Hartmann & Braun"-Entscheidung, *BVerfG*, ZIP 1999, 1804 ff. sowie die „Moto Meter"-Entscheidung, *BVerfG*, NJW 2001, 279 ff. Hieraus ist abgeleitet worden, dass der Börsenkurs zwar nicht alleiniger Maßstab der Bewertung ist, in der Regel jedoch die Untergrenze für die Bewertung eines börsennotierten Unternehmens bildet, und zwar nicht nur im aktienrechtlichen Abfindungsrecht, sondern auch bei der Bemessung umwandlungsrechtlicher Barabfindungen. So *Seibt/Heiser*, ZHR 165 (2001), 466, 476; *Behnke*, NZG 1999, 934, 934; *Erb*, DB 2001, 523, 523 f.; *Lutter* in: Lutter, Bd. I, § 5 UmwG, Rn. 23a ff.; *Luttermann*, ZIP 1999, 45, 52; *Marsch-Barner* in: Kallmeyer, § 8 UmwG, Rn. 14; *Vetter*, AG 1999, 569, 572; *Vollrath* in FS Widmann, 117, 124 f.; a. A. *Bungert/Eckert*, BB 2000, 1845 ff.; *Riegger*, DB 1999, 1889, 1890; *Wilm*, NZG 2000, 234, 237.

583 *Vetter*, WM 2002, 1999, 2003; *Lutter* in: Lutter, Bd. I, § 5 UmwG, Rn. 23a. Vgl. entsprechend für den Fall des § 305 AktG: *BGH*, ZIP 2001, 734, 737; *LG Dortmund*, AG 2001, 544, 546; *OLG Düsseldorf*, ZIP 2003, 1247 ff. sowie *Krieger*, BB 2002, 53, 56; a. A. *Hüffer*, § 305 AktG, Rn. 24f, der zum Zwecke der Eliminierung von Sondereinflüssen für einen längeren Referenzzeitraum plädiert, sowie ebenfalls für einen längeren Referenzzeitraum *BayOblG*, NZG 1998, 946, 949; *OLG Stuttgart*, NZG 2000, 744, 745 f. mit Anm. *Hüffer/Koch*; *Luttermann*, JZ 1999, 945, 946; *Wilm*; NZG 2000, 234, 239.

584 *Lenz/Linke*, AG 2002, 361, 368; *Seibt/Heiser*, ZHR 165 (2001), 466, 477.

bb) Das ordnungswidrigkeitenrechtliche Analogieverbot

α) Die Problematik

Ein Verstoß gegen die Verpflichtung zur Abgabe eines Pflichtangebots wird mit erheblichen Sanktionen belegt. So führt eine Nichterfüllung der Pflichten aus § 35 Abs. 1 und 2 WpÜG dazu, dass während der Zeit der Nichterfüllung dieser Pflichten Rechte aus Aktien, die dem Bieter, mit ihm gemeinsam handelnden Personen oder deren Tochterunternehmen gehören oder aus dem ihm, mit ihm gemeinsam handelnden Personen oder deren Tochterunternehmen Stimmrechte zugerechnet werden, nicht bestehen (§ 59 Satz 1 WpÜG). Ein Verstoß gegen die Angebotspflicht führt daher zu einem - wenn auch nur vorübergehenden - Rechtsverlust. Noch viel weitgehender stellt ein Verstoß gegen die Veröffentlichungs- und Angebotspflicht des § 35 WpÜG darüber hinaus nach § 60 Abs. 1 WpÜG eine Ordnungswidrigkeit dar, die nach § 60 Abs. 3 WpÜG mit einem Bußgeld bis zu einer Million Euro belegt werden kann. Eine Nichterfüllung der Pflichten aus § 35 WpÜG ist also strafbewehrt. Stellt eine Verletzung der Verpflichtung zur Angebotsabgabe jedoch eine Ordnungswidrigkeit dar, so sind im Hinblick auf den Tatbestand einer solchen Ordnungswidrigkeit die Anforderungen des Art. 103 Abs. 2 GG, die ausdrücklich auch für Ordnungswidrigkeiten gelten und in § 3 OWiG niedergelegt sind, zu beachten. Für die Auslegung des § 35 WpÜG, der zusammen mit § 60 Abs. 1 WpÜG den Tatbestand einer Ordnungswidrigkeit beschreibt, bedeutet dies, dass das aus Art. 103 Abs. 2 GG bzw. § 3 OWiG resultierende Analogieverbot zu beachten ist[585]. Die Interpretation der Vorschrift findet daher ihre Grenze in dem noch vertretbaren Wortsinn[586].

β) Keine Lösung anhand einer gespaltenen Gesetzesanwendung

Es ist versucht worden, dieses Problem durch eine unterschiedliche Auslegung von kapitalmarkt- und strafrechtlichen Normen zu lösen[587]. So hat *Cahn*[588] anlässlich des in § 38 WpHG normierten Verbots des Insiderhandels vorgeschla-

---

585 *Liebscher*, ZIP 2002, 1005, 1016; *Ekkenga/Hofschroer*, DStR 2002, 768, 774; *Ekkenga/Schulz* in: Ehricke/Ekkenga/Oechsler, § 35, Rn. 33; *Angerer* in: Geibel/Süßmann, § 1, Rn. 66. Ähnlich auch *Süßmann*, WM 2003, 1453, 1455; *von Bülow* in: KK-WpÜG, § 35, Rn. 80 und *Vetter*, WM 2002, 1999, 2007, die eine analoge Anwendung aufgrund der weitreichenden finanziellen und sonstigen Folgen einer Pflichtangebots schon aus verfassungsrechtlichen Gründen wegen des Vorbehalts des Gesetzes und der Anforderungen an die Verfassungsmäßigkeit solcher belastender Eingriffe ablehnen. Zur Parallelproblematik im WpHG vgl. *Schneider* in: Assmann/Schneider, vor § 21 WpHG, Rn. 27 ff.; *Cahn*, AG 1997, 502, 503; *Opitz in: Schäfer*, § 28 WpHG, Rn. 1; *Sudmeyer*, BB 2002, 685, 686.

586 *BVerfGE* 64, 389, 393 ff.; *BVerfGE* 71, 108, 115; *BVerfGE* 87, 209, 224; *Bruns*, GA 1986, 1 ff.; *Leibholz/Rinck/Hesselberger*, Art. 103 GG, Rn. 1272; *Nolte* in: v. Mangoldt/Klein/Starck, Bd. 3, Art. 103 GG, Rn. 157 ff.; *Rogall* in: KK-OWiG, § 3 OWiG, Rn. 53.

587 Zur Parallelproblematik im WpHG: *Cahn*, ZHR 162 (1998), 1, 7 ff; *Schneider* in: Assmann/Schneider, vor § 21 WpHG, Rn. 27 ff.

588 *Cahn*, ZHR 162 (1998), 1, 7 ff.

gen, dieses Problem durch eine gespaltene Gesetzesanwendung in der Weise lösen, dass die ordnungswidrigkeitenrechtlichen Sanktionen nur angewendet werden, soweit der Tatbestand der betreffenden strafbewehrten Norm auch tatsächlich dem Wortlaut nach erfüllt ist, während die ordnungswidrigkeitenrechtlichen Sanktionen nicht zum Zuge kommen sollen, soweit der Tatbestand im Wege der Auslegung oder Analogie erweitert werde. Bei einer solchen gespaltenen Gesetzesanwendung komme es nicht zu einem Verstoß gegen das Analogieverbot, da - soweit eine analoge Anwendung der Norm erfolge - das betreffende Verhalten mangels Anwendung der ordnungswidrigkeitenrechtlichen Sanktion nicht strafbewehrt sei. Stattdessen sei, um dem Tatbestand auch im Rahmen einer analogen Anwendung Nachdruck zu verleihen, an zivilrechtliche Sanktionen wie eine Schadensersatzpflicht nach § 823 Abs. 2 BGB zu denken. Dies würde im Ergebnis dazu führen, dass zwei verschiedene Verhaltensweisen zwar je nach Umfang der Auslegung unter den Tatbestand einer Norm, die eigentliche strafbewehrt ist, fielen, jedoch nur in dem Fall, in dem die Norm ihrem Wortlaut nach erfüllt ist, tatsächlich eine strafrechtliche Sanktion nach sich zöge, während im Falle der erweiterten Auslegung der Norm auf die strafrechtliche Sanktion verzichtet würde.
Diesem Lösungsvorschlag steht jedoch nicht nur der Einwand, dass ein Tatbestand zumindest innerhalb eines Gesetzes einheitlich auszulegen ist, entgegen. Denn auch der Gedanke des straf- bzw. ordnungswidrigkeitenrechtlichen Analogieverbots würde in sein Gegenteil verkehrt. Zwar ist *Cahn* zuzugeben, dass der Gesetzgeber durch die Strafbewehrung zivilrechtlicher Normen der betreffenden Regelung einen hohen Stellenwert beimisst und ihre strikte Behandlung sicherstellen will. Andererseits ist sich der Gesetzgeber bei Einführung einer strafrechtlichen Sanktion der damit einhergehenden Begrenzung der Auslegungsmöglichkeiten jedoch bewusst und nimmt diese in Kauf. Er stellt das genau bestimmte Verhalten unter Strafe, und schließt damit bewusst andere Verhaltensweisen von der Strafbewehrung aus. Gerade diese eingeschränkte Auslegungsmöglichkeit ist Sinn des Analogieverbots. Es darf nicht durch eine wie auch immer geartete unterschiedliche Anwendung derselben Norm umgangen werden. Das Argument, dass die Intention des Gesetzgebers, der betreffenden Regelung einen besonders hohen Stellenwert zuzuschreiben, in ihr Gegenteil verkehrt werde, wenn mit Einführung der Strafsanktion zugleich auch der Spielraum bei der Anwendung einer wirtschaftsrechtlichen Verhaltensnorm im Hinblick auf zivilrechtliche Rechtsfolgen beschränkt würde[589], greift damit zu kurz.

Insgesamt sind Schutzlücken daher in Kauf zu nehmen. Sofern solche Lücken vorhanden sind, so sind diese im Bereich des Analogieverbots allein durch den Gesetzgeber, nicht aber durch Auslegung zu schließen, selbst wenn es im Ein-

[589] *Cahn*, ZHR 162 (1998), 1, 10 f.

zelfall wünschenswert wäre, dass die strafbewehrte Norm auch das nicht vom Wortlaut direkt erfasste Verhalten umfasst.

γ) Anwendung des Analogieverbots auf den Fall

§ 35 WpÜG ist demnach darauf hin zu untersuchen, ob der Wortlaut der Norm den Fall der Verschmelzung einer unkontrollierten auf eine kontrollierte Gesellschaft mit einer weiterhin kontrollierenden Beteiligung des Großaktionärs der aufnehmenden Gesellschaft auch nach der Verschmelzung umfasst. Dies ist jedoch gerade nicht der Fall[590]. § 35 WpÜG setzt voraus, dass die Kontrolle über eine Zielgesellschaft erlangt wird, während in dem Fall der Verschmelzung einer unkontrollierten Gesellschaft auf eine kontrollierte Gesellschaft die Verhältnisse im Hinblick auf die Kontrollsituation unverändert bleiben. Denn die übertragende Gesellschaft geht mit Vollzug der Verschmelzung unter, und die aufnehmende Gesellschaft unterliegt wie vor der Verschmelzung auch der Kontrolle ihres Großaktionärs. Allein die Altaktionäre der übertragenden Gesellschaft werden im Rahmen der Verschmelzung in die aufnehmende Gesellschaft „hineintransportiert" und geraten so unter die Kontrolle des Kontrollinhabers der aufnehmenden Gesellschaft. Hierin ist jedoch kein Kontrollerwerb über eine Zielgesellschaft zu sehen; vielmehr existiert ein solches taugliches Zielobjekt nach Vollzug der Verschmelzung überhaupt nicht mehr. Die Situation allein, dass die Altaktionäre der übertragenden Gesellschaft unter den Einfluss eines kontrollierenden Aktionärs in der aufnehmenden Gesellschaft geraten, ohne dass hierbei auch die Kontrolle über eine Zielgesellschaft erlangt wird, ist jedoch vom Wortlaut des § 35 WpÜG nicht mehr gedeckt. Eine Anwendung des § 35 WpÜG verbietet sich daher aufgrund des Analogieverbots aus § 3 OWiG.

c) Gesamtergebnis

Eine analoge Anwendung des § 35 WpÜG kommt aufgrund eines Verstoßes gegen das ordnungswidrigkeitenrechtliche Analogieverbot nicht in Betracht. Eine solcher Befund ist zwar aus Schutzzweckgesichtspunkten unbefriedigend, da insofern eine Schutzlücke für die Altaktionäre der übertragenden Gesellschaft entsteht, und es in der Hand der zu verschmelzenden Rechtsträger liegt, aufgrund einer geschickten Wahl der Verschmelzungsrichtung der Angebotspflicht zu entgehen. Jedoch ist dieses Ergebnis aus verfassungsrechtlichen Gründen, vor allem vor dem Hintergrund des Art. 103 Abs. 2 GG, hinzunehmen. Abhilfe kann hier nur durch eine ausdrückliche gesetzliche Regelung geschaffen werden, die zudem für den Fall, dass sie in der Weise ausgestaltet sein sollte, dass ein

---

590 Vgl. hierzu bereits in diesem Kapitel, Abschn. C. III. 1, S. 168 . Über die Tatsache, dass der Wortlaut des § 35 WpÜG diese Fallkonstellation nicht erfasst, besteht in der Literatur auch Einigkeit. Jedenfalls wird - soweit ersichtlich - an keiner Stelle eine direkte Anwendung von § 35 WpÜG befürwortet.

Pflichtangebot auch in dieser Fallkonstellation abgegeben werden muss, gleichzeitig auch das Konkurrenzverhältnis zu § 29 Abs. 1 UmwG regeln sollte.

D. Verschmelzung auf eine dritte Gesellschaft

Dieselben Grundsätze wie in den unter Abschn. A. und B. dieses Kapitels behandelten Fällen finden auch dann Anwendung, wenn die kontrollierte Gesellschaft X und die unkontrollierte Gesellschaft Y auf eine dritte börsennotierte Gesellschaft Z verschmolzen werden, die zuvor nicht von einem Großaktionär kontrolliert wurde, wobei der Kontrollaktionär der Gesellschaft X durch die Verschmelzung die Kontrollposition in der aufnehmenden Gesellschaft Z erwirbt. Denn im Wesentlichen entspricht dies der in Abschn. A. geschilderten Fallkonstellation, in der die kontrollierte Gesellschaft X auf die bisher noch nicht kontrollierte Gesellschaft Y verschmolzen wurde, und der Großaktionär der X damit die Kontrolle über die Gesellschaft Y erstmalig erlangte. Denn in dem hier untersuchten Fall erlangt der Kontrollaktionär der X-Gesellschaft nunmehr die Kontrolle über die vorher nicht kontrollierte Gesellschaft Z, so dass die Pflichtangebotsregelung des § 35 WpÜG unmittelbar ihrem Wortlaut nach eingreift. Unzweifelhaft ist demnach den Altaktionären der Gesellschaft Z ein Pflichtangebot zu unterbreiten, da diese erstmals unter die Kontrolle eines Großaktionärs gelangen.
Fraglich ist jedoch, ob ein solches Angebot auch den Altaktionären der Y-Gesellschaft zu unterbreiten ist, da sich diese zwar auf den ersten Blick in einer nun kontrollierten Gesellschaft Z wieder finden, die Kontrolle aber nicht über „ihre" alte Gesellschaft Y erlangt wird. Man könnte daher auf den Gedanken kommen, dass die Altaktionäre der Y-Gesellschaft durch die Verschmelzung nur in eine Gesellschaft mit bereits bestehender Kontrolle „hineintransportiert" werden, so dass entsprechend der unter Abschn. C. dieses Kapitels gemachten Ausführungen gerade nicht von einer Kontrollerlangung und damit einer unmittelbaren Anwendung des § 35 WpÜG auszugehen ist. Eine solche Betrachtungsweise übersieht allerdings, dass sowohl der Kontrollaktionär der ehemaligen X-Gesellschaft als auch die Altaktionäre der ehemaligen Y-Gesellschaft mit Vollzug der Verschmelzung gleichzeitig zu Aktionären der Z-Gesellschaft werden. Es ist daher nicht so, dass die Aktionäre der Y-Gesellschaft Aktionäre einer bereits kontrollierten Gesellschaft werden, sondern in der gleichen juristischen Sekunde, in denen die Altaktionäre der Y-Gesellschaft zu Aktionären der Z-Gesellschaft werden, wird über diese Gesellschaft die Kontrolle durch den Kontrollaktionär der ehemaligen X-Gesellschaft erlangt. Mit anderen Worten wird mit Wirksamwerden der Verschmelzung daher die Kontrolle über die aufnehmende Gesellschaft Z, an der nunmehr auch die Aktionäre der übertragenden

Gesellschaft Y beteiligt sind, erlangt[591]. Damit ist auch den Altaktionären der Y-Gesellschaft eine Austrittsmöglichkeit in der Form der Unterbreitung eines Pflichtangebots zu schaffen. Den Altaktionären der X-Gesellschaft ist dagegen kein Pflichtangebot zu machen, da sich für sie auch nach der Verschmelzung die Situation im Wesentlichen nicht ändert: vor und nach der Verschmelzung sind sie der Kontrolle desselben Großaktionärs ausgesetzt, so dass sie folglich nicht schutzbedürftig sind[592]. Wie oben schon ausgeführt, kommt für sie nur das Angebot nach § 29 UmwG in Betracht, sofern im Rahmen der Verschmelzung ein Rechtsformwechsel stattgefunden hat, oder die Verfügung über die Aktien der übernehmenden Gesellschaft Z eingeschränkt ist.

Gleiches gilt natürlich auch dann, wenn die Gesellschaft Z zwar schon vor der Verschmelzung kontrolliert wurde, nach der Verschmelzung jedoch die Kontrolle nicht mehr durch einen Altgesellschafter der Z, sondern durch den Großaktionär der X-Gesellschaft ausgeübt wird. Aufgrund des bei der aufnehmenden Gesellschaft Z stattfindenden Kontrollwechsels ist auch in diesem Fall den Altaktionären der Gesellschaften Z und Y ein Pflichtangebot zu unterbreiten, während die Altaktionäre der X-Gesellschaft wiederum nicht schutzbedürftig sind.

E. Verschmelzung auf eine nicht börsennotierte Gesellschaft

I. Der Fall

Eine zusätzliche, völlig neue Fragestellung wirft der Fall auf, in der es sich bei der X-Gesellschaft um eine nicht börsennotierte, kontrollierte Gesellschaft handelt, die die übertragende börsennotierte und bisher nicht kontrollierte Y-Gesellschaft im Wege der Verschmelzung aufnimmt. Auch nach der Verschmelzung soll die Beteiligung des Großaktionärs K der X-Gesellschaft mehr als 30% der Stimmrechte betragen. Im Unterschied zu dem unter Abschn. C. dieses Kapitels untersuchten Fall besteht die Besonderheit dieser Konstellation darin, dass es sich bei der X-Gesellschaft um eine nicht börsennotierte Gesellschaft handelt. Die Altaktionäre der übertragenden Y-Gesellschaft sehen sich daher nicht nur erstmalig mit dem einem Kontrollaktionär in der aufnehmenden Gesellschaft X, sondern gleichzeitig auch noch mit einem Verlust der Börsennotierung der von ihnen nach der Verschmelzung gehaltenen Aktien konfrontiert.

---

591 *Seibt/Heiser*, ZHR 165 (2001), 466, 480 f. So auch *Technau*, AG 2002, 260, 263, der allerdings letztlich eine Anwendung von § 35 WpÜG ablehnt, da die von ihm gewählte Fallkonstellation die Verschmelzung auf eine NewCo vorsieht, und die Aktien dieser Gesellschaft zum Zeitpunkt des Kontrollerwerbs noch nicht börsenzugelassen sind. Vgl. zu dieser Konstellation im diesem Kapitel unten Abschn. G., S. 195 f.

592 *Seibt/Heiser*, ZHR 165 (2001), 466, 480 f.

Graphisch dargestellt ergibt sich folgende Konstellation:

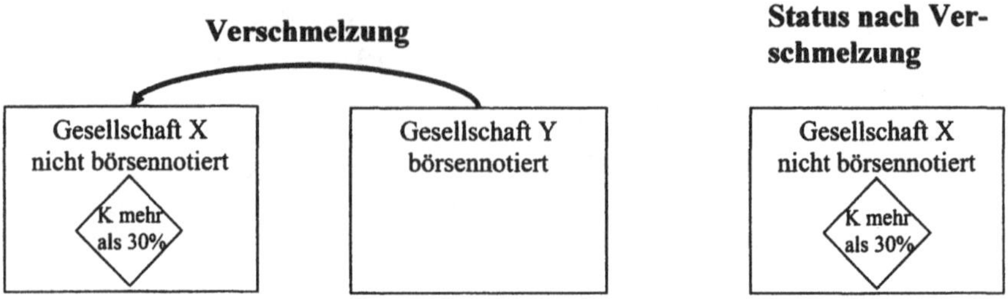

II. Lösungsvorschläge

Die besondere Problematik dieser Konstellation ergibt sich daraus, dass sich zwar die Altaktionäre der Y-Gesellschaft auch in diesem Fall plötzlich der Kontrolle des Großaktionärs in der X-Gesellschaft gegenübersehen, die Kontrollerlangung jedoch erst mit Vollzug des Verschmelzungsvorgangs, also in der nicht börsennotierten Gesellschaft, stattfindet, weil mit der Eintragung der Verschmelzung in das Handelsregister automatisch auch die Börsennotierung der Aktien der übertragenden Gesellschaft entfällt, da die übertragende Gesellschaft nach § 20 Abs. 1 Nr. 2 UmwG untergeht und sich damit zwangsläufig auch die Zulassung zur Börse nach § 43 Abs. 2 VwVfG erledigt[593]. Denn bei der Zulassung zur Teilnahme am Börsenhandel gem. § 16 Abs. 1 BörsG handelt es sich um einen begünstigenden Verwaltungsakt[594], für den ergänzend die Vorschriften des VwVfG gelten. Da das BörsG selbst nicht die Erledigung der Börsenzulassung regelt, richtet sich diese nach § 43 Abs. 2 VwVfG. Bei Untergang der börsennotierten, übertragenden Gesellschaft wird deren Zulassung zur Börse gegenstandslos, da der Adressat des Zulassungsverwaltungsakts ersatzlos wegfällt, so dass Erledigung nach § 43 Abs. 2 VwVfG eintritt. Es liegt ein Fall des sogenannten kalten Delistings, hier in der Variante des sogenannten „Going Private Merger"[595] vor.

Bevor die Frage, ob im Falle eines Zusammentreffens von Kontrollerlangung und kaltem Delisting ein Pflichtangebot nach dem WpÜG abzugeben ist, beantwortet werden kann, ist zunächst zu klären, was überhaupt unter kaltem De-

---

593 *de Vries*, Teil 5., § 14., Abschn. A., S. 125; *Groß*, ZHR 165 (2001), 141, 149; *Schlitt*, ZIP 2004, 533, 540; a. A. *Steck*, AG 1998, 460, 462, der allerdings letztlich zum selben Ergebnis kommt, indem er davon ausgeht, dass die Zulassungsstelle bei Untergang der übertragenden Gesellschaft deren Aktien zwingend dekotieren müsste, da die Zulassungsstelle insofern mangels eigenem Entscheidungsspielraum zum Vollzug des Delistings verpflichtet sei.

594 *Schwark* in: Schwark, § 16 BörsG, Rn. 4.

595 *de Vries*, Teil 5., § 14, Abschn. A., S. 125; *Land/Hasselbach*, DB 2000, 557, 559.

listing zu verstehen ist. Dabei ist insbesondere auch zu untersuchen, ob und in welchem Umfang die Aktionäre in einem solchen Fall geschützt sind, um sodann die damit zusammenhängende Frage beleuchten zu können, ob die den Aktionären möglicherweise gebotenen Schutzinstrumentarien im Falle des kalten Delistings ausreichen, und neben diesen noch Raum ist und die Notwendigkeit besteht, die übernahmerechtliche Pflichtangebotsregelung als (weiteren) Schutzmechanismus zur Anwendung zu bringen.

1. Die Problematik des kalten Delistings

Bei dem sogenannten „kalten" Delisting[596] handelt es sich um eine Unterart des Delistings. Unter Delisting, einer Form des Going Private[597], wird üblicherweise der vollständige Rückzug eines Unternehmens von der Börse verstanden[598]. Zu unterscheiden ist hierbei zwischen dem sogenannten regulären Delisting und dem an dieser Stelle näher zu behandelnden kalten Delisting. Beim regulären Delisting erfolgt ein Antrag auf Widerruf der Börsenzulassung nach § 43 Abs. 4 BörsG[599], während der Börsenrückzug beim kalten Delisting durch gesellschaftsrechtliche Umstrukturierungen vorgenommen wird, indem durch gesellschafts- oder umwandlungsrechtliche Maßnahmen Tatsachen geschaffen werden, die eine Fortsetzung zum Börsenhandel unmöglich machen[600]. Neben der hier relevanten Verschmelzung einer börsennotierten auf eine nicht börsennotierte Aktiengesellschaft nach §§ 2 ff. UmwG, kommt als Mittel für ein solches Delisting ein Formwechsel einer börsennotierten Aktiengesellschaft in eine nicht börsennotierte Gesellschaft nach §§ 190, 226 ff. UmwG, eine Eingliederung einer börsennotierten Aktiengesellschaft in eine nicht börsennotierte Aktiengesellschaft nach §§ 319 ff. AktG, eine übertragende Auflösung gemäß § 179a AktG durch Übertragung des Vermögens auf eine nicht börsennotierte Gesellschaft

---

[596] So die Begriffswahl beispielsweise bei *Even/Vera,* DStR 2002, 1315, 1317; *Pfüller/Anders*, NZG 2003, 459, 459; *Steck*, AG 1998, 460, 460.

[597] *Pluskat*, WM 2002, 833, 833. Vgl. auch *Kleppe*, § 1, Abschn. I. u. II., S. 5 ff., der ein Delisting ebenfalls als Form des Going Private begreift, was aber beispielsweise nicht im Fall eines Zwangsdelistings auf Initiative der Börse anzunehmen sei, da der Emittent in solchen Konstellationen die Aufgabe der Börsenzulassung nicht beabsichtigt habe, und *Richard* in: Richard/Weinheimer, Kap. 1, Abschn. 2., S. 25, wonach ein Delisting nur anzunehmen ist, wenn mit dem Going Private auch die Einstellung der Börsennotierung verbunden ist.

[598] Zur Definition vgl. *de Vries*, Teil 2., § 3, Abschn. A., S. 5 f.; *Pötzsch*, WM 1998, 949, 952. Zu den Motiven für ein Delisting bzw. Going Private vgl. *de Vries*, Teil 1., § 5, Abschn. A., S. 13 ff.; *Kleppe*, § 2, S. 15 ff.; *Pfüller/Anders*, NZG 2003, 459 ff.; *Richard* in: Richard/Weinheimer, Kap. 1, Abschn. 3., S. 25 ff.

[599] *Even/Vera,* DStR 2002, 1315, 1316 f.; *Pluskat*, WM 2002, 833, 834; *Streit*, ZIP 2002, 1279, 1280.

[600] *Pfüller/Anders*, NZG 2003, 459, 460; *Kleppe*, § 1, Abschn. II., S. 6; *Steck*, AG 1998, 460, 462; *Streit*, ZIP 2002, 1279, 1280.

mit anschließender Liquidation der börsennotierten Gesellschaft sowie ein Squeeze-out nach §§ 327a-f AktG mit anschließendem Delisting in Betracht[601]. Während in manchen der genannten Fälle neben dem Erfordernis eines Hauptversammlungsbeschlusses der börsennotierten Gesellschaft gesetzlich zudem Barabfindungsgebote für die Minderheitsaktionäre vorgesehen sind (wie beispielsweise im Falle der Eingliederung in eine abhängige Hauptgesellschaft nach § 320b Abs. 1 Satz 2 AktG oder des Formwechsels nach § 207 Abs. 1 UmwG), stellt sich die Situation der Minderheitsaktionäre im Hinblick auf mögliche zu ihren Gunsten eingreifende Abfindungsmöglichkeiten oder ähnliche Schutzmechanismen im Falle einer Verschmelzung einer börsennotierten Gesellschaft auf eine nicht börsennotierte Gesellschaft gleicher Rechtsform schwieriger dar. Denn die zunächst einzig denkbare umwandlungsrechtliche Abfindungsmöglichkeit des § 29 Abs. 1 UmwG greift in diesem Fall jedenfalls nicht unmittelbar, da es sich nicht um eine sog. Mischverschmelzung handelt, d. h., es findet keine Verschmelzung auf einen Träger anderer Rechtsform statt. Sofern daher nicht die Aktien der aufnehmenden Gesellschaft einer Verfügungsbeschränkung unterliegen (§ 29 Abs. 1 Satz 2 UmwG), greift § 29 Abs. 1 UmwG seinem Wortlaut daher nicht ein. Für die Minderheitsaktionäre bestände daher eine Schutzlücke. Allerdings besteht Streit darüber, ob diese Schutzlücke nicht durch eine analoge Anwendung des § 29 Abs. 1 UmwG geschlossen werden sollte. So wird teilweise eine analoge Anwendung mit dem Argument befürwortet, dass auch in diesem Fall den Aktionären die Möglichkeit gegeben werden müsse, die aufnehmende Gesellschaft zu angemessenen Bedingungen zu verlassen[602]. Hierbei wird teilweise eine Analogie zu § 29 Abs. 1 Satz 2 UmwG mit dem Argument befürwortet, dass der Wegfall des Börsenhandels mit einer Vinkulierung vergleichbar sei[603], zumindest aber der Vorschrift die Tendenz zu entnehmen sei, dass das Gesetz bei einer Verschlechterung der Fungibilität der Anteile ein erhöhtes Schutzbedürfnis der Anteilsinhaber anerkenne[604]. Andere Vorschläge gehen dahin, ein generelles Austrittsrecht gegen Barabfindung auf eine

---

[601] Zu den verschiedenen Möglichkeiten vgl. *de Vries*, Teil 5., §§ 14 ff., S. 125 ff.; *Land/Hasselbach*, DB 2000, 557, 559 ff.; *Pluskat*, WM 2002, 833, 833 f.; *von Schenck* in: Semler/Volhard, Bd. 1, § 24, Rn. 34 ff.; *Weinheimer/Fritzsche* in: Richard/Weinheimer, Kap. 3, Abschn. 3., S. 265 ff.

[602] *Kalss* in: Semler/Stengel, § 29 UmwG, Rn. 16; *Lutter* in: FS Zöllner, 363, 381; *Schwark/Geiser*, ZHR 161 (1997), 739, 764; *Vollmer/Grupp*, ZGR 1995, 459, 475 f.

[603] *Hüffer*, § 119 AktG, Rn. 24 f.

[604] *Kleppe*, § 9, Abschn. II., S. 196 ff.; *Grunewald* in: Lutter, Bd. I, § 29 UmwG, Rn. 5; *Vollrath* in: Widmann/Mayer, § 29 UmwG, Rn. 13. Erwogen wird dies zumindest auch bei *Marsch-Barner* in: Kallmeyer, § 29 UmwG, Rn. 6 sowie in den Vorschlägen des *Handelsrechtsausschusses des DAV* zur Änderung des UmwG, NZG 2000, 802, 804; a. A. *Groß*, ZHR 165 (2001), 141, 160; *Steck*, AG 1998, 460, 465, der darauf hinweist, dass der Entfall der Börsennotierung zwar zu einer faktischen Verfügungsbeschränkung führe, § 29 Abs. 1 Satz 2 UmwG jedoch nur eingreife, wenn das dingliche Rechtsgeschäft wegen Nichtbeachtung der Verfügungsbeschränkung unwirksam sei, was aber bei nicht börsennotierten Aktien gerade nicht der Fall sei.

analoge Anwendung von § 207 UmwG zu stützen, da dort im Falle des Formwechsels einer AG in eine GmbH sogar dann ein Abfindungsrecht gewährt werde, wenn keine Börsennotierung vorlag, während die Einschränkung der Veräußerungsmöglichkeiten beim Wegfall der Börsenzulassung sogar noch erheblich größer sei[605].
Nach einer weiteren Ansicht soll eine Vergleichbarkeit zwischen einer Verfügungsbeschränkung der Anteile und dem Wegfall der Börsennotierung dagegen nicht bestehen, da die nicht börsennotierte Aktie statistisch der Normalfall sei, solche Wertpapiere rechtlich frei übertragbar seien, und auch tatsächlich ein außerbörslicher Handel mit solchen Papieren bestehe[606]. Zudem komme eine analoge Anwendung von § 29 UmwG mangels Vorliegen einer Regelungslücke[607] und auch aufgrund der systematischen Erwägung, dass aus § 29 UmwG klar hervorgehe, dass das Austrittsrecht allgemein nur für Mischverschmelzungen gewollt, und § 29 Abs. 1 Satz 2 als Ausnahmevorschrift einer Analogie daher nicht zugänglich sei, nicht in Betracht[608].

Ob dieses Argument der fehlenden Regelungslücke jedoch nach dem sogenannten „Macroton“-Urteil des BGH[609] noch aufrechterhalten werden kann, erscheint fraglich. In diesem Urteil entschied der BGH unter Bezugnahme auf die „DAT/Altana“-Entscheidung des BVerfG[610] nicht nur, dass der Verkehrswert und die jederzeitige Möglichkeit der Realisierung Eigenschaften des Aktieneigentums seien, die wie das Aktieneigentum selbst verfassungsrechtlichen Schutz nach Art. 14 Abs. 1 GG genössen, so dass auch für das reguläre Delisting ein Hauptversammlungsbeschluss (mit einfacher Mehrheit) erforderlich sei, sondern stellte zudem fest, dass im Falle des regulären Delistings die einschlägigen Regelungen des BörsG keinen wirksamen Minderheitenschutz gewährleisten, so dass auch beim regulären Delisting den Minderheitsaktionären ein Pflichtangebot über den Kauf ihrer Aktien durch die Gesellschaft oder durch den Großakti-

---

605 *Hellwig*, ZGR 1999, 781, 800 f.; *Kleindiek* in: FS Bezzenberger, 653, 666; *Vollmer/Grupp*, ZGR 1995, 459, 476; a. A. *Mülbert*, ZHR 165 (2001), 104, 137. *Kleppe*, § 9, Abschn. II, S. 196 ff. befürwortet ein Pflichtangebot für alle Fälle des Börsenrückzugs aus einer Gesamtanalogie zu §§ 29, 207 UmwG, § 305 AktG.

606 *de Vries*, Teil 5., § 14, Abschn. B. II. 2., S. 126 f.; *Groß*, ZHR 165 (2001), 141, 160 f.

607 *Mülbert*, ZHR 165 (2001), 104, 137 f.; *Seibt/Heiser*, ZHR 165 (2001), 466, 487 f.

608 *de Vries*, Teil 5., § 14, Abschn. B. II. 2., S. 126 f.; *Steck*, AG 1998, 460, 465. Zur mangelnden Analogiefähigkeit von § 29 Abs. 1 UmwG vgl. auch *Grunewald* in: Lutter, Bd. I, § 29 UmwG, Rn. 31 sowie *dies.* in: Lutter, Kölner Umwandlungstage, S. 24.

609 *BGH*, AG 2003, 273 ff. = ZIP 2003, 387 ff. mit Anm. *Streit* = DB 2003, 544 ff. mit Anm. *Heidel* = BKR 2003, 253 ff. mit Anm. *Süßmann*. Aus der Literatur hierzu vgl. *Adolff/Tieves*, BB 2003, 797 ff.; *Bürger*, NJW 2003, 1642 ff.; *Geyrhalter/Gänßler*, NZG 2003, 313 ff.; *Krämer/Theiß*, AG 2003, 225 ff.; *Streit*, ZIP 2003, 392 ff. Die noch anders lautenden Entscheidungen der Vorinstanzen finden sich bei *LG München I*, AG 2000, 140 ff. und *OLG München*, AG 2001, 364 ff.

610 *BVerfGE* 100, 289 ff.

onär unterbreitet werden müsse[611]. Das Pflichtangebot sei dabei so zu bemessen, dass dem Minderheitsaktionär der volle Wert seines Anteils ersetzt werde, wobei eine Überprüfung der Höhe des Angebotsbetrags nicht durch das Institut der Anfechtungsklage, sondern durch ein Spruchstellenverfahren im Sinne von §§ 305, 306 AktG, §§ 305 ff. UmwG erfolgen solle[612]. In der Literatur ist angenommen worden, dass der BGH durch diese Entscheidung die Anforderungen an das Barabfindungsangebot zwischen dem formalen und dem kalten Delisting vereinheitlichen wollte[613]. Wenn aber trotz der Existenz der Vorschrift des § 43 Abs. 4 BörsG ein zusätzliches Abfindungsangebot gefordert wird, da ein Delisting einen Eingriff in eine verfassungsrechtlich geschützte Position darstellt, so ist nicht einzusehen, warum in dem Ausnahmefall der Verschmelzung einer börsennotierten auf eine nicht börsennotierte Gesellschaft den Minderheitsaktionären kein Abfindungsangebot, möglicherweise analog § 29 Abs. 1 UmwG oder anhand der vom BGH in seiner Entscheidung aufgestellten Grundsätze gewährt werden sollte[614].

Wie die Entscheidungspraxis in diesen Fällen nach der „Macroton"-Entscheidung des BGH aussehen wird, bleibt abzuwarten, jedoch sind in der Zwischenzeit sind jedoch schon zwei Entscheidungen der Instanzgerichte in diesem Sinne ergangen. So hat das LG Hanau entschieden, dass ein Verschmelzungsbeschluss bei Verschmelzung einer börsennotierten auf eine nicht börsennotierte Gesellschaft wegen Verfolgung eines Sondervorteils anfechtbar ist, wenn kein Erwerbsangebot abgegeben wird[615]. Für einen Fall des kalten Delistings im Wege der Aufspaltung ist das LG Köln der Macroton-Entscheidung

---

611 *BGH*, AG 2003, 273, 275 f. Kritisch hierzu *Krämer/Theiß*, AG 2003, 225, 235 ff. und *Schlitt*, ZIP 2004, 533, 535. Vor der BGH-Entscheidung war das Erfordernis eines Hauptversammlungsbeschlusses für ein reguläres Delisting äußerst umstritten. Vgl. hierzu einerseits einen Hauptversammlungsbeschluss bejahend *Hüffer*, § 119 AktG, Rn. 24; *Kleppe*, § 6, Abschn. II. 2. C., S. 106 ff.; *Lutter* in: FS Zöllner, 363, 378 (für den umgekehrten Fall des Going Public); *Schwark/Geiser*, ZHR 161 (1997), 739, 762; *Steck*, AG 1998, 460, 461 ff.; *Vollmer/Grupp*, ZGR 1995, 459, 475; *Wilsing/Kruse*, NZG 2002, 807, 811; *Zetzsche*, NZG 2000, 1065, 1066 und andererseits einen Hauptversammlungsbeschluss verneinend *Bungert*, BB 2000, 53, 55; *Groß*, ZHR 165 (2001), 141, 163 ff.; *Halasz/Kloster*, ZBB 2001, 474, 482; *Harrer/Wilsing*, DZWir 2002, 485, 491; *Kiem*, EWiR § 43 BörsG 1/2000, 75, 76; *Mülbert*, ZHR 165 (2001), 104, 129 ff.; *Wirth/Arnold*, ZIP 2000, 111, 114 ff.

612 Schon vor der BGH-Entscheidung war in der Literatur teilweise für den Fall des regulären Delistings analog zu § 207 UmwG bzw. § 320b AktG ein Abfindungsangebot mit einer Überprüfung im Rahmen eines Spruchstellenverfahrens befürwortet worden. Vgl. hierzu *Hellwig/Bormann*, ZGR 2002, 465, 487 ff.; *Kleindiek* in: FS Bezzenberger, 653, 666; *Pluskat*, WM 2002, 833, 835; *Vollmer/Grupp*, ZGR 1995, 459, 475; *Zetzsche*, NZG 2000, 1065, 1068; a.A. *Bungert*, BB 2000, 53, 57; *Mülbert*, ZHR 165 (2001), 104, 137 f.; *Krämer/Theiß*, AG 2003, 225, 240 f.

613 *Geyrhalter/Gänßler*, NZG 2003, 313, 315.

614 Diese Einschätzung zur weiteren Vorgehensweise des BGH im Falle des kalten Delistings teilen auch *Adolff/Tieves*, BB 2003, 797, 805, *Grunewald*, ZIP 2004, 542, 544, *Schlitt*, ZIP 2004, 533, 540 und *Süßmann*, BKR 2003, 257, 259.

615 *LG Hanau*, DB 2002, 2261, 2261.

des BGH gefolgt und hat in analoger Anwendung des § 29 Abs. 1 UmwG ein Barabfindungsangebot für die betroffenen Aktionäre befürwortet[616].

2. Meinungsstand zur Anwendung des § 35 WpÜG in Fällen des kalten Delistings

a) *Keine direkte Anwendbarkeit von § 35 WpÜG*

Der Anwendungsbereich des WpÜG erstreckt sich nur auf börsennotierte Gesellschaften. Im Fall der Kontrollerlangung im Rahmen einer Verschmelzung auf eine nichtbörsennotierte Gesellschaft entsteht die Kontrolle über die Altaktionäre des übertragenden Rechtsträgers aber erst mit Eintragung der Verschmelzung ins Handelsregister, mit der automatisch auch die Börsennotierung der Aktien der übertragenden Gesellschaft entfällt[617]. Es fehlt daher an einer tauglichen Zielgesellschaft im Sinne von §§ 1, 2 Abs. 3 WpÜG, an der die Kontrolle erlangt werden könnte. Vor diesem Hintergrund wird übereinstimmend angenommen, dass eine direkte Anwendung von § 35 WpÜG in diesen Fällen der Kontrollerlangung im Wege des sog. kalten Delistings nicht in Betracht kommt.

b) *Keine analoge Anwendbarkeit von § 35 WpÜG*

In Betracht kommt daher nur eine analoge Anwendung des § 35 WpÜG. Neben der Schwierigkeit, dass in dem hier untersuchten Fall eine zweifache Analogie notwendig wäre, einmal im Hinblick darauf, dass nicht die Kontrolle über eine Gesellschaft erlangt wird, sondern „nur" über die Gruppe der Altaktionäre des übertragenden Rechtsträgers, und zum anderen im Hinblick darauf, dass die Gesellschaft, in der sich die Altaktionäre des übertragenden Rechtsträgers wieder finden, nicht börsennotiert ist, kommt hinzu, dass sich eine analoge Anwendung der übernahmerechtlichen Pflichtangebotsregelung aufgrund des ordnungswidrigkeitenrechtlichen Analogieverbots verbietet[618]. Dennoch soll an dieser Stelle zunächst das Meinungsspektrum zu einer analogen Anwendung von § 35 WpÜG dargestellt und mit den dabei gefundenen Argumenten untersucht werden, ob eine Anwendung von § 35 WpÜG auch in den Fällen des kalten Delistings nicht eigentlich wünschenswert wäre. Die Voraussetzungen für eine solche Anwendbarkeit der Pflichtangebotsregelung müssten freilich durch den Gesetzgeber geschaffen werden.

---

616 *LG Köln*, ZIP 2004, 220 ff.

617 *Groß*, ZHR 165 (2001), 141, 149; *Meyer-Landrut/Kiem*, WM 1997, 1361, 1366 für den Fall des Formwechsels; a. A. *Steck*, AG 1998, 460, 462.

618 Vgl. hierzu ausführlich oben in diesem Kapitel Abschn. C. III. 4. b) bb), S. 179 ff.

c) Argumente für und gegen eine Anwendung des § 35 WpÜG auf Fälle des kalten Delistings

Einerseits wird eine analoge Anwendung des § 35 WpÜG mit dem Argument des Anlegerschutzes befürwortet, da der Wegfall der Börsennotierung, der die Rechtsposition der Investoren noch zusätzlich schmälere, keinesfalls die Nichtanwendung des Schutzes der Pflichtangebotsregelung rechtfertigen könne, da die Aktionäre im Falle einer solchen doppelten Belastung durch Kontrollwechsel und Wegfall der Börsennotierung gerade eines effektiven Schutzes in der Form des Rechts zum Exit bedürften[619]. Die Frage, ob ein Kontrollwechsel vorliege, sei aus Sicht der übernahmerechtlich zu Schützenden, also aus Sicht der Minderheitsaktionäre des übertragenden Rechtsträgers zu beurteilen, für die es jedoch keine Rolle spiele, ob die übernehmende Gesellschaft ebenfalls börsennotiert sei, oder nicht, da ein solcher Kontrollwechsel unabhängig von der Börsennotierung der Zielgesellschaft eintrete[620]. Zur Vermeidung von Umgehungsgeschäften sei es daher angezeigt, die Pflichtangebotsregelung auf alle Sachverhalte anzuwenden, bei denen zu Beginn einer Transaktion eine börsennotierte Gesellschaft bestanden habe, deren Aktionäre durch irgendeinen gesellschaftsrechtlichen Vorgang einem kontrollierenden Aktionär gegenüberständen, um zu vermeiden, dass durch geschickte Umstrukturierungen ein Pflichtangebot dadurch umgangen werde, dass im Zeitpunkt des Kontrollerwerbs keine börsennotierte Zielgesellschaft mehr vorliege[621]. Dies gelte gerade auch vor dem Hintergrund der äußerst kontrovers geführten Diskussion des Schutzes der Aktionäre in Fällen der Notierungsbeendigung und den damit einhergehenden Schutzlücken, aufgrund derer eine Anwendung der Pflichtangebotsregelung geboten sei[622].

Die Gegenmeinungen verneinen dagegen entweder das Vorliegen einer Schutzlücke, in dem eine analoge Anwendung des § 29 Abs. 1 Satz 1 UmwG auf Fälle, in denen die Börsennotierung entfällt, befürwortet wird[623], oder leugnen zwar

---

[619] *Kleindiek*, ZGR 2002, 546, 573 f.; *Kalss* in: Semler/Volhard, Bd. 2, § 51, Rn. 21.

[620] *Kaindl*, Abschn. III. C. 7., S. 121.; *Kalss/Winner*, ÖBA 2000, 51, 57 f.

[621] *Kaindl*, Abschn. III. C. 7., S. 122.

[622] *Karollus/Geist*, NZG 2000, 1145, 1148 f.

[623] Diskussionsbericht von *Adolff*, ZGR 2002, 579, 586. *Nowotny*, RdW 2000, 330, 331 verneint für Österreich das Vorliegen eine Schutzlücke mit dem Argument, dass ein ausreichender verschmelzungsrechtliche Schutz dadurch gegeben sei, dass in den Fällen, in denen kein faires öffentliches Barangebot vorgelegt werde, der Verschmelzungsbeschluss aufgrund einer Treuepflichtverletzung anfechtbar sei. Vgl. hierzu *Schwark/Geiser*, ZHR 161 (1997), 739, 763 f. Zu den Auswirkungen der gesellschaftsrechtlichen Treuepflicht auf die Anfechtungstatbestände des AktG vgl. *Hüffer* in: FS Kropff, 128, 131 f. sowie ausführlich zur gesellschaftsrechtlichen Treuepflicht insgesamt *ders.* in: FS Steindorff, 59 ff. Beispiele aus der Rechtsprechung zu einem Anfechtungsrecht bzw. Schadensersatzansprüchen aufgrund einer Treuepflichtverletzung finden sich beispielsweise bei *BGHZ* 65, 15, 18 ff. (ITT), *BGHZ* 71, 40, 43 ff. (Kali und Salz) und *BGHZ* 103, 184, 193 ff. (Linotype).

nicht das Vorliegen einer Schutzlücke, sehen jedoch vor dem Hintergrund der existierenden Regelungen der § 43 Abs. 4 BörsG, §§ 29, 207 UmwG die Anwendungsvoraussetzungen für eine Analogie nicht erfüllt, da es an der Planwidrigkeit der Regelungslücke fehle[624]. Zudem stehe in den Fällen der Kombination von Delisting und Kontrollerwerb nicht der Kontrollerwerb, sondern das Delisting im Vordergrund, denn dasselbe Ergebnis könne erreicht werden, indem die übertragende Gesellschaft zunächst ein Delisting durchführe, und sodann auch die aufnehmende Gesellschaft verschmolzen würde[625]. In solchen Fällen sei unstreitig kein Pflichtangebot abzugeben, da weder übertragende noch aufnehmende Gesellschaft börsennotiert seien.

d) *Stellungnahme*

Sofern im Rahmen des kalten Delistings aufgrund einer Verschmelzung keine analoge Anwendung des § 29 UmwG oder der vom BGH in der „Macroton"-Entscheidung festgelegten Grundsätze zum Pflichtangebot beim regulären Delisting zum Schutz der Minderheitsaktionäre bejaht wird, ist in jedem Fall zu berücksichtigen, dass den Anlegern keinerlei Schutz gewährt würde, würde man die übernahmerechtliche Pflichtangebotsregelung nicht zur Anwendung kommen lassen, und es letztlich aus ihrer Sicht tatsächlich keinen Unterschied machen kann, ob die aufnehmende Gesellschaft, in der sie sich der Kontrolle durch einen Großaktionär gegenübersehen, börsennotiert ist oder nicht.

Aber auch wenn ein Barabfindungsangebot nach § 29 UmwG oder den vom BGH in der „Macroton-Entscheidung" aufgestellten Grundsätzen im Falle eines kalten Delistings bejaht werden sollte, erscheinen die Minderheitsaktionäre im Falle eines zusätzlichen Kontrollwechsels aus übernahmerechtlicher Sicht nach wie vor schutzwürdig. Denn zum einen vermag § 29 UmwG in einem solchen Fall aufgrund seiner strengen Anwendungsvoraussetzungen, insbesondere dem Erfordernis einer Nichtzustimmung und eines Widerspruchs gegen den Hauptversammlungsbeschluss, keinen umfassenden Schutz zu bieten. Diese Erfordernisse treffen indessen zwar auf das vom BGH errichtete Pflichtangebot wohl nicht zu, da in dem Urteil ein Widerspruch gegen den Beschluss des regulären Delistings als Voraussetzung für den Erhalt des Pflichtangebots zumindest nicht explizit erwähnt ist, und der BGH die Notwendigkeit eines solchen Pflichtangebots nicht etwa aus einer analogen Anwendung von § 207 UmwG, der ebenfalls ein Widerspruch zur Niederschrift gegen den entsprechenden Hauptversammlungsbeschluss voraussetzt, sondern allein aus Art. 14 Abs. 1 GG herleitet[626]. Jedoch ist auch bei dem vom BGH geschaffenen Pflichtangebot - wie bei § 29 UmwG - zu bedenken, dass im Unterschied zum

---

624 *Hommelhoff/Witt* in: Haarmann/Riehmer/Schüppen, § 35, Rn. 27; *Rotthege/Wassermann*, 11. Teil, Rn. 1551; *Seibt/Heiser*, ZHR 165 (2001), 466, 486 ff.
625 *Seibt/Heiser*, ZHR 165 (2001), 466, 486.
626 *BGH*, AG 2003, 273, 275 ff.

UmwG - zu bedenken, dass im Unterschied zum Pflichtangebot nach dem WpÜG im Rahmen der Preisfindung für die angemessene Gegenleistung Vorerwerbe keine Berücksichtigung finden, und die Aktionäre zur Überprüfung der Gegenleistung auf das Spruchstellenverfahren verwiesen werden, während im Rahmen des weiterreichenden Schutzes des WpÜG aufgrund der Überprüfung durch die BaFin schon gar keine zu geringe Gegenleistung angeboten werden kann[627]. Auf den ersten Blick erscheint darüber hinaus zunächst der Gedanke bestechend, dass jedenfalls dann, wenn die Anwendung der übernahmerechtlichen Pflichtangebotsregelung nach § 35 WpÜG in dem einfachen Fall der Verschmelzung einer unkontrollierten auf eine kontrollierte Gesellschaft ohne Delisting neben § 29 UmwG befürwortet wird[628], den betroffenen Aktionären in der noch viel belastenderen Situation, in der sie sich nicht nur erstmalig mit einem Kontrollaktionär konfrontiert sehen, sondern zudem auch noch den Entfall der Börsennotierung hinnehmen müssen, ein solches Pflichtangebot nach § 35 WpÜG nicht verweigert werden kann. Zudem ist im Hinblick auf beide Lösungsvorschläge zum Schutz der Aktionäre im Falle des Delistings - § 29 UmwG analog oder aber auch das vom BGH in Anlehnung an diese Vorschrift entwickelte Pflichtangebot - zu berücksichtigen, dass beide vorgeschlagenen Schutzinstrumentarien allein den Entfall der Börsennotierung im Blick haben, also vollkommen unabhängig davon eingreifen sollen, ob damit eine Kontrollerlangung einhergeht oder nicht. Beide Lösungsvorschläge zielen daher nicht darauf, einen Schutz vor dem Verlust einer unbeherrschten Aktionärsposition zu gewähren, und vermögen einen solchen Schutz auch nicht zu bieten, sondern decken allein den Fall des Delistings ab.

Der Fall der Kontrollerlangung ist hiervon entsprechend zu unterscheiden, für den sich allein die übernahmerechtlichen Pflichtangebotsregelungen anbieten.

Allerdings ist zu berücksichtigen, dass der Gesetzgeber in §§ 1, 2 Abs. 3 WpÜG eine klare Entscheidung hinsichtlich des Anwendungsbereichs des WpÜG getroffen hat, in dem er diesen allein auf börsennotierte Zielgesellschaften begrenzt hat. Würde man nun den Fall, in dem Kontrollerlangung und Delisting zusammenfallen, in diesen Anwendungsbereich aufgrund einer analogen Anwendung des § 35 WpÜG mit einbeziehen, würde man diese prinzipielle Wertung des Gesetzgebers insgesamt in Frage stellen. Die Kombination von De-

---

[627] Dass der *BGH* mit seiner Begriffswahl „Pflichtangebot" keineswegs das Pflichtangebot nach § 35 WpÜG gemeint haben kann, ergibt sich zum einen aus der Tatsache, dass Großaktionäre in Delistingfällen üblicherweise bereits lange vorher die Kontrollschwelle des § 29 Abs. 2 WpÜG überschritten haben, mit der Folge, dass es sich allenfalls um ein einfaches Erwerbsangebot nach §§ 10 ff. WpÜG handeln könnte, für das die Vorschriften über die Angemessenheit der Gegenleistung gemäß § 31 WpÜG aber gerade nicht gelten. Auch erfolgt eine Überprüfung der Höhe des Angebotsbetrags von Amts wegen durch die BaFin und nicht durch ein Spruchstellenverfahren. Vgl. zu diesen Unsicherheiten bei der vom BGH gewählten Terminologie *Krämer/Theiß*, AG 2003, 225, 239 f., *Pfüller/Anders*, NZG 2003, 459, 464 und *Süßmann*, BKR 2003, 257, 285.

[628] Vgl. hierzu oben ausführlich in diesem Kapitel Abschn. C., S. 167 ff.

listing und Kontrollerlangung durch ein und denselben gesellschaftsrechtlichen Vorgang, nämlich eine Verschmelzung, kann daher nur so gewertet werden, dass das Delisting den Kontrollerwerb in diesem Fall „überlagert" und ihm insoweit der Vorrang einzuräumen ist. Denn insofern ist es tatsächlich so, dass die Transaktion auch in zwei zeitlich eng aufeinander folgende Einzelvorgänge aufgeteilt werden könnte, nämlich zunächst reguläres Delisting einerseits und anschließende Verschmelzung mit Kontrollerwerb andererseits. In einem solchen Fall ist es jedoch so, dass nur ein Pflichtangebot entsprechend der vom BGH in der „Macroton"-Entscheidung festgelegten Grundsätzen aufgrund des Delistings anzubieten wäre, während der nachfolgende Kontrollerwerb im Rahmen einer Verschmelzung auf eine nicht börsennotierte Gesellschaft keinerlei Konsequenzen für den Kontrollerwerber nach sich zöge, sondern die Aktionäre der übertragenden Gesellschaft nur bei Mischverschmelzungen oder bei Vinkulierung der Aktien der aufnehmenden Gesellschaft ein Barabfindungsangebot nach § 29 UmwG erhalten würden, da sich ein solcher Verschmelzungsvorgang zwischen zwei nicht börsennotierten Rechtsträgern vollkommen außerhalb des Anwendungsbereichs des WpÜG vollziehen würde. In diesem Fall wäre es aber nicht vertretbar, aufgrund des - unter Umständen zeitlich sehr nah - vorangegangenen Delistings mit anschließender Verschmelzung und Kontrollerwerb und der daraus resultierenden faktischen Doppelbelastung der Aktionäre in unmittelbarer zeitlicher Abfolge zusätzlich analog § 35 WpÜG ein Pflichtangebot zu fordern, auch wenn die Belastung der Aktionäre im Ergebnis dieselbe ist wie bei einem kalten Delisting durch Verschmelzung mit gleichzeitigem erstmaligen Kontrollerwerb.

Die Überlagerung des Kontrollerwerbs durch den Delisting-Tatbestand tritt auch dann besonders hervor, wenn man den soeben geschilderten Fall einer Situation gegenüberstellt, in der eine nicht börsennotierte Gesellschaft auf eine ebenfalls nicht börsennotierte, kontrollierte Gesellschaft verschmolzen wird, und die Aktionäre der übertragenden Gesellschaft nach der Verschmelzung der Kontrolle des Großaktionärs der aufnehmenden Gesellschaft ausgesetzt sind. § 35 WpÜG findet in diesem Fall aufgrund §§ 1, 2 Abs. 3 WpÜG keine Anwendung. Führt aber ein Delisting zu eben jener Situation, so wird deutlich, dass das Delisting nur als zusätzliches Element hinzutritt, die Beurteilung des Kontrollerwerbs jedoch dieselbe bleiben muss, da sich insoweit an der Situation (Kontrollerwerb in einer nicht börsennotierten Gesellschaft) nichts ändert. Für die Belastung der Aktionäre durch das Delisting sind allein die hierfür entwickelten Schutzmechanismen anzuwenden; das WpÜG ist nicht dazu gedacht, den Aktionären für diese Konstellation Schutz zu gewähren. Diese Überlegung nimmt letztlich auch dem Argument, dass es aus Sicht der betroffenen Aktionäre für die Anwendung des § 35 WpÜG keinen Unterschied machen kann, ob die aufnehmende Gesellschaft, in der sie mit einem kontrollierenden Großaktionär konfrontiert werden, börsennotiert ist oder nicht, die Schlagkraft, denn diese Betrachtungsweise legt allein die Sicht der übernahmerechtlich zu Schützenden zugrunde. Auf diese übernahmerechtliche Sicht kann es jedoch im Falle des Delistings gerade nicht ankommen, da dieses außerhalb der Wertungen des WpÜG stattfindet, und das Übernahmerecht insofern überhaupt keine Anwendung findet. Kontrollerwerbe innerhalb nicht börsennotierter Gesellschaften sind durch das WpÜG schlichtweg nicht geregelt, so dass die eventuell mit einem Delisting gleichzeitig einhergehende Kontrollerlangung nicht in den Anwendungsbereich der §§ 29 Abs. 2, 35 WpÜG fällt, sondern allein das Delisting im Vordergrund steht[629].

3. Fazit

Aufgrund der Tatsache, dass das Delisting selbst außerhalb des Einzugsbereichs des WpÜG stattfindet, den Kontrollerwerb überlagert und damit aufgrund der klaren Wertung des Gesetzgebers auch der Kontrollerwerb selbst schon außerhalb des Anwendungsbereichs des WpÜG stattfindet, ist daher eine analoge Anwendung des § 35 WpÜG in Fällen des kalten Delistings durch Verschmelzungen mit gleichzeitigem erstmaligen Kontrollerwerb nicht zu befürworten.
Zu Umgehungen der übernahmerechtlichen Vorschriften allein mittels eines Delistings dürfte es in der Praxis kaum kommen. Denn es ist schwer vorstellbar, dass Unternehmen allein zur Umgehung der übernahmerechtlichen Pflichtangebotsregelung ein Delisting in Betracht ziehen und ein solches einem Kontrollerwerb vorschalten werden, zumal ein Rückzug vom Börsenhandel durch die „Macroton“-Entscheidung des BGH in erheblichem Maße erschwert und verteuert wurde[630]. Im Hinblick auf den hier untersuchten Fall erscheint eine Nichtanwendung der übernahmerechtlichen Pflichtangebotsregelung zumindest auch deshalb nicht mehr allzu nachteilig für die betroffenen Aktionäre, da der BGH zumindest für den Fall des regulären Delistings richterrechtlich ein Pflichtangebot geschaffen hat, und zu erwarten ist, dass dieses auch im Falle des kalten Delistings Anwendung finden wird, so dass die Minderheitsaktionäre nicht vollkommen ungeschützt sind, auch wenn der Schutz nicht demjenigen der übernahmerechtlichen Pflichtangebotsregelung entspricht.

F. Kontrollerwerb bei Verschmelzungen durch Neugründung

Die soeben erörterte Problematik stellt sich gleichermaßen bei einer Verschmelzung zur Neugründung, also einer Situation, bei der nach § 2 Nr. 2 UmwG das Vermögen zweier oder mehrerer Rechtsträger im Wege der Gesamtrechtsnach-

---

629 Ein Kontrollerwerb spielt selbstverständlich auch bei nicht börsennotierten Gesellschaften eine Rolle, sofern hierdurch konzernrechtliche Vorschriften berührt und erfüllt werden.

630 *Geyerhalter/Gänßler*, NZG 2003, 313, 315; *Krämer/Theiß*, AG 2003, 225, 241; *Pfüller/Anders*, NZG 2003, 459, 464 f.

folge auf einen neuen, hierdurch gegründeten Rechtsträger übergeht. Denn in dem Fall, in dem an dieser Verschmelzung zur Neugründung mindestens eine börsennotierte Gesellschaft als übertragender Rechtsträger beteiligt ist, kommt es hierbei aufgrund der Tatsache, dass die Aktienzulassung erst nach Eintragung der Verschmelzung in das Handelsregister erfolgt, ebenfalls zu einem kalten Delisting[631]. Sofern daher die im Zuge der Verschmelzung gegründete Gesellschaft aufgrund der Verschmelzung unter die Kontrolle eines Großaktionärs gelangt, ergibt sich das oben geschilderte Problem, dass die Aktien der betroffenen Gesellschaft, also des neu gegründeten Rechtsträgers, zum Zeitpunkt des Kontrollerwerbs noch nicht börsenzugelassen sind, und § 35 WpÜG daher mangels tauglicher Zielgesellschaft unmittelbar keine Anwendung findet[632]. Selbst wenn eine Börsenzulassung angestrebt ist, so kann diese aufgrund der Tatsache, dass die Börsenzulassung von Aktien nach § 4 BörsZulV erst nach deren wirksamen Entstehen möglich ist[633], erst nach Wirksamwerden der Verschmelzung mit Eintrag ins Handelsregister (§ 20 UmwG) erfolgen, da die im Zuge der Verschmelzung ausgegebenen Aktien erst mit Wirksamwerden der Verschmelzung entstehen. Da die Kontrolle über die neu gegründete Gesellschaft aber bereits mit Vollzug der Verschmelzung erworben wird, und die Börsenzulassung diesem Zeitpunkt zwingend zeitlich nachfolgt, wird die Kontrolle über eine nicht börsennotierte Gesellschaft erworben, so dass § 35 WpÜG weder unmittelbar noch analog anzuwenden ist, da das Delisting in diesem Fall im Vordergrund steht, und sich der Kontrollerwerb außerhalb des Anwendungsbereichs des WpÜG vollzieht.

G. Verschmelzung auf eine Mantelgesellschaft

In gleicher Weise ist die Konstellation der parallelen Verschmelzung zweier Gesellschaften auf eine bereits vor Wirksamwerden der Verschmelzung existierende Mantelgesellschaft - auch „NewCo" oder „Special Purposes Vehicle"[634] -, die nach Wirksamwerden der Verschmelzung von einem Aktionär kontrolliert wird, zu behandeln. Auch in diesem Fall ist aus den oben genannten Argumenten kein

---

631 *Seibt/Heiser*, ZHR 165 (2001), 466, 488. So auch *Stengel/Semler* in: Stengel/Semler, Einl. A. UmwG, Rn. 99, die argumentieren, dass es jedoch für das Schutzbedürfnis der Minderheitsaktionäre und für die Auslösung des Pflichtangebots nicht auf den Zeitpunkt der Börsenzulassung der Aktien neu gegründeten Gesellschaft ankommen könne.

632 *Schlitt* in: MüKo-AktG, § 35 WpÜG, Rn. 146; *Technau*, AG 2002, 260, 263.

633 *Picot* in: Picot, Teil IV., Abschn. 9 „Going Public/Börsengänge (IPO), 115, 231; *Technau*, AG 1998, 445, 447.

634 Zum Begriff vgl. *Römer/Groh* in: Richard/Weinheimer, Kap. 2, Abschn. IV., S. 167 sowie *Technau*, AG 2002, 260, 262. Zur Abgrenzung zwischen Mantel- und Vorratsgesellschaft nach dem Kriterium, ob eine Gesellschaft zunächst zu einem „aktiven" Zweck gegründet wurde, der anschließend wiederum fallen gelassen wurde, oder von vornherein mit dem „inaktiven" Zweck gegründet wurde, zunächst nur ihr eigenes Vermögen zu verwalten und für einen „aktiven" Zweck auf Vorrat zur Verfügung zu stehen, vgl. *Bärwaldt/Schabacker*, GmbHR 1998, 1005 ff.

Pflichtangebot zu unterbreiten, da ein mögliche Zulassung der NewCo-Aktien erst nach Eintragung der Verschmelzung und damit auch erst nach dem Kontrollerwerb erfolgen kann, so dass es an einer tauglichen Zielgesellschaft im Sinne von §§ 1, 2 Abs. 3 WpÜG, deren Wertpapiere zum Handel an einem organisierten Markt zugelassen sind, fehlt[635]. Aus diesem Grund wird teilweise auch ausdrücklich zur Vermeidung eines Pflichtangebots eine Verschmelzung auf eine NewCo vorgeschlagen[636].

H. Kontrollerwerb mit nachfolgender Verschmelzung

Die Frage, ob dann, wenn ein Aktionär die Kontrolle über eine Zielgesellschaft erlangt und erst im Anschluss daran einen Umwandlungsvorgang plant, eine Ausnahme von der Verpflichtung zur Abgabe eines Angebots zu machen ist, wird vom Gesetz zwar nicht ausdrücklich, aber dennoch klar verneint. Denn während ein entsprechender Ausnahmetatbestand in Art. 16 des Übernahmekodex noch ausdrücklich vorgesehen war, ist ein solcher im WpÜG nicht mehr enthalten[637]. Eine Befreiung vom Pflichtangebot kommt daher in diesen Fällen de lege lata nicht in Betracht. Auch in Fällen, in denen sich ein Umwandlungsvorgang zeitlich an einen Kontrollerwerb anschließt, ist daher den Aktionären der Zielgesellschaft ein Pflichtangebot zu unterbreiten. Dies ist auch wünschenswert, da - wie bereits erläutert wurde[638] - die umwandlungsrechtlichen Vorschriften gerade keinen umfassenden Schutz der Minderheitsaktionäre in Fällen des Kontrollerwerbs bieten können, sondern der Schutz durch die übernahmerechtliche Pflichtangebotsregelung mit ihrem Recht zum Austritt weit darüber hinaus geht[639].

I. Spaltung

Einigkeit herrscht darüber, dass die schon in Bezug auf Verschmelzungen gefundenen Ergebnisse sinngemäß auch für Spaltungen gelten müssen, da das Spaltungsverfahren im Hinblick auf den für die Minderheitsaktionäre vorgesehenen Schutz, insbesondere dem Austrittsrecht nach § 29 Abs. 1 UmwG, demjenigen des Verschmelzungsverfahrens entspricht (§ 125 UmwG)[640]. Eine Ausnahme hiervon bildet nur die Ausgliederung, bei der § 29 UmwG gem. § 125

---

635 *Technau*, AG 2002, 260, 263; *Vetter*, WM 2002, 1999, 1999.

636 *Süßmann*, WM 2003, 1453, 1455.

637 Vgl. hierzu schon oben 2. Teil, Kap. 6, Abschn. B., S. 137 f.

638 Vgl. oben 2. Teil, Kap. 6, Abschn. D. II. 3., S. 146 ff.

639 *Seibt/Heiser*, ZHR 165 (2001), 466, 488 f. begrüßen das Fehlen einer solchen Ausnahmeregelung daher auch ausdrücklich. Kritisch dagegen *Riehmer/Schröder*, BB 2001, Beilage Nr. 5, 1, 6.

640 *Vetter*, WM 2002, 1999, 2010; *Seibt/Heiser*, ZHR 165 (2001), 466, 489; *Schlitt* in: MüKo-AktG, § 35 WpÜG, Rn. 147.

Satz 1 UmwG keine Anwendung findet. Aufgrund der Gleichartigkeit der Schutzvorschriften fallen auch die Ansichten hinsichtlich der Anwendbarkeit des § 35 WpÜG auf Spaltungen auseinander. Während diejenigen, die eine Anwendbarkeit des § 35 WpÜG auf Verschmelzungen grundsätzlich ablehnen, diese Ansicht auch bei Spaltungen vertreten[641], bejahen die Vertreter der Ansicht, die eine Anwendung der übernahmerechtlichen Pflichtangebotsregelung grundsätzlich auch bei Verschmelzungen befürworten, dies - je nach Fallkonstellation - grundsätzlich auch bei Spaltungen[642].

Die im Rahmen von Verschmelzungen gefundenen Ergebnisse über die Anwendbarkeit des § 35 WpÜG sollen daher im Folgenden auf die unterschiedlichen Möglichkeiten einer Spaltung, nämlich Aufspaltung, Abspaltung und Ausgliederung (§§ 1 Nr. 2, 123 UmwG) zur Aufnahme und zur Neugründung unter Berücksichtigung der spaltungsrechtlichen Besonderheit, dass der sich spaltende Rechtsträger unter Umständen fortbestehen kann, übertragen werden. Dabei soll ausgehend von dem Grundsatz, dass § 35 WpÜG auf Konstellationen, in denen gleichzeitig ein kaltes Delisting erfolgt, weder direkt noch analog anwendbar ist, eine Unterteilung zwischen Spaltungen mit und ohne Delisting vorgenommen werden.

I. Spaltung ohne Delisting

1. Aufspaltung zur Aufnahme auf zwei börsennotierte Gesellschaften mit Kontrollwechsel

Bei der Aufspaltung einer Gesellschaft zur Aufnahme ist die Frage, ob ein Kontrollwechsel stattgefunden hat, nur bei den (mindestens zwei) aufnehmenden Rechtsträgern, auf die die übertragende Gesellschaft ihr Vermögen überträgt, zu untersuchen, da die sich aufspaltende, übertragende Gesellschaft mit Vollzug der Spaltung durch Eintragung in das Handelsregister nach § 131 Abs. 1 Nr. 2 UmwG erlischt.

Eine unmittelbare Anwendung des WpÜG kommt in einem solchen Fall nur in Betracht, wenn es sich bei den aufnehmenden Rechtsträgern um Gesellschaften handelt, deren Anteile zum Handel am organisierten Markt zugelassen sind, da sie anderenfalls keine tauglichen Zielgesellschaften im Sinne von §§ 1, 2 Abs. 3 WpÜG darstellen. Untersucht werden soll daher die Konstellation, dass eine Gesellschaft X[643], an der ein Großaktionär K eine kontrollierende Beteiligung im

641 *Vetter*, WM 2002, 1999, 2010

642 *Seibt/Heiser*, ZHR 165 (2001), 466, 489; für Österreich vgl. *Kalss/Winner*, ÖBA 2000, 51, 58; *Kaindl*, Abschn. III. C. 11., S. 126.

643 Für die Anwendung des WpÜG kommt es nicht darauf an, ob die übertragende Gesellschaft börsennotiert ist; erheblich ist nur, dass dies bei der Zielgesellschaft der Fall ist.

Sinne von § 29 Abs. 2 WpÜG innehat, auf zwei bereits existierende, börsennotierte Aktiengesellschaften Y und Z aufgespalten wird, die vor der Transaktion nicht von einem Großaktionär kontrolliert wurden. Nach der Aufspaltung soll der Großaktionär K der untergegangenen Gesellschaft X bei der Gesellschaft Y einen Stimmrechtsanteil von mehr als 30% der Stimmrechte erreichen.

Graphisch dargestellt ergibt sich folgende Situation:

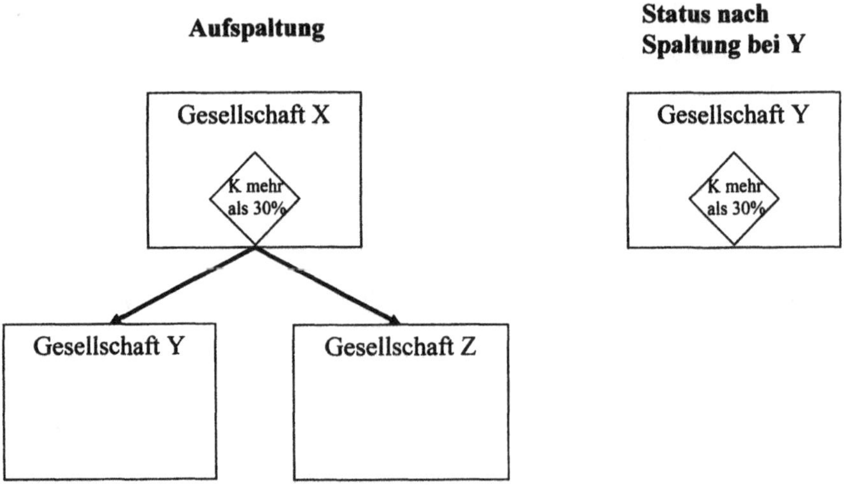

Entsprechend der oben zur Verschmelzung einer kontrollierten auf eine unkontrollierte Gesellschaft gefundenen Ergebnisse, bei der der kontrollierende Gesellschafter der übertragenden Gesellschaft nach der Verschmelzung die Kontrolle über die aufnehmende Gesellschaft erlangt[644], ist auch in dieser Konstellation von einer Kontrollerlangung des Großaktionärs der sich spaltenden Gesellschaft X über die aufnehmende Gesellschaft Y im Sinne von § 35 WpÜG auszugehen. Den Altaktionären der Y-Gesellschaft ist daher ein Pflichtangebot nach § 35 WpÜG zu unterbreiten, während sich für die früheren Aktionäre der Gesellschaft X, die nun nach § 131 Abs. 1 Nr. 1 Satz 1 UmwG Anteile der Gesellschaften Y und Z halten, sowie für die Altaktionäre der Gesellschaft Z nichts ändert, so dass diesen die Pflichtangebotsregelung nicht zugute kommt[645]. Über die Gesellschaft Z wird schon gar keine Kontrolle erlangt, so dass deren Aktionäre nicht schutzbedürftig sind. Gleiches gilt für die früheren Aktionäre der nun

644 Vgl. zu dieser Konstellation ausführlich in diesem Kapitel Abschn. A., S. 161 ff.

645 So auch *Seibt/Heiser*, ZHR 165 (2001), 466, 489, die davon ausgehen, dass das Pflichtangebot auch bei Spaltungen nur denjenigen Aktionären zustehen kann, die aufgrund der Spaltung erstmals einer Kontrolle unterliegen oder nunmehr von einer anderen Person als vorher kontrolliert werden.

gem. § 131 Abs. 1 Nr. 2 UmwG erloschenen X-Gesellschaft, da sie im Hinblick auf ihre nunmehrige Beteiligung an der Z-Gesellschaft ebenfalls keiner Kontrolle ausgesetzt sind und bezüglich ihrer Beteiligung an der Y-Gesellschaft vor und nach der Spaltung mit demselben, die Kontrolle ausübenden Großaktionär K konfrontiert sind. Zu einer Kollision mit dem umwandlungsrechtlichen Austrittsrecht nach §§ 29 Abs. 1, 125 UmwG kann es in diesem Fall nur kommen, wenn die Aktien des aufnehmenden, nun kontrollierten Rechtsträgers einer Verfügungsbeschränkung i. S. v. § 29 Abs. 1 Satz 2 UmwG unterliegen[646].

2. Aufspaltung zur Aufnahme auf zwei börsennotierte Gesellschaften ohne Kontrollwechsel

Wie auch bei Verschmelzungen ist der gerade geschilderte Fall auch in der Weise denkbar, dass die sich spaltende Gesellschaft X vor der Aufspaltung nicht kontrolliert war, und es sich bei der aufnehmenden Gesellschaft Y schon vor und auch nach der Spaltung um eine kontrollierte Gesellschaft handelt, während die aufnehmende Gesellschaft Z vor und nach der Spaltung unkontrolliert ist.

Graphisch dargestellt handelt es sich um folgende Konstellation:

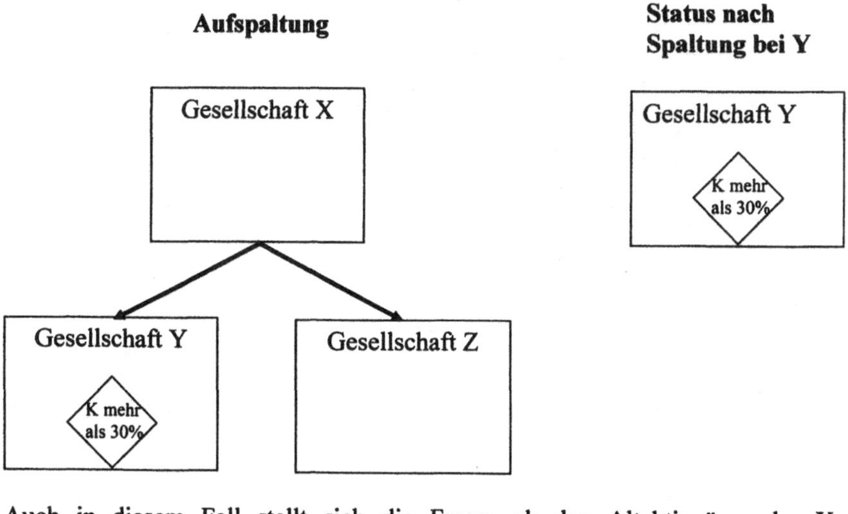

Auch in diesem Fall stellt sich die Frage, ob den Altaktionären der X-Gesellschaft, die sich nach der Aufspaltung plötzlich dem kontrollierenden Gesellschafter in der aufnehmenden Gesellschaft Y ausgesetzt sehen, ein Pflichtangebot nach § 35 WpÜG zu unterbreiten ist. Wie schon für den Bereich der Ver-

646 *Seibt/Heiser*, ZHR 165 (2001), 466, 489.

schmelzungen erläutert wurde[647], findet in diesem Fall jedoch gerade keine Kontrollerlangung über eine Zielgesellschaft statt, da die Aktionäre der X-Gesellschaft nur kraft der Spaltung in die kontrollierte Gesellschaft Y „hineintransportiert" werden, so dass § 35 WpÜG schon seinem Wortlaut nach nicht eingreift. Da für eine analoge Anwendung des § 35 WpÜG aufgrund des ordnungswidrigkeitenrechtlichen Analogieverbots kein Raum ist, findet die übernahmerechtliche Pflichtangebotsregelung im Rahmen der derzeitigen Gesetzeslage keine Anwendung, auch wenn eine solche aufgrund der Schutzbedürftigkeit der Altaktionäre der sich spaltenden Gesellschaft wünschenswert wäre. Denn das grundsätzlich mit Ausnahme bei der Ausgliederung auch bei der Spaltung über § 125 UmwG anzuwendende umwandlungsrechtliche Austrittsrecht nach § 29 Abs. 1 UmwG ist aufgrund seines Ausnahmecharakters und seines geringen Anwendungsbereichs auch in diesem Fall zum Schutz der Minderheitsaktionäre nicht ausreichend, da es nicht vor dem Verlust einer unkontrollierten Aktionärsposition schützt.

3. Abspaltung zur Aufnahme in eine börsennotierte Gesellschaft

Für eine Abspaltung zur Aufnahme auf eine börsennotierte Gesellschaft gelten die gerade unter Abschn. I. I. 1. und 2. genannten Grundsätze entsprechend, allerdings mit der Besonderheit, dass der sich spaltende Rechtsträger nach der Abspaltung bestehen bleibt. Im Hinblick auf die Möglichkeit eines Kontrollwechsels sind daher sowohl die übertragende, als auch die aufnehmende(n) Gesellschaft(en) zu untersuchen[648]. Sofern durch die Abspaltung die Kontrolle über eine der aufnehmenden Gesellschaften erlangt wird, oder sich die Beteiligungsverhältnisse innerhalb der übertragenden Gesellschaft dergestalt ändern, dass nach der Umwandlung ein neuer Kontrollaktionär die Kontrolle über die übertragende Gesellschaft erlangt, ist den Aktionären der jeweiligen Gesellschaft ein Pflichtangebot zu unterbreiten. Eine solche Kontrollerlangung über den übertragenden Rechtsträger ist möglich, da es im Rahmen der Abspaltung unter Umständen zu einer neuen Aufteilung der Anteile des übertragenden Rechtsträgers kommen kann, um keinen Anteilsinhaber zu benachteiligen, so beispielsweise bei einer „Spaltung zu Null", bei der die Anteilsinhaber des übertragenden Rechtsträgers keine Anteile am übernehmenden Rechtsträger und als Ausgleich dafür eine entsprechend höhere Beteiligung an dem übertragenden Rechtsträger erhalten[649].

---

647 Vgl. oben in diesem Kapitel Abschn. C. III. 1., S. 168.

648 *Seibt/Heiser*, ZHR 165 (2001), 466, 489; für Österreich vgl. *Kalss/Winner*, ÖBA 2000, 51, 58; *Kaindl*, Abschn. III. C. 11., S. 126.

649 Vgl. zur „Spaltung zu Null" *LG Konstanz*, ZIP 1998, 1226, 1226 f.; *Kallmeyer* in: Kallmeyer, § 123 UmwG, Rn. 5; *Kallmeyer*, DB 1996, 28, 28; *Mayer*, DB 1995, 861, 863; *Priester*, DB 1997, 560, 566 f.; *Stratz* in: Schmitt/Hörtnagel/Stratz, § 128 UmwG, Rn. 11; *Teichmann* in: Lutter, Bd. I, § 123 UmwG, Rn. 16; *Wirth*, AG 1997, 455, 458.

Finden sich dagegen die Aktionäre des abgespaltenen Teils der übertragenden Gesellschaft nach der Abspaltung in einer bereits vorher kontrollierten aufnehmenden Gesellschaft wieder, so findet § 35 WpÜG keine Anwendung.

4. Ausgliederung zur Aufnahme in eine börsennotierten Gesellschaft

Eine gewisse Besonderheit besteht bei der Ausgliederung, da bei einer solchen nicht die Gesellschafter des übertragenden Rechtsträgers zu Gesellschaftern der aufnehmenden Gesellschaft werden, sondern nach § 131 Abs. 1 Nr. 3 Satz 3 UmwG die übertragende Gesellschaft selbst zum Anteilsinhaber der übernehmenden Gesellschaft wird. Je nach Umfang der der übertragenden Gesellschaft im Rahmen der Ausgliederung gewährten Anteile an der aufnehmenden Gesellschaft kann daher die Konstellation eintreten, dass die übertragende Gesellschaft selbst im Zuge der Ausgliederung mehr als 30% der Stimmrechte an der aufnehmenden Gesellschaft und damit die Kontrolle im Sinne von § 35 WpÜG an dieser erlangt. In diesem Fall ist den Aktionären der aufnehmenden Gesellschaft durch die übertragende Gesellschaft ein Pflichtangebot zu unterbreiten[650]. Auf der Ebene der Anteilsinhaber der übertragenden Gesellschaft ändert sich dagegen nichts[651], so dass die Stellung dieser Gesellschafter auch im Hinblick auf eine etwaige Kontrollposition nicht berührt wird.

II. Spaltung in Kombination mit kaltem Delisting

Bei einer verhältniswahrenden Spaltung zur Neugründung kommt ein Kontrollwechsel von vornherein nicht in Betracht[652], da sich die Beteiligungsverhältnisse der Anteilsinhaber nicht verändern, also entweder vor der Spaltung (und damit auch nach der Spaltung) keine Kontrolle eines Großaktionärs besteht, oder aber schon vor der Spaltung eine kontrollierende Beteiligung bestand, diese aber auch nach der Spaltung von demselben Kontrollinhaber gehalten wird. Anders zu beurteilen ist jedoch die Situation einer nicht verhältniswahrenden Spaltung zur Neugründung, bei der durchaus ein Kontrollerwerb bzw. Kontrollwechsel denkbar ist.

Einer Anwendung der Pflichtangebotsregelung in diesen Fällen steht jedoch entgegen, dass auch hierbei in Bezug auf die neu gegründete Gesellschaft die Aktienzulassung erst nach Eintragung der Spaltung in das Handelsregister möglich ist, so dass die Spaltung auf eine nicht börsennotierte Gesellschaft, also keine Zielgesellschaft im Sinne des WpÜG, erfolgt. § 35 WpÜG greift daher so-

---

650 So auch *Ekkenga/Schulz* in: Ehricke/Ekkenga/Schulz, § 35, Rn. 34.

651 *Kallmeyer* in: Kallmeyer, § 123 UmwG, Rn. 11; *Karollus* in: Lutter, Kölner Umwandlungsrechtstage, S. 159; *Sagasser/Sickinger* in: Sagasser/Bula/Brünger, 3. Teil, Abschn. N, Rn. 156.

652 So für die Rechtslage in Österreich: *Kalss/Winner*, ÖBA 2000, 51, 58; *Kaindl*, Abschn. III. C. 11., S. 126.

wohl bei einer Aufspaltung und Ausgliederung zur Neugründung als auch bei einer Aufspaltung oder Ausgliederung auf eine nicht börsennotierte Gesellschaft insgesamt nicht ein. Wohl ist aber eine Kontrollerlangung und auch eine Anwendung des § 35 WpÜG im Falle einer Abspaltung zur Neugründung oder zur Aufnahme auf eine nicht börsennotierte Gesellschaft zumindest im Hinblick auf die übertragende Gesellschaft denkbar, sofern diese börsennotiert ist, da diese im Rahmen der Spaltung nicht untergeht, und aufgrund geänderter Beteiligungsverhältnisse der Erwerb der Kontrolle über diese Gesellschaft denkbar ist[653].

J. Kontrollerwerb durch Umwandlungsvorgänge auf einer vorgelagerten Beherrschungsstufe und Umwandlungen im Konzern

Nachdem sich die bisher vorgenommene Untersuchung zum Spannungsverhältnis zwischen übernahmerechtlicher Pflichtangebotsregelung und dem Umwandlungsgesetz darauf beschränkte, Erkenntnisse für den einfach strukturierten Fall der Verschmelzung zweier Unternehmen oder der Spaltung eines Unternehmens außerhalb einer Konzernstruktur zu untersuchen, stellt sich nunmehr die Frage, wie Fälle zu beurteilen sind, in denen es zu einem Kontrollerwerb oder Kontrollwechsel aufgrund von Umwandlungsfällen in gestuften Unternehmensverbindungen und innerhalb eines Konzerns kommt. Die bereits im ersten Teil dieser Arbeit erlangten Erkenntnisse über die Handhabung der mittelbaren Kontrollerlangung beim Umgang mit der übernahmerechtlichen Pflichtangebotsregelung im Sinne von § 35 WpÜG[654] können hierbei wertvolle Hinweise liefern, wie mit derartigen Fällen einer Kontrollerlangung in gestuften Unternehmensverbindungen durch Umwandlungstransaktionen umzugehen ist.

I. Kontrollwechsel im Rahmen von gestuften Unternehmensverbindungen durch Umwandlungsvorgänge

1. Umwandlungsvorgang auf der Ebene des Kontrollaktionärs

Der im 1. Teil, Kap. 4., Abschn. C. II. 1. a) untersuchte Fall war dahingehend gestaltet, dass ein Bieter B 1 die Kontrolle über eine börsennotierte Muttergesellschaft M erlangt, die damit gleichzeitig zu seiner Tochtergesellschaft im Sinne von § 2 Abs. 6 WpÜG wurde, und diese Muttergesellschaft ihrerseits eine börsennotierte Tochtergesellschaft T besaß. Aufgrund der Zurechnung nach § 30 Abs. 1 Nr. 1 i. V. m. § 39 WpÜG waren dem Bieter demnach die von der Mut-

---

653 Im Hinblick auf die neu gegründete oder nicht börsennotierte aufnehmende Gesellschaft kommt jedoch auch in diesem Fall mangels Vorliegen einer tauglichen Zielgesellschaft eine Anwendung des § 35 WpÜG nicht in Betracht.

654 Vgl. hierzu oben 1. Teil, Kap. 4, Abschn. C., S. 89 ff.

tergesellschaft an ihrer Tochtergesellschaft gehaltenen Anteile zuzurechnen, so dass die Tochtergesellschaft T mittelbar ebenfalls zur Zielgesellschaft wurde, und sowohl den außenstehenden Aktionären der Mutter- als auch der Tochtergesellschaft ein Pflichtangebot zu unterbreiten war. Dieser Fall soll nun wie folgt weiter entwickelt werden:
Ausgangspunkt ist die oben geschilderte Situation, wonach B 1 die Kontrolle sowohl über die Muttergesellschaft M als auch die Tochtergesellschaft T erworben hat. Unterstellt werden soll sodann, dass aufgrund einer Verschmelzung von B 1 auf B 2 ein Kontrollwechsel mit der Folge stattfindet, dass nunmehr B 2 die Kontrolle über die Gesellschaften M und T inne hat. In einem solchen Fall hat nunmehr B 2 den außenstehenden Aktionären beider Gesellschaften M und T ein Pflichtangebot zu unterbreiten, da es bei der Frage, ob eine Kontrollposition erlangt wurde, nicht darauf ankommt, ob die Gesellschaft vorher „kontrollfrei" war[655].
Graphisch stellt sich die Situation vor und nach dem Kontrollwechsel wie folgt dar:

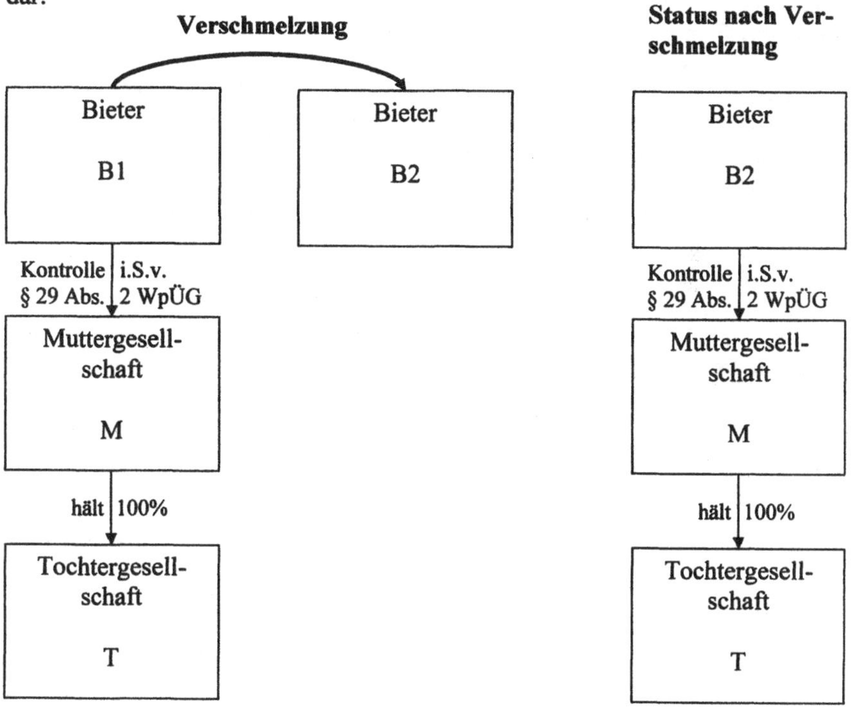

[655] Der hier gebildete Fall entspricht insofern dem bereits im 1. Teil, Kap. 4, Abschn. C. II. 1. c), S. 93, untersuchten Fall.

Für die Angebotspflicht kann es dabei keinen Unterschied machen, auf welche Weise sich die Veränderung in der Person des Kontrollinhabers von B 1 auf B 2 vollzieht, da es nicht auf die Art und Weise der Kontrollerlangung ankommt. Es ist daher vollkommen unerheblich, ob der Wechsel in der Person des Kontrollinhabers durch eine Veräußerung der Anteile der B 1 an der M-Gesellschaft an die B 2, durch eine Verschmelzung von B 1 auf die bereits existierende Gesellschaft B 2, durch eine Verschmelzung von B 1 mit einer anderen Gesellschaft X auf die bereits bestehende oder hierdurch neu gegründete Gesellschaft B 2 oder durch eine Übertragung der Anteile der B 1 an der M-Gesellschaft an die Gesellschaft B 2 im Wege der Abspaltung erfolgt[656]. In allen Fällen kommt es zu einem Kontrollwechsel sowohl im Hinblick auf die Muttergesellschaft M als auch die Tochtergesellschaft T, so dass deren Aktionären ein Pflichtangebot nach § 35 WpÜG zu unterbreiten ist. Zu einer Kollision zwischen umwandlungsrechtlichen und übernahmerechtlichen Vorschriften kommt es in diesen Fällen grundsätzlich auch dann nicht, wenn sich der Wechsel des Kontrollinhabers von B 1 auf B 2 im Wege einer Umwandlung vollzieht, da die Vorschriften des UmwG in diesem Fall allein im Verhältnis zwischen B 1 und B 2 Anwendung finden, während sich das Verhältnis zwischen B 2 und den außenstehenden Aktionären der Gesellschaften M und T ausschließlich nach den Vorschriften des WpÜG bestimmt[657]. Zu einer Kollision beider Vorschriften kann es in Bezug auf die Gesellschaften B 1 und B 2 nur kommen, wenn in Bezug auf diese selbst aufgrund der Umwandlung eine Kontrollerlangung oder ein Kontrollerwerb stattfinden würde. In diesen Fällen wäre aber insoweit eine isolierte Betrachtung der Verhältnisse bei B 1 und B 2 angezeigt, wobei hierbei die in diesem Kapitel unter Abschn. A. bis D. für derartige „eindimensionale" Umwandlungen gemachten Untersuchungsergebnisse herangezogen werden könnten. Die Angebotspflicht in Bezug auf die Aktionäre der Gesellschaften M und T würden hiervon aber jedenfalls nicht berührt, da für sie nur die übernahmerechtlichen, nicht jedoch die umwandlungsrechtlichen Vorschriften maßgeblich sind.

---

[656] So auch *Seibt/Heiser*, ZHR 165 (2001), 466, 490; *Kleindiek*, ZGR 2002, 546, 574 f. und für Österreich *Kaindl*, Abschn. III. C. 9., S. 123 f., die zutreffend darauf hinweist, dass in den Fällen, in denen die Zielgesellschaft nicht direkt am Umwandlungsvorgang beteiligt ist, die Anwendung der übernahmerechtlichen Schutzvorschriften sogar besonders wichtig sei, da die für den Umwandlungsvorgang geltenden Vorschriften den Aktionären der an der Umwandlung nicht beteiligten Zielgesellschaft gerade nicht zugute kämen. Ebenso für das Fallbeispiel der Verschmelzung von B 1 auf B 2 auch *von Bülow* in: KK-WpÜG, § 35, Rn. 71 und *Zollner*, Abschn. 4.3.5.7.2., S. 135.

[657] *Seibt/Heiser*, ZHR 165 (2001), 466, 490.

2. Umwandlungsvorgang auf der Ebene der Beteiligungsgesellschaft

a) Verschmelzung mit Kontrollwechsel

Denkbar ist ein Wechsel der Person des Kontrollinhabers an den Gesellschaften M und T von B 1 auf B 2 aber nicht nur aufgrund eines Umwandlungsvorgangs auf der Ebene von B 1 und B 2, sondern auch auf der Ebene der Muttergesellschaft M. Ausgangspunkt soll auch hier wiederum der Fall sein, dass die Muttergesellschaft M, die eine Tochtergesellschaft T hat, von B 1 kontrolliert wird. Eine von B 2 kontrollierte Gesellschaft X als übertragende Gesellschaft soll nun auf die von B 1 kontrollierte Muttergesellschaft M verschmolzen werden, mit der Folge, dass nach der Verschmelzung B 2 die Kontrolle über die aufnehmende Muttergesellschaft M inne hat.
Graphisch ergibt sich folgendes Bild:

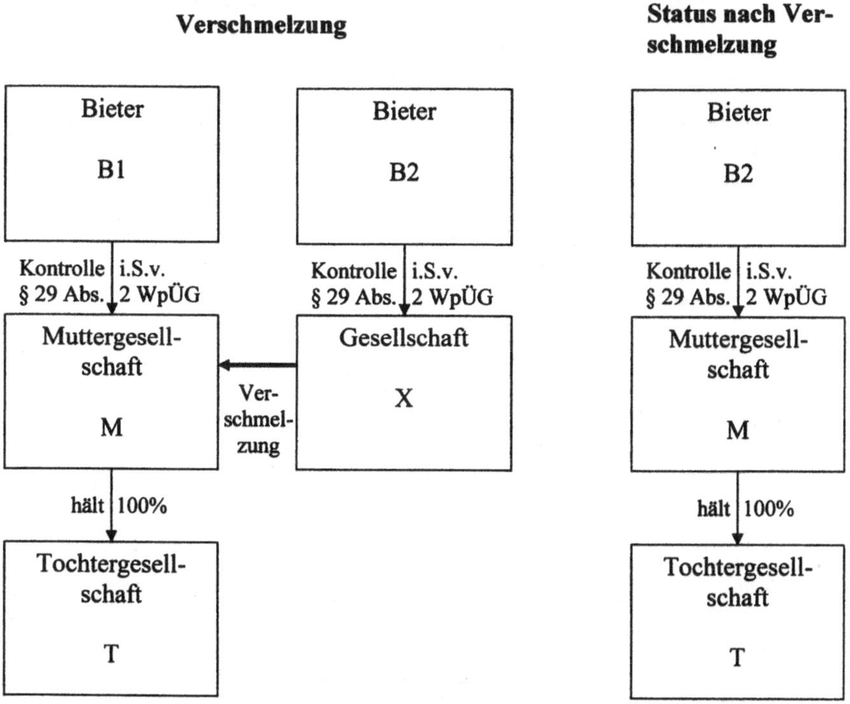

Nach den oben gemachten Ausführungen ist den Aktionären der Muttergesellschaft M durch B 2 ein Pflichtangebot zu unterbreiten, da es auf die Art und Weise der Kontrollerlangung nicht ankommt. Gleichzeitig ist auch den Aktionären der Tochtergesellschaft T ein Pflichtangebot zu machen, da B 2 kraft Zurechnung gemäß §§ 30 Abs. 1 Nr. 1, 39 WpÜG auch über diese die Kontrolle erlangt hat[658]. Im Hinblick auf die Verschmelzung auf der Ebene der Muttergesellschaft M kommt es dabei zu einem Nebeneinander von umwandlungsrechtlichen und übernahmerechtlichen Vorschriften, nicht jedoch zu einer Kollision beider Regelungskomplexe. Denn den außenstehenden Aktionären der M-Gesellschaft kommt das übernahmerechtliche Austrittsrecht zugute, während sich für die Aktionäre der übertragenden Gesellschaft X im Hinblick auf den Inhaber der Kontrollposition nichts ändert. Ihnen ist daher nur das umwandlungsrechtliche Austrittsrecht zu gewähren, sofern die in § 29 Abs. 1 UmwG genannten Voraussetzungen vorliegen. Im Hinblick auf die Tochtergesellschaft T findet dagegen nur die Pflichtangebotsregelung nach § 35 WpÜG Anwendung, da diese an der Verschmelzung nicht beteiligt ist, und sich das Umwandlungsrecht nur auf die an der Umwandlung unmittelbar Beteiligten, d. h. die übertragenden und aufnehmenden Gesellschaften, wendet[659].

b) Verschmelzung ohne Kontrollwechsel

Auch dieser Fall ist in umgekehrter Richtung denkbar: Die von B 1 kontrollierte Muttergesellschaft M, die eine Tochtergesellschaft T besitzt, wird als übertragende Gesellschaft auf die aufnehmende Gesellschaft X, die von dem Kontrollaktionär B 2 kontrolliert wird verschmolzen. Nach der Verschmelzung hat B 2 weiterhin die Kontrolle über die aufnehmende Gesellschaft X inne.

---

658 *Apfelbacher/Barthelmess/Buhl/von Dryander*, Part Two, Subpart 5, Sec. 35, Rn. 3; *Seibt/Heiser*, ZHR 165 (2001), 466, 490; ebenso für Österreich *Übernahmekommission*, Stellungnahme GZ 2000/1/4-171 vom 12. September 2000, NZG 2001, 282, 287; *Kalss/Winner*, ÖBA 2000, 51, 59. Dies gilt jedenfalls sofern die Muttergesellschaft M aufgrund der Verschmelzung gleichzeitig auch zu einer Tochtergesellschaft von B 2 im Sinne von § 2 Abs. 6 WpÜG geworden ist, da nur in diesem Fall die Zurechnungsvorschrift des § 30 Abs. 1 Nr. 1 WpÜG tatsächlich eingreift. Zu dem umstrittenen Fall einer möglichen mittelbaren Kontrollerlangung, in dem der Bieter zwar die Kontrolle über eine Muttergesellschaft, die eine Tochtergesellschaft besitzt erlangt, die Muttergesellschaft jedoch nicht gleichzeitig auch zur Tochtergesellschaft des Bieters im Sinne von § 2 Abs. 6 WpÜG wird, vgl. ausführlich oben 1. Teil, Kap. 4, Abschn. C. II. 2., S. 95 ff.

659 *Kalss/Winner*, ÖBA 2000, 51, 59; *Schmidt*, § 13 III., Abschn. 1c), S. 386.

Graphisch ergibt sich folgender Fall:

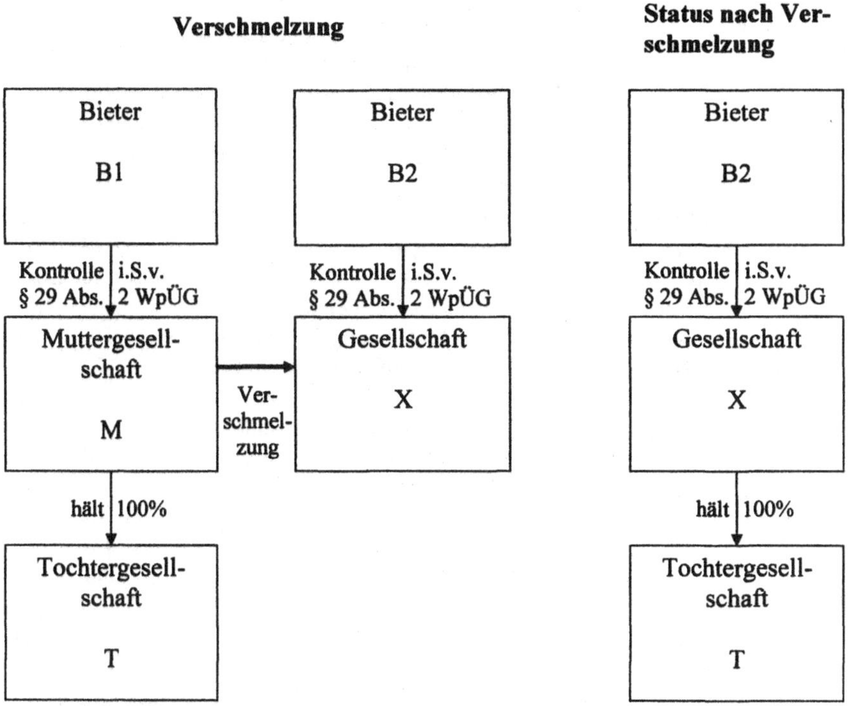

Wie bereits erläutert[660], kommt es in Bezug auf die Verschmelzung von der M-Gesellschaft auf die aufnehmende X-Gesellschaft nicht zu einer Kontrollerlangung im Sinne von § 35 WpÜG, da nicht die Kontrolle über eine Gesellschaft, sondern nur über eine Gruppe von Aktionären erlangt wird, da die übertragende Gesellschaft M im Zuge der Verschmelzung untergeht, und die Aktionäre der M-Gesellschaft in die anderweitig kontrollierte Gesellschaft X „hineintransportiert" werden, mit der Folge, dass sie sich zwar der Kontrolle durch einen anderen Kontrollinhaber ausgesetzt sehen, § 35 WpÜG aber dennoch keine Anwendung findet. Den Aktionären der Muttergesellschaft M bleibt allein das umwandlungsrechtliche Austrittsrecht, sofern die in § 29 Abs. 1 UmwG genannten Voraussetzungen erfüllt sind. Fraglich ist jedoch, wie die Situation der Aktionäre der Tochtergesellschaft T zu beurteilen ist, denn diese Gesellschaft geht im Rahmen der Verschmelzung nicht unter, sondern die von der übertragenden Gesellschaft M an ihrer Tochtergesellschaft T gehaltenen Anteile gehen gemäß

[660] Vgl. hierzu ausführlich oben in diesem Kapitel Abschn. C. III. 1., S. 168.

§ 20 Abs. 1 Nr. 1 UmwG auf die von B 2 kontrollierte Gesellschaft X über. Aus Sicht der Aktionäre der Tochtergesellschaft T findet daher ein zweifacher Kontrollwechsel statt. Denn zum einen erlangt aufgrund der Verschmelzung die X-Gesellschaft die Kontrolle über die Tochtergesellschaft T. Zum anderen sind dann, wenn es sich bei der X-Gesellschaft um eine Tochtergesellschaft von B 2 handelt, der B 2 nach §§ 30 Abs. 1 Nr. 1, 39 WpÜG die von der Gesellschaft X an der Tochtergesellschaft T gehaltenen Anteile zuzurechnen mit der Folge, dass B 2 mittelbar die Kontrolle über die T-Gesellschaft erwirbt. Den Aktionären der Tochtergesellschaft ist daher in jedem Fall ein Pflichtangebot nach § 35 WpÜG zu unterbreiten, während umwandlungsrechtliche Vorschriften auf der Ebene der Tochtergesellschaft als einer nicht an der Umwandlung beteiligten Gesellschaft keine Rolle spielen. Die Problematik der im Rahmen des WpÜG entstehenden Verdoppelung der Veröffentlichungs- und Angebotspflicht nach § 35 Abs. 1 und 2 WpÜG im Hinblick auf die Tochtergesellschaft T ist dabei dahingehend zu lösen, dass letztlich nur einer der Kontrollerwerber, also entweder die X-Gesellschaft oder B 2, verpflichtet sein sollte, diesen Pflichten aus § 35 WpÜG nachzukommen, wobei ein solches Ergebnis über eine Befreiung nach § 37 Abs. 1 WpÜG zu erreichen ist[661].

c) Spaltung

Entsprechendes gilt auch für den Fall, dass die von B 1 kontrollierte Muttergesellschaft M ihre Beteiligung an der Tochtergesellschaft T im Wege der Abspaltung auf die von B 2 kontrollierte Gesellschaft X überträgt. Auch in diesem Fall findet im Verhältnis der an der Spaltung beteiligten Gesellschaften allein Umwandlungsrecht Anwendung, da sich zwar die Aktionäre des abgespaltenen Teils der Muttergesellschaft M in der von B 2 kontrollierten Gesellschaft X wieder finden, dies jedoch keinen Fall der Kontrollerlangung im Sinne des § 35 WpÜG darstellt, da es an der Kontrollerlangung über eine Zielgesellschaft fehlt. In Bezug auf die Tochtergesellschaft T ist dagegen allein das WpÜG anzuwenden, da die T-Gesellschaft an der Umwandlung nicht beteiligt ist[662]. Auch in diesem Fall ist den Aktionären der Tochtergesellschaft T nach dem Gesetzeswortlaut von § 35 WpÜG sowohl von der aufnehmenden X-Gesellschaft als auch von der diese kontrollierenden B 2 ein Pflichtangebot zu unterbreiten, wobei die Verdoppelung der Angebotspflicht auch in diesem Fall über eine Befreiung einer der Angebotspflichtigen nach § 37 Abs. 1 WpÜG zu lösen ist.

---

661 Zu der Problematik der Verdoppelung der Veröffentlichungs- und Angebotspflicht im Falle der Erlangung der Kontrollerlangung durch eine Tochtergesellschaft über eine Zielgesellschaft mit der Folge, dass auch die Muttergesellschaft der Tochter die Kontrolle über die Zielgesellschaft erlangt, vgl. oben ausführlich 1. Teil, Kap. 4, Abschn. C. III., S. 103 ff.

662 *Seibt/Heiser*, ZHR 165 (2001), 466, 491; für Österreich *Kalss/Winner*, ÖBA 2000, 51, 59.

II. Umstrukturierungen innerhalb eines Konzerns

1. Beispielsfälle

Gegebenenfalls anders zu beurteilen sind dagegen Umstrukturierungen innerhalb eines Konzerns. Als Beispiel sei hier der Fall angeführt, in dem zwei Konzernschwestern S 1 und S 2, die beide von derselben Konzernmutter S beherrscht werden, miteinander verschmolzen werden. Die Gesellschaft S 1, die vor der Verschmelzung eine Mehrheitsbeteiligung an der börsennotierten Tochtergesellschaft T hielt, wird auf die aufnehmende Gesellschaft S 2 verschmolzen, mit der Folge, dass mit Vollzug der Verschmelzung S 2 nunmehr erstmalig die Mehrheitsbeteiligung an der T-Gesellschaft hält.
Graphisch dargestellt ergibt sich folgende Situation:

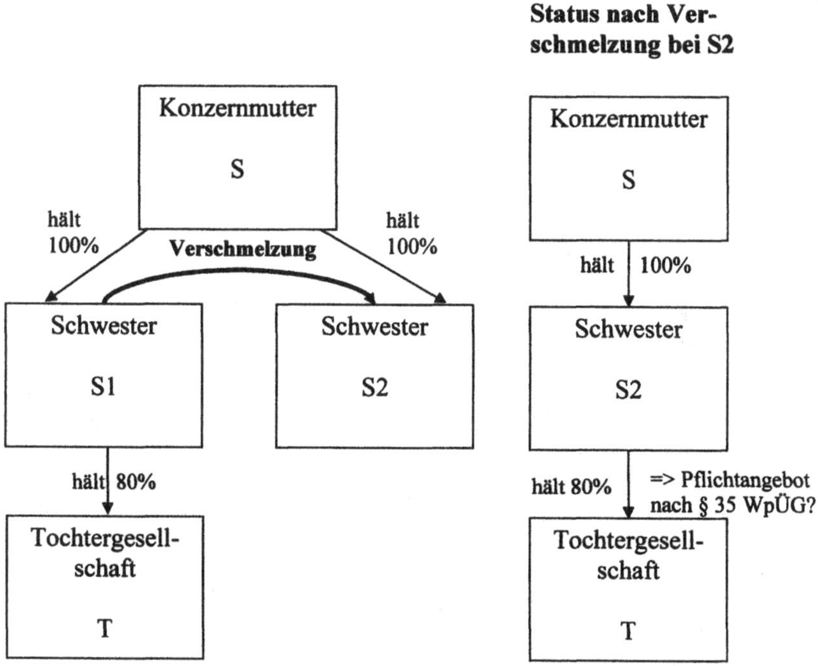

Wendet man § 35 WpÜG in diesem Fall dem Wortlaut nach an, so hat die aufnehmende Gesellschaft S 2 den Aktionären der T-Gesellschaft ein Pflichtangebot zu unterbreiten, da S 2 über die Gesellschaft T die Kontrolle erlangt hat. Allerdings erscheint in einem solchen Fall eine Ausnahme von der Angebotspflicht gerechtfertigt, da sich für die Aktionäre der Tochtergesellschaft T insofern nichts ändert, als zwar der eigentliche (direkte) Kontrollinhaber wechselt, nicht jedoch die dahinter stehende Kontrollposition. Denn die Konzernmutter S bleibt auch aus Sicht der Tochtergesellschaft nach wie vor die beherrschende Konzernspitze, so dass sich die relevante Gefahrenlage für die außenstehenden Aktionäre der T-Gesellschaft nicht ändert[663].

Noch deutlicher wird das in einem Fall, in dem eine Gesellschaft X mit einer börsennotierten Tochtergesellschaft T auf ihre eigene 100%ige Mutter M verschmolzen wird, mit der Folge, dass die Gesellschaft X untergeht und die Anteile an der Tochtergesellschaft T nach der Verschmelzung nunmehr unmittelbar durch die M-Gesellschaft gehalten werden.
Graphisch ergibt sich folgende Situation:

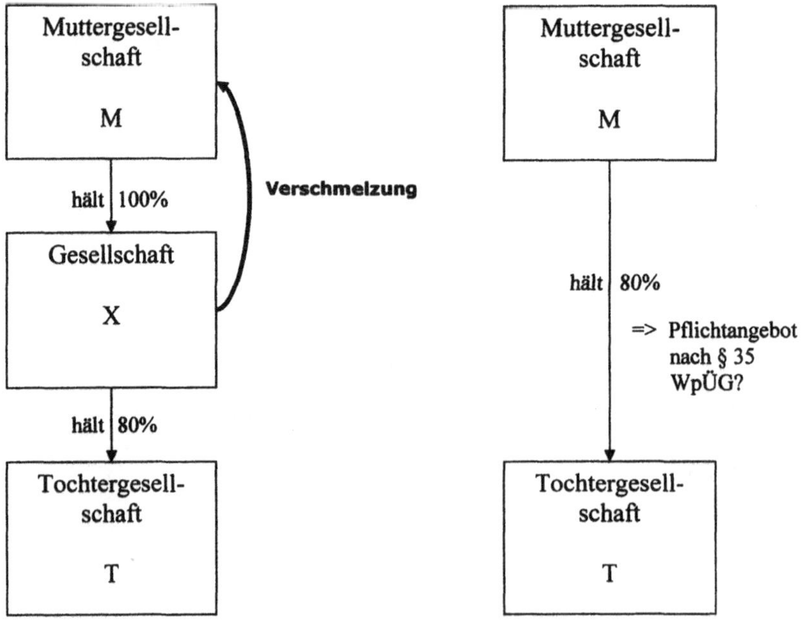

663 *Fuhrmann/Oltmanns*, NZG 2003, 17, 18; *Holzborn/Blank*, NZG 2002, 948, 950; *Seibt/Heiser*, ZHR 165 (2001), 466, 492 f.; Steinmeyer/Häger, § 36, Rn. 21. Vgl. auch *Adolff/Meister/Randell/Stephan*, Part 3, Subpart A. III. 4.a., S. 241, die eine solche Ausnahme ebenfalls für sinnvoll erachten.

Zwar kommt es im juristischen Sinne zu einem Eigentümerwechsel an den Anteilen der Tochtergesellschaft und damit zu einem Kontrollwechsel, jedoch nicht zu einer wirtschaftlichen Änderung der Einflussmöglichkeit, die die Großmuttergesellschaft M gegenüber der Tochtergesellschaft T auch schon vor der Verschmelzung innehatte, da die Kontrolle nur konzernintern verlagert wird, sich an der strategischen Ausrichtung und Beeinflussung der Zielgesellschaft und deren Aktionäre jedoch faktisch nichts ändert[664].

2. Lösung über die Befreiungsmöglichkeit nach § 36 Nr. 3 WpÜG

Eine sachgerechte Lösung kann hierbei über die Befreiungsmöglichkeit nach § 36 Nr. 3 WpÜG erzielt werden. Hiernach kann die BaFin auf schriftlichen Antrag zulassen, dass Stimmrechte aus Aktien einer Zielgesellschaft bei der Berechnung des kontrollierenden Stimmrechtsanteils unberücksichtigt bleiben, wenn die Aktien durch Umstrukturierungen innerhalb eines Konzerns erlangt wurden. Der Begriff des „Konzerns" ist hierbei im aktienrechtlichen Sinne zu verstehen[665]. Dies ist insoweit unstimmig, als vom Begriff des Tochterunternehmens im Sinne von § 2 Abs. 6 WpÜG auch Mutter-Tochter-Beziehungen im Sinne von § 290 HGB erfasst sind, der übernahmerechtliche Begriff des Tochterunternehmens also weiter ist als der aktienrechtliche Konzernbegriff. Es kann daher zu Lücken beim Befreiungstatbestand des § 36 Nr. 3 WpÜG für den Fall kommen, dass das übertragende und das kontrollerwerbende Unternehmen zwar Tochterunternehmen derselben Obergesellschaft im Sinne von § 2 Abs. 6 WpÜG sind, § 36 Nr. 3 WpÜG aber dennoch keine Anwendung findet, weil die beteiligten Unternehmen nicht auch gleichzeitig Konzernunternehmen im Sinne von § 18 AktG sind[666]. Diese Lücke ist jedoch zum jetzigen Zeitpunkt hinzunehmen, da es der ausdrückliche Wille des Gesetzgebers ist, im Rahmen des § 36 Nr. 3 WpÜG den aktienrechtlichen Konzernbegriff zugrundezulegen.

Hintergrund der Regelung ist die Überlegung, dass Aktionäre der Zielgesellschaft trotz eines im Zuge einer konzerninternen Umstrukturierung erfolgten Kontrollerwerbs nicht schutzbedürftig erscheinen, wenn weiterhin dieselbe Konzernobergesellschaft die Kontrolle über die Zielgesellschaft im Sinne von § 29 Abs. 2 WpÜG hält, da die Konzernobergesellschaft aufgrund der ihr zustehenden Konzernleitungsmacht sowohl vor als auch nach der Umstrukturierung letztlich Inhaberin der durch die Konzerngesellschaften vermittelten Kontrollpo-

---

664 So das Beispiel bei *Kalss/Winner*, ÖBA 2000, 51, 60.

665 *Begr. RegE*, BT-Drucksache 14/7034, Bes. Teil zu § 36 Nr. 3 WpÜG, S. 60; *Harbarth*, ZIP 2002, 321, 330; *Holzborn/Rahlf* in: Zschocke/Schuster, Bad Homburger Handbuch, Abschn. C., Rn. 36; *Hommelhoff/Witt* in: Haarmann/Riehmer/Schüppen, § 36, Rn. 19.

666 *von Bülow* in: KK-WpÜG, § 36, Rn. 40.

sition ist[667]. Unabhängig von der Art der Erlangung, sei es durch einfache Anteilsübertragung oder einen Umwandlungsvorgang, werden daher regelmäßig bei der Berechnung des Stimmrechtsanteils bei der die Kontrolle erlangenden Person solche Stimmrechte unberücksichtigt bleiben, die von einer abhängigen Gesellschaft gehalten wurden, und durch die herrschende Gesellschaft oder eine unternehmerisch tätige Person selbst oder durch eine von derselben herrschenden Gesellschaft bzw. der unternehmerisch tätigen Person abhängige Gesellschaft erlangt werden[668]. Zur Nichtberücksichtigung der Stimmrechte kommt es daher allein darauf an, ob der bereits bestehende faktische oder rechtliche Einfluss der Konzernmutter auf die Ausübung der Stimmrechte aus den Aktien der Zielgesellschaft und damit letztlich die Kontrolle über die Stimmrechte unverändert bleibt[669].

In beiden geschilderten Beispielsfällen hat daher die Gesellschaft, die die Kontrolle über die Tochtergesellschaft T kraft Verschmelzung erwirbt, also im ersten Fall die Gesellschaft S 2 und im zweiten Fall die Gesellschaft M den Aktionären der T-Gesellschaft kein Pflichtangebot im Sinne von § 35 WpÜG zu unterbreiten, sofern ein entsprechender Antrag an die BaFin nach § 36 Nr. 3 WpÜG gestellt wird, da in beiden Fällen die Kontrolle über die Zielgesellschaft letztlich unverändert bleibt, da diese faktisch sowohl vor als auch nach der Transaktion durch dieselbe Konzernspitze ausgeübt wird.

---

667 *von Bülow* in: KK-WpÜG, § 36, Rn. 39; *Hommelhoff/Witt* in: Haarmann/Riehmer/Schüppen, § 36, Rn. 21; *Meyer* in: Geibel/Süßmann, § 36, Rn. 13.

668 *Holzborn/Rahlf* in: Zschocke/Schuster, Bad Homburger Handbuch, Abschn. C., Rn. 36; *Seibt/Heiser*, ZHR 165 (2001), 466, 493.

669 *Meyer* in: Geibel/Süßmann, § 36, Rn. 13; *Steinmeyer/Häger*, § 36, Rn. 21; *von Bülow* in: KK-WpÜG, § 36, Rn. 41.

Kapitel 8: Zusammenfassung

Bei der Pflichtangebotsregelung handelt es sich um eine kapitalmarktrechtliche Regelung mit konzernrechtlichen Effekten. Denn vorrangiger Zweck der Pflichtangebotsregelung ist es, das Vertrauen der Anleger dadurch zu fördern, dass diese sich nicht bereits bei Tätigung einer Investition darüber Gedanken machen müssen, ob dieser Gesellschaft möglicherweise eine Kontrollerlangung droht, sondern sich darauf verlassen können, die Gesellschaft im Falle eines Kontrollerwerbs zu angemessenen Bedingungen verlassen zu können. Hierdurch wird die Finanzierungskraft des Kapitalmarktes und die Ausstattung der Unternehmen mit Eigenkapital langfristig gestärkt und nicht etwa wünschenswerte Transaktionen verhindert, da durch die Pflichtangebotsregelung nur solche Transaktionen unattraktiv werden, die nicht mit ausreichenden Effizienzerwartungen verbunden sind[670]. Dabei ist die Pflichtangebotsregelung auch nicht aufgrund der bereits existierenden konzernrechtlichen Vorschriften überflüssig, da diese die Minderheitsaktionäre nicht ausreichend zu schützen vermögen, da sie nicht an die Kontrollerlangung selbst anknüpfen, sondern erst in einer späteren Phase der Konzernierung eingreifen[671]. Auch wenn das Pflichtangebot vorrangig als kapitalmarktrechtliche Regelung einzustufen ist[672], so bietet es für börsennotierte Unternehmen mit Sitz im Inland gleichzeitig in gewissem Sinne auch ein Mittel des Konzerneingangsschutzes, indem es den Minderheitsaktionären schon in der Phase des Kontrollerwerbs ein Recht zum Austritt aus der Gesellschaft verschafft[673]. Da das bestehende Konzernrecht aber weiterhin unerlässlich zum Schutze derjenigen Aktionäre ist, die in der Gesellschaft verbleiben, das Konzernrecht andererseits jedoch keinen umfassenden Schutz bieten kann, schafft erst eine Kombination von Pflichtangebot und Konzernrecht einen effektiven und sinnvollen Schutz in allen Phasen der Konzernierung. Insofern wäre eine Abstimmung der Kontrollschwelle des § 29 Abs. 2 WpÜG mit den konzernrechtlichen Vorschriften der §§ 17 ff. AktG zwar einerseits wünschenswert, andererseits überwiegt an dieser Stelle jedoch wieder das Hauptanliegen des Pflichtangebots als kapitalmarktrechtlicher Regelung, dem Markt klar erkennbare Vorgaben zu machen, ohne die Verhältnisse innerhalb der einzelnen Gesellschaft zu berücksichtigen, was nur durch eine starre Kontrollschwelle zu erreichen ist[674].

---

[670] Vgl. oben 1. Teil, Kap. 2, Abschn. C. II., S. 46 ff.
[671] Vgl. oben 1. Teil, Kap. 2, Abschn. B. III. 1., S. 33 ff.
[672] Vgl. oben 1. Teil, Kap. 2, Abschn. B. III. 2, S. 41 f.
[673] Vgl. oben 1. Teil, Kap. 2, Abschn. B. III. 1., S. 33 ff.
[674] Vgl. oben 1. Teil, Kap. 3, Abschn. B. I. 2., S. 62 ff.

Die eingangs zum Zweiten Teil dieser Arbeit aufgeworfene Frage, ob die Kontrolle über eine Gesellschaft im Sinne des WpÜG auch durch einen umwandlungsrechtlichen Vorgang erlangt werden und ein Pflichtangebot auslösen kann, ist grundsätzlich zu bejahen. Weder spricht der Wortlaut der §§ 29 Abs. 2, 35 WpÜG gegen eine solche Einbeziehung umwandlungsrechtlicher Vorgänge noch der Schutzzweck der Pflichtangebotsregelung - im Gegenteil: die Gefahr, dass die Erlangung der Kontrolle über ein Unternehmen Auswirkungen auf die geschäftspolitische Ausrichtung der Gesellschaft und die Werthaltigkeit der Gesellschaftsanteile hat, besteht unabhängig von der Art und Weise des Kontrollerwerbs, also auch bei umwandlungsrechtlichen Transaktionen, so dass auch in solchen Fällen der Schutzgedanke der Pflichtangebotsregelung, den Minderheitsaktionären bei einer Veränderung der Grundlagen ihrer Investitionsentscheidung ein Recht zum Austritt zu gewähren, greift[675]. Umwandlungs- und übernahmerechtliche Regelungen schließen dabei nicht einander aus, sondern ergänzen einander und sind damit kumulativ anzuwenden[676]. Denn die Vorschriften des UmwG bieten die Rahmenbedingungen für die Durchführung einer umwandlungsrechtlichen Strukturmaßnahme, und zwar unabhängig davon, ob sich aufgrund einer Transaktion die Machtverhältnisse innerhalb der Gesellschaft ändern. Eine Veränderung der Organisationsstruktur und der Kontrollverhältnisse innerhalb einer Gesellschaft ist dagegen Gegenstand des WpÜG. Die Aufgabe des WpÜG, nicht nur die Gleichbehandlung aller Aktionäre sicherzustellen, sondern für den Fall des Kontrollerwerbs über eine Gesellschaft ein Ausstiegsrecht aus einer Kapitalanlage zu angemessenen Bedingungen zu schaffen, wird dabei auch nicht aufgrund der Existenz der Vorschrift des § 29 Abs. 1 UmwG überflüssig, da diese nicht vor dem Verlust einer unbeherrschten Aktionärsposition schützt und den Verlust einer solchen Position durch ein Recht zum Exit kompensiert[677]. Unabhängig von den ohnehin sehr engen Anwendungsvoraussetzungen des § 29 Abs. 1 UmwG sind die Vorschriften des UmwG eher auf Entscheidungsteilhabe gerichtet und bieten einen gesellschaftsrechtlichen Rahmen für umwandlungsrechtliche Transaktionen; sie regeln also das „Wie", die technische Durchführung einer Umwandlung, ohne eine hiermit möglicherweise einhergehende Kontrollerlangung zu berücksichtigen. Die Frage nach dem Umgang mit einer solchen Veränderung der Machtverhältnisse wird dagegen allein vom WpÜG, das ein Instrument der Marktordnung darstellt, beantwortet. Das durch das UmwG grundsätzlich gebotenen Recht auf Information und Entscheidungsteilhabe wird also durch das übernahmerechtliche Austrittsrecht in Fällen der Kontrollerlangung zu einem umfassenden Minderheitenschutz ergänzt und abgerundet, ohne dass es zu einer überflüssigen Verdoppelung von Schutzmechanismen kommt.

---

[675] Vgl. oben 2. Teil, Kap. 6, Abschn. D. I., S. 139 ff.
[676] Vgl. oben 2. Teil, Kap. 6, Abschn. D. II. 3., S. 146 ff.
[677] Vgl. oben 2. Teil, Kap. 6, Abschn. D. II. 3., S. 146 ff.

Sofern die übernahmerechtliche Pflichtangebotsregelung daher ihrem Wortlaut nach bei bestimmten Fallkonstellationen von Umwandlungsvorgängen eingreift, ist diese auch tatsächlich anzuwenden. Genau zu untersuchen ist dabei allerdings immer der Adressatenkreis des Pflichtangebots, da nur denjenigen Aktionären ein Pflichtangebot zu unterbreiten ist, die auch tatsächlich erstmalig mit einem (gegebenenfalls anderen) Kontrollaktionär konfrontiert sind[678]. In Fällen, in denen die Pflichtangebotsregelung ihrem Wortlaut nach bei bestimmten Umwandlungstransaktionen nicht eingreift, wäre eine analoge Anwendung des § 35 WpÜG dennoch wünschenswert, da die Abgabe eines Pflichtangebots anderenfalls durch geschickte Wahl der Transaktionsrichtung umgangen werden könnte, und die Schutzbedürftigkeit der betroffenen Aktionäre bei einer Kontrollerlangung aufgrund von Umwandlungsvorgängen oder anderen Transaktionen grundsätzlich dieselbe ist[679]. Einer analogen Anwendung der Pflichtangebotsregelung in derartigen Fällen steht allerdings aufgrund der Strafbewehrtheit der Veröffentlichungs- und Angebotspflichten des § 35 WpÜG ein Analogieverbot entgegen[680]. Dies ist unbefriedigend, jedoch sind Schutzlücken insofern aus verfassungsrechtlichen Gründen in Kauf zu nehmen. Hier ist der Gesetzgeber gefordert, durch eine ausdrückliche gesetzliche Regelung Abhilfe zu schaffen. Zum Schutz der Minderheitsaktionäre und Anleger sollte eine derartige Regelung so gestaltet sein, dass alle Fälle der Kontrollerlangung aufgrund eines Umwandlungsvorgangs von der Pflichtangebotsregelung erfasst sind.
Dies gilt allerdings nicht für den Sonderfall des Zusammenfallens einer Kontrollerlangung durch Umwandlung und eines kalten Delistings, da der Gesetzgeber den Anwendungsbereich des WpÜG ausdrücklich auf börsennotierte Gesellschaften beschränkt hat, und in einem solchen Fall das Delisting im Vordergrund steht und die Kontrollerlangung, die erst in der nicht börsennotierten Gesellschaft stattfindet, überlagert[681].

Insgesamt hat der Gesetzgeber mit der übernahmerechtlichen Pflichtangebotsregelung ein sinnvolles Instrument zur Ergänzung des bereits bestehenden gesellschaftsrechtlichen Minderheitenschutzes geschaffen, das das Vertrauen der Anleger stärken und damit hoffentlich zu einem gesamtwirtschaftlichen Vorteil führen wird. Vor allem im Bereich des Spannungsverhältnisses zwischen Umwandlungs- und Übernahmegesetz besteht allerdings noch Nachbesserungsbedarf[682]. Hier sind Regelungen zu schaffen, die die Anwendbarkeit der Pflichtan-

678 Vgl. oben 2. Teil, Kap. 7, Abschn. A. III., S. 164 ff.
679 Vgl. oben 2. Teil, Kap. 7, Abschn. C. III. 2. a), S. 169 f. sowie Kap. 7, Abschn. C. III. 4. a), S. 173 ff.
680 Vgl. oben 2. Teil, Kap. 7, Abschn. C. III. 4. b) bb), S. 179 ff.
681 Vgl. oben 2. Teil, Kap. 7, Abschn. E. II. 2. d), S. 191 ff.
682 Vgl. oben 2. Teil, Kap. 7, Abschn. C. III. 4., S. 173 ff. sowie Kap. 7, Abschn. I. I. 2., S. 199 f.

gebotsregelung auch in allen Fällen der Kontrollerlangung aufgrund von umwandlungsrechtlichen Transaktionen sicherstellen.

Kolibri 360 GmbH
Ferdinand-Jühlke-Straße 7
99095 Erfurt, Deutschland
produktsicherheit@kolibri360.de

Druck:
CPI Druckdienstleistungen GmbH
im Auftrag der
Kolibri 360 GmbH
Ferdinand-Jühlke-Str. 7
99095 Erfurt